闽都文丛

中央财政支持地方高校建设项目(2013年)——闽都文化人才培养与重点学科建设
课题编号：5001010219-115001012008

闽都教育史

主　编　薛　菁　翁伟志
副主编　何连海

图书在版编目(CIP)数据

闽都教育史/薛菁，翁伟志主编. —北京：北京大学出版社，2017.2
（闽都文丛）
ISBN 978-7-301-26839-1

Ⅰ. ①闽… Ⅱ. ①薛… ②翁… Ⅲ. ①地方教育—教育史—福州市 Ⅳ. ①G527.571

中国版本图书馆 CIP 数据核字（2016）第 025143 号

书　　　名	闽都教育史 MINDU JIAOYUSHI
著作责任者	薛　菁　翁伟志　主编
责任编辑	吴坤娟
标准书号	ISBN 978-7-301-26839-1
出版发行	北京大学出版社
地　　　址	北京市海淀区成府路 205 号　100871
网　　　址	http://www.pup.cn　　新浪微博：@北京大学出版社
电子信箱	zyjy@pup.cn
电　　　话	邮购部 62752015　发行部 62750672　编辑部 62756923
印刷者	三河市博文印刷有限公司
经销者	新华书店
	720 毫米×1020 毫米　16 开本　17 印张　288 千字 2017 年 2 月第 1 版　2017 年 2 月第 1 次印刷
定　　　价	46.00 元

未经许可，不得以任何方式复制或抄袭本书之部分或全部内容。
版权所有，侵权必究
举报电话：010-62752024　电子信箱：fd@pup.pku.edu.cn
图书如有印装质量问题，请与出版部联系，电话：010-62756370

"闽都文丛"总序

"等闲田地多栽竹,是处人家爱读书",这是宋国子四门助教龙昌期至福州讲学时所题写的诗句。吕祖谦在《送朱叔赐赴闽中幕府》诗中,亦留下了"路逢十客九青衿,半是同窗旧弟兄。最忆市桥灯火静,巷南巷北读书声"的佳句。借由这些诗篇,我们不难想见当年福州文化风气之盛。福州在秦汉以前虽为方外之地,但却一直人才迭出,是我国文化活动较为繁盛的地区。自无诸都东冶以来,历经2200多年的发展,有多少文人墨客和社会贤达,乃至民间精英,都给这座"海滨邹鲁"的历史名城镌刻下了深深的文化烙印。在波澜壮阔的中国近现代史上,"左海"更是以其雷霆般的涛声响彻中华大地。今日之福州,早已是人文炳蔚、学术昌盛之府,形成了具有鲜明特色的闽都文化。

历史需要传承,文脉方得延续。闽都文化有着悠久的历史、辉煌的过去,当今社会的飞速发展,又使它有了更多的现代意义。我们把闽都文化定义为:有史以来,生活在以福州为中心的闽江下游地区人民共同创造的地域文化。它以闽越文化为基础、中原文化为主体,融汇了海外文化,具有领风气之先,开放和包容的鲜明特征。记得五年前,我曾借冯友兰先生"阐旧邦以辅新命"之句为喻,阐发了弘扬闽都文化的现代意义——福州长期处于八闽的政治、经济、文化中心,早已形成了具有鲜明地域特色的璀璨文化,如三坊七巷文化、昙石山文化、船政文化、寿山石文化、温泉文化等,都是闽都文化的重要组成部分。而作为生于斯、长于斯的福州人,我们应当更好地了解历史,继承和发扬闽都文化,并以此来建设家乡、服务社会。这应当是时代赋予我们的新的使命。

可喜的是,近年来加快推进文化建设已引起社会的广泛重视。福州市人民政府也将建设文化强市、打造闽都文化品牌作为一个长期的战略目标。福州的闽都文化研究从无到有,从小到大,由弱变强,已是蔚然成风,跨上了一个新的台阶。多年的工作经历和实践告诉我们,开展闽都文化研究,对于弘扬闽都文化,打造福州城市精神,增强福州城市竞争力,进而推进福州市精神文明建设,具有十分重要的现实意义;开展闽都文化研究,有助于海内外各界人士更好地了解福州这座历史文化名城,有助于扩大福州的知名度和影响力,也有助于加强在世界各地的福州人的故乡认同感以及海峡两岸的和平统一大业。

有鉴于此,2011年仲夏,我们在受命筹划闽都文化研究会成立等事宜时就明确提出要做的三件事:开办每年一届的理论研讨会(已进行五届),编纂一部《福州通史》以填补空白(已编成"简史"),出版一套"闽都文丛"以体现研究之成果。功夫不负有心人,我们的理想正在实现。六年过去了,当初雄心勃勃的构想如今已成为美好的现实,这一套 20 本之巨的"闽都文丛"在社会和众人的千呼万唤中终于陆续面世。作为丛书的策划人和组织者,欣喜欣慰之余,不禁感慨系之,感怀良多……

　　映衬着闽都文化研究重要成果的"闽都文丛",无不浸透了作者和读者们的心血和心声。我们从众多题材、各种体裁入手,广泛征稿,认真筛选,召开了十多场审题议稿会,从 40 多部拟题中精选了 20 部专(译)著,形成了首套"闽都文丛"。唐代陆龟蒙《丛书序》云:"丛书者,丛脞之书也。丛脞犹细碎也,细而不遗大,可知其所容矣……不类不次,混而载之,得称为'丛书'。""闽都文丛"正是这样一套"细而不遗大""混而载之"的丛书。在这套丛书中,我们收集了一批与闽都文化研究相关的著作和译著。著作的题材涉及闽都之历史、民族、宗教、民俗、方言、人物等各方面,其中既有历史轨迹的追寻,又不乏现实问题的探究,从不同角度、不同视野,巨细靡遗地探讨了闽都文化的深刻内涵,彰显了闽都文化的个性和风格。各书之作者,既有相关领域的专家、学者,也有从事闽都文化研究的青年教师。我们将他们的著作衷汇为丛书,相得益彰,蔚为大观,既便于研读查考,也有利于文化积累,更为其后的"闽都文丛"高擎薪火。

　　在此,我要衷心感谢福州市闽都文化研究会原会长练知轩,原副会长高翔、王聪深、汪征鲁、陈章汉,现会长徐启源,副会长林山,副会长兼秘书长王华南等同人对这套丛书的关心、关注和支持;衷心感谢社会各界有识之士的鼓励、鞭策与厚爱;衷心感谢闽江学院历史系主任薛菁教授、副主任林秀玉教授及李颖教授的全程参与和鼎力相助;衷心感谢 2014 年中央财政支持地方高校项目——闽都文化人才培养与重点学科建设所给予的专项经费资助;衷心感谢北京大学出版社社长王明舟、党委书记金娟萍、总编辑张黎明等对本书出版的帮助和努力;感谢全体作者和我的博士生洪建设以及黄曦同志为此书所作的付出。可以说,没有他们的动力、压力和努力,这一套丛书的付梓是很艰难的。

　　我还要深深感谢我的家人,尤其是我的妻子龚娴和儿子赵晟旻,没有他们的理解和抚慰,没有他们无私的帮助和坚定的支持,这一套巨著的出版也是很艰难的。

　　是为序。

丙申猴年春赵麟斌序于己得斋

目　　录

绪论 …………………………………………………………………… (1)

第一章　宋代以前的闽都教育 ………………………………… (4)
第一节　两晋南朝时期福州教育的萌牙 ……………………… (4)
第二节　隋唐五代时期福州教育的发展 ……………………… (5)

第二章　两宋时期的闽都教育 ………………………………… (11)
第一节　官学发展 ……………………………………………… (12)
第二节　书院勃兴 ……………………………………………… (18)
第三节　科举繁盛 ……………………………………………… (23)

第三章　元代的闽都教育 ……………………………………… (29)
第一节　地方官学 ……………………………………………… (29)
第二节　书院官学化倾向明显 ………………………………… (33)
第三节　科举中落 ……………………………………………… (35)

第四章　明代的闽都教育 ……………………………………… (39)
第一节　地方官学的兴盛 ……………………………………… (40)
第二节　书院的曲折发展 ……………………………………… (45)
第三节　科举中兴 ……………………………………………… (49)

第五章　清代的闽都教育 ……………………………………… (56)
第一节　地方官学完备化 ……………………………………… (56)
第二节　书院的发展 …………………………………………… (64)
第三节　科举鼎盛 ……………………………………………… (72)

第六章　清末的闽都教育近代化 ……………………………… (77)
第一节　洋务教育 ……………………………………………… (78)
第二节　教会教育 ……………………………………………… (84)
第三节　维新教育与新式学堂 ………………………………… (96)
第四节　教育思想 ……………………………………………… (102)

第七章　北洋政府时期的福州教育 …………………………… (130)
第一节　教育行政的确立与变迁 ……………………………… (130)
第二节　各级各类学校的演变 ………………………………… (134)
第三节　教会教育的发展 ……………………………………… (153)
第四节　学生运动 ……………………………………………… (159)

第八章　南京国民政府时期的福州教育（上） (164)
第一节　教育行政的变迁 (164)
第二节　初等教育的整顿 (171)
第三节　中等教育的变革 (186)
第四节　职业教育的变动 (191)
第五节　师范教育的变动 (197)
第六节　高等教育的改造 (199)
第七节　社会教育的推广 (202)
第八节　乡村教育的开展 (209)
第九节　教会学校的立案与调整 (212)
第十节　学生运动 (218)

第九章　南京国民政府时期的福州教育（下） (220)
第一节　抗战时期各县市制定措施促进学校发展 (220)
第二节　各级各类学校的发展 (224)
第三节　抗战后的福州教育 (243)
第四节　学生运动 (252)

结语 (255)
参考文献 (257)
后记 (264)

绪　　论

教育是培养人的一种社会活动,是人类教导人、培育人的一种特有的社会活动,是传承社会文化、传递生产经验和社会生活经验的基本途径。其产生于人类社会参与社会生活的需要和人类自身身心发展的需要,与人类的出现和社会的形成相伴而生。诚如我国著名的教育理论家杨贤江在其著作《新教育大纲》中所言:"自有人生,便有教育。因为自有人生,便有实际生活的需要。不过人生的需要,随时随地有不同;教育的资料与方法也跟着需要有变迁。这种变迁的根源,就存在于社会的经济结构的转易。"[1]从历史发展看,教育经历了原始教育和学校教育两个阶段。据目前已有的考古资料表明,1965年在云南元谋县境内发现的猿人牙齿化石,称"元谋人",科学测定距今大约170万年前,因此,中国的原始教育即发端于170万年前。这种原始教育与当时原始社会生活的需要和人类自身生产的需要相应,其最大的特点是:教育与社会生产活动、社会生活融为一体,直接服务于生产劳动和社会生活;没有专门从事教育的场所和人员,多数教育活动是分散的,是在生产劳动、社会生活中随时随地通过言传身教的方式进行;教育内容以生活经验为主,包括生产劳动与生活习俗、原始宗教与原始艺术、体格与军事训练等方面。所谓"燧人教民,以火以渔"[2]"后稷教民稼穑"[3]"其导民也。水处者渔,山处者木,陆处者农"[4]等古人传说即是明证。

氏族公社末期,随着生产力水平的提高,社会经济、政治发生变革,推动了教育的变化,教育开始从社会生产、生活中分化出来,而文字的产生则促进了学校教育的萌芽。夏、商、西周学校教育的产生标志着中国具有真正严格意义上的教育的开创。《孟子·滕文公上》:"夏曰校,殷曰序,周曰庠,学则三代共之,皆以明人伦也。人伦明于上,小民亲于下。有王者起,必来取法,是为王者师也。"后人注解"校、序、庠"均为乡学,即小学;"学"为国学,即为大学。毋庸置疑,西周时期,中国的学校教育体系基本确立,教育职业、教育场所、教育设施、教育内容、教育系统等趋于规范。

战国以后,中国的学校教育有了进一步的发展。学校不但有官学,而且私学也大量涌现,打破了"学在官府"的局面。五代以后又出现了书院,唐代以后产生了最初的职业性的专科学校,如书学、医学、律学等,学校教育体系和教育制度渐趋完备。

---

[1] 《杨贤江教育文集》,教育科学出版社1982年版,第414页。
[2] 《韩非子·五蠹》。
[3] 《荀子·解蔽篇》。
[4] 《淮南子·齐俗篇》。

就福建而言，原始教育亦以福建先民在这块土地上开始生活、生产之时为发端。据目前已有考古发现，早在18万年前的旧石器时代，福建境内已有古人类居住，①因此，福建的原始教育始于18万年前。福州地区迄今尚未发现旧石器时代遗存。考古资料表明，平潭壳丘头文化遗址是福州最早的文化遗存，经科学测定，其年代为距今七千多年前的新石器时代，"闽族"为当时的土著居民，故福州的原始教育当发源于七千年前。从总体上看，福州的教育迄至唐代以前都较中原地区和邻近省份的发展要落后，历来被视作文化不昌、礼仪未备的"蛮荒之地"，这是由于福州负山面海的自然地理环境造成福州远离京师，与发达的中原地区交往不便所致。如前所述，中原地区早在夏、商、周时期已经开创了学校教育，而福州乃至福建的学校教育则迟至两晋南北朝时期才产生，并且是伴随着中原汉族大举南迁入闽的进程产生、发展起来的。南朝刘宋时期，著名郡守阮弥之、虞愿、王秀之等创设学校，培养当地士子，闽都地区蛮荒落后的状态为之一变。唐、五代时期，福州地区得到全面开发，社会经济有了长足发展，学校教育因之迅速发展起来。唐朝后期，李椅、常衮的兴学活动，促进了闽都教育的长足发展。至宋代，闽都教育走向繁盛，出现"路逢十客九青衿""巷南巷北读书声"的景象，整个福建地区在当时成为"东南全盛之邦"、人文荟萃之地。明清时期，闽都教育在经历元朝中落之后重获生机，迎来继南宋之后又一次教育的昌盛，出现了许多儒林佳话，如：明朝闽县林浦乡的林氏家族"三世为祭酒""三代五尚书"；清朝闽县叶氏家族"五代进士"、陈氏家族"四代进士"等，为后世所传颂。迨及晚清，鸦片战争爆发，福州成为五口通商口岸之一，马尾船政学堂和教会学校的创办，福州一举成为国内较早引进西式教育的地区之一，开中国近代教育之先河。

辛亥革命后，中国资产阶级登上了历史舞台。改革传统封建教育和建设近代教育体系成为政府和民间共同努力的方向。民国时期，中国教育界向日本和美国学习，先后颁布了"壬子癸丑学制"和"壬戌学制"，成为民国时期办理教育的纲领性文件。福建省根据当时政府的政策法令，结合省内的具体情况对福建省的教育进行改造。福州作为省会所在，集中了较多的教育资源，学校数量较多，教育机构类型完备，是民国福建教育变革的一面"窗户"。

1912年民国政府成立后，福州教育继续清末的近代化努力。其间虽有封建旧教育制度的一度复辟，但并不影响近代化的进程。北洋政府时期的福州教育发展主要受到时局的影响。由于军阀主政，教育得不到重视；连年的军阀混战，又使教育经费得不到保障，福州的教育处于困境，未有明显进步。这个时期政府的教育政策比较宽松，对教会教育未加干涉。福州的教会教育发达，在民国成立后，教会学校建成从幼儿园至大学的教育体系。1919年的五四运动使教育思想得到了空前

---

① 三明万寿岩旧石器时代洞穴遗址是福建迄今发现最早的旧石器时代洞穴遗址，经科学测定，其年代距今18万年前。（参见福建省博物馆、三明市文物管理委员会、三明市博物馆：《三明万寿岩发现旧石器时代遗址》，《福建文博》2002年第2期）

解放，也使全国人民的爱国热情空前高涨，福州也掀起"收回教育权运动"，促使教会学校向中国政府"立案"。

1927年后国民党执政，十分重视发展教育。由于政局稳定，中央的各项措施得以有效贯彻。福建省各县都建立起稳定的教育管理机构体系，各级学校的教育经费得以保障。福州地区的各类教育都得到了良好的发展，并逐步建立起多元化教育格局。在这个过程中，政府利用设立实验小学、中心小学等制度推广义务教育，并通过设立乡村试验区等各项措施注意引导教育向农村倾斜。除了这些值得肯定的方面外，也有师范与高中分合以及高校的专业调整等需要反思的地方。这个时期，政府加强了对学校的控制，一方面要求各学校内实行"党化教育"，另一方面也要求教会教育向中国政府"立案"，纳入政府的管理体系。

1937年抗战开始后，福州的各级教育仍继续正常进行，不过在教材内容里增加了抗战的内容；同时中等学校以上学生参与动员和训练民众任务。从1938年下半年起，福州地区沿海的中等以上学校被迫迁往内地，各地的学校布局在无意中得到了调整，内地的教育水平得到了一定程度的改善。福州各学校在内迁之后，办学条件都有所下降，但师生们充分利用有限资源努力学习与研究，保证了教学质量，学校的规模也有所扩大，为战后的社会全面建设储备了人才资源。

1945年抗战胜利后，内迁的各校搬回原址，教育资源布局又一次发生变动，福州市区成为资源最为集中的地方。此时福州的教育原本可以延续前期的发展，但内战的爆发，使社会经济崩溃，学校的发展缺乏资金，人事更替频繁，教育发展陷入停顿。

民国时期福州的教育是在曲折中发展，在近代教育体系建设中的各种实践为现当代的福建教育的发展积累了宝贵经验。

第一章　宋代以前的闽都教育

第一节　两晋南朝时期福州教育的萌芽

两晋南朝时期,中原地区战乱频仍,永嘉之乱、侯景之乱导致大批汉族人南迁入闽,史称"衣冠南渡"或"八姓入闽"。入闽汉族人带来了中原地区先进的生产技术和发达的文化教育,推动了福州教育的产生。诚如里人林谞在其著作《闽中记》所云:"自晋、宋文雅以来,教化丕变,家庠序而人诗书。"唐人杜佑《通典》卷182《州郡典·古扬州下》亦云:"永嘉之后,帝室东迁,衣冠避难,多所萃止,艺文儒术,斯之为盛。今虽闾阎贱品,处力役之际,吟咏不辍,盖因颜、谢、徐、庾之风扇焉。"有史可稽者,福州乃至福建最早的学校创设于南朝刘宋政权时期(420—479)。

据民国陈衍《福建通志·名宦》卷1载:刘宋文帝元嘉年间(424—453),河南光州人阮弥之任昌国(即晋安郡,今福州)太守,"昌国初为蛮地,俗不知学,弥之教稼穑,兴学校",以至当时社会出现"家有诗书,市无斗嚣"的景象。

又,据《南史》卷70《虞愿传》载:"虞愿字士恭,会稽余姚人也……宋元嘉中,为湘东王国常侍。及明帝立,以愿儒吏学涉,兼蕃国旧恩,意遇甚厚。……出为晋平①太守,在郡不事生业。前政与百姓交关,质录其儿妇,愿遣人于道夺取将还。在郡立学堂教授。郡旧出髯蛇,胆可为药。有遗愿蛇者,愿不忍杀,放二十里外山中。一夜,蛇还床下。复送四十里山,经宿复归。论者以为仁心所致。海边有越王石,常隐山雾,相传云'清廉太守乃得见'。愿往就观视,清澈无所隐蔽。"因其为政廉平,身后郡人怀其惠,赞其德,建祠以祀。其后,王秀之(字伯奋,琅琊临沂人)为晋平太守,遗书朝士曰:"此郡承虞公之后,善政犹存,遗风易遵,差得无事"。②

复又,乾隆《福建通志》(四库本)卷29《名宦》:齐时(479—502)东海(今山东郯城)王僧孺(与沈约、任昉同为当时三大藏书家)"为晋安丞,除侯官令",建武(494—497)初始安王萧遥光为扬州刺史,奉诏举士,其荐表有曰:"前侯官令东海王僧孺,年三十五,理尚栖约,思致悟敏,既笔耕为养,亦佣书成学。"③

整体言之,两晋南朝时期福州教育尚处在初始状态,地方官学时续时断,若有

---

① 刘宋明帝泰始四年(468年),改晋安为晋平,即今福州。据清乾隆《福州府志》卷二《建置沿革》称:晋平郡之名,主要用于宋末齐初,也许只存在几十年。

② 《南齐书》卷53《虞愿传》、黄仲昭《八闽通志》卷36《秩官·名宦·福州府》所载略同。

③ 《梁书》卷33《王僧孺传》。

若无,并无定制,一般由地方官自行创办,因此,地方官员对教育的态度直接影响教育的发展。①

第二节 隋唐五代时期福州教育的发展

一、隋唐五代时期闽都地区的开发

隋唐五代是闽都地区经济大开发、大发展的时期。这一时期,中原地区战乱愈演愈烈,局势日趋恶化,南下避乱入闽的中原汉人遽增,再次掀起北方汉人入闽的高潮。② 据史料记载,唐开元年间(713—741)福州有 31 067 户,③天宝年间(742—755)则增至 34 084 户,75 876 口,④至建中年间(780—783)达到 39 527 户,217 877 口。⑤ 其时,福建省总户数为 93 535 户,口数为 537 472,仅福州一地就占人口数的 40%,福建的 11 个上县(唐代以户口多寡将州县分为上、中下三等,6000 户以上为上县,3000 以上为中县,不满 3000 为中下县),福州就占了 5 个:闽县、侯官、长乐、福唐、连江。⑥ 人口遽增,一方面反映这一时期福州经济的发展,另一方面又促使福州经济向深度、广度发展。618 年,李渊代隋,建立唐朝。武德五年(622 年),唐将王义童平闽,任泉州刺史兼都督,开始了对福建的统治。福州作为福建省的政治、经济、文化中心地位亦于此时期确立下来。随着唐朝对福建的开发由北而南全面推进,福建的经济得到长足发展,也推动了文化教育事业的发展。

二、李椅、常衮的兴学

福州是福建开发较早的州郡,早在两晋南朝,学校教育即已产生。隋唐以来,随着中原汉族大举南迁入闽,衣冠士人云集,对当地民智的开启和人文素质的提高起到了积极作用。当然,与中原教育之盛况相比,福建地区则相对滞后。有隋一代,因州郡合并,福建唯设一州,即泉州,治所在闽县。因此,其时是否设立州(郡)学,尚未发现明文记载。迨及唐朝后期,李椅、常衮的兴学活动,在福州教育发展史上具有里程碑式的意义。关于福州府学(州学)设置的具体年代尚不可知,但据《三

---

① 福建省教育史志编写办公室:《福建省教育史志资料集》第 6 辑,1991 年 12 月版。
② 从历史上看,中原汉人南迁进入闽都地区发生过三次移民高潮。第一次高潮是三国孙吴时期;第二次是西晋末年,永嘉"八王之乱",中原板荡,江东衣冠族林、陈、黄、郑、詹、邱、何、胡八姓入闽;第三次是唐中叶"安史之乱"后和唐末黄巢农民起义期间,随王氏入闽者多达三十六姓。
③ 梁方仲:《中国历代户口、田地、田赋统计》,上海人民出版社 1980 年版,第 104 页。
④ 《新唐书》卷 41《地理志五》。
⑤ 杜佑:《通典》卷 182《州郡》12。
⑥ 杜佑:《通典》卷 182《州郡》12。

山志》①《八闽通志》②所载,可以断定福州府学当在大历年间(766—779)以前设立。至于李椅、常衮兴学活动,史载较详。

李椅③福州兴学主要依据与其同时代文人独孤及所撰《福州都督府新学碑记》。该《碑记》载:李椅,唐宗室,代宗大历七年(772年)冬十一月任御史大夫持节都督福、建、泉、漳、汀五州(即福建全境),大历十年(775年)秋九月逝于任上。李椅在福建的三年,崇学校,励风俗,将兴办教育作为第一要务。他始至福州,"未及下车,礼先圣先师,退而叹堂室湫狭,教学荒坠","是以易其地,大其制,新其栋宇,盛其俎豆"。为筹集资金,李椅"躬率群吏之稍食,与赎刑之余羡,以备经营之费,而不溷于民也"。学宫依据中原地区的模式建造,"先师寝庙、七十子之像在东序,讲堂、书室、函丈之席在西序,齿胄之位,列于廊庑之左右"。李椅还亲临学宫,"以《五经》训民。考教必精,弦诵必时。于是,一年人知敬学,二者学者功倍,三年而生徒祁祁,贤不肖竞劝。家有洙泗,户有邹鲁,儒风济济,被于庶政"。"由是海滨之人,以不学为耻,州县之教达于乡党,乡党之教达于众庶矣"。李椅的兴学活动为时人称颂:"易俗移风,经始頖宫。百者皆兴,孔堂崇崇。……我闻我里,讲论资始。比屋为儒,俊造如林,缦胡之缨,化为青衿"。在他逝后,"群吏、庶民、耆儒诸生,雨泣庙门之外,若有望而不至。号曰:'岂不欲斯文之渐渍于东瓯之人欤?不然,何锡厥化,而不遐公之年也?吾党瞠然,呜呼!曷归。'"④

李椅之后,唐德宗建中元年(780年),前宰相常衮任福建观察使,再次展开兴学活动。常衮,"京兆人,天宝末及进士第。性狷洁,不妄交游。由太子正字累为中书舍人。文采赡蔚,长于应用,誉重一时"。大历十二年(777年),常衮"拜门下侍郎,同中书门下平章事,弘文、崇文馆大学士,与杨绾同执政"。这是常衮政治生涯中的巅峰时期,常衮亦成为常氏家族中唯一担任过宰相的人。"建中初,杨炎辅政,起为福建观察使。始,闽人未知学,衮至,为设乡校,使作文章,亲加讲导,与为客主钧礼,观游燕飨与焉,由是俗一变,岁贡士与内州等。卒于官,年五十五,赠尚书左仆射。其后闽人春秋配享衮于学官云"。⑤ 对此,《新唐书》卷203《欧阳詹传》亦载:"及常衮罢宰相为观察使,始择县乡秀民能文辞者,与为宾主钧礼,观游飨集必与,里人矜耀,故其俗稍相劝仕。"常衮因此被后人尊奉为"兴闽文学之圣人"。常衮去

---

① 《三山志》卷8《公廨类·庙学》:"庙学,旧州西北一里,唐大历七年,观察使李錡移城南。"编者按:"李錡"疑是"李椅"之误。

② 《八闽通志》卷44《学校·福州府》:"府学在府城南兴贤坊内。旧在子城西北一里许,唐大历间,观察使李椅移建今所。"

③ 李椅,《旧唐书·代宗本纪》作"李琦","(大历)七年十一月甲申,以福建观察使李承昭为礼部尚书,华州刺史李琦为福州刺史、福建都团练使"。(《旧唐书》卷11《代宗本纪》)
淳熙《三山志》作"李錡"。《闽中记》云:"李郇公錡,大历中,廉按比部,乃大启府学,劝诱生徒。"《重修学记》作"李椅"。考之《唐书》,李錡未尝有郇公之称,亦未尝官福州,《新唐书》李錡入《叛臣传》。(见《新唐书》卷224《叛臣·李錡传》)据此,李椅与李錡当不是同一人,似当以《学记》为正。

④ 徐景熹:乾隆《福州府志》卷11《学校·府学》。

⑤ 《新唐书》卷150《常衮传》,《八闽通志》卷36《秩官·名宦》略同。

世后,其子常遂为永泰县令,葬其父于方广山之麓,墓前神道碑刻:"唐闽观察使常公墓道",其墓被尊称"圣人墓"。

为感念常衮的恩德,闽都乡人于道光十三年(1833年)自发捐资重修常衮墓。长乐人林宗泽撰写了《唐福建观察使常衮墓志铭》,这方青色页岩碑刻藏于今永泰县方志办。其文曰:

常公者,京兆人也。以天宝进士仕于朝,代、德二宗,天下翕然称贤,其载在唐史者可考。其以故宰相观察福建也,设乡学,延名师儒以教闽人,闽人始知向学,海滨邹鲁之风,实开于此,其载在郡、国志者可考。公卒于闽,朝廷追赠尚书左仆射,适嗣遂公适宰永邑,葬公葛岭之阳,因而卜居连邑,为望族焉,其载在家乘者又可考。公之坟方圆七十三丈有奇,环以短垣,垣之内,旧植松树四十余株,森森拱庇,盖自有明以来已然矣。我朝雍正六年奉谕重修,迄今百余载,春霜秋露,曷胜宿草之悲!公之裔孙肇端,常欲葺而新之,永之绅士以为公之有功于闽,既已专祠府学,以志不忘,矧其一抔在永,可弗知所爱护乎?于是相与怂恿,捐资鸠工砌造,弃石用灰,规制一整;并拓墓前余地,建年表一,勒"兴闽文学"于上。用钱二百余贯,三阅月而成。成而问志于予,予维公之功名节义;在朝廷者,史既书之;其在闽者,口碑千古,亦不得表而明。所幸者陇阡在永,永之人,独得以伸其瞻仰之情矣,然而斯径之成,永之幸也,抑岂独永之幸也!是为志。道光十有三年,冬十月,后学长乐林宗泽撰。后学闽县方蔼书。

李、常二人的兴学活动,使得福州"俗初奋于学",[①]"贞元、元和间,学者益盛",[②]为宋代闽都教育的繁盛奠定了基础。如《八闽通志》卷44《学校》之"序言"云:"按旧志,莆人郑露倡学于梁、陈之间,福人薛令之登第于神龙之际,则闽人知学其所由来也远矣。而《唐史》则谓常衮兴学校,而闽人始知学,何欤?盖闽人知学虽已久,至衮大兴学校而始盛也。自时厥后,闽之文物骎骎与上国齿,至宋遂有'海滨邹鲁'之称。"明吴宽《重建文庙记》亦云:"闽去中州万里,在《禹贡》荒服之外,历三代至汉,其民既庶,复徙之江淮间,益久而生息复盛,然未知以文学为事也。在唐常衮为观察使,始设学校,教之为文,又能屈己以倡率之。于时,士子更相慕效,而文学大兴,其人遂与中州等。学校之设,其有益于天下如此。"[③]

除了府(州)学的设立,还设有县学。《八闽通志》卷44《学校·福州府》:"长乐县学,在县治东兴贤坊内。唐乾符四年建。"

三、王氏闽国时期教育发展

唐中叶的安史之乱和唐末黄巢农民起义导致中原地区战乱频仍,大批北方移民南迁进入福州。唐景福二年(893年),河南光州固始人王潮(字信臣)、王审知

---

① 徐景熹:乾隆《福州府志》卷24《风俗》。
② 梁克家:《三山志》卷8《公廨类二·庙学》。
③ 徐景熹:乾隆《福州府志》卷11《学校·古田县学》。

(字信通)兄弟占领福州,王潮自称福建观察使,各地武装纷纷归附,唐王朝遂正式授予王潮为福建观察使。乾宁三年(896年)福州升为威武军,唐昭宗以王潮为威武军节度使加检校尚书、左仆射,王审知为观察副使,二人正式据有福建之地。次年,王潮病卒,王审知自称"福建留后"。不久,唐朝廷授王审知威武军节度使、福建观察使,累迁同中书门下平章事,封琅琊王。唐朝灭亡后,后梁太祖朱温(又名朱全忠)加授王审知为中书令,旋又封其为闽王。后唐同光三年(925年)王审知去世,其长子王延翰继位,于后唐天成元年(926年)建大闽国,自称国王,定都福州。从此,闽都地区又进入了政治上动荡不安的时期。由于王氏兄弟纷争,内讧不已,最终发展成内战,于后晋开运二年(945年)为南唐所攻灭,闽国亡。史称此期为五代闽国时期,亦即王氏闽国时期(893—945)。

这一时期,由于大批中原文人儒士躲避战乱流寓福州以及王氏政权采取礼贤下士、兴文重教的政策,福州教育于此期有了较大发展。清人陈云程的《闽中摭闻》卷1《八族入闽》中记载:"王氏据有全闽,虽不知书,一时浮光士族,与之俱南。其后折节下士,开四门学,以育才为急,凡唐宋士大夫避地而南者,皆厚礼延纳,作招贤院以馆之,闽之风声气习,浸与上国争列。"①诚如清末同光派诗人陈衍在其《补订〈闽诗录〉叙》中所言:"文教之开,吾闽最晚。至唐始有诗人;至唐末五代,中土诗人时有流寓入闽者,诗教乃渐昌,至宋日益盛。"

乾宁元年(894年),王潮入闽后"乃作四门义学,还流亡,定赋敛,遣吏劝农,人皆安之"。②

乾宁四年(897年)王潮病卒,审知代立。王审知继任后,"为人俭约,好礼下士"③"招贤下士有吐哺之风",于福州设招贤院,广纳人才,延揽中原文学之士,"王淡,唐相溥之子;杨沂,唐相涉从弟;徐寅,唐时知名进士,皆依审知仕宦"。④ 由于王审知"怀尊贤之志,宏爱客之道",使得"四方名士,万里咸来",⑤并感到"安莫安于闽越,诚莫诚于我公"。⑥

为培养人才,王审知号召各地"广设庠序""以学校之设,为教化之原",使府有府学,县有县学,乡僻村间有私塾;又采纳翁承赞的建议,"建四门学,以教闽士之秀者",四门学规格较府州学为高,面向平民开放,并延请知名人士陈郊、黄滔等人担任"四门博士"教导学生,"令诱掖童蒙,兴行敬让。幼已佩于师训,长皆置于国庠。俊造相望,廉秀特盛。……乡校皆游,童蒙来求,雅道靡靡,儒风优优"。⑦ 宋人钱昱在《重修忠懿王庙碑》盛赞王审知兴文重教之功绩,曰:"兴崇儒道,好尚文艺,建学

---

① 徐晓望:《福建通史》第2卷《隋唐五代》,福建人民出版社2006年版,第245页。
② 《新唐书》卷190《王潮传》。
③ 《新五代史》卷68《王审知传》。
④ 《新五代史》卷68《王审知传》。
⑤ 徐景熹:乾隆《福州府志》卷14《坛庙一·忠懿王庙》。
⑥ 黄滔:《黄御史集》卷5"丈六金身碑"。
⑦ 徐景熹:乾隆《福州府志》卷14《坛庙一·忠懿王庙》。

校以训诲,设厨馔以供给。于时兵革之后,庠序皆亡,独振古风,郁更旧俗,岂须齐鲁之变,自成洙泗之乡。"①

四、科举初兴

州、县学的设立,推动了福州教育的发展,其突出表现就是及进士第的人数有明显增加。众所周知,入隋以来,科举制度成为中国封建社会主要的选士制度,教育也服务于科举考试,因此科名的多寡在一定程度上反映了一个地区的文化水平和教育程度的高低。福州"自唐神龙迄后唐天成二百二十有三年,擢进士者三十六人"。② 然,细考诸方志,实得43人,兹列表如表1-1所示。

表1-1 福州唐代进士科名表

姓名	及第时间	籍贯	资料来源
薛令之	神龙二年(706年)	长溪	《三山志》
陈通方	贞元十年(794年)	闽县	《三山志》《八闽通志》
陈诩	贞元十三年(797年)	闽县	《三山志》《八闽通志》
邵楚苌	贞元十五年(799年)	闽县	《三山志》《八闽通志》
陈颜博	元和五年(810年)	闽县	《三山志》《八闽通志》
陈去疾	元和十四年(819年)	侯官	《三山志》《八闽通志》
欧阳衮	宝历元年(825年)	闽县	《三山志》《八闽通志》
林简言	大(太)和四年(830年)	福清	《三山志》《八闽通志》
侯固	大(太)和九年(835年)	闽县	《三山志》《八闽通志》
李溥	开成三年(838年)	闽县	《三山志》《八闽通志》
萧膺	开成三年(838年)	侯官	《三山志》《八闽通志》
林鹗	开成三年(838年)	长乐	《闽书》、道光《福建通志》
郑诚	会昌二年(842年)	闽县	《三山志》《八闽通志》
林滋	会昌三年(843年)	闽县	《三山志》《八闽通志》
陈纳	会昌四年(844年)	闽县	《三山志》《八闽通志》
陈镛	会昌四年(844年)	闽县	《三山志》《八闽通志》
林勋	大中元年(847年)	侯官	《三山志》《八闽通志》
侯岳	大中十二年(858年)	闽县	《三山志》《八闽通志》
薛承裕	咸通二年(861年)	闽县	《三山志》《八闽通志》
王棨	咸通二年(861年)	福清	《三山志》《八闽通志》
欧阳琳	咸通七年(866年)	闽县	《三山志》《八闽通志》
连总(橓)	咸通九年(868年)	闽县	《三山志》《八闽通志》
欧阳玭	咸通十年(869年)	闽县	《三山志》《八闽通志》
林慎思	咸通十年(869年)	长乐	《三山志》《八闽通志》
陈觉	乾符二年(875年)	侯官	《三山志》《八闽通志》
郑隐	乾符二年(875年)	福清	《三山志》《八闽通志》

---

① 徐景熹:乾隆《福州府志》卷14《坛庙一·忠懿王庙》。
② 梁克家:《三山志》卷26《人物类一·科名》。

续表

姓名	及第时间	籍贯	资料来源
林嵩	乾符二年（875年）	长溪	《三山志》
林徽	乾符二年（875年）	长乐	《闽书》
陈蜀	乾符五年（878年）	闽县	《三山志》《八闽通志》
倪曙	中和五年（885年）	侯官	《三山志》《八闽通志》
林衮	大顺元年（890年）	闽县	《三山志》《八闽通志》
张莹	大顺元年（890年）	连江	《三山志》《八闽通志》
陈鼎	大顺二年（891年）	福清	《三山志》《八闽通志》
黄璞	大顺二年（891年）	侯官	《三山志》《八闽通志》
曹愚	景福二年（893年）	长溪	《三山志》
黄诜	乾宁二年（895年）	侯官	《三山志》《八闽通志》
沈崧	乾宁三年（896年）	闽县	《三山志》
翁承赞	乾宁三年（896年）	福清	《三山志》
卓云	乾宁四年（897年）	长乐	《三山志》《八闽通志》
翁承裕	光化三年（900年）	福清	《八闽通志》
郑希颜	天复元年（901年）	闽县	《闽书》
柯崇	天复元年（901年）	闽县	
何瓒	唐末	闽县	《闽书》《新五代史·何瓒传》

上述进士及第人员中存疑者三人：一为翁承裕明经及第为进士及第，《八闽通志》卷46《选举·科举·福州府》翁承裕下注云："福清人。按《莆田志》，承裕于是年明经释褐，而《寰宇志》以为裴格榜，恐误。"二为林勖"大中五年开元礼登科"为进士及第。《三山志》卷26《人物类一·科名》林勖下注云："字公懋，闽县人。大中五年，开元礼登科。终吉州刺史。"三为黄诜登拔萃科为进士及第。《三山志》卷26《人物类一·科名》黄诜下注云："字仁泽。登拔萃科。璞之子。终左宣义郎、节度巡察判官。"

从上述进士及第情况看，福州教育在唐朝中后期有明显进步，但从整体上看，福州教育仍落后于中原地区，据统计，终唐之世全国录取进士共6642人，[1]福州尚不及1%。

由于五代时期中原战乱频仍，闽人北上参加科考不便，故此期及第进士唯陈保极一人。《三山志》《八闽通志》俱载：陈保极，闽县人，后唐天成三年（928年）及第。

---

[1] 刘海峰、庄明水：《福建教育史》，福建教育出版社1996年版，第20页。

第二章　两宋时期的闽都教育

　　960年,后周禁军统帅——殿前都点检赵匡胤发动"陈桥兵变",在"主少国疑"的情况下,轻而易举夺取了后周政权,黄袍加身,登上帝位,定国号为"宋",史称北宋。宋钦宗靖康元年(1126年),金兵南下,攻占北宋都城汴京(今河南开封),北宋灭亡。次年,宋徽宗第九子康王赵构在宋旧臣拥立下在南京应天府(今河南商丘)即位,改当年年号为建炎,是为宋高宗,后定都临安(今浙江杭州)。史称赵构建立的宋朝为南宋。1279年,南宋为元兵所灭。北、南宋存在320年,史称两宋。两宋是中国文化教育、学术思想取得辉煌成就的时期,理学的产生是这一时期的重要标志,其对中国封建社会后期的政治、思想、文化、教育产生了深远影响。

　　鉴于唐末、五代各地节度使拥兵自重、割据称雄的弊端,宋朝统治者摈弃原来的"武功"转而"文治",确立了"兴文教、抑武事"的基本国策。一如宋太宗在太平兴国七年(982年)谓近臣曰:"朕每读《老子》至'佳兵者不祥之器,圣人不得已而用之',未尝不三复以为规戒。王者虽以武功克定,终须用文德致治。"①这对宋朝教育事业的发展起了很大的促进作用。总体言之,宋朝的教育制度基本上沿袭唐制。学校教育在三次兴学后迅速发展起来,在中央和地方建立了较为完备的官学教育体系。史载:"自仁宗命郡县建学,而熙宁以来,其法浸备,学校之设遍天下,而海内文治彬彬矣。"②教学内容依旧强调儒家经学教育,所选用的人才须通经义,遵周孔之礼。宋真宗(998—1022年在位)还亲自到曲阜拜祭孔子,加谥孔子为"玄圣文宣王",称孔子为"人伦之表"、孔学为"帝道之纲",并以《十三经》作为学校的法定教材。

　　两宋时期,闽都地区的经济发展达于繁盛。北宋末年,宋室南迁,中国政治、经济重心的南移,中原士庶纷纷南下入闽,带来了先进的生产力和发达的文化教育,推动了闽都地区经济、文教事业的发展。正如朱熹在《跋吕仁甫诸公帖》中所说:"靖康之乱,中原涂炭,衣冠人物,萃于东南",使得福州教育在唐末五代的基础上有了很大发展,至南宋达于繁盛。张宁在《谕除知福州府到任表》中说:"忆昔瓯粤险远之地,今为东南全盛之邦。"徐景熹《福州府志》卷24《风俗》亦云:"至宋朱子绍濂洛嫡传,福郡尤多高第,弟子阐明圣道,弦诵互闻。盖向之习染,悉湔洗无留遗矣。自兹厥后,风气进而益上,彬彬郁郁,衣冠文物之选,遂为东南一大都会。古所称海滨邹鲁,至今日而益验矣。"蔡襄《福州修庙学记》亦云:"七闽滨海,其地险而壮。

---

①　《续资治通鉴》卷11。
②　《宋史》卷155《选举志三一》。

福州之治尤据其胜势,为东南一大都会,其风俗尊向儒术。"① 这一时期,福州教育的繁盛主要表现在官学发展、书院勃兴、科举繁盛等方面。

第一节 官学发展

一、州县官学②的发展

福州州县官学的发展主要是在北宋三次兴学高潮之后。"庆历四年(1044年),诏诸郡置学,二百人以上许更置县学,若民力未给,许姑就孔子庙,或系官屋宇。于是建学者始众。然教养规约,人自为之,职事、生员,大率略具尔。至崇宁初,行舍法,乃诏学置学长一人,学谕一人。学长掌一学之事,学谕以经术训导诸生。委州知、通、教授,选老成有行艺为闾里所推服者,各给俸禄,县以下系省杂收钱充。诸生在学一年,从学长、学谕考选,以报令佐审验,升州学。仍置小学,择可为教谕者。十岁以上,愿入学者,听之,惟倚郭县皆不置。时学各增建斋宇,逮舍法罢,重以兵火,圮坏者相继。后率更创,犹有旧制焉。"③ 有宋一代,福州除府学外,所辖各县均设学,兹据《三山志》《八闽通志》所载详述如下:

福州府学,在府城南兴贤坊内。旧在子城西北一里许,唐大历七年(772年),观察使李椅移建今所,始补生徒三十。唐乾宁元年(894年),王潮于州四门置义学。五代梁龙德元年(921年),王审知置四门学,以招徕四方之秀。吴越时(947—978)作新宫,号使学。宋太平兴国(976—983)中,转运使杨克让始作孔子庙。景祐四年(1037年),权州事谢微表请于庙立为府学,从之。诏下,微适罢去,郡守范亢、许宗寿踵其事,历五年乃成,糜公帑钱千万。植宇六十楹,中设孔子与其徒高第者十人像,又绘六子及先儒以业传世者于壁。有九经阁、三礼堂、黉舍、斋庐、旁翼两庑,庖次井饮,百用皆给。康定二年(1041年),沈都官邈增赐田,延旧儒敷讲经术,乃立课程,要束,以示学者。熙宁三年(1070年)灾。郡人韩昌国、刘康夫等二百人请自创建,郡守程师孟许之。既而属县之士皆如昌国请,不一月,集钱三百万,为门,为殿,为公堂,环列十斋,以居学者。公堂之后,又别为室以藏书,为堂以讲议,为斋以处师友,盖合百有三十间。自孔子以下至十哲,塑像冕服,更请制度,自朝廷颁降。然自是以前,养士岁才十数人,元丰(1078—1085)初,始增至数十。元祐八年(1093年),郡守王祖道复斥东西序之北二百四十尺,增斋舍为二十。而小学在中门外之左,客次在中门外之右。旧庙学门皆西出,至是改建外门,直中门之南,岁补生员五百。崇宁元年(1102年),行舍法,始自朝廷选择教授增养士之额,益广为

---

① 徐景熹:乾隆《福州府志》卷11《学校·府学》。
② 宋代地方行政机构为三级:第一级为路;第二级为州、府、军、监;第三级为县。一般而言,路不直接设学,仅管学官管辖所属各学校。因此宋代地方官学只有两级,即州学(府官、军学、监学)和县学。
③ 梁克家:《三山志》卷9《公廨类三·诸县庙学》。

三百五十一区,为堂三,为斋二十有八。后罢舍法,省斋为十有二,养士二百人。有先贤堂。绍兴十年(1140年),张丞相浚增养士为二百四十人。乾道改元,王参政之望定三百人为额。淳熙四年(1177年),陈丞相俊卿始创射圃,南北十三步,东西五十步有奇。仍创亭以序宾。补终场各五千余人,取经五百人,养士三百人。嘉熙元年(1237年)重建棂星门。景定四年(1263年)毁。明年(1264年),帅守王镕撤唐安寺材,建礼殿;撤城南禊游亭,建养源堂于殿之东北,创奎文阁于堂之北;复构戟门及棂星门,而别立学门于其东,凿泮池而桥其上。桥之西为米廪,北为中门,中门之西北为钱粮司。又西为守宿房、祭器库。北为学厅。厅之北列横廊三重,前廊之中为中亭。廊各五斋。

闽县县学,在府治东南罗山之麓,宋庆历(1041—1048)始建。治平元年(1064年)修。熙宁九年(1076年),邑令方叔完重建。崇宁(1102—1106)初,舍法行,寓于府学,后复旧。

侯官县学,在府治南、县治之东。宋庆历(1041—1048)中建,寻复修之。熙宁九年(1076年)县令方叔完建礼殿于讲堂之西,并塑像其中。崇宁舍法行,亦寓府学,后复旧。景定四年(1263年),礼殿毁,寻建。

怀安县学,在府治西,故有亭,切门道南为祭所。宋大中祥符四年(1011年)主簿陆东始建庙于石岊旧县治之东隅,嘉祐二年(1057年)知县樊纪移于县西,择地之胜,崇建学宫,讲堂敞严,斋室闳静,中尊孔夫子,殿配享以十哲图,七十二弟子传经,诸儒于壁塑孟、荀、杨、韩、王五贤于堂,辟小学,祭器庖廪咸具。及舍法行,增至八十一区。建炎(1127—1130)中,毁于建寇。绍兴(1131—1162)初,改创县东,为斋三。宝庆三年(1227年),知县徐璟重修。

长乐县学,在县治东兴坊内,最古,唐乾符四年(877年)建。宋邑宰董渊、吴仲举、萧竑、施闻相继缮治,卒莫能就。元祐三年(1088年),袁正规宰邑亟议修建。邑人林通者作《县图经》命鬻之,得钱二十万。县之富民皆相与殚力,乃仍旧殿新之。背殿有堂,翼以两序,为斋十二,岁种田十二斛,更盖房廊、后圃。余十间以佐给费,时养士几一百人。崇宁初,舍法行,增至五十三区。淳熙(1174—1189)间斋省为三。

连江县学,旧在县治东,宋嘉祐三年(1058年)知县朱定修庙为学,政和(1111—1117)初,广之,凡四十三区,有善养堂,为斋凡三。绍兴八年(1138年)知县林觉移建今所,背长汀,面云居;邑人林日华率陈元礼、林芘、林铎等缮钱万有奇助之。重门修廊,巍殿中峙,有翻经阁,驾说堂,更为四斋。殿之后为进德堂,堂之上为稽古阁。增斋为六。嘉祐二年(1057年),邑宰赵汝训增筑尼山于学宫之后。宝庆三年(1227年),邑宰郑沆凿泮池于戟门之外。咸淳八年(1272年),邑宰宋日隆新风池坊于棂星门之前。

福清县学,在治之东。旧先圣像寓于三礼堂,邑人提举游冠卿始舍地创庙。宋元丰元年(1078年),复广庙地建学。元祐六年(1091年)知县方叔完又广而新之,市钱塘书籍储于经史阁。崇宁(1102—1106)初,增至八十四区,为斋三。淳熙元年(1174年),知县刘墩增斋为四。

古田县学,在县西隅旧学廨垣东址其地也。宋景德二年(1005年),邑宰李堪撤佛宫四十三,毁淫祠三百一十五,取其材创建庙学,位先圣,列十哲,绘六十二子、七十一贤及孔伋以下大儒,至唐韩愈氏九十六人。有亭一、台一、阁十二。校典一人,主缃牒;礼生二人,主奠谒。蹑屣赢粮,来就学者益多。嘉祐二年(1057年),邑令陈昌期修。崇宁初增至九十一区,建九经阁、会道堂,左右序为斋八,外为小学。绍兴元年(1131年)毁于建寇,乃寓于佛宫。三年(1133年)邑令周彦耀始创于县西郊。七年(1137年)诸生林好古、陈鬲、卓冠与其邑人袁金钱百余万,请还学于景德旧址。邑令郑观、帅宁张浚许之。岁终告成,堂殿斋舍俱备。二十四年(1154年)邑令汤选始移建今所。

永福县学,在县治东。宋崇宁元年(1102年)修,凡五十二区,有养士堂,为斋凡三,建炎三年(1129年)毁。绍兴(1131—1162)初,邑宰陈炎重建粗完,更为四斋。乾道间(1165—1173)邑宰谢庀大而新之。后复毁。邑宰侯至果重建讲堂。端平三年(1236年)邑宰舒复宗营缮始备。宋末又毁于兵。

闽清县学,在县治之东南。宋景德四年(1007年),县令史温上事之三日,谒庙无所,即议建立,得县东南隅废廪地,召乡之秀民谋之。既塑像先圣、先师、十哲,仍图六十子及大儒像于壁。构堂一、阁五、讲堂一。又有谈经楼三、礼堂、祭器库、严奉轩。绍圣二年(1095年)祝亚为宰,陈旸初擢制科第一以归,与邑人协力新之。又作堂以祀其兄祥道。崇宁(1102—1106)初,舍法行,增为四十一区。有稽古阁,为斋凡四。淳熙五年(1178年)毁,明年(1179年)重建经史阁,为斋十二。宝祐元年(1253年)复毁。四年(1256年)重创未备。

罗源县学,在县治东南百二三十步。旧在四明寺南,宋庆历八年(1048年)邑宰陈偁建,延郡人郑穆为师,以劝民学。元祐六年(1091年),邑宰袁符及士民倪昱奏请迁今所。崇宁(1102—1106)初,增至九十九区,有议道堂,为斋凡九,外立小学。建炎(1127—1130)间毁于建寇,寻复创。绍兴(1131—1162)初,主簿廖晛大加修建。嘉定九年(1216年),邑人大谏黄序又拓其基而改创之。其后,邑人祭酒张磻复增创文星堂于学之西序。

长溪县学,在县治东南。旧在县治东保明寺之左,庆历三年(1043年)知县杜枢徙今所,筑菱湖地创建。旧学基遂为保明寺所有。元祐二年(1087年)知县马康侯又迁于县东门外,以建善寺地为之。大观二年(1108年)知县叶安节更建殿宇。嘉泰三年(1203年)知县姚迥、嘉定九年(1216年)知县江润祖、淳祐七年(1247年)知县许铸、咸淳五年(1269年)知县赵时贯、七年(1271年)知县李季可俱尝修葺。

宁德县学,在县治之东南。宋嘉祐三年(1058年)创建。崇宁二年(1103年)增为四十区,有敷教堂,为斋四。乾道六年(1170年)县丞卢觉重修。七年(1171年)知县徐磐建小学。淳熙二年(1175年)知县赵善悉改建大成殿于明伦堂之西。殿之南为棂星门。淳熙八年(1181年)知县徐梦发更新之。嘉定三年(1210年)知县周茂良凿泮池于棂星门之内,而桥其上。五年(1212年)摄县事闽县丞黄克宽增建戟门于棂星门之北。

福安县学,在县治东南。旧在县西南蠡湖之上,宋淳祐五年(1245年)知县郑黼经划其方位,左为庙,右为学,先建讲堂直舍。淳祐八年(1248年)知县林子勋建文庙东西庑、戟门并明伦堂、斋舍、库廪,学制始备。

从上述记载看,宋代福州教育有以下特点:其一,宋代福州州县学共计14所,福州所辖各县均设立学校,且多于北宋兴学高潮之后设立;其二,所立学校大多依托孔庙所在地,在庙学的基础上修建,实行庙学合一,崇宁行三舍法后,各学建筑规模迅速扩大,除县学内附设小学外,其建筑大多包括大成殿、经史阁、崇圣祠、明伦堂、讲堂、斋舍、泮池、祭器库、米廪、馔堂等,兼有祭祀①、教学、藏书以及社会教育多种功能,成为地方文化教育的中心和培养治才的主要基地,也是朝廷崇尚儒术,以儒家思想统治社会的一个明显标志;②其三,各学多有私人捐赠,如福州州学、长乐县学、连江县学、福清县学、古田县学、闽清县学等;其四,福州为州治所在地,集州学、闽县县学、侯官县学、怀安县学于一城,几经扩建,规模庞大,崇宁元年(1102年)行舍法后,"增养士之额,益广为三百五十一区,为堂三,斋二十有八",成为福建最大的地方官学。至于各县学的学额,庆历四年(1044年)诏诸州皆立学,县有士子200人以上亦设学。而实际上各学规模与生员数始终在起伏变化。以福州府学为例,熙宁(1068—1077)以前,养士岁才十数人,元丰(1078—1085)初,始增至数十。元祐八年(1093年)王秘监祖道始至,岁补生员500人。崇宁元年(1102年)舍法行,始自朝廷选择教授,增养士之额。其后舍法罢,寻省为十二斋,养士200人。绍兴十年(1140年)张丞相浚增养士为240人。乾道元年(1165年)王参政之望定300人为额。③ 朱熹在《福州府学经史阁记》曰:"福州府学在东南为最盛,弟子员常数百人。"④

二、学田

宋代学校的经费主要来源于学田,而学田或由官赐,或籍没寺庙产业而得,或靠私人捐赠。所谓学田,即旧时办学的公田,以土地收益作为学校基金。五代虽已有关于学田的记载,但作为一种制度,学田之制始于宋真宗乾兴元年(1022年)赐兖州州学学田十顷。《续资治通鉴·宋真宗乾兴元年》:"庚辰,判国子监孙奭言:'知兖州日,建立学舍以延生徒,至数百人,臣虽以俸钱赡之,然常不给。自臣去郡,

---

① 孔子春秋二祭,行释奠礼,由学官主办,地方长官主持,参加者包括官学全体生员和地方各界人士。
② 福建省教育史志编写办公室编:《福建省教育史志资料集》第6集,1991年12月。
③ 梁克家:《三山志》卷8《公廨类二·庙学》。
④ 徐景熹:乾隆《福州府志》卷11《学校·府学》。

恐渐废散,乞给田十顷为学粮。'从之。诸州给学田始此。"仁宗即位初,即赐兖州学田。① 之后,仁宗景祐年间(1034—1038)又规定,凡新建或虽建而无学田之州学,均赐田5～10顷,②学田遂作为一种制度被确定下来,有力地推动了地方官学的发展,这一制度历元、明、清三朝相沿不改。

据载,福州州学"旧管田76顷78亩1角14步,园地、山林、屋基、埕池、塘坂等125顷45亩2角32步,房廊屋68间,屋地基12所。续添田园、沙洲地17顷50亩3角38步,屋18所,庵基地1所"。有宋一代,赐福州州学学田不乏史载。如:仁宗景祐四年(1037年)赐田5顷;神宗熙宁三年(1070年)给公田10顷;徽宗崇宁三年(1104年)拨诸系官田、宅、常平户绝等田,以充学费。

除官赐学田外,亦有籍没寺庙产业者,如:元丰(1078—1085)初,孙司谏觉守是邦,会安福寺僧犯法,籍没其田,请于朝以资养士;绍兴十年(1140年)张丞相浚上言:"宁德有浮屠氏田36顷60有2亩,籍没岁久,乞以其田为赐",诏从之。③ 不过,各县学的情况则有所不同,所获学田和其他资产数额亦甚为悬殊。据《三山志》载:

闽县田14顷2亩3角59步,园地等18顷61亩2角;租课钱1459贯29文,白米465石4斗7升。侯官县田14顷19亩1角51步3分,园地32顷46亩1角58步7分9厘;租课钱1396贯366文,白米665石8升3合,糙米22石6斗。怀安县田4顷35亩1角3分1厘,园地36顷63亩17步4分1厘,屋基地1所;租课钱130贯939文,白米220石3斗,糙米24石4斗9升2合,谷55石6斗,小麦1石1斗6升6合,红豆8斗8升6合。福清县田2顷70亩50步,园地3顷20亩1角31步;租课钱19贯26文,白米104石4斗1升,糙米1斗,大麦、占谷、黑豆共53石9斗6升7合。长溪县田4顷36亩1角18步,园地22顷83亩2角41步5分2厘;租课钱62贯807文,白米87石3斗3升2合。古田县28角43步4分,园地1角54步9分;租课钱25贯280文,白米11石2斗9分。连江县田88亩2角35步,园地1顷4亩3角33步;租课钱4贯180文,白米39石1斗6升2合7勺。长乐县田16顷37亩1角11步4分8厘,园地13顷60亩3角42步2分4厘;租课钱906贯988文,麦、豆、谷19石8斗7升2合2勺,糯米161石9斗6升7合,上草2652束,麻皮18斤。永福县田2顷90亩42步,园地7顷74亩2角58步;租课钱3贯737文,白米103石7斗1升。闽清县田99亩3角53步9分5厘,园地5顷24亩2角36步8分;租课钱1贯613文,白米24石1斗9升8合,油麻、青豆、粟谷、大麦、芋共1石9斗4升,荞草3束。罗源县园地1顷50亩3角41步;租课钱1贯92文。宁德县田13顷96亩3角38步,园地14顷84亩1角14步;租课钱89贯214文,白米145石,芋、䓛、谷共5斗5升。④

---

① 《宋史》卷157《选举志三·学校试》。
② 郭宝林:《北宋的州县学》,《历史研究》1988年第2期。
③ 梁克家:《三山志》卷12《版籍类三·赡学田》。
④ 梁克家:《三山志》卷12《版籍类三·赡学田》。

从上述记载中可以看出：各县学学田、资产收入不一，其中闽县、侯官、长乐县学状况良好，宁德、怀安、长溪、永福县学次之，古田、连江、闽清县学较差，罗源县的情况最差，不仅1亩学田没有，而且其他资产亦缺。其缘由一则可能是地方政府未按诏令划拨，另则可能是学田被侵占。《三山志》中就有关于对侵占学田者加以处罚的记载："闽之民有盗买旧学田一顷六亩者，檄本学以其直取之。及先籍黄冠私田凡六十亩，岁获通千缗，并归于学，乃益养士三百人。"①

　　各学课程以教授儒家经典为主，《宋史》卷167《职官志七》曰："庆历四年，诏诸路州、军、监各令立学，学者二百人以上，许更置县学。自是州郡无不有学。始置教授，以经术行义训导诸生，掌其课试之事，而纠正不如规者。"皇祐至淳祐年间(1049—1252)，福州州学教授共7人，分别是：陈烈(皇祐年间，1049—1053)、周希孟(嘉祐年间，1056—1063)、庄柔正和张读(均为崇宁年间，1102—1106)、张洙(绍兴年间，1131—1162)、刘翔和缪烈(淳祐年间，1241—1252)。②其具体设置过程则见于《三山志》卷23《秩官类四·州司官》记载："皇祐中，诏陈烈教授本州。嘉祐二年，复诏以周希孟为教授。元丰元年，福建路惟建州置教授一员。二年，州奏乞置教授，乃令州举曹官或职官一员兼。三年，孙觉奏差司法王裕。元祐二年，复授孙烈。是时，特使掌教，未为员阙。崇宁元年，诏大郡或举人多处置二员。五年，教授二人，寻减一员。大观元年，诏东南州郡养士至六七百人处添置一员。既而提学司以福州养士至千人，请添置一员为三员。政和学制，福州教授两员，弓马教谕一员，宣和减罢，留一员。绍兴十四年，州乞特添差陆祐，十八年，添差一员，二十六年省。"此段记载表明福州州学所设教授于"庆历兴学"之后，员额1~3人不定，随养士多少而增减，有时是兼职。政和年间(1111—1117)曾设弓马教授，掌骑射、习武之事，由此说明各学除主修儒家经典之外，兼有习射、习武活动。其时，各学普遍设有射圃作为生徒习射、习武之地。史载："淳熙中，命诸生暇日习射，以斗力为等差。"③福州州学射圃于淳熙四年(1177年)，由陈丞相俊卿始创，南北十三步，东西五十步有奇。仍创亭以序宾。④长乐、连江、福清、永福、闽清、罗源县学亦建有射圃。⑤

三、宗学

　　宋朝地方官学除州县学外，还有两种较为特殊的官学——宗学和蕃学。

　　宗学，是皇室子弟的学校。宋朝于景祐二年(1035年)始置宗学，由大宗正司专门管理。规定："凡诸王属尊者，立小学于其宫。其子孙，自八岁至十四岁皆入

---

① 梁克家：《三山志》卷12《版籍类三·赡学田》。
② 黄仲昭：《八闽通志》卷31《秩官·历官·福州府》。
③ 《宋史》卷157《选举志三·学校试》。
④ 梁克家：《三山志》卷8《公廨类二·庙学》。
⑤ 黄仲昭：《八闽通志》卷44《学校·福州府》。

学,日诵二十字。……熙宁十年(1077年)始立《宗子试法》。凡祖宗祖免亲已受命者,附锁厅试;自祖免以外,得试于国子监。礼部别异其卷而校之,十取其五,举者虽多,解毋过五十人。廷试不得与进士同考。年及四十、掌累举不中,疏其名以闻而录用之,其官于外而且不愿附各路锁试,许诣告试国子监。"①崇宁三年(1104年),因宗子日多遂置南外宗正司于南京(今商丘),西外宗正司于西京(今洛阳)。"两京皆置敦宗院,院皆置大、小学教授"。②宋王朝南渡后,南外移镇江,西外移扬州。绍兴三年(1133年),西外移于福州,南外移于泉州,宗学遂成为福州教育的重要组成部分。其时,西外宗正司衙署在福州太平寺,隔壁的庆城寺为宗官寓所,敦宗院居寺西南,宗学教授居寺东北。③

蕃学,亦为番学。宋朝所设供外族或异国人读书的学校。"熙宁八年(1075年)三月戊戌,知河州鲜于师中乞置蕃学,教蕃酋子弟,赐田十顷,岁给钱千缗,增解进士二人,从之"。④不过,蕃学主要设于海外贸易较为兴盛的泉州和广州。福州未有蕃学。

第二节 书院勃兴

一、书院的创建

书院是我国古代一种特殊的教育机构,其名始见于唐朝,包括官府和私人创设两种形式。唐玄宗开元六年(718年)乾元院更号丽正修书院,十三年(725年)改丽正修书院为集贤殿书院,此为书院制度之滥觞。书院设有"学士、直学士、侍读学士、修撰官,掌刊辑经籍。凡图书遗逸,贤才隐滞,则承旨以求之。谋虑可施于时,著述可行于世者,考其学术以闻"。⑤《旧唐书》卷43《职官二》亦载:集贤殿书院"集贤学士之职,掌刊辑古今之经籍,以辨明邦国之大典"。可见,唐朝官府所设书院主要作为藏书、修书、校书之地。

私人创建的书院大多以个人名字命名,也有的以书院所在地命名,是士子读书治学之地。《全唐诗》的诗题中列举的11所书院中有:李秘书院、杜中丞书院、费君书院、李宽中秀才书院等,即是直接以人名称谓;又有:南溪书院,即以地名称之。⑥从历史记载上看,唐朝私人创建的书院中有的已经出现聚徒授学的活动,如:江西吉水县的皇寮书院,"刘庆霖建以讲学";福建漳州府松州书院,"陈珦与士

---

① 《宋史》卷157《选举志三·学校试》。
② 《宋史》卷157《选举志三·学校试》。
③ 福建省教育史志编写办公室:《福建省教育史志资料案》第6辑,1991年12月。
④ 《宋史》卷15《神宗纪二》。
⑤ 《新唐书》卷47《百官志二》。
⑥ 陈元晖、尹德新、王炳照:《中国古代的书院制度》,上海教育出版社1981年版,第5页。

民讲学处";江西九江府德安县义门书院,"陈衮即居左建立,聚书千卷,以资学者,子弟弱冠,皆令就学";江西奉新县梧桐书院,"罗靖、罗简讲学之所"。① 由此表明这类书院具有了教育组织的萌芽。

书院作为一种教育制度正式形成于北宋。北宋承五代丧乱,官学遭到毁坏,庠序失教,士子失学,加之北宋初年所推行的文教政策重取才,轻养才,学校教育未得到应有的重视,官学未及时修复。正是在这种情形下,作为具有私学特色的书院沛然兴起。诚如朱熹在《衡州石鼓书院记》一文中所说:"予惟前代庠序之教不修,士病无所于学,往往相与择胜地,立精舍,以为群居讲习之所。而为政者乃或就而褒表之,若此山,若岳麓,若白鹿洞之类是也。"吕祖谦的《鹿洞书院记》亦云:"国初,斯民新脱五季锋镝之厄,学者尚寡,海内向平,文风日起,儒生往往依山林,即闲旷以讲授,大率多至数十百人。"马端临则将书院称为"乡党之学",其《文献通考·学校考》曰:"盖州县之学,有司奉诏旨所建也。故或作或辍,不免具文。乡党之学,贤士大夫留意斯文者所建也。故前规后随,皆务兴起。后来所至,书院尤多。而其土田之赐,教养之规,往往过于州县学,盖皆欲仿四书院云。"宋初著名的四大书院或六大书院②就是私人创建的书院,并不断受到官府的资助和支持而日渐发展起来的。书院制度在南宋达到鼎盛,并为元、明、清三朝沿用,成为中国古代教育制度的重要组成部分,讫至清光绪二十七年(1901年)改全国省、县书院为学堂,书院之名遂废,书院制度亦告终结。

福州书院于北京开始创立,至南宋大盛。其情况大略如表 2-1 所示。

表 2-1　宋代福州书院一览表③

书院名称	所在地	创建纪要
鳌峰书堂	闽县	在府城内东南鳌顶峰下。状元陈诚读书处
龙首洞书堂	闽县	在府城东瑞胜里东山,状元许将尝肄业于此。治平四年(1067年),知县陈靖大书刊石曰"龙首洞"
拙斋书院	侯官县	在府治西南三山驿前。宋儒林拙斋之奇与其徒吕东莱祖谦讲道处也。乡大夫士仰止二先生学行,遂相与修葺之,像拙斋于其中,而以东莱配。状元黄朴匾其堂曰"尊拙";莆田陈宓复匾其门曰"拙斋林先生书院"。岁久而圮。明成化间(1465—1487)其裔孙培重建,复像拙斋于中,左配以东莱,右袝以拙斋之从子子冲及子冲之子畊,而其门堂之匾则皆仍其旧云

① 陈元晖、尹德新、王炳照:《中国古代的书院制度》,上海教育出版社1981年版,第8页。
② 宋初素有"天下四大书院"之说,但各书记载,略有所异。王应麟的《玉海》以白鹿洞、石鼓、应天府、岳麓为四大书院。学界一般认为宋初著名书院有六:白鹿洞、岳麓、应天府、石鼓、嵩阳、茅山书院。
③ 据黄仲昭《八闽通志》卷44《学校·福州府》《八闽通志》卷45《学校·福宁州》、叶溥正德《福州府志》卷20《学校志》、喻政万历《福州府志》卷10《建置志三·学校》、徐景熹乾隆《福州府志》卷11《学校》整理而成。

续表

书院名称	所在地	创建纪要
三山书院	侯官县	在府城西关外西湖之上。宝祐二年(1254年)提刑王俣创建。元至元间(1264—1295),参政史弼立匾。政和元年(1328年)宪使易释、董阿重建
古灵书院	侯官县	在府城西南六十里,古灵溪之滨,宋儒陈襄读书处也。中为堂,塑宣圣燕居像于其中。旁为祠以祀襄。岁久颓圮,惟先圣之像独存。明成化改元,乡人林宪率众草创,号"古灵书塾"
德成书院	长乐县	在县北方安里。宋乾道间(1165—1173)建。为唐水部林慎思读书处,所构堂祀之。宋朱子尝寓其中,以为先生德成于此,因名其室,曰德成
蓝田书院	长乐县	宋绍兴(1131—1162)中,邑人陈坦然建
龙江书院	福清县	在县东方明里海口。其始,莫详何人所建。宋宣和六年(1124年)镇官陈邻(麟)重修,附以书堂数楹,为构学地。后王苹、林光朝、林亦之、陈藻四先生相继讲授于此。端平间(1234—1236)重建。元延祐二年(1315年),漕台知事贾思恭修。六年(1319年),海口场司丞庞证更造明伦堂。后复坏。元至正十六年(1356年),山长张子房、福清州吏目里人陈子全重建未备,知州申闾奴捐俸率里之好义者修大成殿,构明伦堂。又为三贤堂,以祀光朝、亦之、藻三先生。前立仪门,门右为敬斋,祭器湢庖,靡不周备。明洪武初,山长职罢,书院不复置官,日渐颓废。二十五年(1392年),泽朗山巡检张敬捐俸重建仪门,以为乡人讲学之所
石塘书院	福清县	在县西文兴里。宋寒斋林公遇讲学之地也。景定四年(1263年)建
溪山书院	古田县	宋淳化二年(991年)建。朱文公书匾曰"溪山第一"
浣溪书院	古田县	在八都。宋时建。中有夫子庙,朱文公书匾
螺峰书院	古田县	在县西九都螺坑,宋时建,为朱子、黄翰讲学处,后废,唯存"文昌阁"三字,朱文公所书
嵩高书院	古田县	在一都水口,宋时建,后废。提刑曾颖监水口镇日,即其故址创为水口镇,学中有夫子庙
魁龙书院	古田县	在县西南十都之白沙,宋时建
东华精舍	古田县	在十四都平沙,宋时建
兴贤斋	古田县	在三十五都龙津境,朱文公门人余范建,文公为名其匾曰"兴贤斋"
西斋	古田县	在三十六都杉洋镇之西。朱文公门人余隅、余范读书之所,其匾亦文公所书
东山书院	长溪县	在福宁州南招贤里。宋淳祐十一年(1251年),邑儒林仲明建为读书之所
草堂书舍	长溪县	在福宁州东十一都,唐林嵩读书之所

从表 2-1 可以看出,福州书院名称不一,大多名书院,也有称斋、书堂、精舍者。① 书院的开办者多为儒生,即早期的理学家,如古田县,在朱子门人余隅、余范等人的竭力倡导下,创建了 8 所书院(斋),时称"古田八斋",从学者甚众。南宋理学大盛,私人讲学之风日炽,书院亦盛于其时,因此福州书院多创建于南宋。由此表明书院的发展与理学的兴盛息息相关,书院的主要活动便是传习理学,适时,书院几乎取代了官学的地位成为主要的教育机构。

二、闽学先驱——海滨四先生

书院的主要活动是讲习理学,早期创办书院者大多是早期理学家。在福州众多理学家中,尤以侯官县陈襄、陈烈、周希孟、郑穆四人为著,他们不仅是"操道化之始以丕变旧俗"的儒者之宗,更是古今德义之楷模。朱熹在《三朝名臣言行录》中说"四人者,气古行高,磨砻镌切,相期以天下之重为己任。……闽中士人宗之"。史载:"时学者沉溺于雕琢之文,所谓知天尽性之说,皆指为迂阔而莫之讲。四人者始相与倡道于海滨,闻者皆笑以惊,守之不为变,卒从而化,谓之'四先生'。"② 他们"以兴学养士为先务,以明经笃行为首选",③ 精研五经,明礼重义,强调"好学以尽心,诚心以尽物,推物以尽理,明理以尽性,和性以尽神"。全祖望案:"古灵崛起南峤,昌明正学。虽其言尚有未尽融洽者,如此五语是也。然其大义已通关、洛之津,较之石徂徕辈,则入细矣。"④ 故此,"海滨四先生"被认为与"宋初三先生"胡瑗、孙复、石介一道开宋朝道学之始,为闽中理学之先。福州百姓在乌石山上建造专祠奉祀"海滨四先生"。

陈襄(1017—1080)字述古,号古灵先生。仁宗庆历二年(1042 年)举进士,调浦城主簿,摄令事,先后知河阳县(今河南孟县)、常州、陈州、杭州等地,"莅官所至,必务兴学校。平居存心以讲求民间利病为急。既亡,友人刘寻视其箧,得手书累数十幅,盈纸细书,大抵皆民事也"。⑤ 卒年六十四,赐给事中。有《古灵集》25 卷,另有《易义》《中庸义》《郊庙奉祀礼文》《州县提纲》等。

陈烈(1018—1093)字季慈,学者称季甫先生。"性介僻,笃于孝友。居亲丧,勺饮不入于口五日,自壮及老,奉事如生。学行端饬,动遵古礼,平居终日不言,御童

---

① 有学者认为,书院和精舍(精庐)开始并不是一回事,精舍(精庐)的名称在先,书院在后,早在东汉时期,就有人称自己讲读的地方为精舍或精庐,《后汉书》中不乏记载。其后,禅师道士更将其传经授道之地称作精舍,到了唐代,"精舍"之名已普遍用于佛、道、儒各家,甚至佛、道比儒用得更多。"书院"之称则多见于儒,不曾有佛、道称书院者。不过,正如唐代之后佛、道思想对儒家思想有重要影响一样,精舍对书院也有重要影响。尤其是佛教禅林的影响,佛教徒往往在山林名胜之处建禅林精舍,书院亦多依傍山林名胜而建,显然是受到禅林的影响。(参见陈元晖、尹德新、王炳照:《中国古代的书院制度》,上海教育出版社 1981 年版,第 9—12 页)
② 《宋史》卷 321《陈襄传》。
③ 《古灵先生文集·与顾临》,《宋元学案》卷五《古灵四先生学案》(全氏补本)。
④ 《古灵先生文集·送章衡序》,《宋元学案》卷五《古灵四先生学案》(全氏补本)。
⑤ 《宋史》卷 321《陈襄传》。

仆如对宾客。里中人敬之,冠昏丧祭,请而后行。从学者常数百。""教授本州,在职不受廪俸,乡里问遗丝毫无所受;家租有余,则推以济贫乏。""贤父兄训子弟,必举烈言行以示之。""公卿大夫、郡守、乡老交章称其贤。"① 卒年七十六。有《孝报经》3卷。

周希孟(约1013—1054),字公辟。通《五经》,尤邃于《易》,取孟子辟杨、墨之义以为名而字焉。知州刘夔、曹颖叔、蔡襄皆亲至学舍质问经义。既而,部使者相继论荐,诏赐粟帛,授将仕郎,试国子监、四门助教,充本州学教授。先生三表力辞,不许。寻以病终,卒年四十二。门人曾伉、陆宣、朱敏中、许将、曾默、范镗、陆术、王晦、林璋等七百人,相与塑像立祠堂于保福寺。元符中,太守率僚属致奠焉。有《易义》10卷、《诗义》10卷、《春秋义》30卷、《杂文》2卷。②

郑穆(1018—1092)字闳中,"性醇谨好学,读书至忘栉沐,进退容止必以礼,门人千数"。举仁宗皇祐进士,历寿安主簿、国子监直讲、集贤殿校理。元祐初,召拜国子祭酒,"每讲益,无问寒暑,虽童子必朝服延接,以礼送迎。诸生皆尊其经术,服其教训"。宋神宗尝赞其德行"乃宜左右王者"。元祐六年(1091年)以老请归,"公卿大夫各为诗赠其行,空学出祖汴东门外,都人观者如堵,叹未尝见。③ 卒年七十五。

嘉祐元年(1056年)枢密直学士蔡襄再知福州,④"备礼招延(四先生),诲诸生以经学",⑤有力地推动了福州文化教育的发展。"自周希孟、陈烈先生以来,以德行、经术警悟后学,自是乡邑有所推择,莫不尊敬畏服。"⑥

迨及南宋,朱熹集理学之大成而创闽学,与濂、洛、关并称为理学四大学派,之后在元明清继续兴盛并扩大影响,由地域性上升为全国性,成为封建社会后期的正宗思想,"海滨四先生"功不可没。王应山《闽都记》云:"(宋)仁宗庆历中,蔡襄为守,惠政宏多。闽人有陈襄、陈烈、周希孟、郑穆者,倡道海滨,时匹邹鲁。其后,延平杨时传洛学于闽,朱熹集其大成,闽人彬彬,多正学之士矣。"⑦适时,福州亦成为"理学之邦""海滨邹鲁"。吕祖谦《冶城》诗:"路逢十客九青衿,半是同袍旧弟兄。最忆市桥灯火静,巷南巷北读书声。"龙昌期《咏福州》诗:"是处人家爱读书。"陈植诗:"行到人家尽读书。"⑧福州学风之浓、学生之多由此可见一斑。

除官学和书院外,两宋时期福州教育还出现了各种民间自发自愿组织的教学形式,如乡学、书社等。《三山志》卷40《土俗类二》"入学"条载:每岁节既五日,各

---

① 《宋史》卷458《陈烈传》。
② 梁克家:《三山志》卷8《公廨类二·庙学》"先贤堂"条。
③ 《宋史》卷347《郑穆传》。
④ 蔡襄第一次知福州是庆历四年(1044年)。
⑤ 《宋史》卷320《蔡襄传》。
⑥ 梁克家:《三山志》卷40《土俗类二·岁时》"入学"条。
⑦ 王应山《闽都记》卷1《福郡建置总叙》。
⑧ 徐景熹:乾隆《福州府志》24《风俗》。

遣子弟入学。……凡乡里各有书社,岁前一二月,父兄相与议,求众所誉学识高、行谊全,可以师表后进者某人,即一二有力者,自号为鸠首,以学生姓名若干人,具关子,敬以谒请,曰:"敢屈某人先生来岁为子弟矜式,幸甚。"既肯可,乃以是日备礼延致,诸子弟迎谒再拜,惟恐后。远近闻之,挈篋就舍,多至数百人,少亦数十人,间有年四五十不以老为耻,月率米钱若干,送为司计,为掌膳给赡饮食。先生升堂,揭立规矩,有轻重,罚至屏斥凡五等,曰:"不率者视此。"诸生欲授何经,乃日就讲席唱解敷说。旬遇九日,复问之,常以岁通一经。若三日、八日则习诗赋,若经义与论策,讲题命意,有未达,点削涂改,俾自入绳墨。

可见,这类书社的组织形式比较正规,教学程序也比较完整,教学内容主要有诗赋、经义、论策,学生人数不定,多至数百人,少亦数十人。程师孟诗云:"城里人家半读书","学校未尝虚里巷"也是大致可信。

第三节 科举繁盛

北宋统一全国之后,采取重文轻武的国策,从中央到地方改派文官接任原来的武官,选拔人才,开科取士遂成为宋初第一要务。太宗即位后,思振淹滞,谓侍臣曰:"朕欲博求俊彦于场中,非徒望拔十得五,止得一二,亦可为致治之具矣。"①宋朝统治者对科举取士的重视,推动了科举制度的发展和完善。综观两宋三百多年的历史,科举制度的发展大略呈现如下几个特点:

一、科举规制趋于完备和定型

第一,以殿试②为常制,最终形成了取解试、礼部试、殿试三级考试制度。"取解试"即是每年秋天由各州进行的考试,合格者被解送到礼部参加高一级的考试;"礼部试"即"取解试"之后的第二年春天由礼部进行的考试,亦称"省试";而殿试即是皇帝对省试录取的贡士在殿廷上亲发策问的考试,亦称"廷试"或"廷对"。殿试自宋代成为定制,历元、明、清相沿不改。明清时期的三级考试分别称乡试、会试和殿试。

第二,建立锁院、弥封、誊录以及"别头试"制度,在一定程度上体现公平取士的

---

① 《宋史》卷155《选举志一》。
② 殿试,又称"廷试"("廷对")或御试",是皇帝亲自出题进行考试。一般认为,殿试之制始于唐武则天时。史载"武后载初元年(689年)二月,策问贡人于洛成殿,数日方了。殿前试人自此始"。(李焘:《续资治通鉴长编》,北京:中华书局1980年版,第15页)事实上,早在显庆四年(659年),唐高宗就曾亲自在大殿上开科取士并亲自监察选拔人才。不过,唐代的殿试唯在特殊情况下举行,尚未成为常制。宋太祖开宝六年(973年)翰林学士李昉知贡举,所录取进士中武济川在召对时"材质最陋,对问次序",皇帝黜之。因为武济川是李昉的同乡,有人控告李昉"用情取舍",并建议举行殿试。自是,"殿试遂为常制"。对此,帝尝语近臣曰:"昔者,科名多为势家所取,朕亲临试,尽各期必矣。"(《宋史》卷155《选举志一》)

原则,对防止主考官徇私舞弊也有一定的积极作用。

所谓"锁院",是指殿试前三日,"知贡举"(主考官)、"权知贡举"(副考官)的人选确定后,遂将他们封锁于贡院内,不与外界通问直至考试结束,以防考官对外泄露考题,谓之锁院。宋太宗淳化三年(992年)苏易简知贡举,"既受诏,径赴贡院,以避请求",①"仍糊名考校,遂为例"。② 不仅如此,宋代还将糊名与誊录加以制度化,为后世沿用。

糊名,顾名思义,就是把考卷上的姓名、籍贯等密封起来,又名弥封或封弥。此法始于唐代,高承《事物纪原》引《国史异纂》:"武后以吏部选人多不实,乃令试日自糊其名,暗考以定其等第。"可见糊名之法在唐武后时仅限于选官的吏部试。宋太宗雍熙时(984—987)规定殿试试卷糊名,宋真宗景德四年(1007年)十二月,礼部侍郎周起"患贡举不公",奏请将糊名法用于省试,得到真宗采纳,并"命有司详定《考校进士程式》,送礼部贡院,颁之诸州",后即成定制。宋仁宗明道二年(1033年)七月"诏诸州,自今考试举人,并封弥卷首"。③ 从此,糊名考校适用于各级科举考试。宋真宗景德年间(1004—1007),"又定《亲试进士条制》。凡策士,即殿两庑张帟,列几席,标姓名其上,先一日表其次序,揭示阙外,翌日拜阙下,乃入就席。试卷,内臣收之,付编排官去其卷首乡贯状,别以字号第之,付封弥官誊写校勘,用御书院印,付考官定等毕,复封弥送覆考官再定等。编排官阅其同异,未同者再考之;如复不同,即以相附近者为定。始取乡贯状字号合之,即第其姓名、差次,并试卷以闻"。④ 大中祥符八年(1015年)又置誊录院,将封弥、誊录制度化。大中祥符元年(1008年),真宗谓宰相王旦等曰:"今岁举人,颇以糊名考校为惧,然有艺者皆喜于尽公。"⑤吴自牧《梦粱录·士子赴殿试唱名》:"旧制,士人卷子仍封弥,卷头打号,然后纳初放官"。

"别头试",是指科举制度中为避嫌疑而采取的措施。唐代始行,其时进士科考试由礼部侍郎主持,应试者与侍郎有亲戚故旧关系的,由考功员外郎主试,称考功别头试。宋仁宗初年规定:"士有亲戚仕本州,或为发解官,及侍亲远宦,距本州二千里,令转运司类试,以十率之,取三人。"于是诸路始有别头试。⑥

第三,考试时间。宋初天下甫定,统治者求贤若渴,科举考试或一年举行一次,或隔年举行一次,年限、年份均不确定,处于一种无序状态。所谓"国初取士,大抵唐制,逮兴国中,贡举之路浸广,无有定数"。宋英宗治平三年(1066年)定"礼部三岁一贡举",逢辰、未、戌、丑年举行,遂为定制,为后世各代沿用不改。

---

① 马端临:《文献通考》卷30《选举考三》。
② 《宋史》卷155《选举志一》。
③ 李焘:《续资治通鉴长编》卷112。
④ 《宋史》卷155《选举志一》。
⑤ 《宋会要辑稿》第一百八册,《选举》三之九。
⑥ 《宋史》卷155《选举志一》。

二、首创"锁厅试"

"锁厅试"是宋代科举特有的名称。《宋史》卷155《选举志一》:"凡命士应举,谓之锁厅试。"又曰:"旧制,锁厅试落辄停官。"由此可知,锁厅试是针对现任官员应举,中,则令选官,不中,则停官。宋仁宗天圣初,凡锁厅试不中者,"始诏免罪"。

三、首开录取"特奏名"制度之先河。

特奏名制度是对久考不第者的恩赐。《宋史》卷155《选举志一》:"凡士贡于乡而屡绌于礼部,或廷试所不录者,积前后举数,参其年而差等之,遇亲策士则别籍其名以奏,径许附试,故曰特奏名。"又载:"开宝三年(970年),诏礼部阅贡士及十五举尝终场者,得一百六人,赐本科出身。特奏名恩例,盖自此始。"

四、科举录取人数远逾前代

由于统治者的重视,宋代参加科考的人数及每科录取的人数都远超前代,以太宗、真宗、仁宗时为最盛。史载:"唐自贞观讫开元,文章最盛,较艺者岁千余人,而所收无几。咸亨、上元增其数,亦不及百人。国初取士,大抵唐制,逮兴国中,贡举之路浸广,无有定数。"[1]宋太宗时的科举,录取人数一开始就数倍于前代,此后不断增加,频创新高。如,太平兴国二年(977年),即位不久的宋太宗御殿复试,得进士一百九人;两天后,复试诸科,得二百人,并赐及第;又阅贡籍得十举以上至十五举进士、诸科一百八十余人,并赐出身;《九经》七人不中格,亦怜其老,特赐同《三传》出身。这一年录取人数达五百余人。不仅如此,这次考试开了科举史上"及第即授官"的先例,"凡五百余人,皆赐袍笏"。并规定:"甲、乙第进士及《九经》,皆授将作监丞、大理评事,通判诸州,其余亦优等授官。"《宋史·选举志》云:"天圣初,宋兴六十有二载,天下乂安。时取才唯进士、诸科为最广,名卿钜公,皆由此选,而仁宗亦向用之,登上第者不数年,辄赫然显贵矣。"太平兴国八年(983年),太宗谓近臣曰:"朕亲选多士,殆忘饥渴,召见临问,观其才技而用之,庶使田野无遗逸,而朝廷多君子尔。"[2]又如,宋真宗咸平三年(1000年)得进士四百零九人,诸科一千一百二十九人,总人数多达一千六百三十八人,[3]是太平兴国二年录取人数的三倍,"较艺之详,推恩之广,近代所未有也"。[4] 宋真宗即位初年,以直言敢谏著称的王禹偁上疏言五事,其三曰:"艰难选举,使入官不滥。古者乡举里选,为官择人,士君子学行修于家,然后荐之朝廷,历代虽有沿革,未尝远去其道。隋、唐始有科试,太祖之世,每岁进士不过三十人,经学五十人。重以诸侯不得奏辟,士大夫罕有资

---

① 《宋史》卷155《选举志一》。
② 《宋史》卷155《选举志一》。
③ 马端临:《文献通考》卷32《选举考五》。
④ 《宋史》卷155《选举志一》。

荫，故有终身不获一第，没齿不获一官者。太宗毓德王藩，睹其如此。临御之后，不求备以取人，舍短用长，拔十得五。在位将逾二纪，登第殆近万人，虽有俊杰之才，亦有容易而得。"①由于科举取士太多太滥，导致"官吏猥众"，有鉴于此，仁宗即位后规定："礼部奏名，以四百名为限"，"以惩其弊"。②

此外，宋之科目中，统治者尤重进士科，且以"进士得人为盛"。太平兴国二年（977年）进士分为三等，皆赐袍笏，锡宴开宝寺。太平兴国八年（983年）以后锡宴就琼林苑。景德四年（1007年）又将进士分为五等：一、二等曰及第，三等曰出身，四等、五等曰同出身。③ 这一规定大致为后世所沿用。

宋代福州科举之盛，主要表现为贡院的创建及其后屡次扩建之规模和人才辈出两方面。

1. 贡院的创设与扩建

贡院是科举时代乡、会试的考场，始置于唐开元二十四年（736年）。据唐李肇《唐国史补》卷下："开元二十四年，考功郎中李昂，为士子所轻诋。天子以郎署权轻，移职礼部，始置贡院。"

据《三山志》卷7《公廨类一·试院》载："（福州）自景祐建学，大比例为集试所，生员逡巡邸宿之外。先圣释奠亦移他所。元祐五年，柯龙图述谋所以易之，会朝廷下'学及孔子庙不得试进士'之制。五月，乃择州治之东南，公廨及隙地广二百三十尺有奇，而深倍之，乃增筑厥址。崇其旧，三尺穹堂延庑，中辟旷除，后敞公堂，缭以重屋以为考校之舍。外门之内，监门巡铺，弥封誊录之所皆具。旬五十而成，凡为正屋百有二十区。是时，举士才三千，峨冠鹄袖，雍容而入。其后渐增至于五倍，侧肩争门，坐不容膝。绍兴十七年，乃假漕司行台以杀其溢。然犹病其隘也。乾道元年，郡学诸生，乡士林丙相率以请于王参政之望，乃相其西北隅官舍易之。得其地，东西二十有八丈，南北四之三。增为屋百二十有七楹。淳熙元年，应诏者二万人，史丞相浩讲求累举之弊，乃复假签判、察推、知录、司法四厅以益之。以大厅两廊坐负城两县举子，而怀安、福清、罗源于行衙，长溪、永福、古田于旧展试院，连江、长乐、闽清、宁德于新展四厅。就试之日，四其门以入之，而出以二。"如参政王之望《戒谕文》中云："乡举之众，天下莫比，亦闽中昔日之所未有也，可谓盛矣。"④

2. 人才辈出

福州宋代科名之盛，如梁克家淳熙《三山志》卷26《人物类一》载："唐自神龙迄后唐天成，二百二十有三年，州擢进士者三十六人，何才之难耶？岂其出有时，将山川、风土使然，抑教化涵养之未至也？爰自永嘉之末，南渡者率入闽，陈、郑、林、黄、

---

① 《宋史》卷293《王禹偁传》。
② 《宋史》卷155《选举志一》。
③ 《宋史》卷155《选举志一》。
④ 梁克家：《三山志》卷7《公廨类一·试院》。

詹、丘、何、胡，昔实先之。阅五朝、隋、唐，户口既蕃，衣冠始集。神龙中，薛令之首登科，诸彦继踵，而陈诩之父子，侯固之叔侄，欧阳祕之兄弟，皆有声于世，犹以为盛矣。淳熙朝崇尚儒雅，人物彬然，进士之外，或以制举，或以词科，或以舍选，或以八行，或以武举，或以童子，莫不并进。岂惟父子、叔侄、兄弟，同岁收擢，或绵属数世不坠而已。"教育的兴盛培育了大量人才，两宋时期福州不仅进士及第人数空前，而且仕宦方面也不乏人才。据美国学者 John W. Chaffee（中文名贾志扬）所著《宋代学子的艰难门槛：科举的社会历史》中统计，宋代全国各地进士数共计 28933 名，其中福建进士 7144 名，占 24％，居全国第一，所谓"登科第者尤多"。① 其他进士人数较多的各路为：两浙东路 4858 人，江南西路 3861 人，两浙西路 3646 人，江南东路 2645 人。② 对此，洪迈《容斋四笔》卷 5《饶州风俗》曰："古者江南不能与中土等。宋受天命，然后七闽二浙与江之西东，冠带诗书，翕然大肆，人才之盛，遂甲于天下。"福州自唐以来便成为福建省政治、经济、文化中心，教育的发展冠于全省，进士及第人数荣居首位。《三山志》载："由太平兴国五年（980 年），至淳熙八年（1181 年），凡二百有二年，以科目进者一千三百三十有九人。"③ 据贾志扬统计，有宋一代，福州进士及第人数共 2799 人，占全省总数 39％，仅南宋就有 2249 人。④ 及第者中名列前茅者亦多。据明代朱希召编《宋历科状元录》载，宋代福州籍状元 8 位，占全省 19 位状元中的 42％。详见表 2-2：⑤

表 2-2　宋代福州状元表

姓名	籍贯	及第时间	备注
许将	闽县	嘉祐八年（1063 年）	
陈诚之	闽县	绍兴十二年（1142 年）	
萧国梁	永福	乾道二年（1166 年）	
郑侨	永福	乾道五年（1169 年）	乾隆《福州府志》卷 36《选举》载：（郑）侨与萧国梁、黄定七年之内，相继首倡，当时有百里三状元语。而侨幼馆兴化陈俊卿门，以兴化籍登第，故《一统志》《弘治志》皆以侨为兴化人，不知实为永福人也
黄定	永福	乾道八年（1172 年）	
余复	宁德	绍熙元年（1190 年）	
郑自诚	侯官	嘉定元年（1208 年）	《三山志》卷 31《人物类六》载：郑自诚，字信之，后改名性之，闽清人 乾隆《福州府志》卷 37《选举二》曰：郑自诚，侯官人
黄朴	侯官	绍定二年（1229 年）	

---

① 《宋史》卷 89《地理志五·福建路》。
② 刘海峰、庄明水：《福建教育史》，福建教育出版社 1996 年版，第 63 页。
③ 梁克家：《三山志》卷 26《人物类一·科名》。
④ 刘海峰、庄明水：《福建教育史》，福建教育出版社 1996 年版，第 73 页。
⑤ 刘海峰、庄明水：《福建教育史》，福建教育出版社 1996 年版，第 65 页。

从表 2-2 中可以看出,乾道二年至八年的 7 年中,永福县就有三人连续三榜夺魁,所谓"七年三度状元来",成为中国科举史上绝无仅有的罕事。此外,嘉定元年榜,郑性之为状元,孙德舆(福清人)为榜眼,黄桂(侯官人)为探花,出现"一榜三鼎甲",破中国科举史之纪录。

从历史上的记载看,福州及第入仕者中官拜宰相者 1 人,乃宣和六年(1124年)及第者朱倬。绍兴三十一年(1161 年),朱倬自参知政事迁右仆射、同平章事。副宰相者 14 人,见表 2-3:①

表 2-3　宋代福州副宰相表

姓名	籍贯	任职时间
许　将	侯官	绍圣二年(1095 年)守尚书左丞。四年(1097 年)除中书侍郎
林　希	福州	绍圣四年(1097 年)除同知丞密院事
郑性之	侯官	端平元年(1234 年)除签书枢密院事。绍兴五年(1135 年)除参知政事兼同知枢密院事。七年(1137 年)除知枢密院事兼参知政事
陈　韡	侯官	淳祐五年(1245 年)除同知枢密院事兼参知政事
王伯大	福州	淳祐六年(1246 年)自签书枢密院事除兼参知政事
陈贵谊	福清	绍定五年(1232 年)除同知枢密院事。次年,除参知政事兼签书枢密院事
张　磻	福州	宝祐五年(1257 年)自同知枢密院事除参知政事
常挺(珽)	连江	咸淳三年(1267 年)自签书枢密院事除参知政事
黄祖舜	福清	绍兴间(1131—1162)除同知枢密院事
黄　洽	侯官	隆兴间(1163—1164)拜参知政事
郑　昭	闽县	宁宗时(1195—1224)任
陈自强	闽县	宁宗时(1195—1224)任
郑　寀	长溪	理宗时(1225—1264)任
张元干	永泰	绍兴元年(1131 年)参知政事

综上,宋朝是福州教育全盛时期,南宋人文荟萃达到鼎盛。黄仲昭《八闽通志》卷 46《选举·科第》"序言"云:"闽自唐神龙以后,举进士、举明经者接踵而起。宋兴,闽八郡之士取名第如拾芥,相挽引居台省、历卿相不绝于世,举天下言得第之多者必以闽为首称。"在南宋官学颓废的情况下,福州科举却取得如此大的成就,不能不归功于书院之发展,社学之发达,向学风气之浓厚。

---

① 福建省教育史志编写办公室编:《福建省教育史志资料集》第 6 集,1991 年 12 月。

第三章 元代的闽都教育

第一节 地方官学

元朝是由蒙古族建立的封建王朝。早在1206年,崛起于斡难河的铁木真经过数年征战,以其无坚不摧的军事力量统一了蒙古高原,即"大汗"位,号"成吉思汗",此为蒙古建国之始。此后历经五世大汗,六十余载的西征、南战,讫忽必烈即位(1260年),蒙古国势力日渐强大。至元八年(1271年),忽必烈定国号为"元",是为元朝,政治中心完全转移到中原汉地。至元十六年(1279年),南宋灭亡,元朝统一全国。在长达45年的宋元交战中,大多数学校教育被中断,①设施毁于兵燹。统一中国后,元朝统治者为了巩固政权,维护统治,十分重视吸收中原先进文化,采取"汉化"政策,尊孔崇儒,努力发展文化教育事业,至元世祖忽必烈统治时期(1260—1294),元朝从中央到地方建立起了较为完备的官学体系和教育管理机构。史载,元世祖中统二年(1216年)"始命置诸路学校官,凡诸生进修者,严加训诲,务使成材,以备选用。至元十九年(1282年)夏四月,命云南诸路皆建学,以祀先圣。二十八年(1291年)令江南诸路学及各县学内,设立小学,选老成之士教之,或自愿招师,或自受家学于父兄者,亦从其便。……路设教授、学正、学录各一员。散府上中州设教授一员,下州设学正一员,县设教谕一员"。②为确保教育经费,元朝统治者十分重视对学田的设置与管理,至元二十三年(1286年)"诏江南学校旧有学田,复给之以养士";至元二十九年(1292年)又"诏江南州县学田,其岁入听其自掌,春秋释奠外,以廪师生及士之无告者。贡士庄田,则令核数入官"。③由此,元世祖时期地方官学的发展达到高潮,许多学校得以修葺和复办。据载,至元二十三年(1286年),"大司农司上诸路学校凡二万一百六十六所",④至元二十八年(1291年),"司农司上诸路所设学校凡二万一千三百余",⑤地方官学的发展情形见之一斑。

---

① 元朝的学校教育始于窝阔台时期(1229—1241年)。《元史·选举志一》:"太宗始定中原,即议建学,设科取士。"又曰:"国初,燕京始平,宣抚王楫请以金枢密院为宣圣庙。太宗六年设国子总教及提举官,命贵臣子弟入学受业。"
② 《元史》卷81《选举志一》。
③ 《元史》卷17《世祖十四》。
④ 《元史》卷14《世祖十一》。
⑤ 《元史》卷16《世祖十三》。

一、州县学的修复

至元十四年(1277年),元朝取得对福建的统治,将南宋原有的8个府、州、军改为8路——福州路、建宁路、南剑路、邵武路、汀州路、漳州路、泉州路、兴化路,下辖49个县。福州路辖9县(闽县、侯官县、怀安县、古田县、闽清县、长乐县、连江县、罗源县、永福县)、2州(福清州、福宁州,其中,福宁州领有宁德、福安二县)。各州、县学情况大略如下:

福州府学(路学)。元大德八年(1304年),教授陈仲晦创丽泽亭于奎文阁之后,前立表曰"杏坛",宪使程文海书匾。皇庆元年(1312年),省十五斋为六斋,各设训导。延祐四年(1317年),宪使赵宏伟拓礼殿而大之,塑先圣十哲像于中;辟两庑,塑从祀像九十有五。撤旧钱粮司、守宿房、祭器库,拓戟门东为祭器库,西为乐器库。更立棂星门。门之内,东为神厨,西为更衣亭。泰定二年(1325年),棂星门及更衣亭、神厨俱为暴风雨所坏。三年,教授陈震重建。又言于总管刘元亨创建米廪。五年(1328年),复以宪使易释、董阿之命新厅后中亭。至正十年(1350年),①教授陈俊建明伦堂及六斋。

闽县县学。元至元十五(1278年)毁。越五年,即1283年,学官丁尧建礼殿。元贞元年(1295年),学官韩挺特建斋庐。大德七年(1303年),吴鼎来建讲堂。十一年(1307年),陈振玉树皋门,立尊道堂。至大三年(1310年),学官高琳子绘从祀像,造祭器。泰定二年(1325年),县尹张德、学官蒋景说拓礼殿而深之。

侯官县学。元至大二年(1309年),县尹郜衍割县东之地以广西庑,创尊道堂于讲堂后。延祐五年(1318年),县尹魏扬祖重修。

长乐县学。元延祐八年(1321年),创从祀两庑,至正十二年(1352年),重建礼殿及两庑。北为明伦堂,南为戟门。门外东西为神厨、神库、宰牲房。又南为棂星门,门内为泮池,池上为石梁。东偏为学门,东庑之东为米廪。

连江县学。元皇庆二年(1313年),县尹夹德明、教官徐复协力缮修,积二年而庙学复新。致和元年(1328年),县尹成和复拓殿之前楹而广之。至正二十一年(1361年),平章燕赤不花与秘书监乡贡师泰等捐己俸葺大成殿东西庑,建仪门、棂星门,改正德堂为明伦堂。

福清县学。元至元三十年(1293年),县尹曹琎塑七十二贤像于县之东西庑。元贞元年(1295年)宪使程文海修学门,仍自书匾。第二年升为州学。② 大德三年(1299年)知州毋逢辰③即经史阁故址创堂二,曰"道立",曰"帅正"。并建学官廨舍于尊道堂之东偏。皇庆元年(1312年)省斋为六。延祐五年(1318年),州判乃麻歹移戟门稍进而南,匾其左曰"肃容",右曰"聚敬"。泰定四年(1327年),知州贾思恭

---

① 徐景熹:乾隆《福州府志》卷11《学校》作"至元十年"。
② 因人口增长,元贞二年(1296年)福清县升为州。明洪武初复为县学。
③ 徐景熹:乾隆《福州府志》卷11《学校》作"母逢辰"。

复新两庑。至正九年(1349年),知州林泉生以为前庙后学类浮屠梵宇之制,乃更作之。左为明伦堂,右为大成殿,殿之南为东西两庑,堂之南为东西两序,又南为泮水,又南为前序。十二年(1352年),知州申国辅建戟门、棂星门,更新两庑及诸祀从像。

古田县学。元至元间(1264—1294)毁。元贞元元年(1295年),县尹王焕始建礼殿,翼以两庑,其南为戟门,又其南为棂星门,其北建道立堂。殿之东为明伦堂,东西两序为四斋,堂之北为会馔堂,南为教思亭。又南为外门,门内为泮池,而梁其上。延祐七年(1320年),县尹陈均建明伦堂。至治二年(1322年),县尹阿玉创穿堂于明伦堂之后。

永福县学。元至元十八年(1281年),县尹窦均与邑人前国子监丞张居中建礼殿、讲堂。延祐间(1314—1320),县尹刘企祖建棂星门。泰定二年(1325年),达鲁花赤山童重修,并造祭器。后邻境盗起,庙学俱废。又五年,理问王那木罕莅县事,悉复其旧。中为大成殿,殿前为东西两庑。南为戟门,又南为棂星门。宰牲房,神厨在殿之北,又北为神库。明伦堂在大成殿之东。堂之前列两斋。南为泮池而桥其上。堂之后为后堂。

闽清县学。元至元三十一年(1294年),县丞董祯建棂星门、文昌楼、藏书阁及斋四。泰定三年(1326年),县尹贾光祖重修藏书阁,明年修礼殿及两庑。

罗源县学。元延祐五年(1318年),达鲁花赤山童、教谕林兴祖更建大成殿及两庑,前为戟门,又前为棂星门。棂星门之内为泮池,而桥其上。后为明伦堂,之前,东西为斋四。泰定三年(1326年),达鲁花赤塔海重修并建外门。至正三年(1343年),县尹丁得孙复大加修葺。建待班厅,翼明伦堂为两祠,左祠乡贤,右祠文昌。广田畴,新斋序。

福宁州学。① 元至元十三年(1276年)火,惟礼殿仅存。二十二年,即1285年,盐提举巩元凯塑先圣四祐十哲像。二十六年(1289年),州尹白璧新戟门。二十九年(1292年),州尹樊忠构明伦堂。元贞元元年(1295年),州尹陈翼、同知孙璧改建大成殿及戟门,绘从祀先贤像。大德十一年(1307年),州知事沈中祥摄学事,造祭器,置书籍,重建稽古阁于明伦堂之后。阁之下为会文堂。延祐四年(1317年),州尹袁凯才建学门、两廊及教授厅。至治二年(1322年),稽古阁坏。三年,州知事潘瑞孙摄学事,即其址重建会文堂,并修礼殿。至正十年(1350年),知州王伯颜重创大成殿,易其柱以石,而两庑、戟门、泮池、棂星门、明伦堂及两斋俱修建一新。

福安县学。元皇庆元年(1312年),主簿胡琏兴建龟湖寺,遂迁学于县治东南,草创殿庑,塑先圣四配十哲像。至正三年(1343年),县尹赵元善建戟门、棂星门于殿南,复建明伦堂于殿北。

---

① 至元二十三年(1286年)长溪县学升为福宁州,下辖宁德、福安二县,仍属福州路。故此,为福宁州学,明洪武二年(1369年),复改为县学。

由上所述，元代福州地方学校在宋代基础上历经修葺，规模不断扩大，藏书也有所充实，修缮过程中尤重先哲及从祀像的塑建，将孔庙与学校建筑紧密联系在一起，即所谓"由学尊庙，因庙表学"，①各地方官学的基本格局大致确定。迨成宗即位(1295年)，"诏曲阜林庙、上都、大都、诸路府州县邑庙学、书院，赡学土地及贡士庄田，以供春秋二丁、朔望祭祀，修完庙宇。自是天下郡邑庙学，无不完葺，释奠悉如旧仪"。②

二、义学和社学

元朝地方官学的儒学系统，还十分强调各县设置义学、社学。至元二十三年(1286年)规定："诸县所属村疃，五十家为一社，择高年晓农事者立为社长。增至百家，别设社长一员。不及五十家者，与近村合为一社。……每社立学校一，择通晓经书者为学师，农隙使子弟入学。如学文有成者，申覆官司照验。"③这种在乡村地区设社学，利用农隙时间教授农家子弟的做法，是元朝在教育组织上的一种创新，对后世的初等教育产生了深远影响。据《八闽通志》卷44《学校·福州府》载，怀安县学就设有瓜山义学，"歙人郑潜以泉州总管致仕，于至正年间(1341—1368)寓居怀安城，创义学以教乡间子弟，又置田百亩以供其费"。

三、专门学校

除了在各路、府、州、县建立儒学为主的教育系统之外，元朝还开设了各类专门学校。如，蒙古字学、医学、阴阳学等。《元史》卷81《选举志一》载："至元六年(1269年)，置诸路蒙古字学。……命诸路府官子弟入学。上路二人，下路二人，府一人，州一人。余民间子弟，上路三十人，下路二十五人。愿充生徒者，与免一身杂役。以译写《通鉴节要》颁行各路，俾肄习之"。很显然，蒙古字学的目的是普及蒙古文字，充分体现元政权的民族特色。

元世祖中统二年(1261年)，太医院使王猷言："医学久废，后进无所师授。窃恐朝廷一时取人，学非其传，为害甚大。"于是"遣副使王安仁授以金牌，往诸路设立医学……后又定医学之制，设诸路提举纲维之"。④至元二十八年(1291年)，"始置诸路阴阳学。其在腹里、江南，若有通晓阴阳之人，各路官司详加取勘，依儒学、医学之例，每路设教授以训诲之。其有术数精通者，每岁录呈省府，赴都试验，果有异能，则于司天台内许令近侍"。⑤在地方上设立培养天文、算历人才的学校是元朝教育的一个创新举措，对后继的明朝教育产生了重要影响。

---

① 刘海峰、庄明水：《福建教育史》，福建教育出版社1996年版，第83页。
② 《元史》卷76《祭祀志五》。
③ 《新元史》卷69《食货志二·农政》。
④ 《元史》卷81《选举志一》。
⑤ 《元史》卷81《选举志一》。

不过,上述三类专门学校在福州设置的情况,史籍记载大多语焉不详,故不得知。

第二节　书院官学化倾向明显

一、书院的发展

元朝的书院继南宋之盛仍有发展。元朝统治者为了缓和蒙汉民族矛盾,十分重视对汉族文化的学习和研究,笼络汉族士心,为其提供研究、讲学的场所,极力保护各地学校和书院。据《续文献通考·学校考》载,早在太宗窝阔台八年(1236年),"行中书省事杨惟中,从皇子库春伐宋,收集伊、洛诸书送燕京,立宋儒周敦颐祠,建太极书院,延儒士赵复、王粹等讲授其间,此元书院之始"。太极书院是元朝创建的第一所书院。迨元世祖忽必烈中统二年(1261年)进入中原伊始,即下令严禁侵犯地方学校、书院,诏曰:"宣圣朝及管内书院,有司岁时致祭,月朔释奠,禁诸官员使臣军马,毋得侵扰亵渎,违者加罪。"①

至元十六年(1279年)元朝灭南宋统一中国,统治者开始重视恢复和发展文教事业,对书院不仅仅是采取保护的态度,而是积极鼓励、提倡书院的创办。至元二十八年(1291年),诏令凡"先儒过化之地,名贤经行之所,与好事之家出钱粟赡学者,并立为书院"。② 从此,书院得到迅速发展,据近人考证,经元之世共有书院408所,其中新建134所,再建59所,二项合计为193所,③诚如宋彝尊《日下旧闻》所说:"书院之设莫盛于元,设山长以主之,给廪饩以养之,几遍天下。"

福州在元代新建的书院,史籍记载较详的有2所,其一为闽县的勉斋书院,史载:"旧为勉斋先生黄榦宅。榦卒,门人学士赵师恕,即其旧故居拓为精舍,后圮。元至正十九年(1359年)建为书院。"④其二为古田县的城南书院,乾隆《福州府志》卷11《学校·古田县学》载:城南书院,即宋景德(1004—1007)学基,元改为书院。《八闽通志》卷44《学校·古田县学》亦云:城南书院,在十三都溪东。宋乾道(1165—1173)学基也。元时建为书院,中有夫子庙,后圮。洪武五年(1372年)改为射圃。八年(1375年),署县事永福丞毛琇建亭其中,匾曰"观德"。十五年(1382年),主簿苏进仍匾其门曰"城南书院"。

---

① 《元史》卷4《世祖纪一》。
② 《元史》卷81《选举志一》。
③ 王颋:《元代书院考略》,《中国史研究》1984年第1期。也有学者统计,元代新建书院143所,兴复书院65所,改建书院19所,合计227所。(参见曹松叶《元代书院概况》,载于《中山大学语言历史研究所周刊》第10集,第112期)
④ 徐景熹:乾隆《福州府志》卷11《学校·闽县学》"勉斋书院"条。

二、书院官学化

元朝在积极倡办书院的同时,也加强了对书院的管理和控制,使书院的官学化趋向更加明显,此为元代书院的一大特色,具体表现在师资的延聘权,生徒的录用权以及经营管理和教学内容等均由政府把持。据《元史·选举志一》载:"书院设山长一员……各省所属州省学正、山长、学录、教谕,并受行省及宣慰司札付。凡路府州书院,设直学以掌钱谷,从郡守及宪府官试补。直学考满,又试所业十篇,升为学录、教谕。凡正、长、学录、教谕,或由集贤院及台宪等官举充之。谕、录历两考,升正、长。正、长一考,升散府上中州教授……自京学及州县学以及书院,凡生徒之肄业于是者,守令举荐之,台宪考核之,或用为教官,或取为吏属。"可见,书院的山长,直学与地方县学的教授、学正、学录、教谕一样,均为政府任命的地方学官,相互间可以迁转,同为一个学官体系。不仅如此,在书院肄业的生徒亦同于地方官学的生徒,无论是考试录用还是学成后的去向,二者毫无区别。

元朝政府还通过设置学田控制书院的经济命脉。据王颋《元代书院考略》一文对42所书院学田的统计,其中有6所书院的学田1000亩,有8所书院的学田超过500亩,由此,元政府通过控制书院的经费来源达到控制书院的目的。

元朝书院的教学内容主要以儒家经典特别是理学家的著作为核心。早在杨惟中谋建太极书院时,即"立周子祠,以二程、张、杨、游、朱六君子配食,选取遗书八千余卷,请(赵)复讲授其中。复以周、程而后,其书广博,学者未能贯通,乃原羲、农、尧、舜所以继天立极,孔子、颜、孟所以垂世立教,周、程、张、朱氏所以发明绍续者,作《传道图》,而以书目条列于后;别著《伊洛发挥》,以标其宗旨。朱子门人,散在四方,则以见诸登载与得诸传闻者,共五十有三人,作《师友图》,以寓私淑之志。又取伊尹、颜渊言行,作《希贤录》,使学者知所向慕,然后求端用力之方备矣。枢既退隐苏门,乃即副传其学,由是许衡、郝经、刘因、皆得其书而尊信之。北方知有程、朱之学,自(赵)复始"。① 足见太极书院讲授程朱理学影响之大。又,《元史》卷189《张翥传》载:"金华王柏,得朱熹三传之学,尝讲道于台之上蔡书院,翥从而受业焉。自《六经》《语》《孟》传注,以及周、程、张氏之微言,朱子所尝论定者,靡不潜心玩索,究极根柢。用功既专,久而不懈,所学益弘深微密,南北之士,鲜能及之。"

毋庸置疑,元朝书院的官学化,导致学院自由研讨的学风受到扼制,尤其是书院被纳入地方官学系统,使书院如同路、府、州、县学一样,沦为科举的附庸,有悖于书院淡于荣利,志在问学修身的初衷。但是,从另一方面看,书院的官学化,使书院的经费、生源、师资有了保障,从而确保了书院的正常运转,推动了书院文化教育的发展,传播了理学,为统治阶级培养了所需人才。唯其如此,书院的发展,"往往人才辈出矣"。②

---

① 《元史》卷189《赵复传》。
② 《元史》卷81《选举志一》。

第三节 科举中落

元朝是以蒙古贵族为主体的政权,上层决策者在其游牧生活中所形成的思想文化与中原汉族相去甚远,对于设科取士问题统治者内部意见很不一致,在选拔、用人制度上有其自己的章法,致使设科取士屡屡受挫。尽管仁宗延祐元年后始行科举并取得显著成绩,但与之前的唐宋和之后的明清相比,不免相形见绌。

据《元史·选举志》载,元初,"太宗始取中原,中书令耶律楚材请用儒术选士,从之。九年秋八月,下诏命断事官术虎乃与山西东路课税所长官刘中,历诸路考试。以论及经义、词赋,分为三科,作三日程,专治一科,能兼者听,但以不失文义为中选。其中选者,复其赋役,令与各处长官同署公事。得东平杨奂等凡若干人,皆一时名士"。① 此举史称"戊戌选试"。然,戊戌选试仅为昙花一现,"当世或以为非便,事复中止"。② 窝阔台之后七十余年科举不行,纵使颇为推重儒学经典、以程朱理学为官方思想伦理道德标准的元世祖忽必烈亦对科举有微词,尤对唐宋以词赋取士造成"文体卑弱,士习萎靡"深恶痛绝,认为亡金之祸就在于"士不治经学之道,日以赋诗空文"。忽必烈的态度影响了元朝日后复兴行科举的基本框架。"罢词赋,重经义,定为新制。事虽未及行,而选举之制已立"。③ 迨及仁宗延祐复行科举,即废止了唐以来以词赋取士的做法,改为以经义取士,这一做法为明清二代所承袭。

仁宗皇庆二年(1313年)十月,中书省臣奏:"科举事,世祖、裕宗累尝命行,成宗、武宗寻亦有旨,今不以闻,恐或有诅其事者。夫取士之法,经学实修己治人之道,词赋乃摘章绘句之学,自隋、唐以来,取人专尚词赋,故士习浮华。今臣等所拟将律赋省题诗小义皆不用,专立德行,明经科,以此取士,庶可得人。"这一建议得到皇帝许可,十一月乃下诏,曰:"唯我祖宗以神武定天下,世祖皇帝设官分职,征用儒雅,崇学校为育材之地,议科举为取士之方,规模宏远矣。朕以眇躬,获承丕祚,继志述事,祖训是式。若稽三代以来,取士各有科目,要其本末,举人宜以德行为首,试艺则以经术为先,词章次之。浮华过实,朕所不取。爰命中书,参酌古今,定其条制。其以皇庆三年八月,天下郡县,举其贤者、能者,充赋有司,次年二月会试京师,中选者朕将亲策焉。"④诏书颁布后,次年便改元延祐,因此,元朝科举考试始于延祐元年(1314年),会试则始于延祐二年(1315年)。

---

① 《元史》卷81《选举志一》。《元史》卷2《太宗本纪》亦载:"九年秋八月,命术虎乃、刘中试诸路儒士,中选者除本贯议事官,得四千三十人。"
② 《元史》卷81《选举志一》。
③ 《元史》卷81《选举志一》。
④ 《元史》卷81《选举志一》。

按规定:"每三岁一次开试",年及25岁以上,乡党称其孝悌、朋友服其信义、经明行修之士经本邑举人提举方可参加考试。考试内容以儒家经义尤其是朱子的《四书集注》为主。

考试程式具有明显的种族等级之别,蒙古、色目人试二场,汉人、南人试三场,蒙古、色目人,愿试汉人、南人科目,中选者加一等注授。蒙古、色目人作一榜,谓之"右榜"(元朝以右为上),汉人、南人作一榜,谓之"左榜"。

元朝考试仍分乡试、会试、御试三级。乡试于11个行省(即河南、陕西、辽阳、四川、甘肃、云南、岭北、征东、江浙、江西、湖广)、2个宣慰司(河东、山东)、4个直隶省部路(真定、东平、大都、上都)举行。每次取合格者300人参加会试,其中蒙古人、色目人、汉人、南人各75人。其时,福建未设行省,隶属江浙省,而江浙省属南人范围,所得名额28人(其余为湖广18人、江西23人、河南7人)。会试于次年二月在京师举行,定额100人,其中蒙古人、色目人、汉人、南人各25人。很显然,名额的分配对南人,尤其对福建考生十分不利。加之,元代不仅开科次数少,①而且福建又无独立考场,考生需远赴浙省参加乡试,合格后才有资格参加会试。因此,有元一代,整个南方尤其是福建科举及第者与宋代科举盛况相比,实不可同日而语。② 尽管如此,福州作为八闽首邑,无论是乡试中选人数,还是进士及第人数都冠居福建之首。兹据黄仲昭《八闽通志》卷48《选举·科举·福州府》和卷55《选举·科第·福宁州》列表如下(如表3-1和表3-2所示):

表3-1　元朝福州乡试中选者(共30人)

姓　名	中选时间	籍　贯
高骥生	延祐四年(1317年)	侯官县
林同生	至治三年(1323年)	
陈　中	元统三年(1335年)	闽县
赵　森	元统三年(1335年)	闽县
池福观	至正元年(1341年)	古田县
赵嗣鲁	至正七年(1347年)	
林　隽	至正七年(1347年)	福清州(县)
陈元珪	至正十年(1350年)	闽清县
黄尧臣	至正十年(1350年)	永福县
薛理元	至正十年(1350年)	福清县
陈　善	至正十年(1350年)	
李　漳	至正十年(1350年)	闽县

---

①　从皇庆三年(1314年)始行科举至至正二十五年(1365年)最后一次会试的六十年间,一共举行过七次进士考试,每次录取的名额,两榜总数最多一百人,最少五十人。

②　元代前期停行科举,导致"士无入仕之阶,或习刀笔以为吏胥,或执仆役以事官僚,或作巧贩鬻以为工匠商贾"。(《元史》卷81《选举志一》)加之,"南方之地远,士多不能自至于京师,其抱其才缊者,又往往不屑为吏,故其见用者尤寡也"。(鲁迅:《鲁迅全集》卷6《且介亭杂文》)

续表

姓　名	中选时间	籍　贯
陈　俊	至正十年(1350年)	怀安县
庄　谷	至正十九年(1359年)	福清县
林民矩	至正十九年(1359年)	福清县
林　韶	至正十九年(1359年)	福清县
林文炜	至正十九年(1359年)	福清县
卢良钰	至正十九年(1359年)	
黄　厚	至正十九年(1359年)	
元　美	至正十九年(1359年)	
黄　德	至正十九年(1359年)	
刘　衷	至正十九年(1359年)	怀安县
黄　善	至正十九年(1359年)	永福县
陈叔震	至正十九年(1359年)	永福县
梁　谏	至正十九年(1359年)	永福县
黄　超	至正十九年(1359年)	永福县
方桂茂	至正十九年(1359年)	连江县
林良材	至正十九年(1359年)	闽县
张伯诚	至正十九年(1359年)	凌州人,寓怀安县
陈　亮	至正十九年(1359年)	宁德县《怀安县志》以为其邑人,误

表3-2　元朝福州进士科名表(共17人)

姓　名	及第时间	籍　贯
杨　杙	至治元年(1321年)	侯官县
林兴祖	至治元年(1321年)	罗源县
林仲节	泰定元年(1324年)	宁德县
张以宁	泰定四年(1327年)	古田县
林泉生	天历三年(1330年)	永福县
方季茂	元统元年(1333年)	连江县
林　隽	至正二年(1342年)	福清州(县)
陈　珪	至正八年(1348年)	闽清县
林　韶	至正十四年(1354年)	福清县
庄　谷	至正二十年(1360年)	福清县
薛理元	至正二十年(1360年)	福清县
林文寿	至正二十三年(1363年)	闽县
林　海	至正二十三年(1363年)	闽县
徐　宏	至正二十三年(1363年)	闽县
陈信之	至正二十三年(1363年)	闽县
蒋允文	至正二十三年(1363年)	侯官县
潘　滕	至正二十三年(1363年)	福清县

以上二表的统计数字仅仅依据《八闽通志》的记载,疏漏之处难免。尽管如此,二表却仍能大致反映出元代福州科举的一大特点,即无论是乡试中选者,还是进士及第者都集中在元末至正年间(1341—1368),特别是至正十九年,乡试中选者多达17人,占总数的57%。个中缘由主要是,元末刘福通、韩山童领导的农民起义军——红巾军四处征战,福建士子远赴浙江参加乡试多有不便,因故,是年于福建行中书省始设乡试场所,福建士子不必长途跋涉远赴浙江乡试。据《元史》卷92《百官志八》载,至正十九年(1359年),中书左丞成遵建言:"宋自景祐以来,百五十年,虽无兵祸,常设寓试名额,以待四方游士。今淮南、河南、山东、四川、辽阳等处,及江南各省所属州县,避兵士民,会集京师。如依前代故事,别设流寓乡试之科,令避兵士民就试,许在京官员及诸俸掾译史人等,系其乡里亲戚者,结罪保举,行移大都路印卷,验其人数,添差试官,别为考校,依各处元额,选合格者充之,则国有得人之效,野无遗贤之叹矣……是岁,福建行中书省初设乡试,定取七人为额,而江西流寓福建者亦与试焉,通取十有五人,充贡于京师。"至正十九年"福建行中书省初设乡试",虽然只是一次性的,至正二十二年(1362年)以后的乡试福建士子又得赴浙江与考,但却开创了福建历史上开设乡试场所的先例,其意义十分重大,为明代以后于福建设立固定的乡试场所以及福建省的科举中兴奠定了基础。

综上所述,元朝作为少数民族统治中原地区的封建王朝,其统治时间不足百年,加上不平等的民族政策和科举制的晚行,都不同程度造成其教育整体水平的倒退,进士及第人数远逊于宋代。但是,社学的发展、书院的官学化以及确立以经义取士、尤重朱子理学的原则等则是元代教育中颇富特色的方面,且对后世的明清二朝产生了深远影响。

第四章 明代的闽都教育

明朝是中国历史上一个重要的封建王朝，1368年，朱元璋领导农民起义军推翻元朝统治建立明朝后，便着手社会秩序的重建。政治上确立程朱理学为统治阶级的指导思想，进一步强化专制主义的中央集权；经济上推行休养生息、轻徭薄赋、发展生产的政策，促进了社会经济的恢复与发展；文教上强调尊儒崇经的封建教化，大兴学校，重振科举，广纳贤才，推动了文教事业的繁荣，其学校教育的发展则超过了之前的任何一个朝代。

早在立国之初，朱元璋即十分注重"劝农兴学"。他说："天下初定，所急者衣食，所重者教化。衣食给而民生遂，教化行而习俗美。足衣食者在于劝农桑，明教化者在于兴学校。"① 洪武二年（1369年），明太祖朱元璋谕中书省曰："学校之教，至元其弊极矣。上下之间，波颓风靡，学校虽设，名存实亡。兵变以来，人习战争，惟知干戈，莫识俎豆。朕惟治国以教化为先，教化以学校为本。京师虽有太学，而天下学校未兴。宜令郡县皆立学校，延师儒，授生徒，讲论圣道，使人日渐月化，以复先王之旧。"并规定："府设教授，州设学正，县设教谕，各一。俱设训导，府四，州三，县二。生员之数，府学四十人，州、县以次减十。师生月廪食米，人六斗，有司给以鱼肉。学官月俸有差。生员专治一经，以礼、乐、射、御、书、数设科分教。务求实才，顽不率者黜之。"

为加强学校管理，洪武十五年（1382年）颁学规于国子监，又颁禁例十二条于天下，镌立卧碑，置明伦堂之左。其不遵者，以违制论。与此同时，明政府改变以往由巡按史，布、按两司及府州县官掌管生员入学事宜，于正统元年（1436年）始特置提督学官，专使提督学政，并规定"提学之职，专督学校，不理刑名。所受词讼，重者送按察司，轻者发有司，直隶则转送巡按御史。督、抚、巡按及布、按二司，亦不许侵提学之事也"。"提学官在任三岁，两试诸生。先以六等试诸生优劣，谓之岁考。一等前列者，视廪膳生有缺，依次充补，其次补增广生。一二等皆给赏，三等如常，四等挞责，五等则廪、增递降一等，附生降为青衣，六等黜革。继取一二等为科举生员，俾应乡试，谓之科考。"②

为激励学生的学习积极性，明政府建立了贡监制度。③ 其中，岁贡最重要，洪武二十一年（1388年）定府、州、县以一、二、三年为差。二十五年（1392年）定府学

---

① 《明太祖实录》卷26。
② 《明史》卷69《选举志一》。
③ 明清二朝推荐地方府州县学生员入国子监读书的制度。《明史·选举志一》："入国学者，通谓之监生。举人曰举监，生员曰贡监。……同一贡监也，有岁贡，有选贡，有恩贡，有纳贡。"

岁二人,州学二岁三人,县学岁一人。其后,屡有变更,至弘治(1488—1505年)、嘉靖年(1522—1566),遂以洪武二十五年例为永制。史载:"岁贡之始,必考学行端庄、文理优长者以充之。""明初,优礼师儒,教官擢给事中、御史,诸生岁贡者易得美官。"①

有明一代,"天下府、州、县、卫所,皆建儒学,教官四千二百余员,弟子无算,教养之法备矣","盖无地而不设之学,无人而不纳之教。庠声序音,重规叠矩,无间于下邑荒徼,山陬海涯。此明代之校之盛,唐、宋以来所不及也"。②

在这一背景之下,闽都教育在经历元朝中落之后重获生机,迎来了继南宋之后又一次教育的昌盛。《八闽通志》载:"有元九十余年,俗沦于夷,学校之教虽未尝废,而斯文终有愧于古。天启文明,我太祖高皇帝廓清海宇,几天礼记,乃令天下郡邑皆立学以教髦士。而学必有庙以祀孔子,盖欲学者一以孔子之道为宗,而不为他歧所惑也。列圣相承,其所以申饬而作兴之者益明且备。故贤才之出彬彬焉轶于唐,而几于宋。猗欤盛哉!"③

第一节 地方官学的兴盛

一、州县学规模扩大

从记载看,明代福州官学的发展主要表现为在前代官学基础上不断修葺、扩建,"规制大备,教化益隆,而闽之人才逾彬彬盛矣"。④ 各学的具体情形据《八闽通志》卷44《学校·福州府》和卷45《学校·福宁州》记载如下:

福州府学,洪武初葺礼殿,匾曰"大成"。寻割其后养源堂、丽泽亭并杏坛地为贡院……宣德九年(1434年)又建堂于明伦堂之北,仍匾以"养源"……成化三年(1467年),巡按御史徐棐以国初所须铜铸祭器如尊、罍、铡之属,皆岁久刓弊,因命工并笾、豆、簠、簋俱范铜而重铸之。十三年(1477年),知府唐珣大修庙学,礼殿前翼以舞亭。撤旧明伦堂,北却三丈许重建,为间凡七。并建养源堂,其间如明伦堂之数。旧东西两斋各九间亦增之,合为二十有六。东西号房皆以次修建。泮桥西米廪后改为更衣亭。十六年(1480年)提学佥事周孟中更建乡贤祠、名宦祠。弘治(1488—1505)初,提学副使罗璟改作棂星门,易木以石。十五年(1502年),巡按御史陈玉等重建大成殿。高于旧五尺,石槛增至一十有六,两庑亦增辟。正德十四年(1519年),巡按御史周鹍、布政使席书、知府叶溥重建仪门殿庑、常斋、号舍,悉一新之。嘉靖十年(1531年),建敬一亭,勒世宗御制《敬一箴》、并范浚《心箴》,程颐

---

① 《明史》卷69《选举志一》。
② 《明史》卷69《选举志一》。
③ 黄仲昭:《八闽通志》卷44《学校》"序言"。
④ 叶溥、张孟敬:正德《福州府志》卷20《学校志》。

《视听言动》四箴,凡六碑,贮亭内。十一年(1532年),诏庙称先师庙,庙后建启圣祠。嘉靖(1522—1566)中,知府胡有恒,万历(1573—1619年)初,巡抚庞尚鹏,提学熊尚文、冯烶相继修葺。

闽县县学,洪武初为明伦堂,以礼殿为大成殿。洪武十五年(1382年)建馔堂于进德斋之东,立米廪。二十三年(1390年),御史陈仲述、副使李惟益撤其旧重建。正统十二年(1447年),御史陈永复广其规制。继而御史丁澄又悉撤而更之。拓地三倍于旧。天顺间(1457—1464),御史顾俨又鬻民地以广学前之路。成化九年(1473年),御史尹仁复拓其后,以取方正。而提学佥事钟诚议欲右市民居后门法海寺地以益其址,知府郑时遂厚其直以鬻之。于是更建大成殿并东西两庑……十二年(1476年),知府唐珣绘殿堂,新戟门、棂星门并殿前舞亭,阶砌士犀道,以至号房、庖湢、垣墙、门径,悉修建一新。嘉靖(1522—1566)间,知府胡有恒,万历间,提学熊尚文相继修葺。

侯官县学,洪武初,堂之西南建仪门,北为中亭,以会诸生。馔亭之东西端,左博文,右约礼,北为公厨。十五年(1382年)知县姚德又北建米廪。宣德十年(1435年),教谕罗伦以其规制隘陋,请于布政使周颐拓其址,重修明伦堂……正统十一年(1446年),御史丁澄又创集英堂于尊经阁之后。十四年(1449年),镇守刑部尚书薛希琏创棂星门,修大成殿,饰圣贤像。成化十八年(1482年),知府唐珣重建两庑及棂星门,饰圣贤像。嘉靖(1522—1566年)间,知府胡有恒,万历间,提学熊尚文相继修葺。

怀安县学,洪武十二年(1379年),徙县治入郡城,先建讲堂。正统二年(1437年),布政使周颐始市民地建大成殿于讲堂之西南。四年(1439年),布政使方正、参政宋彰建东西两庑。肖宣圣及四配十哲像。复拓地创明伦堂及东西两斋于殿之左。七年(1442年),御史张淑建戟门及棂星门,又市民地于明伦堂之后,欲建后堂而未果。十一年(1446年),邑士民林崇等请助以己资创建会馔堂二……十三年(1448年),御史柴文显又辟棂星门之外为路,以抵通衢……成化八年(1472年)知县胡节、教谕陈文修,十六年(1480年)知府唐珣,知县李亮复修殿堂两庑,更创棂星门以及斋舍,焕然一新。

长乐县学,洪武十五年(1382年),知县邱宗亮新之。天顺七年(1463年),知县任衡重修。成化十七年(1481年),知县罗叙撤明伦堂而新之。弘治(1488—1505)间,知县王涣市民地,建训导宅。正德十四年(1519年),火。知县龙琰重建。嘉靖(1522—1566年)初,创启圣祠,敬一亭,亭前为名宦、乡贤二祠,文庙之西为明伦堂,两斋附堂左右,曰居仁,曰由义。其后知县蒋以忠、夏允彝相继修辟。

连江县学,洪武初重建。永乐二十年(1422年),教谕吴嗣善捐俸倡众重修明伦堂并稽古阁。正统十年(1445年),知县刘仲戬复市材将重建之,以任满去,未果。其后知县欧阳翰踵而成焉……成化十九年(1483年),知县凌玉玑以厨廪廨舍岁久而弊,复修葺之。是年,知县凌玉玑建射圃于学西。嘉靖三年(1524年),参政蔡潮以文庙为民居所蔽,谕诸生醵金鬻地易之。十四年(1535年),县丞陈瑞建敬一亭于庙东南。二十八年(1549年),知县向镐建名宦、乡贤祠于庙左右。四十五年(1566年),教谕马子驡凿凤池于泮池外。万历五年(1577年),文庙堂庑圮坏,邑人吴文华言于有司,修葺一新。弘治间(1488—1505),知县郭轩更大成殿于明伦堂左。崇祯(1628—1644)间,知县唐廷彦移先师庙于西,明伦堂东。

福清县学,洪武初重建明伦堂。正统四年(1439年)修。天顺三年(1459年)为风雨所坏,分巡金事牟俸命有司重修……成化十七年(1481年),知县庞璁以棂星门腐弊,且太迫戟门,乃拓地伐石重建。嘉靖三十七年(1558年),毁于倭。越七年(1565年),邑人都御史陈仕贤捐金重建。知县叶梦熊、许梦熊相继新之,庙前东西为名宦、乡贤祠。知县王政新偕邑人大学士叶向高重建。万历间(1573—1619),知县欧阳劲建两斋,移启圣祠于明伦堂左,祠前创敬一亭。知县邬元会建文昌阁。

古田县学,洪武五年(1372年),知县邓荼创味道堂于穿堂之后,又建会馔所、乐育亭于味道堂之后……十五年(1382年)创神厨于明伦堂……正统十一年(1446年),主簿龚铖修棂星门及师生廨宇。景泰元年(1450年),御史罗澄命有司修饰两庑及诸贤位置。天顺间(1457—1464),教授周瑄立泮宫门于外门之外。成化五年(1469年),县丞吴仪重修两庑。十五年(1479年),知县汪璀建两庑、棂星门、神厨及会馔堂。是年,提学金事周孟中出文昌神于道院。弘治六年(1493年),知县屠容建射圃于学,内构观德亭,后圮。七年(1494年),又改建明伦堂于文庙北。正德七年(1512年),明伦堂圮,即其基为讲堂,改建于文庙东,嘉靖间(1522—1566),知府胡有恒重修。隆庆二年(1568年)火,独文庙、仪门存。三年(1569年),知县杨存礼建明伦堂及两斋、号舍。万历十九年(1591年),教谕叶宗舜凿泮池于学门内。二十四年(1596年),知县刘日昜重修。二十九年(1601年),知县王继祀增修。崇祯十四年(1641年),庙学圮,训导黄守谊重建。

永福县学,洪熙元年(1425年)修。景泰元年(1450年),知县胡奎重修。仍建兴贤阁于棂星门之左。弘治间(1488—1505),知县谭显、县丞马栗然修明伦堂,训导龚烈踵成之,市民居为大门,内为泮池。正德间(1506—1521),知县张良佐建戟门,郑信建棂星门。嘉靖间(1522—1566),知县龚宣和迁建于东皋山麓。隆庆(1567—1572)末,知县陈克侯复迁还旧址。万历二十九年(1601年),知县钱正志建棂星门,砌泮池,作桥跨其上。

闽清县学,洪武初,知县赵起居建神厨,祭器库于殿右。十五年(1382年),建米廪于明伦堂西。二十五年(1392年),知县沈源重修庙学,建两庑及棂星门。永乐十年(1412年),①知县朱毅以明伦堂倾欹,乃移创于殿北旧基之后,列东西二斋于前,建膳堂、文卷库于左右。正统元年(1436年),知县叶宗泰重修庙学及两庑,饰圣贤像而新之。景泰三年(1452年),知县莘节重修棂星门及神库。天顺二年

---

① 何乔远《闽书》卷32《建置志》、乾隆《福州府志》卷11《学校》皆作永乐十五年(1417年)。

(1458年),教谕马能建儒林坊。成化三年(1467年),教谕鲁玛重建两庑;知县左辅创尊经阁于殿南,复修棂星门。万历三十六年(1608年),圮于水。知县俞咨龙修建。

罗源县学,洪武初重建。正统十二年(1447年),教谕黄缓、典史谢志保重修,创东庑及慎德厅,复创外门。后值兵乱,西庑遂废。景泰六年(1455年),知县汤文瑞、教谕李昱、训导陈亮出己赀,倡邑人修戟门及两庑。重建明伦堂及藏书楼东西两斋。堂后为中堂。凡轩舍廪库俱焕然一新。成化十六年(1480年),教谕吴荣、训导析祥以堪舆家谓旧门不利,乃白于同知韦济,遂发币银,命知县施弘改创于学之西北巷口。弘治元年(1488年),知县麦瑾复市民地益之。十四年(1501年),知县李南以学右路不宜直,遂更路环绕学左,立毓秀门,以达官路。十六年(1503年),训导柴琬拓泮池地,重建棂星门,知县徐圭重修戟门。正德七年(1512年),知县邓公善重修棂星门。嘉靖间(1522—1566),知县吴周,隆庆间(1567—1572),知县萧蔚重修庙学。

福宁(州)县学,洪武二年(1369年),复改为县学。九年(1376年),知县赵明仲修,二十七年(1394年),典史程锰重建两斋及修葺殿庑。宣德六年(1431年),知县钱宥重建两庑及戟门。正统六年(1441年),知县项智、教谕程奎重葺大成殿。明伦堂并两斋。成化七年(1471年),按察司副使潘祯、知府周钝复修葺之。十三年(1477年),州判官黄晟创振铎堂于明伦堂之后。十四年(1478年),知州刘象伐石修砌垣墉四周。

宁德县学,洪武五年(1372年),知县王溥建米廪于大成殿之西,建祭器库、神厨、宰牲房在大成殿之北,建会馔堂于明伦堂之后。二十三年(1390年)火,知县关可诚、教谕戴福海重建一新。永乐三年(1405年),知县贾德善改建棂星门,并创学门,架石桥于旧塘之上,以通往来。宣德四年(1429年),御史张铎、知县张初、教谕林约重修殿庑、斋舍、门墙,创建观澜亭、御书阁以及庖厨、廨宇,俱焕然一新。六年(1431年),御史张鹏立进士题名碑。景泰五年(1454年),邑人都给事中林聪倡其乡人拓明伦堂而大之。天顺四年(1460年),御史顾俨、同知古永昌、教谕李辅、训导董秀各捐俸劝富民助资重新修建。

福安县学,洪武二十八年(1395年),知县叶礼重修明伦堂,建两斋于堂之东西序,并建神厨、祭器库、宰牲房于东庑之后。永乐初,知县李思明建会馔堂厨房于明伦堂之西,创学仓于明伦堂之东北。正统六年(1341年),知县沈铸建御书阁于明伦堂之后。天顺间(1457—1464),提学参事游明命署县事侯官县丞周琬重修大成殿并两庑。成化间(1465—1487),副使潘稹、参议陈渤、参事钟城檄知州刘象、判官黄晟、知县刘顺、教谕项孔昌、训导黄节重建戟门、明伦堂、两斋,复改建泮宫门于学东。

二、社学制度化

明朝地方官学除儒学①以外,还有宗学、社学、武学以及医学和阴阳学。

宗学之设,世子、长子、众子、将军、中尉年未弱冠者俱与焉。万历中,定宗室子十岁以上俱入宗学。其师,于王府长史、纪善、伴读、教授等官择学行优长者除授。

武学之设,自洪武时置大宁等卫儒学,教武官弟子。正统(1436—1449)中,成国公朱勇奏选骁勇都指挥等官51员,熟娴骑射幼官100员,始命两京建武学以训诲之。崇祯十年(1637年)令天下府、州、县学皆设武学生员,提学官一体考取。

医学,洪武十七年(1384年)置。府,正科1人;州,典科1人;县,训科1人,设官不给禄。

阴阳学,亦洪武十七年置。府,正术1人;州,典术1人;县,训术1人,设官不给禄。

社学,始自洪武八年(1375年)"诏天下立社学",②"延师以教民间子弟,兼读《御制大诰》及本朝律令",弘治十七年(1504年),"令各府、州、县建立社学,选择明师,民间幼童15岁以下者送入读书,讲习冠、婚、丧、祭之礼"。③ 于是,全国各府、州、县纷纷设立社学。

与元朝社学相比,明朝社学不仅数量上大大增加,而且制度上趋于完善。正统四年(1439年)规定:"凡8—15岁,民间家无过犯,子弟令遣入社学,讲读《大诰》《孝顺事实》、四书、经史之类,以备选补生员名缺"。④ 由是观之,明朝社学具有一定的强制性,凡适龄孩童须得入学,所习内容主要是初步的伦理道德教育和浅显的文化知识,并兼习《大诰》与明律令,优秀者可被选拔补生员名缺,从而将社学与府、州、县学结合起来,使之兼有了郡县学预备学校的性质。明朝通过由社学中选拔优秀者补儒学生员,府州县学生员通过岁贡、选贡、恩贡、纳贡等途径进入国子监肄业的方式,建立起了社学——府州县学——国子监三级相衔接(亦即从地方到中央相衔接)的教育网络系统,此为明朝官学制度的一大特点,也是明朝学校教育发达的具体表现。⑤

终明之世,其他各学在福州的设置情况史籍无明确记载,尚不得知。至于社学的设置,福州甚为发达,共设立了43所,分别是:闽县9所,曰河东、普文、昌际、鳌峰、崇正、龙台、长桥、沙合、藤山。侯官县8所,曰博文、宝文、文林、应文、怀西、怀南、怀东、越峰。长乐县4所,曰高隍、河汤、龙南、石梁。连江县1所,县治之东。

---

① 包括按地方行政区划设立的府学、州学、县学,按军队编制设立的都司儒学、行都司儒学、卫儒学,以及在谷物财货集散地设置的都转运司儒学,在土著民族聚居地区设立的宣慰司儒学和安抚司儒学等。(参见孙培青:《中国教育史》,华东师范大学出版社1992年版,第417页)
② 《明史》卷2《太祖纪二》。
③ 《明史》卷69《选举志一》。
④ 何乔远:《闽书》卷32《建置志·闽县》。
⑤ 孙培青:《中国教育史》,华东师范大学出版社1992年版,第421页。

罗源县 11 所,县东、拜井、梅溪、善化、招贤、临济、新丰、徐公、罗平、林洋、黄万。福清县 10 所,曰蒙亨、养端、西塘、崇文、擢英、永安、文在、仰高、玉井、中峰。① 此外,古田、闽清、长乐、连江、罗源、福清等县设有射圃,侯官县设有瓜山义学。

第二节　书院的曲折发展

一、四毁书院

明朝书院的发展历程颇为曲折。明初的一百多年里,统治者重学校,倡科举,对书院采取不重视、不提倡的态度,因而导致学校兴盛,书院不振。成化(1465—1487)以后,统治集团内部政治斗争渐趋激烈,社会风气腐败,官学衰落,科举流弊丛生。为救治时弊,一批有志于从事学术研究的士大夫遂纷纷兴复或创建书院,自由讲学之风日炽,书院由此渐兴,经弘治(1488—1505)、正德(1506—1521),至嘉靖(1522—1566)大盛。正如黄以周在《论书院》中所说:"学校兴,书院自无异教,学校衰,书院所以扶其弊也。"② 众学者中,尤以理学家湛若水、王守仁为著,此二人的讲学活动在很大程度上推动了明朝书院的兴盛。

湛若水(1466—1560),字元明,号甘泉,广东增城人,弘治间进士,选庶吉士擢编修。世宗嘉靖初,官南京祭酒、礼部侍郎。后历南京礼、吏、兵三部尚书。弘治壬子以书魁其乡,从陈献章(白沙)游,屏居一室,潜心理学,悟"随处体认天理"之旨。当时与王阳明(守仁)、吕柟、王崇等人相与论道,学者相从甚众,声誉日隆。若水以"随处体认天理"为宗,自称"阳明与吾言心不同,阳明所谓心,指方寸而言,吾之谓心者,体万物而不遗产也"。时称"王湛之学"。他官历两京,所至迭创建书院,著书、讲学不息,75 岁致仕,回粤后更专心讲学。湛若水一生讲学 55 年,"志笃而力勤",著有《湛甘泉集》。《广东新语》称:"甘泉翁官至上卿,服食约素,推所有余以给家人弟子,相从士二千九百有余。于会城(广州)则有天关、小禺、白云、上塘、蒲涧等书院。"黄宗羲《明儒学案》卷 37《甘泉学案一》亦称他"平生足迹所至,必建书院以祀白沙,以游者殆遍天下",足见他对书院复兴的贡献。

王守仁(1472—1528),幼名云,字伯安,号阳明,谥文成,人称王阳明,浙江余姚人,是明代最著名的思想家、教育家、文学家、书法家、哲学家和军事家。王守仁是陆王心学之集大成者,非但精通儒、释、道三教,而且能够统军征战,是中国历史上罕见的全能大儒。他继承和发展了陆九渊的"心学",形成与程朱理学不同的另一个理学派别"陆王之学"或"陆王心学"。他说,"无善无恶心之体,有善有恶意之动,知善知恶是良知,为善去恶是格物",并以此作为讲学的宗旨。王守仁从正德元年

---

① 喻政:万历《福州府志》卷 10《建置志三·学校》。
② 章柳泉:《中国书院史话》,教育科学出版社 1981 年版,第 32 页。

(1506年)与湛若水定交,以倡明圣学为终身志愿。是年,他34岁,开始讲学,直至去世,历时23年,所到之处,广收弟子,创建书院,举办学校、社学,一方面宣传了他的学说,另一方面推动了书院的复兴。诚如,沈德符在其著《野获编》卷24《畿辅》中所云:"自武宗朝(即正德年间,1506—1521),王新建(即王守仁)以良知之学,行江浙两广间,而罗念庵、唐荆川诸公继之,于是东南景附,书院顿盛。"王守仁逝后,他的学生也纷纷建立书院,促进书院在嘉靖(1522—1566)年间大盛,"虽世宗(即朱厚熜,嘉靖年间)力禁而终不能止"。①

据统计,有明一代共计书院1239所,遍及全国19个省,以江西、福建、浙江、湖南为最多,分别为251所、138所、120所、102所,从书院创建的时间看,以嘉靖年间最多,占37.13%,万历年间次之,占22.71%。在明代新建的745所书院中,建于嘉靖年间的达215所,占28.86%。②

不过,也正是在嘉靖以后,明朝政府四次禁毁书院,这在宋元二朝是没有过的。

第一次是发生在嘉靖十六年(1537年)。据《续文献通考》记载:"嘉靖十六年二月,御史游居敬疏斥南京吏部尚书湛若水,倡其邪学,广收无赖,私创书院,乞戒谕以正人心。帝慰留若水,而令所司毁其书院。"

第二次是发生在嘉靖十七年(1538年)。据《皇明大政纪》载,嘉靖十七年五月,吏部尚书许赞上言,近来抚按两司及知府等官,多将朝廷学校废坏不修,别起书院,动费万金,征取各属师儒,赴院会讲,初发则一邑制装,及舍供亿科扰尤甚。请求毁天下书院,诏从其言。

第三次是发生在万历七年(1579年)。据《明通鉴》卷67载:执政的张居正"特恶"士大夫私创书院聚徒讲学,担心书院"徒侣众盛,异趋为事","摇撼朝廷,爽乱名实",遂以书院"科敛民财"为借口,请毁书院。是年春正月戊辰,诏毁天下书院,凡先后毁应天等府书院64处,尽改各省书院为公廨。

第四次是发生在天启五年(1625年)。史载,吏部郎顾宪成、高攀龙讲学于东林书院。③ 讲习之余,"往往讽议朝政,裁量人物,朝士慕其风者,多遥相应和。由是东林名大著,而忌者亦多"。④ 魏忠贤党人为陷害东林书院及东林党人,遂矫旨"毁天下东林讲学书院"。⑤

尽管明政府四毁书院,但所造成的影响并不太大,各地创建书院的风气依旧兴

---

①　沈德符:《野获编》卷24《畿辅》。
②　曹松叶:《明代书院概况》,载于《中山大学语言历史研究所周刊》第10集,1930年第113期。
③　东林书院在江苏无锡城东南,原为北宋理学家杨时(1053—1135)讲学之所,后即在该地建书院。元朝至元年间(1341—1368)废为僧庐。明万历三十二年(1604年),无锡人顾宪成及其弟顾允成在当时常州知府、无锡知县等地方官的支持下,重新修复。东林书院是明朝众多书院中名声最大,影响最广者,柳贻徵在《江苏书院志初稿》中说:"合宋元明清四代江苏书院衡之,盖无有过于东林书院者矣。"(参见孙培青:《中国教育史》,华东师范大学出版社1992年版,第424页)
④　《明史》卷231《顾宪成传》。
⑤　《明史》卷22《熹宗本纪》。

盛。如前述，嘉靖年间虽二度禁毁书院，但终明之世却恰恰以嘉靖年间书院为最多，且大多书院是在嘉靖十六年、十七年以后兴办的，由此表明了书院的讲会制度已经深得人心。作为书院教学的重要形式——讲会制度①，在明代更趋完备化、制度化，各讲会书院均有自己的"会约"，所讲内容主要是儒家经典，或儒家道德伦常问题。"这些讲会是一种开放式的、雅俗共赏的社会教育形式，有利于维护和深化纲常道德教育，使封建伦理道德向社会下层渗透，通过士人与社会上普通百姓的沟通，使儒家学说社会化。"②

二、书院官学化加深

元代已初见端倪的书院官学化趋向在明代进一步加强。尤其是明后期实行所谓"洞学科举"，③书院日益与学校、科举合流，沦为科举的附庸，很多的书院不再以讲学为主，而是极力组织学生学习举业以取功名，致使书院自由讲学的特质丧失殆尽。

明代福州书院的发展与全国的形势类似，书院的创建基本上是成化以后，且集中于嘉靖年间。有明一代，福州共建书院20余所，兹依据正德《福州府志》卷20《学校志》、乾隆《福州府志》卷11《学校》记载列表如表4-1所示。

表4-1 明代福州新建书院一览表

书院名称	书院地点	创建时间	简介
道原书院	闽县	弘治十八年(1505年)	御史饶榶改慧照庵为怀北社学。正德七年(1512年)，提学副使姚镆，以先儒林拙斋、黄勉斋为三山道学之倡，虽礼于学宫，而专祀无所，复改社学为二先生祠，傍室仍为社学
涌泉书院	闽县	正德十五年(1520年)	旧为僧庵，巡按御史沈灼去淫像改立
一峰书院	闽县	正德十五年(1520年)	旧为广善堂地。巡按御史沈灼改为书院，以祀明成化年状元罗伦（江西永丰人，一峰其号）
泉山书院	闽县	正德(1506—1521)间	在河西尚书里。提学副使杨子器、姚镆建。为兵部尚书林瀚讲学处。中有御书楼。泉山旧有书院，在闽山庙之右，为巡按御史张敏、提学副使韦斌、知府蒋淓建。后泉山以所居涉远，还充司府公舍，故改立于此
养心书院	闽县	正德(1506—1521)间	在通津门外，巡按御史聂豹建

---

① 学术界一般认为讲会制度始于南宋淳熙二年(1175年)由吕祖谦在信州（今江西上饶）鹅湖寺主持的朱熹、陆九渊关于哲学问题进行论战的"鹅湖之会"。讲会制度是宋明理学家进行学术论辩的集会。清朝中叶以后，该制度逐渐消失。

② 刘海峰、庄明水：《福建教育史》，福建教育出版社1996年版，第134页。

③ 书院因大多设在名山胜地，故又称"洞学"。

续表

书院名称	书院地点	创建时间	简介
登云书院	侯官县	成化十一年(1475年)	在登云坊内。知府唐珣建。中为正堂,肖宣圣、四配像,匾曰燕居。后为诸生讲肄之所,书舍共二十余楹,岁延师以训生徒,置田给之。万历时圮
竹田书院	侯官县	正德(1506—1521)间	在桂枝坊内。同知叶铁为工部尚书林廷选建
玉泉书院	侯官县	正德十五年(1520年)	在府城西关外旧玉泉寺。巡按御史沈约毁淫祠,改为书院。祀宋丞相李纲
崇正书院	侯官县	嘉靖(1522—1566)间	在神光寺东。督学副使姜宝建
养正书院	侯官县	嘉靖七年(1528年)	在乌石山北。原为法禅寺,嘉靖七年改建为书院
道山书院	侯官县	隆庆五年(1571年)	在乌石山麓。按察使邹善、提学副使宋仪望为邑人参政王应钟建。应钟卒,门人祀之,置祀田。万历三十八年(1610年),提学金事熊尚文重修
龙津书院	侯官县	万历(1573—1619)间	进士董应举偕里人郭心川建,中祀朱子。朱熹避"伪学"之禁曾讲学于此
共学书院	侯官县	万历二十二年(1594年)	在西门街北。旧为怀安县学。先是宋置怀安县治在石岊江滨。大中祥符四年(1011年),主簿陆柬始建学于县东隅。明洪武十二年(1379年),徙治入郡城,遂移今所。正统二年(1437年),布政使周颐市民地,建大成殿、东西讲堂。其后,御史张淑、柴文显又辟棂星门之外为路,以接通衢。万历八年(1580年),县省入侯官。二十二年(1594年),巡抚许孚远改为书院
南山书院	长乐县	弘治(1488—1505)间	在南山塔旁,知县潘府改南山废寺而成。暇日与诸生讲学,立主敬、集义二斋
凤岐书院	长乐县	弘治(1488—1505)间	在十五都。知县潘府以显应宫后堂改建
龙峰书院	长乐县	弘治(1488—1505)间	在县北方安里。知县潘府建。宋儒刘砥、刘砺读书处,朱子避学禁寓此,二刘从而受业
五贤书院	长乐县	正德五年(1510年)	在县治东六平山下,乃新城隍庙改为之。县旧有新旧二城隍,民俗以朔日属旧,望日属新,无复能正之者。正德五年,知县杨梁以为不经,改新庙为是祠,奉祀朱晦庵,以黄勉斋、陈栎、刘砥、刘砺为配。盖晦庵初避"伪学",勉斋偕行,主于刘氏,而砥、砺二子与陈栎从焉,故祀之,以风后学
崇正书院	古田县	嘉靖(1522—1566)间	在南门外。旧为淫祠。嘉靖间,改为书院,祀宋儒李延平。十一年(1532年),提学副使潘潢迁林用中八贤配享,改今名

续表

书院名称	书院地点	创建时间	简介
正学书院	古田县	嘉靖(1522—1566)间	在二保。旧系祐圣宫。嘉靖间,改为探本书院,祀八贤,后迁祀八贤于崇正书院,遂改今名,为诸生讲习之所
蘖山书院	古田县	嘉靖(1522—1566)间	在城隍庙东。旧为方伯罗荣家庙,邑人思其建城之功,肖像祀焉。嘉靖间,改为书院。知县徐建重修
翠屏书院	古田县	嘉靖(1522—1566)间	在一保。旧系淫祠。嘉靖间,郡丞朱世忠改为书院,祀学士张以宁,集诸生讲读
青山书院	古田县	嘉靖(1522—1566)间	在一都。嘉靖间建,祀朱子
鹤鸣书院	古田县	明代	在小武当山旁。明通判丁一中建
明德书院	古田县	明代	在南门外,明邑令刘曰旸建

表4-1的统计,难免有所疏漏。譬如闽清县、连江县、罗源县、永福县均不见有新建书院的记载,而福清县只是记载了对龙江书院、闻读书院的修缮。① 尽管如此,此表仍能大致反映出明代福州书院发展的特点:

第一,从时间上看,书院多创建于正德、嘉靖年间,共14所,占总数的58%,这与全国书院于此时期冲破沉寂、走向兴盛是一致的。

第二,从创建者看,书院主要由各县地方官所建,有的规模还很大,置有学田,确保了书院的经费来源,如侯官县的登云书院,由此反映出明代书院官学化的趋势。

第三,从建制上看,书院多由祠堂、家庙、佛寺等改建而成,充分体现了书院与禅寺的密切关系。自宋以来,佛教禅林无论从形式上(选址多择名胜之处)还是教学方式上(讲会制度)都对书院产生了很大影响。

第三节 科举中兴

明朝开科取士始于太祖朱元璋洪武三年(1370年)。是年诏令曰:"汉、唐及宋,取士各有定制,然但贵文学而不求德艺之全。前元待士甚优,而权豪势要,每纳奔竞之人,夤缘阿附,辄窃仕禄。其怀材抱道者,耻与并进,甘隐山林而不出。风俗之弊,一至于此。自今年八月始,特设科举,务取经明行修,博通古今,名实相称者。朕将亲策于廷,第其高下而任之以官。使中外文臣皆由科举而进,非科举者毋得与官。"于是,京师及各行省皆开始举行乡试。乡试之额,初行科举时规定:直隶贡额

---

① 徐景熹:乾隆《福州府志》卷11《学校》"福清县学"条记载:龙江书院,在海口龙山北麓。旧志不详何年创立。明建文年(1399—1402),巡检张敬重修。又,闻读书院,在福唐里。唐水部郎中陈灿读书于此,故立。宣德(1426—1435)间,邑人薛士亘重修。

百人,河南、山东、山西、陕西、北平、福建、江西、浙江、湖广皆四十人,广西、广东皆二十五人,才多或不及者,不拘额数。高丽、安南、占城,诏许其国士子于本国乡试,贡赴京师。明年会试,取中一百二十名。"时以天下初定,令各行省连试三年,且以官多缺员,举人俱免会试,赴京听选。"

由于"所取多后生少年,能以所学措诸行事者寡",故自洪武六年(1373年)"乃但令有司察举贤才,而罢科举不用。"十年以后,即洪武十五年(1382年)决定复设科举。十七年(1384年)始定科举之式,"命礼部颁行各省,后遂以为永制,而荐举渐轻,久且废不用矣"。①

明代科举较前代有较大发展,规制渐趋完备,为明清二代科举考试设计了一个比较稳定的基本框架。兹据《明史》卷70《选举二》记载迻录如下:

明代科举考试分乡试、会试、殿试三级进行。

乡试,又称乡闱,是由南、北直隶和各布政使司主持的、在南、北京府和各布政司驻地举行的地方性考试。乡试每三年一次,子、午、卯、酉年举行,考期在八月,分三场,初九日为第一场,又三日为第二场,又三日为第三场。乡试的录取名额,由朝廷决定。"洪武十七年诏不拘额数,从实充贡。洪熙元年(1425年)始有定额。其后渐增。至正统间,南北直隶定以百名,江西六十五名,他省又自五而杀,至云南二十名为最少。嘉靖间,增至四十,而贵州东二十名。庆、历、启、祯间,两直隶益增至一百三十余名,他省渐增无出百名者。"中试者为举人,第一名称解元。

会试,又称礼闱,是在乡试的第二年由礼部主持的、于京师举行的全国性考试,于辰、戌、丑、未年举行,考期在二月,亦分三场,具体安排与乡试同。参加会试者必须是乡试中式的举人。"会试之额,国初无定,少至三十二人,其多者,若洪武乙丑、永乐丙戌,至四百七十二人。其后或百名,或二百名,或二百五十名,或三百五十名,增损不一,皆临期奏请定夺。至成化乙未而后,率取三百名,有因题请及恩诏而广五十名或百名者,非恒制也"。中试者为贡生,第一名称会元。

殿试,又称廷试,因"天子亲策于廷"而得名。殿试的时间是在会试后一个月,即三月初一。凡会试中试者均可参加。殿试只一日,次日读卷,又次日放榜,分一、二、三甲以为名第之次。一甲止三人,曰状元、榜眼、探花,赐进士及第。二甲若干人,赐进士出身。三甲若干人,赐同进士出身。二甲、三甲第一名称传胪云。

发榜后,皇帝赐宴诸进士,称"恩荣宴"。洪武初,赐诸进士宴于中书省。宣德五年(1430年)赐宴于中军都督府。八年(1433年)赐宴于礼部,自是遂著为令。

殿试之后,还要选庶吉士,即"点翰林"。庶吉士之选始于洪武十八年(1385年)。史载:"(洪武)十八年廷试,擢一甲进士丁显等为翰林院修撰,二甲马京等为编修,吴文为检讨。进士之入翰林,自此始也。使进士观政于诸司,其在翰林、承敕监等衙门者,曰庶吉士。进士之为庶吉士,亦自此始也。其在六部、都察院、通政

---

① 《明史》卷70《选举志二》。

司、大理寺等衙门者仍称进士,观政进士之名亦自此始也。"不过,当时选出的庶吉士并不专属翰林院管理。迨及永乐二年(1404年)"既授一甲三人曾棨、周述、周孟简等官,复命于第二甲择文学优等杨相等五十人,及善书者汤流等十人,俱为翰林院庶吉士。庶吉士遂专属翰林矣"。入选庶吉士者,"以翰(林院)、詹(事府)官高资深者一人课之,谓之教习。三年学成,优者留翰林为编修、检讨,次者出为给事、御史,谓之散馆"。① 庶吉士出身者宦途颇为广阔,自英宗天顺二年(1458年),"李贤奏定纂修专选进士。由是,非进士不入翰林,非翰林不入内阁,南、北礼部尚书、侍郎及吏部右侍郎,非翰林不任。而庶吉士始进之时,已群目为储相。通计明一代宰辅一百七十余人,由翰林者十九。盖科举视前代为盛,翰林之盛则前代所绝无也"。

至于明代科举考试的内容,则"专取四子书及《易》《书》《诗》《春秋》《礼记》五经命题试士。盖太祖与刘基所定。其文略仿宋经义,然代古人语气为之,体用排偶,谓之八股,通谓之制义"。自此,"八股文"成为明清二代科举考试制度所规定的文体,盛行了五百多年,是明清文人入仕必须掌握的"敲门砖"。

此外,明代科举会试采取南北卷制,确立了"分地而取"的原则,为清代沿袭。史载:明代初年,礼闱取士,不分南北。洪武三十年(1397年),学士刘三吾偕纪善、白信蹈等主考会试。榜发,所取宋琮等五十二人皆南士,北士无预者。于是诸生言三吾等南人,私其乡。朱元璋大怒,命侍读张信等十二人复阅。然又有人说张信等人"故以陋卷呈"。"帝益怒,信蹈等论死,三吾以老戍边,琮亦遭戍。帝亲赐策问,更擢六十一人,皆北士,时谓之'南北榜',又曰'春秋榜'"。② 不过,事后未尝"分地而取"。及至洪熙元年(1425年),"仁宗命杨士奇等定取士之额,南人十六,北人十四。宣德、正统间,分为南、北、中卷,以百人为率,则南取五十五名,北取三十五名,中取十名"。景泰二年(1451年)辛未科一度废除这一规定,五年(1454年)甲戌科,经礼部奏请裁定,复分南、北、中卷具体的地域划分是:"南卷,应天及苏、松诸府,浙江、江西、福建、湖广、广东;北卷,顺天、山东、山西、河南、陕西;中卷,四川、广西、云南、贵州及凤阳、庐州二府,滁、徐、和三州也。"③ 这种划分大致与当时全国各地文化发展的实际水平相当,有一定的合理性。此后虽然比例有一些变化,但"分地而取"的原则终明清二代相沿不变。

总括上述,明代政府取才惟崇科举,所谓"学校以教育之,科目以登进之",④"非科举者毋得与官",由此造成科举大盛,"卿相皆由此出,学校则储才以应科目者也",⑤福建、江西、浙江、湖广(今湖南、湖北)则号称明代科举"四大省",科举业十分发达。

---

① 《明史》卷70《选举志二》。
② 《明史》卷70《选举志二》《明史》卷137《刘三吾传》。
③ 《明史》卷70《选举志二》。
④ 《明史》卷69《选举志一》。
⑤ 《明史》卷69《选举志一》。

一、贡院建制完备

福州作为福建乡试所在地,原有的贡院无法容纳日益增多的求试举子,洪武十七年(1384年),布政使薛大昉将贡院移于城南兴贤坊内的巡抚公署,仍不足容士,成化七年(1471年)布政使朱英、按察使刘勒于元代三皇庙处改建为贡院,中建至公堂,后为衡鉴堂,两旁为厢房。堂之东为誊录、受卷、弥封之所,西为对读、供给之所。衡鉴堂之北为内帘中堂,匾曰"公明堂"。东西列屋数间,为考官阅卷之所。两旁庖湢列焉。至公堂之前为试场,场之中为明远楼,南为门三重,前临长街,中建一坊,匾曰"贡院"。两旁为二坊对立,东曰"论秀",西曰"登俊"。① 正德十一年(1516年),御史胡文静购民居益之,东西各八丈,南倍之,更为正门南出。万历五年(1577年),火。六年,重建,中为至公堂,后为衡鉴堂,为抡才堂。堂后为主考官房,中为洗心亭,东西为五经考官房。外东为监临公署,西为提调监试公署。又东列四所:曰对读,曰受卷,曰弥封,曰内供给;西二所:曰誊录,曰巡绰。至公堂前为东西文场,中为明远楼,四隅有了望楼。出大门外,为"天开文运坊"。东西各有坊,一曰明经取士,一曰为国求贤。又东为三司公署,废。西为外供给所。中有桥,曰登瀛。有坊,曰天衢,曰云路,曰龙门,达于通衢。② 较之宋代,明代贡院建筑结构完整,布局规范,从另一侧反映科举考试的制度化、完备化。

二、科第盛况

福州科举在元代低迷之后得以中兴,人才之盛,居八闽前列。"登科第、膺荐辟者,后先相望,而郡县每岁所贡士又不可胜计焉。"③ 表4-2至表4-5则能反映其大貌。

表4-2 明代福州10县举人人数统计表④

年代\地区	闽县	侯官	怀安	古田	罗源	长乐	闽清	连江	永福	福清	合计
洪武年间	49	14	22	3	9	24	4	23	7	34	189
建文年间	10	3	1					3	1	1	19
永乐年间	105	44	44	7	7	52	1	24	8	21	313
宣德年间	43	6	8	2	3	9	2	5		3	81
正统年间	45	15	7	1		12		2	15		104
景泰年间	69	18	18	1	1	15		8		15	146

---

① 黄仲昭:《八闽通志》卷40《公署·郡县·福州府》"贡院"条。
② 徐景熹:乾隆《福州府志》卷18《公署一·贡院》。
③ 黄仲昭:《八闽通志》卷46《选举》"序言"。
④ 徐景熹:乾隆《福州府志》卷40《选举志五》。

续表

年代\地区	闽县	侯官	怀安	古田	罗源	长乐	闽清	连江	永福	福清	合计
天顺年间	41	9	8	1		15	2	1	3	8	88
成化年间	152	34	28	2	4	36	8	14	4	22	304
弘治年间	97	25	22	2		25	7	6	4	8	196
正德年间	77	23	19	1		25	1	8	1	6	161
嘉靖年间	201	59	53	7		54	1	20	4	65	464
隆庆年间	14	4	3			2			1	4	29(1人无考：隆庆四年 郑梦祯)
万历年间	127	48	1	2	2	19	5	2	3	40	249
天启年间	24	9		2	2	7	1	1	3	7	56
崇祯年间	43	14		1		7			3	13	81
合计(1人无考)	1097	325	234	32	28	302	34	120	45	262	2480

表 4-3 明代福州解元人数统计表（共计 20 人）

解元姓名	籍贯	年代	资料来源
李昇	福清	洪武三年(1370年)	乾隆《福州府志》卷40《选举五》
林谷显	长乐	洪武四年(1371年)	乾隆《福州府志》卷40《选举五》
冯伏	怀安	洪武二十年(1387年)	《志》无考,转引自刘海峰,庄明水：《福建教育史》第147页,福建教育出版社1996年
张伯福	闽县	洪武二十三年(1390年)	乾隆《福州府志》卷40《选举五》
林赐	长乐	洪武二十六年(1393年)	乾隆《福州府志》卷40《选举五》
李骐	福清	洪武二十九年(1396年)	乾隆《福州府志》卷40《选举五》
林志	闽县	永乐九年(1411年)	乾隆《福州府志》卷40《选举五》
何琼	怀安	永乐十二年(1414年)	乾隆《福州府志》卷40《选举五》
李马	长乐	永乐十五年(1417年)	乾隆《福州府志》卷40《选举五》
高岗	闽县	宣德十年(1435年)	乾隆《福州府志》卷40《选举五》
林侨	长乐	正统三年(1438年)	乾隆《福州府志》卷40《选举五》
翁宾	连江	景泰元年(1450年)	乾隆《福州府志》卷40《选举五》
傅鼎	闽县	弘治二年(1489年)	乾隆《福州府志》卷40《选举五》
林士元	侯官	弘治十一年(1498年)	乾隆《福州府志》卷40《选举五》
张燮	闽县	弘治十四年(1501年)	乾隆《福州府志》卷40《选举五》
陈公陛	闽县	正德十四年(1519年)	乾隆《福州府志》卷40《选举五》
杨子充	福清	嘉靖十三年(1534年)	乾隆《福州府志》卷40《选举五》
郑启谟	闽县	嘉靖十九年(1540年)	乾隆《福州府志》卷40《选举五》
洪世迁	闽县	嘉靖二十五年(1546年)	乾隆《福州府志》卷40《选举五》
郭应响	福清	万历三十四年(1606年)	乾隆《福州府志》卷40《选举五》

表 4-4　明代福州各县进士及第人数统计表①

年代＼地区	闽县	侯官	怀安	古田	罗源	长乐	闽清	连江	永福	福清	合计
洪武年间	13	5	9	4	9	4	12	1		1	58
建文年间	2	1	1			1					5
永乐年间	33	12	17	12	8	1	5	1	1	2	92
宣德年间	8	3	2	1	2			1			17
正统年间	8	6	3	3		4					24
景泰年间	5	1	5	1	1	1			1		15
天顺年间	10	1	1	3		5					20
成化年间	44	9	7	9	1	2	9				82（1 人无考：成化二十年郑昊）
弘治年间	19	2	3	7	1				1		34（1 人无考：弘治三年罗荣）
正德年间	15	5	3	10	1	1	3				40（2 人无考：正德三年陈谈、十六年杨叔器）
嘉靖年间	55	17	14	29	10		26				152（1 人无考：嘉靖二十九年毛孔墀）
隆庆年间	3		1	2		2			1		9
万历年间	21	13	1	8		1	19	1	1		65
天启年间	1			2		1	2				6
崇祯年间	10	11		1			4				26
合计（5 人无考）	247	86	67	92	33	11	92	3	3	6	645

表 4-5　明代福州状元一览表②

状元姓名	籍贯	年代	备注
陈䥽	闽县	洪武三十年	据黄仲昭《八闽通志》卷 48《选举》载：是年又有韩克忠榜。又，乾隆《福州府志》作"韩克忠榜"。转《万历府志》："是岁，闽县人陈䥽举第一，寻除名，郡有登第者皆不录，今无可考"。
马铎	长乐	永乐十年	
李骐	长乐	永乐十六年（1418 年）	
龚用卿	侯官	嘉靖五年（1526 年）	
陈谨	闽县	嘉靖三十二年（1553 年）	
翁正春	侯官	万历二十年（1592 年）	

---

① 徐景熹：乾隆《福州府志》卷 39《选举志四》。
② 徐景熹：乾隆《福州府志》卷 39《选举志四》。

由上述统计表可看出：明代福州府 10 县举人数总计 2480 人，占全省的 29.79%[1]，居全省第一。解元人数为 20 名，占全省的 22.22%，[2]居全省第三位，仅次于兴化府（辖莆田、仙游二县，计 30 名）、泉州府（辖晋江、南安、同安、惠安、安溪、永春、德化 7 县，计 21 名）。[3] 进士人数总计 645 人，占全省的 26.93%。[4] 有明一代，福州府中状元 6 人，占全省状元数的 54.55%。[5] 尤为值得一提的是，闽县林浦乡（今城门乡林浦村）的林氏家族，"三世为祭酒""三世五尚书"，成为儒林佳话。据《明史》卷 163《林瀚传》载：

林瀚，父元美，永乐末（永乐十九年，即 1421 年——笔者注）进士，抚州知府。瀚举成化二年进士。弘治初，迁国子监祭酒，十三年（1500 年）拜南京吏部尚书。

庭㭿，瀚次子。弘治十二年（1499 年）进士。嘉靖年（1522—1566）拜尚书（工部尚书——笔者注），加太子太保。

庭机，瀚季子。嘉靖十四年（1535 年）进士。擢南京祭酒，累迁至工部尚书。

燫，庭机长子。嘉靖二十六年（1547 年）进士。三迁国子祭酒。万历元年（1573 年）进工部尚书，是曰："自燫祖瀚，父庭机，三世为祭酒，前此未有也。"又云："明代三世为尚书，并得谥文，林氏一家而已。"

烃，庭机次子。嘉靖四十一年（1562 年）进士，终南京工部尚书致仕。故曰："林氏三世五尚书，皆内行修洁，为时所称。"

为纪念这一辉煌的历史，林浦村"林氏家祠"内曾立木碑二面，分别刻"国师三祭酒""三代五尚书"。此二木碑今已毁，但祠内尚存一副对联，曰："进士难进士非难，难是七科八进士；尚书贵尚书不贵，贵在三代五尚书"，所谓"七科八进士"是为：林元美，永乐十九年辛丑科进士；林瀚，成化二年丙戌科进士，林庭㭿，弘治十二年己未科进士；林㹭，弘治十五年（1502 年）壬戌科进士；林炫，正德九年（1514 年）甲戌科进士；林庭机，嘉靖十四年乙未科进士；林燫，嘉靖二十六年丁未科进士；林烃，嘉靖四十一年壬戌科进士。林氏的事迹作为儒林佳话被传颂，亦成为激励执后学的典范。

---

[1] 终明之世，福建省举人数总计 8325 人。（刘海峰、庄明水：《福建教育史》，"明代福建举人分区统计表"，福建教育出版社 1996 年版，第 152 页）

[2] 明代福建全省解元 90 名。（刘海峰、庄明水：《福建教育史》，"明代福建乡试历科解之表"，福建教育出版社 1996 年版，第 147—149 页）

[3] 刘海峰、庄明水：《福建教育史》，"明代福建乡试历科解之表"，福建教育出版社 1996 年版，第 147—149 页。

[4] 明代福建省进士及第人数共 2395 名。（刘海峰、庄明水：《福建教育史》，"明代福建进士分区统计表"，福建教育出版社 1996 年版，第 152 页）

[5] 明代福建省共产生 11 位状元。（刘海峰、庄明水：《福建教育史》，"明代福建状元表"，福建教育出版社 1996 年版，第 163 页）

第五章 清代的闽都教育

明末清兵入关,明太祖八世孙唐王朱聿键率明残余力量于清顺治二年(1645年)入闽在福州称帝,改元隆武,定都福州,升福州府为天兴府,号"福京"。这是继南宋之后福州又一次成为行都。南明隆武政权仅存11个月即为清军所灭。顺治三年(1646年)九月,清军占领福州,逐渐扩展对福建全境的统治。在地方行政体制上承明制,惟复改天兴府为福州府,为福建省治所在。康熙二十二年(1683年),清朝统一台湾,次年,设台湾府,划归福建。

清朝是中国历史上最后一个封建王朝,自1644年清军入关定都北京,至1911年辛亥革命,清朝被推翻,历时267年。学术界通常以1840年鸦片战争的爆发为界,将清朝的历史发展划分为前、后两个时期。其社会制度前期是封建性的,后期则是半殖民地半封建性的。故此,清朝不仅拉下了中国封建历史的帷幕,而且揭开了中国近代历史的序幕,其各项社会政治制度无一不烙上这一时代的印记,教育制度亦莫能例外。《清史稿》卷106《选举志一·学校上》亦云:"有清一沿明制,二百余年,虽有以他途进者,终不得与科第出身者相比。康、乾两朝,特开制科。博学鸿词,号称得人。……洎乎末造,世变日亟。论者谓科目人才不足应时务,毅然罢科举,兴学校。采东、西各国教育之新制,变唐宋以来选举之成规。前后学制,判然两事焉。"是故,本章所论清朝闽都教育唯限于鸦片战争以前,即闽都传统的封建教育,而鸦片战争以后清朝时期的闽都教育则另辟"闽都教育的近代化"一章专论。

第一节 地方官学完备化

一、州县学进一步完备

清朝政府十分重视文教事业的发展,确立了"兴文教,崇经术"的文教政策,效仿明制,于中央和地方广设学校。中央设立的有国子监(亦称国学和太学),始置于顺治元年(1644年)。史载:"世祖定鼎燕京,修明北监为太学。顺治元年,置祭酒、司业及监丞、博士、助教、学正、学录、典籍、典簿等官。设六堂为讲肄之所,曰率性、修道、诚心、正义、崇志、广业,一仍明旧。"①对学官职责、教学内容、讲学方法、生员名额等方面亦作了明确规定。此外,清朝政府还结合政权的民族特征,有为八旗子

---

① 《清史稿》卷106《选举志一》。

弟专设的旗学,如八旗官学、①宗学、②觉罗学、③景山官学、④咸安宫官学⑤等,极为重视对旗人子弟的教育和培养,且尤重骑射,是为清代中央官学的一个重要特点。如嘉庆五年(1800年)谕曰:"我满洲根本,骑射为先。若八旗子弟专以读书应试为能,轻视弓马,怠荒武备,殊失国家设立驻防之意。嗣后各省驻防官弁子弟,不得因有就近考试之例,遂荒本业。"

地方官学,一如明制,主要有按行政区划设立的府、州、县、卫学。史载:"世祖勘定天下,命赈助贫生,优免在学生员,官给廪饩……寻谕礼部曰:帝王敷治,文教为先。臣子致君,经术为本。自明末扰乱,日寻干戈,学问之道,阙焉未讲。今天下渐定,朕将兴文教,崇经术,以开太平。"⑥《清朝文献通考·学校考七》亦载,顺治元年(1644年),"诏各省府、州、县儒学,食廪生员仍准廪给,增、附生员仍准在学肄业,俱照例优免。"并规定:"各学教官,府设教授,州设学正,县设教谕,各一,皆设训导佐之。""初,各省设督学道,以各部郎中进士出身者充之。惟顺天、江南、浙江为提督学政,用翰林官。""雍正中,一律改称学院,省设一人。奉天以府丞、台湾以台湾道兼之。甘肃自分闱后,始设学政。""教授、学正、教谕掌训迪学校生徒,课艺业勤惰,评品行优劣,以听于学政。""员额时有裁并。生员色目,曰廪膳生、增广生、附生。初入学曰附学生员。""汉军设廪、增,自顺治九年(1652年)始。康熙十年(1671年),满、蒙亦设廪、增。初制各二十名,嗣减汉军十名。雍正间定额,满、蒙六十,汉军三十。直省廪、增额,府四十,州三十,县二十,卫十。其新设者,府学视州学,州学视县学。其一学分两学,则均分其额,或差分之。"⑦

各地方官学的教学内容以儒家经典为主。据《清朝文献通考·学校考七》载:顺治九年(1652年)规定:"嗣后直省学政将《四子书》《五经》《性理大全》《资治通鉴纲目》《大学衍义》《历代名臣奏议》《文章正宗》等书,责成提调教官课令生儒诵习讲解"。

---

① 隶国子监,始设于顺治元年(1644年)。《清史稿》卷106《选举志一》载:顺治元年,若琳奏:"臣监僻在城东北隅,满员子弟就学不便,议于满洲八固山地方各立书院,以国学二厅、六堂教官分教之,以时赴监考课"。下部议行。于是八旗各建学舍。每佐领(300人为一佐领——笔者注)下取官学生一名,以十名习汉书,余习满书。

② 为清宗室子弟而设立的学校。《清史稿·选举志一》曰:"宗学肇自虞廷,命夔典乐,教胄子。三代无宗学名,而义已备。唐、宋后,有其名而制弗详。清顺治十年,八旗各设宗学,选满洲生员为师。凡未封宗室子弟,十岁以上,俱入学习清书"。

③ 为清觉罗氏子弟而设立的学校。《清史稿·选举志一》曰:"觉罗学,雍正七年(1729年),诏八旗于衙署旁设满、汉学各一,觉罗子弟八岁至十八岁,入学读书习射,规制略同宗学"。

④ 康熙二十四年(1685年),令于北上门两旁官房设官学,选内府三旗佐领、管领下幼童三百六十名。清书三房,各设教习三人。汉书三房,各设教习四人。(《清史稿》卷106《选举志一》)

⑤ 雍正六年(1728年),诏选内府三旗佐领、管领下幼童及八旗俊秀者九十名,以翰林官居住咸安宫教之。汉书十二房,清书三房,各设教习一人,教射、教国语各三人,如景山官学考取例。(《清史稿》卷106《选举志一》)

⑥ 《清史稿》卷106《选举志一》。

⑦ 《清史稿》卷106《选举志一》。

为加强对地方各学的管理,顺治九年(1652年)颁布了《卧碑文》并刊石立直省各学官;康熙年间(1662—1722)又于直省儒学先后颁布《圣谕广训》及《训饬士子文》。雍正年间(1723—1735),学士张照奏令儒童县、府复试,背录《圣谕广训》一条,著为令。同时,又建立起了较明代更为周密、完备的考核制度——"六等黜陟法"。这是清代在地方官学管理上的一个重要创新。"六等黜陟法"的具体内容为:"考列一等,增、附、青、社俱补廪。无廪缺,附、青、社补增。无增缺,青、社复附,各候廪。原廪、增停降者收复。二等,增补廪,附、青、社补增。无增缺,青、社复附。停廪降增者复廪。增降附者复增,不许补廪。三等,停廪者收复候廪。丁忧起复,病痊考复,缘事办复,增降附者许收复,青衣发社者复附,廪降增者不许复。四等,廪免责停饩,不作缺,限读书六月送考。停降者不许限考。增、附、青、社俱扑责。五等,廪停作缺。原停廪者降增,增降附,附降青衣,青衣发社,原发社者黜为民。六等,廪膳十年以上发社,六年以上与增十年以上者,发本处充吏,余黜为民。入学未及六年者发社。"①

此外,清代亦仿明制于府、州、县学建立贡监制度,岁贡的名额、方法与相关规定大体同明代。"岁贡,取府、州、县学食廪年深者,挨次升贡。顺治二年,命直省岁贡士京师。府学岁一人,州学三岁二人,县学二岁一人,一正二陪。学政严加遴选,滥充发回原学。五名以上,学政罚俸。"②

总之,历经中国封建各朝两千多年的辗转相承,清朝的教育制度臻于完备、成熟。

福州各县学经明末战乱多遭毁损,有清一代除新增县学1所——屏南县学外,主要对前代各学加以修缮、扩建,各学规制更趋完备。徐景熹在闽清《移建庙学记》中说:"我朝(清朝——笔者注)尊隆儒术,凡薄海内外郡县卫所之学屡诏缮治。"③又云:"圣朝(清朝——笔者注)崇儒重道,海隅向化,《子衿》之诗不作,鼓箧之教偏敷,东南文教,盛而更盛,斯又朱子目所未及睹也。"④

福州府学,康熙十一年(1672年)大修庙学。棂星门左为更衣所,为名宦祠,右为斋宫,为乡贤祠。浚泮池,下通三元沟,潮汐出入焉。池南为大门,东为宰牲房,为奎光阁,西为神厨,为常衮祠。明伦堂前,东西四斋如旧。其北为尊经阁,又北为启圣祠。雍正元年(1723年),改称崇圣祠。祠路从堂西角门折而入,堂东北为米廪,为馔堂。康熙三十年(1691年),飓风,明伦堂圮。三十二年(1693年),总督兴永朝、巡抚卞永誉建。三十八年(1699年),重建尊经阁。雍正八年(1730年),修大成殿。乾隆二年(1737年)八月,飓风,殿、庑、堂、阁俱摧损。闽人何长浩捐修。乾隆十六年(1751年),总督喀尔吉善、巡抚潘思榘重修。师生员额,教授、训导各一

---

① 《清史稿》卷106《选举志一》。
② 《清史稿》卷106《选举志一》。
③ 徐景熹:乾隆《福州府志》卷11《学校·闽清县学》。
④ 徐景熹:乾隆《福州府志》卷11《学校》"序言"。

员,廪膳生员 40 名,增广生员 40 名,附学生员不限额。

闽县县学,顺治十八年(1661年),县令周雍时移县治于学官,概行毁废。文庙、明伦堂岁久圮。康熙二十年(1681年),知县祖寅亮、教谕顾伦赞,请于上官,合绅士同力修复,又建文昌阁。雍正元年(1723年),奉诏建崇圣祠于大成殿右。九年(1731年),知县张堂等重修大成殿。乾隆二年(1737年),邑人林炳捐修庙学。师生员额,教谕、训导各一员,廪膳生员 20 名,增广生员 20 名,附学生员不限额。

侯官县学,康熙十九年(1680年),督学孙期昌、知县姚震倡绅士修。雍正元年(1723年),奉诏建崇圣祠在文庙左。八年(1730年),知县陈克嵩重修。乾隆二年(1737年),闽人何长浩捐修。师生员额同闽县学。

古田县学,顺治三年(1646年)毁于寇。五年(1648年)知县甘体垣建。十四年(1657年),知县吴来仪重修。康熙二十二年(1683年),教谕程尹起修。四十年(1701年),知县陈瑸修棂星门,建文昌阁。师生员额,清初同闽县学。雍正十二年(1734年),析置屏南县后,廪膳生员 10 名,增广生员 10 名,附学生员不限额。

闽清县学,雍正元年(1723年)奉诏建崇圣祠。二年(1724年),知县张兆凤修。十三年(1735年),知县孙国柱增修。乾隆十五年(1750年),水,庙学尽圮。知县童士绅于明伦堂基增高三尺,建庙其上,徙学于庙之左,其规制悉如旧。师生员额同闽县学。

长乐县学,顺治四年(1647年)毁于寇。六年(1649年)重修大成殿。西仍为明伦堂,东为崇圣祠。斋舍、厅宇皆备。学西为射圃,有观德堂。师生员额同闽县学。

连江县学,顺治年间(1644—1661)荐经兵火。康熙年间(1662—1722),训导施鸿、知县徐甲第、王仁显、教谕富懋业相继重修。雍正乙巳丙午(1725—1726),宫墙圮于水,知县张兆凤、刘良璧修葺。乾隆丁巳(1737年),飓风,文庙前楹毁,训导陈鹏南捐资重修。庙堂斋庑,悉一新之。师生员额同闽县学。

罗源县学,顺治年间(1644—1661),知县李彦珂,康熙年间(1662—1722)知县张四维、蔡彬、王楠、教谕林岱、张升、蔡璧、郑汧相继修建。师生员额同闽县学。

永福县学,康熙十三年(1674年)重修。雍正三年(1725年)邑人江钊捐修。乾隆二年(1737年)邑人黄元识等募修。九年(1744年),知县胡维炳重修明伦堂。师生员额同闽县学。

福清县学,康熙十七年(1678年)、十九年(1680年)知县白琯、邓献英相继修葺。邑人李范重建文昌阁于庙东。三十八年(1699年)邑人李日燦修庙学。乾隆四年(1739年)邑人何敬祖重修。师生员额同闽县学。

屏南县学,在县治东学前街。雍正十二年(1734年)建。中为大成殿,左右两庑,前为棂星门,左右为名宦、乡贤,殿后为崇圣祠,右为奎光阁。明伦堂在殿左,前有泮池,环桥外为仪门。师生员额,只设训导1员,不设教谕。雍正十三年(1735

年),以古田县学训导为之。乾隆六年(1741年),仍归古田县学,另设屏南县学训导,廪膳生员10名,增广生员10名,附学生员不限额。

由上所述,清朝福州各县学的修缮以及福州教育的恢复与发展是在康熙即位以后,这与清初郑成功以福建作为反清复明的基地导致清政府对福建东南沿海采取严厉的"迁界"政策有关,福州的教育也因此受到影响。此外,各县学的修缮主要由当地政府出资,知县、教谕、教导具体负责,也有不少是邑人士绅捐资为之,表明当地重教之民风。福州自唐代兴教以来,其教育水平始终居八闽首位,与其崇礼重教的社会风尚息息相关。

除府、州、县学外,清代在各省也设八旗官学,福州于顺治十三年(1656年)始设八旗驻防①,故雍正六年(1728年)在板平巷(地隶闽县)设立四旗清书官学。

学校的经费来源亦如前代,主要依靠政府所赐学田。各学学田额据乾隆《福州府志》卷11《学校》载:

福州府学,顺治五年(1648年),派定学租17两8钱。康熙二十一年(1682年)总督姚启圣捐置学田57庙6分。五十六年(1717年)巡抚陈瑸捐置学田114亩9分。

闽县学,原额1848亩1分,实征学租银533两2钱3分。康熙二十一年(1682年)总督姚启圣捐置田26亩2分,五十六年(1717年)巡抚陈瑸捐置田86亩1分。

侯官县学,原额365亩9分,实征学租银62两3钱5分。康熙二十一年总督姚启圣捐置田38亩6分。五十六年巡抚陈瑸捐置田63亩7分。

古田县学,原额131亩7分,实征学租银21两3钱。康熙二十一年总督姚启圣捐置田26亩6分。

闽清县学,原额235亩,实征学租银23两5钱5分。康熙二十一年总督姚启圣捐置田47亩8分。

长乐县学,明嘉靖间(1522—1566),知县吴遵括废寺田园664亩3分,输之学。清顺治间(1644—1661)迁界,田荒。康熙间(1662—1722)报垦251亩4分,实征学租银51两9钱5分。二十二年(1683年)总督姚启圣捐置田31亩3分。

连江县学,原额54亩,明邑人吴文华捐置。嗣因迁移报荒,复界后,实存田45亩2分,年征银19两3钱1分。康熙二十一年总督姚启圣捐置田13亩4分,知县王仁灏捐置田3亩8分,教谕富懋业捐置学租600觔。

罗源县学,原额29亩8分,年征租银3两6钱。康熙二十一年总督姚启圣捐置田11亩2分。

永福县学,原额339亩4分,又山10号,年共征租银35两1钱2分。康熙二十一年,总督姚启圣捐置田20亩3分。

福清县学,原额205亩,实征租银22两3钱6分。康熙二十一年总督姚启圣

---

① 徐景熹:乾隆《福州府志》卷12《军制》。

捐置田 55 亩 5 分。

如上,各县学田数多寡不一,闽县学田最多,罗源最少,悬殊甚大,在一定程度上反映了相互间教育水平的差异。

二、社学与义学的普及

创始于元朝的社学,经明朝的发展渐趋制度化。清承明制,社学得到进一步的推广和普及。早在顺治九年(1652年)即令"乡设社学,乡民子弟十二以上、二十以下有志者得入学,择生员学优行端者充社师,量给廪饩"。①《清史稿·选举志一》亦载:"社学,乡置一区,择文行优者充社师,免其差徭,量给廪饩。凡近乡子弟十二岁以令入学。"雍正元年(1723年)又重申直省各州、县设立社学的规定。《清朝文献通考·学校考八》载:"旧例(即顺治九年例——笔者注)各州、县于大乡巨镇各置社学,凡近乡子弟年十二以上、二十以下有志学文者,令入学肄业。至是复经申定,将学生姓名造册申报。"由是,直省各省纷置社学。清代社学管理一如明旧,凡在社学中肄业者,成绩优秀经考试可升入府、州、县学为生员。唯入学的年龄有差,明代为8—15岁,清则为12—20岁。从记载看,福州各县社学发展很快,仅雍正二年(1724年)就新建9所,即罗源3所,长乐2所,古田、闽清、连江、永福各1所,乾隆即位后的头17年里,又增6所,闽县、古田、侯官各2所。② 据记载,有清一代,福州府拥有社学74所,足见其普及程度(如表5-1所示)。

表 5-1　清代福州府社学统计表③

地区	名称	纪要
闽县	振文社学	旧县前街北
	河东社学	南京坊德贵巷
	普文社学	易俗里
	冒际社学	南京坊温泉坊内
	鳌峰社学	左三坊
	茶正社学,龙台社学	喜庆坊
	沙合社学	嘉崇里
	腾山社学	时升里
	荣正社学	嘉崇里
	玉融社学	嘉崇独山麓
	碧峰社学	崇贤里

---

① 《清史稿》卷 289《朱轼传》。
② 徐景熹:乾隆《福州府志》卷 11《学校》。
③ 陈寿祺:《福建通志》卷 62《学校》。

续表

地区	名称	纪要
侯官	博文社学,实文社学	右三坊
	文林社学	闽山庙巷
	应文社学	右一坊
	怀西社学	保定营
	怀南社学	善化坊
	怀东社学	将军山南
	越峰社学	华林坊
	蒙正社学	阳岐,乾隆十三年(1748年)建
	太湖社学	乾隆时五年,县丞洪冕等建
	芹岩社学	太湖,邑人张之屏建,并捐义田
长乐	龙南社学	十都
	石梁社学	十五都
	阜林社学	二十都
	古县乡社学,厚福乡社学	雍正二年(1724年)设
福清	文在社学	东隅小桥街
	玉屏社学	东隅双连巷
	文明社学	西隅产塘街
	清和社学	西隅
	安胜社学	西隅上巷
	振杨社学	西隅西门兜
	文山社学	西隅涧下
	仰高社学	西隅产塘街
	西塘社学	南隅官塘边
	万安社学	南隅柳池头
	鳌峰社学,齐云社学	南隅南门兜
	中和社学	南中巷
	龙溪社学	南中巷
	崇文社学	南隅场前街
	永安社学	南隅郑巷
	万寿社学,阳春社学,安仁社学	北隅
	养端社学,亨蒙社学,安宁社学	北隅后浦街
	玉井社学,澄清社学	北隅上井街
	崇禧社学	东街
	擢英社学	东隅横街

续表

地区	名称	纪要
连江	县学内社学	雍正二年设
罗源	县东社学,拜井社学,梅溪社学,善化社学,招贤社学,临济社学,新丰社学,徐公社学,罗平社学,林洋社学,黄童社学	以所在里命名
	笃行社学,大获社学,圣坛社学	雍正二年设
古田	杉洋社学	雍正二年设
	善德社学,黄田社学	乾隆七年(1742年)设
闽清	文昌阁社学	雍正二年设
永福	南关外社学	雍正二年设
	兴文社学	冶东
	育才社学	冶西

义学,又称义塾,教师称塾师。初由京师五城各立一所。康熙五十四年(1715年)二日戊辰谕"朕时巡畿甸,见民生差胜于前。但诵读者少,风俗攸关。宜令穷僻乡壤广设义学,劝令读书"。① 于是,各省府、州、县多设立义学"教孤寒生童,或苗、蛮、黎、瑶子弟秀异者"。② 雍正元年(1723年)又定义学例。《清朝文献通考·学校考八》载:义学初学"《圣谕广训》,俟熟习后再令诵习诗书。以六年为期,如果教导有成,塾师准作贡生。三年无成,该生发回,别择文行兼优之士"。

义学不同于社学者,一设在穷乡僻壤,二教授孤寒生童,因故,多不收束脩,且免费发给基本的学习用品,其功用如林则徐《闽县义塾记》所云:"广教育也,恤贫穷也,植始基也,遏邪僻也。"有清一代,福州义学亦得普及,所谓"无不设塾之乡,无不入塾之童"。③ 其时,较著名的有:东山义塾,嘉庆二十一年(1816年),里人公建,道光十四年(1834年),里人何应吕等修,祀闽先儒四十人。凌云义塾,乾隆五十八年(1793年)里人林国通等建。侯官瓜山义塾,乡人郑潜创办,以教乡人子弟。屏南义塾,乾隆二年(1737年)知县沈钟建,乾隆二十年(1755年)知县张世珍修,嘉庆二十一年(1816年)张映斗重修。闽清义塾,乾隆二十六年(1761年)知县宋学原建。

毋庸置疑,福州社学与义学的推广,对于普及初级教育,提高人文素质,培养科举人才等方面都具有十分重要的影响和积极意义。

---

① 《清史稿》卷8《圣祖本纪三》。
② 《清史稿》卷106《选举志一》。
③ 陈寿祺:《福建通志》卷68《学校》。

第二节 书院的发展

一、书院官学化倾向加重

清朝初年,反清复明势力盘踞东南沿海,严重威胁着清朝政权。为了防止南明政权利用书院宣传反清思想,聚势成众,清朝统治者对书院采取压制政策。顺治九年(1652年),下令"各提学官督率教官、生儒,务将平日所习经书义理着实讲求,躬行实践。不许别创书院,群聚结党,及号召地方游食无行之徒,空谈废业"。① 由此,书院在清朝定都北京以后的90年内都处在沉寂状态。随着政权的稳固,清政府开始改变对书院的态度,由原来消极抑制转而采取积极提倡与严加控制相结合的政策。雍正十一年(1733年)清世宗的"上谕"令中说:"近见各省大吏渐知崇尚实政,不事沽名邀誉之为,而读书应举者,亦颇能屏去浮嚣奔竞之习,则建立书院,择一省文行兼优之士,读书其中,使之朝夕讲诵,整躬励行,有所成就,俾远近士子,观感奋发,亦兴贤育才之一道也。督抚驻扎之所,为省会之地,著该督抚商酌奉行,各赐帑金一千两,将来士子群聚读书,须预为筹划,资其膏火,以垂永久。其不足者,在于存公银内支用。封疆大吏等并有化导士子之职,各宜殚心奉行,黜浮崇实,以广国家菁莪棫朴之化,则书院之设,于士习文风,有裨益而无流弊,乃朕之所厚望也。"②这一谕令推动了清朝书院的复苏,各省会率先建立起了书院。厥后,府、州、县次第建立,书院得到快速发展,对清代教育的发展功不可没。《清史稿·选举志一》云:"各省书院之设,辅学校所不及,初于省会设之。世祖颁给帑金,风励天下。厥后府、州、县次第建立,延聘经明行修之士为之长,秀异多出其中。高宗明诏奖劝,比于古者侯国之学。儒学浸衰,教官不举其职,所赖以造士者,独在书院。其裨益育才,非浅鲜也。"

综观清朝书院的发展,其特征大略有四:

其一,数量之多,远过前代。有清一代所设立的书院有780多所,连同复兴的书院,改造的书院,合计有1900多所。③ 据统计,福州府新建书院23所,尚不包括各地的正音书院(如表5-2所示)。

---

① 《大清会典》卷75《礼部》19《学校》1。
② 《清世宗实录》卷127,雍正十一年正月壬辰条。
③ 陈元晖、尹德新、王炳照:《中国古代书院制度》,上海教育出版社1981年版,第97页。

表 5-2　清代福州府新建书院一览表①

名称	地点	时间	纪要
凤池书院	凤池里三牧坊	嘉庆二十二年（1817年）	总督汪志伊、盐法道孙尔准建，初名圣功书院，有讲堂12间，学社30余间
越山书院	城内三角井附近	康熙五十七年（1718年）	巡抚陈瑸、总督觉罗满令建，道光六年（1826年），知府汪耀辰等捐俸延师，正式称越山书院
鳌峰书院	城内鳌峰坊	康熙四十六年（1707年）建	巡抚张伯行建，书院广置书籍，校勘55种儒家著作，添建120间书舍，后增为140间
致用书院	初在福州西湖，后移乌石山	同治十二年（1873年）	闽巡抚王凯泰在福州西湖旁的书院旧址设立"致用堂"一所，十三年改名致用书院
共学书院	城内西门街北	康熙二十四年（1685年）	旧为怀安县学，清康熙二十四年，总督王国安等更新规章制度，四十一年（1702年），巡抚李斯义修建学舍
西湖书院	福州西湖头	康熙间（1662—1722年）	知府迟维城在西湖滨毁淫祠改建书院
考志书院	城内法海寺旁	乾隆五年（1740年）	巡抚王恕建
道山书院	乌石山麓	乾隆十七年（1752年）	总督喀尔吉善等命令闽商捐修已废的道山书院，作为盐商子弟肄业的场所
龙光书院	东门内澳桥下	道光十年（1830年）	即"八旗总官学"，镇闽将军萨秉阿捐俸延师，专为福州满族人士而设，汉人不能参加
嵩山书院	城内石井巷	乾隆二十二年（1757年）	盐法道徐景熹把原在道山的旧书院改建于城东石井巷嵩山之麓
斗南书院	南关外，里斗中街	康熙三十年（1691年）	里人林琦建，乾隆初，翁章礼、黄廷琮，拓而新之
凤鸣书院		康熙四年（1665年）重建	原为社学，后改为书院
吴航书院	长乐治南山之阳	乾隆二十六年（1761年）	知县贺世骏建，有书舍二十余间
明德书院	福清治北	康熙四十三年（1704年）	知县潘树枏建
兴庠书院	福清西隅大街	雍正元年（1723年）	旧天主堂地
紫阳书院	连江治南江夏街	康熙三十七年（1698年）	知府迟维城、知县李毓英改祠建

① 陈寿祺《福建通志》卷62《学校》。

续表

名称	地点	时间	纪要
理学书院	连江化龙街桥西	雍正元年（1723年）	知县苏习礼允诸生请立书院
鳌江书院	连江学前街	乾隆四十一年（1776年）	
罗川书院	罗源	康熙四十五年（1706年）	初名永贞义学，康熙四十五年，知县蔡彬建，乾隆二十五（1760年）年，知县梁翰改
屏山书院	古田鼓楼东	康熙三十九年（1700年）	知县陈瑛建
玉泉书院	古田水关	康熙五十五年（1716年）	水口分司陈大莘建
奎光书院	古田学宫左	乾隆四年（1739年）	知县姚延格建为义学，八年知县辛竟可拓而改为书院
景行书院	永福治登高山麓	乾隆二十三年（1758年）	知县王作霖建

其二，地区之广，前所未有。清代书院的设置遍布19个省区，且及于边远的云南、甘肃、新疆、青海以至时属福建省的台湾等地区。譬如，青海于乾隆元年（1736年）在大通卫（今大通县）建立了历史上第一所书院——三川书院；台湾自康熙二十二年（1683年）归属清朝，隶福建省，至光绪十三年（1887年）独立建省的200余年间，共建书院40所。①

其三，设置正音书院，堪为首创。正音书院是清政府为推广官话而设的书院，是清朝书院文化的一个特色。鉴于广东、福建二省方言难懂，且人多不谙官话，故而官民、上下之间难以沟通，为官者，不能深悉下民之情，为民者，亦不能明白官长之意，雍正六年（1728年）遂颁布谕旨"令有力之家，先于邻近延请官话读书之师，教其子弟，转相授受，以八年为限。八年之外，如生员、贡监不能官话者，暂停其乡试，学政不准取送科举；举人不能官话者，暂停其会试，布政使不准起文送部；童生不能官话者，府州县不准取送学政考试，俟学习通晓官话之时，再准其应试。通行凡有乡音之省，一体遵行"。② 乾隆年间又规定以推广官话的成效作为地方官考课的一个方面。由此，将推广官话与科举考试、与考核地方官结合起来，有力地推动了正音书院的设立。清朝广东、福建书院的数量能跃居全国前列，在很大程度上与正音书院有关。据统计，有清福建的正音书院达112所。③

其四，书院的官学化程度达至巅峰。书院官学化自元代开其端，经明代发展，讫清代达于极致，具体表现为：第一，书院的经费由政府划拨。前引雍正十一年上谕规定，省会设书院赐帑金1000两以资膏火。不敷，在存公项下拨补，每年造册报

---

① 刘海峰、庄明水：《福建教育史》，"清代福建新建书院一览表"，福建教育出版社1996年版，第188—189页，其中尚不包括雍正七年（1779年）于台湾、凤山、诸罗三县所设的正音书院。
② 刘海峰、庄明水著：《福建教育史》，福建教育出版社1996年版，第191页。
③ 刘海峰、庄明水著：《福建教育史》，福建教育出版社1996年版，第191页。

销。"其余各府州县书院,或绅士捐资倡立,或地方官拨公款经理,俱申报该管官查核。"①据曹松叶《宋元明清书院概况》统计,清代所有 1900 多所书院中,民办的只有 182 所,绝大多数是官办的,占了 90%。清朝政府正是通过出资创办书院达到控制的目的。第二,书院的山长由政府选聘。《清会典事例》卷 395《礼部·学校·各省书院》载,乾隆元年(1736 年)上谕曰:"嗣后书院讲席,令督抚学臣悉心采访,不拘本省邻省,亦不论已仕未仕,但择品行方正,学问博通,素为士林所推重者,以礼相延,厚给廪饩,俾得安心训导……如果六年卓有成效,该督抚学臣,酌量题请议叙。毋得视为具文,亦不准滥行题请。"清政府通过对书院领导的选聘,达到掌控书院办学方向的目的。第三,书院的生徒由政府录用、考核。同前引乾隆元年上谕规定:"负笈生徒,必择乡里秀异,沉潜学问者,肄业其中。其恃才放诞,佻达不羁之士,不得滥入。""有不率教者,则摈斥勿留。""材器尤异者,准令荐一二,以示鼓舞。"乾隆九年(1744 年)又重申"嗣后各书院肄业之人,令各州县秉公选择报送,各布政司会同专司稽查之道员再加考验,其果才堪造就者,方准留院肄业,毋得滥行收送"。清政府通过操纵书院生徒的选用权以达到书院人才为其所用的目的。

在政府掌控、操纵书院的前提下,"清代的书院基本上没有独立性可言,几乎成为府州县学之外的另一种官学体系"。②易言之,清代的书院与官学几无二致,实为官学的一种延伸。其职能是为"导进人才,广学校所不及";其教学内容是以学习制艺为主,专为应科举之用。所谓制艺,又称制义、时文,古代应制所作文章,其文体为科举考试制度所规定,在唐宋时用以称律赋,明清二代通称八股文。乾隆九年(1744 年)上谕规定"嗣后书院肄业之士子,令院长择其资禀优异者,将经学、史学、治术诸书,留心讲贯,以其余功兼及对偶声律之学。其资质难强者,且令先工八股,穷究专经,然后徐及余经,以及史学、治术、对偶、声律。至每月课试,仍以八股文为主。或论,或策,或表,或判,听酌量兼试"。③ 由是观之,书院不仅习八股,而且考八股,考课④被纳入书院的教学体系,且成为定制。据陈宏谋所载书院条规,主要有:"一,每月两课,官课一次,掌教课一次;课卷分一二三等为次序,一等者首名给赏一两五钱,余一两;二等六钱;一,每月课文二次,讲书六次,或四书,或经,或史,不拘长短;一,凡课期,毋论在院,附课,齐集讲堂上,安桌列坐,将大门封锁,不许一

---

① 《学政全书》卷 63《书院事例》。
② 刘海峰:《论书院与科举的关系》,厦门大学学报(哲社版),1995 年第 3 期。
③ 《清会典事例》卷 395《礼部·学校·各省书院》。
④ 考课,即按照一定标准考察官吏的功过善恶,分别等差,升降赏罚。三国魏明帝命刘劭作都官考课之法七十二条。唐代考课之法有"四善""七十二最",为后代所沿袭。北宋王安石"熙宁兴学"行三舍法,以考课定升舍,考课亦成为学校用以督促生徒学业的一种考核制度。盛行于南宋的书院以提倡生徒自修问难、讲演辩论为主,一般不用考课,以区别于官学的教学方式。元、明二代书院虽然已经出现官学化倾向,却不见有考课记载。书院以考课督士,以清代为盛。

人出入。"①如此一来,书院如同官学一样,逐渐沦落为科举制度的附庸,演变为培养科举人才的场所,其颇富特色的自由研讨之风不再,独具品格的讲会制度不存,这恰恰反映了封建社会后期专制主义中央集权极端化发展的必然趋势。光绪二十七年(1901年),清廷采纳湖广总督张之洞、两江总督刘坤一的建议,下诏各省所有书院改为学堂,于省城均改设大学堂,各府厅及直隶州均设中学堂,各州县均设小学堂,并多设立蒙养学堂。至此,在中国教育史上存在近1200年的书院制度趋于消亡。

二、闽都四大书院

清代福州书院亦不脱官学化窠臼,多以研习举业为要务,前述遍及各县的正音书院即是应科举之需而设,其时颇负盛名的四大书院——鳌峰书院、凤池书院、正谊书院、致用书院(亦称"省城四大书院")也概莫能外,不同程度负有考课之责。兹以鳌峰书院为例详析之。

鳌峰书院坐落在福州市内九仙山(今于山)麓之鳌峰坊,原为一所尼庵,康熙四十六年(1707年),世称"天下清官第一"的著名理学家、福建巡抚张伯行捐俸购得,葺而新之,为书院,因其南面正对着九仙山鳌顶峰,取"独占鳌头"之意,故名。书院结构如张伯行《鳌峰书院记》曰:前建正谊堂,中祀周、程、张、朱五子,后为藏书楼,置经、史、子、集若干橱。其东则有园亭、池榭、花卉、竹木之胜。计书舍120间,明窗净几,幽闲宏敞。士之来学者,日给廪饩。岁供衣服,无耳目纷营之累,而有朋友讲习之乐,藏焉、修焉、息焉、游焉,无不可为学也。故曰"名教乐地"。②书舍共一百二十楹,疱次井饮咸具。之后,书院备受皇帝、地方官员重视,屡有修缮、扩建,规制皆备,人才大盛,久享"文薮"之美誉。随着清末书院改学堂诏书的颁布,鳌峰书院于光绪三十一年(1905年)改称"校士馆",后又改为"福建法政学堂"。

综观鳌峰书院198年的历史变迁,其官学化特色主要表现为四个方面:

其一,书院属官办。书院的创建者张伯行,字孝先,号敬庵,河南仪封(今兰考县东)人,著名理学家,康熙年间(1662—1722)擢福建巡抚。书院创立之初,康熙皇帝即赐御书"三山养秀"匾额、经书8部。雍正十一年(1733年)则"上谕"赐省会书院帑银1000两,唯独鳌峰书院得4373两有奇,③足见其作为首席书院之地位。乾隆三年(1738年)又赐御书"澜清学海"匾额,帑银1000两。十一年(1746年),再赐《律书渊源》一部。十五年(1750年),巡抚潘思榘修葺讲堂,并颁布书籍及黄道周《经解》刻板。十七年(1752年),巡抚侍郎陈宏谋缮修学舍,更六子祠为二十三子

---

① 章柳泉:《中国书院史话——宋元明清书院的演变及其内容》,教育科学出版社1981年版,第100—101页。
② 徐景熹:乾隆《福州府志》卷11《学校·府学》。
③ 陈元晖、尹德新、王炳照:《中国古代书院制度》,上海教育出版社1981年版,第93页。

祠,祀伯行像,璡主于藏书楼下,又建奎光阁于鉴亭前。① 延及嘉庆初年,鳌峰书院进入发展的黄金时期,前来求学的士子人满为患,嘉庆二年(1797年),浦城县职员祝乾封、缔封,捐充长兄荣封遗产,银5000两,租谷1984石4斗,以充膏火。同时,书院又一次进行大规模的修葺、扩建。据嘉庆十一年(1806年)正谊堂刻本《鳌峰书院志》卷1记载:翻修后的鳌峰书院"规模制度,宏琏丰敞,盖不特视昔有加,求之各省,或亦罕俪矣"。道光二年(1822年),巡抚叶世倬又于崇德斋旧址建考棚10余间,以课诸生。此外,历任总督、巡抚还经常到书院讲课、考课、颁书、修订章程,频频干预书院的教学活动,参与书院的各项事务。张伯行本人就曾在书院进行大规模讲学与刻书等活动。百余年间,福建各级官员每年每人为鳌峰书院捐款100两银子,已成为惯例。鳌峰书院在政府的重点扶持下,逐渐发展为具有全国影响的书院,堪称清代东南第一学府。福建学政叶绍本在《鳌峰书院志》序中说:鳌峰书院"人文之盛见称于东南"。

其二,书院山长由官聘。鳌峰书院历198年,共32位山长,从首任山长蔡璧,到末任山长陈宝琛,无一例外由巡抚出面聘请,如:蔡璧受聘于张伯行;第2任山长蔡世远(蔡璧之子)受聘于陈璡;第23任山长陈寿祺受聘于叶世倬,不胜枚举。被聘的山长均为博学多才、雅负名望的大师,除蔡璧外,其余31位山长均为进士出身。他们中或具有官员身份,如第4任山长靖道谟曾任江西饶州知府,第6任山长林昂官至编修等;或直接来自皇帝身边,如末任山长陈宝琛为翰林侍读等。

其三,书院生徒由官选。每年二月初旬,书院悬牌出示招考,招收对象为全省九府一州品学兼优的生员、监生和童生。被录取后,生徒享有"日给廪饩,岁供衣服"的待遇。乾隆课士以后,成为书院的主要教学活动,书院每年例于二月由总督巡抚亲临院中举行甄别试,生员、监生试大题,童生试小题,都是八股文一篇,五言六韵试帖诗一首。考卷评定后,生、监超等取60名为内课,每月每名膏火银1两4钱;特等取60名为外课,每月每名膏火银1两;一等取80名为附课,不发膏火银。童生仅取正课30名,每月每名膏火银6钱;附课80名,不给膏火银。②

其四,教学内容由官定。鳌峰书院初创时,正值康熙帝最热衷理学,朱子理学为学界所重,故此,书院以讲求性理之学为主,创建者张伯行以之作为复兴闽学的基地。张伯行《鳌峰书院记》中说:"欲与士之贤而秀者,讲明濂洛关闽之学,以羽翼经传,既表章其遗书,使行于世。"③福建粮驿道赵三元在《鳌峰书院志》序中说:"鳌峰书院以养育人才为先务,抚闽时旧有共学书院,习举子业,公(伯行)复建鳌峰书院,择士子醇谨者肄业其中,讲习居敬穷理之要,明体达用之学。往复讨论,要皆黜浮华,崇实行,以阐明濂、洛、关、闽之旨。"闽浙总督阿林保在《鳌峰书院》序亦云:"清恪以理学名世,其抚闽也,以共学书院课文,而以鳌峰书院修书讲学。"蔡世远

---

① 徐景熹:乾隆《福州府志》卷11《学校·府学》。
② 福州市地方志编纂委员会:《福州市志》第7册,方志出版社2000年版,第14页。
③ 徐景熹:乾隆《福州府志》卷11《学校·府学》。

《二希堂文集》卷7亦载："会城有两书院，一为共学，一为鳌峰。共学者，课文之书院也；鳌峰者，讲学修书之书院也。"由此，鳌峰书院创建之初以讲学为其特色，每逢月初或中旬，由山长主持学习和测试，山长高坐堂上，命题宣讲或讨论经义，学生环坐静听共学。后来，共学书院并入鳌峰书院，鳌峰书院始以讲学兼课士。再后来，讲学罢废，独存课士。凡入选生徒，按期参加月课2次，官课和师课各1次。一般是初六为官课，由总督、巡抚、学政、布政使等主持出题、阅卷、评定等级，发给膏火。十六为师课，由山长主持，参照官课办理。

由上述可见，鳌峰书院在政府的重点扶持下，其办学旨趣由讲学转向课士，唯其如此，鳌峰书院才备受政府青睐而获得其存在的合法性得以保持学运长久。198年间，鳌峰书院对福州乃至福建的文化建设发挥了重要作用，为清末船政文化的兴起奠定了人才基础，是清代福建名人的摇篮，据《鳌峰书院志》载："当是时，上者醇茂敏达出为名公卿，次亦化其乡人，盖乡亲见其为大府所礼重，一旦奉其言语书籍归来，外艳内愧，辗转仿效，人有恐未免，乡人可为尧舜之奋，盖士习人心于是大醇，其以学化人如此。"书院从康熙四十六年（1707年）创设至道光十八年（1838年）所培养的人才有：博学鸿词科6人，孝廉方正科7人，直接召用8人，南巡召试3人，进士250人，举人1307人。其中，著名理学家蔡世远、雷鋐、孟超然、郑光策等，大学问家陈寿祺、梁章钜等，怒斩皇子的包拯式传奇人物陈若霖，"开眼看世界"的林则徐，著名诗人张际亮，早期开发台湾的蓝鼎元等，均可谓鳌峰书院的精英。正如福建学政叶绍本在《鳌峰书院志》序中所说："海峤之称文薮者，莫如鳌峰"。

鳌峰书院如此，其他书院亦然。

凤池书院是闽浙总督汪志伊、盐法道孙尔准于嘉庆二十二年（1817年）创办，初名"圣功书院"。之后因经费无着，书院几近荒废。道光元年（1821年）在地方官盐法道吴荣光、王楚堂、督宪赵慎畛、巡抚颜检等捐资扶持下，经费才有着落。道光元年八月十四日前督宪、巡抚颜检批准在案，以所在地为凤池里（今东街、东大路，原宋状元许将所居故宅之地得名），遂把"圣功书院"改名"凤池书院"。同时，盐商萨重山、林世通等捐资改建门楼官厅，添造横舍，撰碑文、树碑石，以垂久远。翌年，盐法道王楚堂又捐俸建"仰止楼"五楹，以祀宋、明儒等二十八位，并增建讲堂，收藏书籍。道光三年（1823年），前督宪赵慎畛又倡捐拓展"凤池"，经营一切；五年，盐法道朱桓清、总督赵慎畛、巡抚孙尔准捐俸在离讲堂几步远的地方建轩，总督赵慎畛题匾取名"佳士轩"；六年，布政使司吴荣光在"佳士轩"之南建"树人簃"，又增拓学舍多间，捐置书籍二千余卷，由于官府倡导，士、商捐钱的更多，养士额比过去成倍增长；八年（1828年），盐法道窦欲峻捐俸作童生奖学金；十八年（1838年），回县贡生何恭崇、儒士柯恒喜、举人何则贤等共捐纹银820两；二十年（1840年），又共捐钱三千缗充膏火费。至此，凤池书院规模大备，鼎盛一时，与鳌峰书院并驾齐驱，其组织形式、经费来源、招考对象、甄别试和月课的手续、内外课录取的名额以及膏火奖金的数目，均与鳌峰书院相似。

正谊书院前身为正谊书局,是闽浙总督左宗棠于同治五年(1866年)创办,地址设在福州新美里(今福州黄巷)。书局以校、刊理学总集为主要任务,选举人和五贡(拔贡、优贡、副贡、恩贡、岁贡)百人入局工作,月发津贴银五两,中间寄托"养士""劝学"之意旨。书局创立期间,共计刻成书籍五百二十五卷,定名为《正谊堂全书》。后来,镇闽将军英桂在接受地方士绅杨庆琛、沈葆桢等建议后,于同治九年(1870年)改称"正谊书院",院址选在福州骆舍铺(今福建省福州市东街口原省图书馆旧址)。其意取自汉儒董仲舒"正其谊不谋其利,明其道不计其功"之语。经费在原正谊书局的基础上另拨一笔官帑补充。书院每年二月上旬开始招考,投考资格以举人和五贡为限,不收卷资,不许冒名顶替,每年报考约四、五百人,由总督、巡抚亲临书院(初在贡院)主持元考。经评定甲乙后,录取内课(超等)十五名,每名给膏火银四两;外课(特等)八十五名,每名给膏火银三两;附课(一等)一百名,不给膏火(原定内外课名额统共只有一百名)。书院规定每年从元考录取后开课,十二月初二散学。散学时总督、巡抚亲临参加散学仪式,学员要穿冠服随班行礼。书院规定每月考课两次,初二为师课,十六日为官课。师课由山长主持,课题以制艺和试帖诗为主。官、师各课,考列在一二十名之内的,都另有奖赏。

致用书院是同治十二年(1873年)福建巡抚王凯泰仿杭州诂经精舍、广州学海堂之规制,在福州西湖旁的书院旧址设立"致用堂"一所,重新修葺旧西湖书院(址在今湖头小学),设置宽敞的房屋,并建"十三本梅花书屋"。同治十三年,改称致用书院,取"学以致用"和"通经致用"之义,专习经史、古文。书院招收全省举、贡、生、监,使他们成为"明体达用之才"。除每年二月由总督、巡抚亲临举行甄别试外,其余月课均由山长主持。初录取内课10名,每名膏火银4两;外课20名,每名膏火银3两;附课无定额,一概不给膏火。

据此可知,上述三大书院与鳌峰书院一样,均由官府创办,经费由官府拨给,教学活动与内容亦以课试为主或兼有课士。凤池、正谊书院创办的宗旨即为课试,所不同的是前者为生员和童生,后者程度略高,为举人和员生。而致用书院在初创时曾别有追求,认为鳌峰、凤池、正谊书院以八股为主要教学内容,五言试帖诗和词辅为辅,徒争科名,至于经史则少有过问,因此,致用书院欲以博习经史词章、研究经史之学为重,以学以致用为旨趣,以培养有体有用之才。然而,在清代文教政策以科举考试为指向的社会环境下,王凯泰的致用书院不涉及科举而一心研究学术的愿望是很难实现的。尤其是清朝后期,福州各大书院以至全国各地书院的讲学基本上已经停止,唯存科举考试,因此,致用书院也在所难免。从王凯泰制定的《致用堂志略》看,致用书院的生童刚入学就参加了当年的科举考试,同治十二年致用书院第一届的学生就有七人考中癸酉乡试。

总之,官学化倾向是清朝书院发展的显著特色,与科举制度的关系密不可分。尤其是明、清以后,科举兴则书院兴,科举衰则书院衰。福州四大书院的发展情形以及鳌峰书院"科第大盛",即为明证。书院作为中国古代教育的一种重要形式,在人才的培养方面功不可没。

第三节　科举鼎盛

清代"以科举为抡才大典",其科目自取士悉如明旧。《清史稿》有记载:"古者取士之法,莫备于成周,而得人之盛,亦以成周为最。自唐以后,废选举之制,改用科目,历代相沿。而明则专取《四子书》及《易》《书》《诗》《春秋》《礼记》五经命题试士,谓之制义。有清一沿明制,二百余年,虽有以他途进者,终不得与科第出身者相比。康、乾两朝,特开制科。博学鸿词,号称得人。"《清史稿》卷108《选举志三》亦载:"有清科目取士,承明制用八股文。取《四子书》及《易》《书》《诗》《春秋》《礼记》五经命题,谓之制义。三年大比,试诸生于直省,曰乡试,中试者为举人。次年试举人于京师,曰会试,中试者为贡士。天子亲策于廷,曰殿试,名第分一、二、三等甲。一甲三人,曰状元、榜眼、探花。赐进士及第。二甲若干人,赐进士出身。三甲若干人,赐同进士出身。乡试第一曰解元,会试第一曰会元,二甲第一曰传胪。"清统治者定都北京,遂于顺治元年(1644年)诏令以子午卯酉年乡试,辰戌丑未年会试,乡试以八月,会试以二月,殿试以三月。次年,又颁布《科场条例》,对各场考试作了详细规定,其"慎重科名,严防弊窦,立法之周,得人之盛,远轶前代"。①

福建在清代仍保持科举大省地位,无论乡试还是会试,定额均居全国前列。乡试解额,顺治初定额从宽,顺天、江南皆百六十余名,浙江、江西、湖广、福建皆逾百名,河南、山东、广东、四川、山西、云南自九十余名递杀,至贵州四十名为最少。顺治十四年(1657年)监生分南、北卷,江南、浙江、江西、福建、湖广、广东为南皿,视人数多寡定中额。十七年(1660年)减各直省中额之半。康熙间,先后广直省中额。乾隆九年(1744年),诏减各直省中额十之一。江南上江45名,下江69名,浙江、江西皆94名,福建85名,广东72名,河南71名,山东69名,陕西61名,山西、四川皆60名,云南54名,湖北48名,湖南、广西皆45名,贵州36名。咸、同间,各省输饷辄数百万,先后广中额,四川20名,江苏18名,广东14名,福建及台湾13名,浙江、湖南、湖北、江西、山西、安徽、甘肃、云南、贵州各10名,陕西9名,河南、广西各8名,直隶、山东各2名。会试无定额,顺治三年(1646年)、九年(1652年)俱400名,分南、北、中卷,南卷中233名,北卷中153名,中卷中14名,福建属南卷。顺治十二年(1655年),中卷并入南、北卷,厥后中卷屡分屡并。康熙五十一年(1712年),以各省取中人数多少不均,边省或致遗漏,因废南、北官、民等字号,分省取中。按应试人数多寡,钦定中额。历科大率三百数十名,少或百数十名,而以

① 《清史稿》卷108《选举志三》。

雍正庚戌四百六名为最多,乾隆己酉科九十六名为最少。① 分省定额后,福建仍属名额较多的省份。据《清德宗实录》卷268载,光绪十五年(1889年)会试中额,较多的省份为:江苏25名,浙江24名,江西22名,山东21名,福建20名,安徽17名,河南17名。② 福州作为福建的首善之区,科名之盛闻名遐迩,举人、进士数量远过前代,遥居全省之冠(如表5-3至表5-6所示)。

表5-3　清代福州各县举人数统计表③

年代＼地区	闽县	侯官	长乐	罗源	闽清	屏南	连江	永福	福清	古田	属县不明	合计
顺治年间	35	29	13	1	5		5	2	23	4	37	154
康熙年间	82	81	23	2	7		11	5	53	15	34	313
雍正年间	42	45	13	3		2	3	1	36	2	19	166
乾隆年间	225	218	94	5	7	5	44	20	40	20	90	768
嘉庆年间	152	152	31	9	4	1	14	13	19	8	58	461
道光年间	192	175	61	7	9	3	26	15	20	18	86	612
咸丰年间	77	71	51	4	4	1	5	8	9	2	55	287
同治年间	153	124	51	4	7		12	8	16	7	62	448
光绪年间	193	173	116	5	5		17	21	26	14	217	787
合计	1151	1068	453	40	48	16	137	93	242	90	658	3996

表5-4　清代福州解元人数统计表④

姓名	籍贯	时间
陈圣泰	侯官	顺治八年(1651年)
吴道来	侯官	顺治十一年(1654年)
郑元超	福清	康熙二十年(1681年)
郑基生	闽县	康熙三十二年(1693年)
余正建	古田	康熙三十五年(1696年)
张　远	侯官	康熙三十八年(1699年)
施鸿纶	福清	康熙四十四年(1705年)
林　昂	侯官	康熙四十七年(1708年)
谢道承	闽县	康熙五十九年(1720年)
叶有词	福清	雍正十年(1732年)

---

① 《清史稿》卷108《选举志三》。
② 刘海峰、庄明水:《福建教育史》,福建教育出版社1996年版,第205页。
③ 陈寿祺:《福建通志》卷161—163《选举·国朝举人》,陈衍:《福建通志》卷13《举人·清》。
④ 陈寿祺:《福建通志》卷162《选举·举人》。

续表

姓名	籍贯	时间
黄元宽	福清	雍正十三年（1735年）
邱鹏飞	侯官	乾隆六年（1741年）
黄元吉	侯官	乾隆十二年（1747年）
杨凤腾	连江	乾隆二十一年（1756年）
孟超然	闽县	乾隆二十四年（1759年）
儿元宽	侯官	乾隆三十六年（1771年）
张 舫	侯官	乾隆三十九年（1774年）
张经邦	闽县	乾隆四十四年（1779年）
杨惠元	闽县	乾隆五十九年（1794年）
沈捷峰	闽县	嘉庆二十一年（1816年）
叶大章	闽县	嘉庆二十三年（1818年）
魏本唐	侯官	嘉庆二十四年（1819年）
郭礼图	闽县	道光八年（1828年）
吴景禧	侯官	道光十二年（1832年）
林延琦	侯官	道光十四年（1834年）
曾庆松	侯官	道光十五年（1835年）
叶修昌	闽县	道光十九年（1839年）
池剑波	闽县	道光二十年（1840年）
曾 照	侯官	道光二十三年（1843年）
叶胼心	侯官	道光二十四年（1844年）
孟曾谷	闽县	咸丰元年（1851年）
陈翔犀	长乐	咸丰二年（1852年）
刘懿璜	闽清	咸丰五年（1855年）
王 彬	闽县	同治元年（1862年）
王赞元	闽县	同治六年（1867年）
赵启植	闽县	同治九年（1870年）
何咸德	侯官	光绪元年（1875年）
郑孝胥	闽县	光绪八年（1882年）
陈憨鼎	闽县	光绪十五年（1889年）
陈君耀	长乐	光绪十七年（1891年）
林 旭	侯官	光绪十九年（1893年）
郑书祥	侯官	光绪二十三年（1897年）
林传甲	侯官	光绪二十八年（1902年）
林志恒	闽县	光绪二十九年（1903年）

表 5-5　清代福州各县进士及第人数统计表①

年代＼地区	闽县	侯官	长乐	罗源	闽清	屏南	连江	永福	福清	古田	合计
顺治年间	13	9	2	1			1		7		33
康熙年间	28	12	4		1		2		9	1	57
雍正年间	8	6	3						9		26
乾隆年间	38	39	11	3	2	1	12	2	9	5	122
嘉庆年间	47	26	4				2	1	4	1	85
道光年间	46	36	15	1	2	2	1	2	1		106
咸丰年间	16	12	7	1			2				38
同治年间	30	19	7	1			3	3	2		65
光绪年间	61	89	31	1	2		4	3	3	1	195
合计	287	248	84	8	7	3	25	13	44	8	727

表 5-6　清代福州鼎甲表②

科名	姓名	籍贯	及第年代
状元	林鸿年	侯官	道光十六年(1836 年)
状元	王仁堪	闽县	光绪三年(1877 年)
榜眼	赵　晋	闽县	康熙四十二年(1703 年)
榜眼	吴文焕	长乐	康熙六十年(1721 年)
榜眼	林枝春	闽县	乾隆二年(1737 年)
榜眼	廖鸿荃	闽县	嘉庆十四年(1809 年)
榜眼	何冠英	闽县	道光十六年(1836 年)

福州科名之盛还表现在对贡院的修葺方面。据乾隆《福州府志》卷 18《公署一·贡院》载：康熙十九年(1680 年)修，三十八年(1699 年)，学使汪薇、四十四年(1705 年)巡抚李斯义、四十七年(1708 年)巡抚张伯行、五十六年(1717 年)巡抚陈璸先后增辟文场。乾隆九年(1744 年)皇帝赐御书匾、联各一匾，曰：旁求俊乂。联曰：立政待英才，慎乃攸司，知人则哲；与贤共天位，勖哉多士，观国之光。十八年(1753 年)，总督额尔吉善、巡抚陈弘(宏)谋重修，宽展号舍，增高墙垣，又另筑夹道，疏通沟渠，拓至公堂而新之。各堂所房舍俱加增建，规制肃然。这次贡院的扩建修葺，在很大程度归功于当地士绅的鼎力相助。陈弘谋在《重修贡院记》中说："闽省贡院……地处山隈，山水汇积，连遇飓风、大雨，多所倾圮，号舍低浅，士子持笔砚入，不能转侧。卒遇风雨，上漏下湿，濡体涂足，艰难万状，甚至有撄疾不能终场者。至公堂，栋材薄弱，不称观瞻，亦有将颓废之患。……维时少京兆陈君治滋，

---

① 陈寿祺：《福建通志》卷 161《选举·国朝进士》，陈衍：《福建通志·选举志》卷 11《进士·清》。
② 陈寿祺：《福建通志》卷 161《选举·国朝进士》。

少银台林君枝春等率都人士,呈请捐修,一时争先踊跃输将,不数月,而十郡二州计数至二万六千八百两有奇。爰委福州守徐君景熹、抚标参戎窦君宁董其事,其专司营治者为经历董天柱、巡检王成德。实工实料,必躬必亲,经始于乾隆十八年二月,即于是年七月告成。至公堂概易良材,而重新之。其余各堂所,俱加增修葺治,号舍俱重为改建。既高且深,足蔽风雨。而下通沟洫,使水有所泄,直达于城河,不虞阻塞为害。围墙则增高培厚,以防弊窦。适届秋闱,士子携筐而入,俱欣欣有喜色,不似向来之踢蹐而不宁矣。统计所需一万六千两有奇。余赞建造城西浮桥,以济行旅,尚余六千两,则为权母子,永为将来修理贡院之需,可以善厥后矣。闽中绅士乐士劝功,好善笃而趋义勇,实为十五省之冠。……自今以后,规制严肃,气象光昌,三载宾兴,伟奇特达之士连茹汇进,仰副圣天子旁求俊乂之盛心,国家于以收得人之效,又不独里闾之光也,使者有厚望焉。"① 福州向学重科举之风尚于此可见之一斑。

清代福州科名之盛,出现许多儒林佳话。如五代进士:闽县叶观国,高宗乾隆十六年(1751年)进士;观国之子申万,仁宗嘉庆十年(1805年)进士;申万之子敬昌,嘉庆二十四年(1819年)进士;敬昌之子大焯,穆宗同治七年(1868年)进士;大焯之子在琦,德宗光绪十二年(1886年)进士。② 又,闽县陈家四代进士:清刑部尚书陈若霖次子景亮;景亮长子承裘;承裘长子宝琛,次子宝瑨、三子宝璐;宝瑨长子懋鼎,皆为进士。其时的福州真可谓是"科举之城"。一位传教士在其游记中写道:"每三年举行两次秀才学位的授予,全福建省大约有8000名秀才,其中2000名属于福州。同一周期授予一次举人学位,全省约有1000名举人,其中有360名属于该省会城市。进士学位是每三年在北京授予一次,从18省中考出360名,其中大约只有30名被选为翰林。估计福建省有200名翰林,约有60名是属于福州的。"③

清代福州科举的鼎盛,为社会培养和选拔了一大批颇有作为的学术、政治精英,他们对于推动中国社会的进步和教育的近代化功不可没。

---

① 徐景熹:乾隆《福州府志》卷18《公署一·贡院》。
② 王耀华:《福建文化概览》,福建教育出版社1994年版,第247页。
③ 刘海峰、庄明水:《福建教育史》,福建教育出版社1996年版,第221页。

第六章　清末的闽都教育近代化

　　1840年,英国殖民主义者用鸦片和坚船利炮撞开了古老中国的大门。随着1842年《中英南京条约》的签订,西方资本主义列强蜂拥而至,中国开始沦为半殖民地半封建社会。在这一历史条件下,中国教育不可避免地打上了时代的烙印。一方面,传统的封建教育模式迅速解体和崩溃;另一方面,新型的资本主义近代教育开始兴起,并出现多种办学形式并存的格局。

　　鸦片战争后,福州被辟为"五口通商"口岸之一,外国资本的侵入使福州经济由传统向近代转化。

　　早在明朝末年,福州的商品经济就已经相当发达,"民多仰机利而食",致使粮食生产日渐萎缩,经济作物的面积日益扩大,农业生产的专门化和农作物的商品化日趋明显。鸦片战争后,这种情况有了进一步发展,各种专业农户层出不穷,难以计数。农作物生产的目的不仅仅为了自给自足,在很大程度上是为市场服务,为销售而生产。《古今图书集成》卷101"食货典"记载:福清县"民半逐工商为业"。农作物的商品化加强了农民与市场的联系,传统的实物地租渐渐为货币地租所取代,农业资本主义萌芽随之出现,导致封建的土地关系从根本上发生变化,从而动摇了封建社会的经济基础,推动了福州传统农业向近代转型。

　　在外国资本的强烈冲击下,福州传统手工业的发展也是举步维艰,旧有的家庭手工业生产方式难以为继,手工业者开始分化,资本主义的生产关系应运而生。以传统的手工纺织业为例,1888年闽浙总督卞宝第纠集福州官员、乡绅、商民合力出资创办了一所使用简单手工机具的织布局,主要为手工业者提供原料和销售产品,所谓"招集织徒,市购织具,量给火食,限以三月学成,领机归织",到19世纪末,福州闽侯尚干乡就有"大机坊备有布机三十部,小机坊也备有数部,都是雇用工人织布","工资,男工一日织三匹者,每匹七十五文,女工一日织二匹者,每匹六十文"。其时,福州及周围地区的手工织布机坊也已发展到500家左右,[1]加速了该行业资本主义生产关系的发展。及至民国初年,福州的传统纺织业开始向半机械化、机械化过渡。

　　福州近代工业发轫于19世纪60年代开始的洋务运动,其标志是清政府在闽浙总督左宗棠的倡议下于同治五年(1866年)在福州马尾创办的福建船政局,该局集轮船制造和培养船政人才于一体,包括马尾造船厂、福建船政学堂,它是当时中国最早使用机器生产的大型企业之一,也是清政府创办规模最大的一家造船厂。

---

[1]　林庆元:《福建近代经济史》,福建教育出版社2001年版,第97—98页。

自1867年破土动工至1907年正式关闭停办,该船政局共造各类兵商轮船44艘,[1]其式样从木质船到铁胁、钢甲船乃至鱼雷快艇,大体反映了福州乃至福建近代工业发展的水平。继福建船政局之后,清政府于1869年又设立"福州机器局",至清末该局还发展成为一座小型工厂,雇佣工人数百名。在福州近代工业中,除清政府官办的工业企业外,还有外国资本和民族资本创办的一些工业企业,前者有英国资本于1899年在南台苍霞洲创办的"耀旺火柴厂",俄国资本于1872年创办的"福州砖茶厂",德国、日本等资本在福州港头创办的锯木厂。这些外资企业的创办,促进了福州近代工业的发展,后者有1874年由中国买办在福州创办的一家机器砖茶厂——悦兴隆砖茶公司,这是福州乃至福建第一家近代民族工业企业。80年代后,民族资本经营的近代工业逐渐增多,如1887年经左宗棠倡导于福州南台创办的制糖厂,之后又创办了机器面粉厂和纱厂等。20世纪初又有福州电灯厂(1906年)、迈罗罐头食品公司(1910年)、华川制皂厂(1910年)、福州电气公司(1911年)等。[2]

第一节 洋务教育

洋务教育,顾名思义,是指19世纪60—90年代洋务运动期间洋务派举办的教育,以兴办新式学堂(或称洋务学堂)、派遣留学生、翻译出版西学书籍为主要内容。它的产生与发展与中国社会的变迁和特定的时代主题息息相关。

清朝末年,中国封建制度日趋腐朽,传统的封建教育陷于空疏颓废,弊端丛生,各级各类学校徒具虚名,"讫于嘉庆,月课渐不举行。……教官阘茸不称职,有师生之名,无训诲之实矣"。[3] 严复在其《论治学治事宜分二途》一文中亦指出:"自学校之弊既极,所谓教授训导者,每岁科两试,典名册、计赞币而已,师无所谓教,弟无所谓学,而国家乃徒存学校之名,不复能望学校之效。"适时,以林则徐、龚自珍、魏源等为代表的一部分开明地主官僚和社会有识之士率先提出"师夷长技以制夷"的主张,倡导学习西学,改革旧学,呼吁社会变革,抵御外侮,林则徐还于1839年在广州设立译馆,翻译外国书籍、报纸,并主持翻译编辑《四洲志》《华事夷言》,向国人介绍西方各国的政治、经济、文化、教育、科技等方面情况,成为学习西方先进技术的开风气者而被称为清末"开眼看世界的第一人"。

两次鸦片战争的失败,清政府意识到"非兴学不足以图强……又震于列强之船坚炮利,急须养成翻译与制造船械及海陆军之人才"。[4] 于是,中国教育史上别具特色的洋务教育拉开序幕。洋务教育本着"变器不变道"的原则,在"中学为体,西

---

[1] 林庆元:《福州船政史稿》,福建人民出版社1999年版,第441页。
[2] 林庆元:《福建近代经济史》,福建教育出版社2001年版,第161—164页。
[3] 《清史稿》卷106《选举志一·学校上》。
[4] 《清史稿》卷107《选举志二·学校下》。

学为用"的思想指导下，从 19 世纪 60 年代开始，先后创办了 30 多所学习"西文"（即外国语言文学）和学习"西艺"（即西方近代军事和科学技术）的新式学堂。洋务学堂最主要的特点就是开设外国语、自然科学和实用科学等"西学"课程，希望通过"师夷长技以制夷"并最终达到"自立""自强"的目的。如洋务派首领恭亲王奕䜣说："夫中国之宜谋自强，至今日而已亟矣。识时务者，莫不以采西学，制洋器为自强之道。"①《清史稿》卷 107《选举志二·学校下》亦云："西人制器之法，无不由度数而生。中国欲讲求制造轮船、机器诸法，苟不藉西士为先导，俾讲明机巧之原，制作之本，窃恐师心自用，徒费钱粮，仍无裨于实际。"

洋务学堂的创办，在中国教育史上具有筚路蓝缕之功，它培养了近代中国第一批的翻译、外交人员，培养了近代中国第一批科技人才和海军人才，开近代中国学习西方风气之先，促进了中国教育近代化的进程。

一、"中体西用"论

1. "体""用"之辩

"中体西用"即"中学为体，西学为用"。其包含两对范畴，一是"中西"，一是"体用"。中与西在 19 世纪中叶西学东来之后出现的词语，这一表述已不是简单的区域名称，而是含有丰富内涵的不同的生活方式、不同的文化传统、不同价值取向的指称。体与用是中国传统哲学中颇能代表中国人思维特点的一对范畴，其含义丰富，运用面广，涉及的范围常因论旨而异。据考证，最早将"体"与"用"并举的是战国时期思想家荀子。《荀子·富国篇》云："万物同宇而异体，无宜而有用。"不过，先秦的"体用"二字是分开来讲的，二字并举仅属个别情况。到了魏晋时期，"体用"已经是指某一事物的"体用"了。如玄学家王弼《老子》第 38 章注云："虽贵以无为用，不能舍无以为体也。"此处的"体"即指存在或实体，"用"则指功用或表现。到了宋明时期，理学家往往用"体用"来表现本质和现象的关系。理学家陈颐进一步提出"体用一源"的思想，后经朱熹和王阳明等人的阐释，"体用"便指一个事物不同的两个方面。作为中国传统哲学的一对命题，体用亦常常被解释为主要与次要、本质与抽象、实体与属性、内容与形式、根本原则与具体方法，等等，其他如义利、本末、道器、理气之类皆本此意，常为儒家所用。"在传统儒学思想，在朱熹哲学那里，体用是不可分的，不论在实体与功能意义上还是本质与现象的意义上，皆具有体用一源，体用不二的特点"。② 后人沿袭既久，体用之含义遂渐渐扩展，引申出若干不同的新意旨，在晚清人士的言论中已是相当宽泛，漫无边界，几至无往而不用，所涉及的范围亦因论旨而异。诸如：曾国藩的"以自立为体，以推诚为用"；王文韶的"以守为本，以战为用"；薛福成的"恃工为体，恃商为用"以及"忠实为体，勤俭为

---

① 朱有瓛:《中国近代学制史料》,第 1 辑(上册),华东师范大学出版社 1988 年版,第 14 页。
② 曹跃明:《梁漱溟思想研究》,天津人民出版社 1995 年版,第 88 页。

用",等等,不胜枚举。①

"中体西用"在语词沿用习惯方面无特异之处,不过为扩大界限之一端。然就其实际意义而言,中体西用论却具有鲜明的时代特征,是一个有着深刻时代烙印的命题,它是在西学东渐的历史条件下,晚清士人用以品评中、西学之轩轾以及引进西学的准则,也是晚清士人理解中西关系的一种认识方法。"中体西用"论发轫于同光年间,盛行于甲午战后,辛亥后逐渐式微,学术界通常将其视作洋务运动的纲领。从"中体西用"论近半个世纪的历史演变看,此论出自各类人物之口,具体内容因时因人而异,但其总的发展趋势是随着洋务运动的深入发展以及洋务派(包括后期洋务派或早期改良派)对西学认识的不断提升,该文化模式中的中学的内涵不断缩小,西学的范围日益延伸,进而推动了中国传统文化的近代化变革由表及里、由浅至深,最终达至精神、价值观念的层面,导致这一文化论式被自身否定。

2."中体西用"论

"中体西用"的思想作为近代中国重要的社会思潮,最早出现于1861年冯桂芬《校邠庐抗议》所言:"以中国之伦常名教为原本,辅以诸国富强之术。"冯桂芬是一个有"经世之志"的封建知识分子,道光十二年(1832年)举人,道光二十(1840)年进士,颇重经世致用之学,深得林则徐的器重和赏识,其"中本西辅"思想即是继承林则徐、魏源"师夷长技"思想之产物。而作为洋务思想的始倡者,冯桂芬的《校邠庐抗议》"成为最早问世的洋务思潮的唯一代表作",是19世纪60年代新兴的"学西方,谋自强"的"时代精神的论纲",②对曾、李、左等洋务官员影响至深。冯桂芬1874年去世后,李鸿章为其亲撰《墓志铭》,称其"于学无所不窥,而期于实用",并奏请建"专祠";左宗棠亲自为其写传;曾国藩则评价《校邠庐抗议》"足以通难解之法,释古今之纷",认为著中所论"必为世所取法,盖无疑义"。凡此种种,无不表明冯氏颇受洋务派首领的推重。他提出的"中体西辅"说便成为嗣后洋务派、维新派次第建构"中本西末""中体西用"文化范式之滥觞,其"时代作用却唯在于首创出以'中体西用'类型的论式来提倡西学,开一代新风",③并成为洋务运动的指导思想。光绪二十二年(1896年),孙家鼐、沈寿康等将其明确概括为"以中学为主,西学为辅;中学为体,西学为用"。1898年张之洞发表《劝学篇》,进一步加以系统的阐发,指出:"中学治身心,西学应世事",并作为治国的方针。④

对于"中体西用"之说,我国学者历来众说纷纭,莫衷一是。不同的历史时期有不同的观点,就是同一历史时期也是褒贬共存,毁誉兼而有之。对此,笔者认为应

---

① 王尔敏:《清季知识分子的中体西用论》,中华文化复兴活动推行委员会主编:《中国近代现代史论集》第18篇《近代思潮》;亦可见孙广德:《晚清传统与西化的争论》第六章《调和传统与西化的中体西用说》,台湾商务印书馆民国七十一年。
② 丁伟志、陈崧:《中西体用之间》,中国社会科学出版社1995年版,第50页。
③ 丁伟志:《"中体西用"论在洋务运动时期的形成与发展》,载《中国社会科学》1994年第1期。
④ 夏征农:《辞海》(中册),上海辞书出版社1999年版,第4001页。

本着历史主义的原则,将其置于当时的社会条件和历史背景之下给予客观的评价。客观地考察,"中体西用"是时代的产物,在不同的历史时期为不同的派别所用,具有不同的价值和功用。从洋务派所处的 19 世纪 60 年代清政府长期奉行闭关锁国的社会现实看,"中体西用"之说反对盲目排外、倡导文化革命、推动中国传统文化近代化转型有着标新领异的积极作用,为早期主张学习西方的人们提供了理论武器,为西学的传入打开了一个缺口。同时,洋务派通过开办学堂将"中体西用"的教育理念付诸实践,将鸦片战争以来先进中国人学习西方的思想变为现实,从而迈出了向西方学习科学技术知识的第一步,导致了中国近代自然科学、社会科学的启蒙和建立,因此"中体西用"观作为融合中西文化的教育机制具有筚路蓝缕之功。不仅如此,以"中体西用"为其教育纲领的洋务学堂在中国教育史上亦属开山辟路的实践,它的创办是对两千多年来封建教育进行改革的首次尝试,促进了中国教育的近代化进程。正是在这个意义上说,"洋务运动表现了中国社会进步不可逆转的方向",①"洋务学堂的产生顺应了'西学东渐'这一文化趋势",②"'中体西用'的思想在当时有促进改革的一面"。③"'中体西用'论的重心与其说是守中学而卫道,毋宁说是采西学而开新"。④

当然,随着时代的发展和历史的进步,"中体西用"之说片面强调中学之体绝不容动摇,因此"立学宗旨,无论何等学堂,均以忠孝为本,以中国经史之学为基",⑤这在很大程度上阻碍了社会各方面的变革,有其保守性和消极性。

二、福建船政学堂

1866 年创办的福建船政学堂是一所"采西学、制洋器"、专门培养近代造船与驾驶轮船人员的工业技术与军事技术的洋务学堂。面对鸦片战争失败以后,以英、法为首的西方资本主义国家屡次侵犯我国的东南海疆,中国处于强敌环伺、胜败存亡的危险局面,尤其是第二次鸦片战争的创巨痛深,洋务派看清了"西人专恃其枪炮,轮船之精利,故能横行于中土;中国向用弓矛、小枪、土炮不敌彼后门进子来福枪炮;向用之帆篷舟楫、艇船、炮划不敌彼轮机兵船,是以受创于西人"的事实,故主张"师其所能,夺其所恃"。⑥闽浙总督左宗棠更是充满爱国热忱,他清醒地意识到"维东南大利,在水而不在陆",指出:"自海上用兵以来,泰西诸邦以机器轮船横行海上,英、法、俄、德又各以船炮互相矜耀,日竟其鲸吞蚕食之谋,乘虚蹈瑕,无所不至",因此,"为欲防海之害而收其利,非整理水师不可;欲整理水师,非设局监造轮

---

① 李时岳、胡滨:"论洋务运动"《人民日报》1981 年 3 月 12 日,转引自宫明编《中国近代史研究述评选》,中国人民大学出版社 1986 年版,第 107 页。
② 郑登云:《中国近代教育史》,华东师范大学出版社 1994 年版,第 37 页。
③ 毛礼锐、沈灌群:《中国教育通史》第四卷,山东教育出版社 1988 年版,第 156 页。
④ 高瑞泉:《中国近代社会思潮》,上海人民出版社 2007 年版,第 212 页。
⑤ 朱有瓛:《中国近代学制史料》第二辑上册,华东师范大学出版社 1988 年版,第 78 页。
⑥ 中国史学会:中国近代史资料丛刊《洋务运动》(五),上海人民出版社 1961 年版,第 119 页。

船不可。泰西巧而中国不必安于拙也,泰西有而中国不能傲以无也",①"中国自强之策,除修明政事,精练兵勇外,必应仿造轮船以夺彼族之恃",②从而把制造轮船看成是自强的重要方面,看成是抵御列强侵略的一种"长技",为此,他于1866年6月25日奏请清政府在马尾创办造船厂,即福建船政局。不仅如此,左宗棠还具有远见卓识地指出:"艺局之设,必学习英、法两国语言文字,精研算学,乃能依书绘图,深明制造之法,并通船主之学,堪任驾驶。是艺局为造就人才之地"。为了达到"尽洋技之奇""尽驾驶之法",他进一步阐明:"夫习造轮船,非为造轮船也,欲尽其制造驾驶之术耳;非徒求一二人能制造驾驶也,欲广其传使中国才艺日进,制造、驾驶辗转授受,传习无穷耳。故必开艺局,选少年颖悟子弟习其语言、文字,诵其书,通其算学,而后西法可衍于中国",③继他之后的首任船政大臣沈葆桢秉承其意,简明扼要地指出:"船政根本在于学堂。"④这一切都表明了以左宗棠为代表的洋务派充分认识到教育在发展近代工业中的重要性。

福建船政学堂又称"求是堂艺局",其作为"中国近代第一所高等实业学堂"⑤具有明确的专业设置和较完备的课程体系。学堂创办之初分前、后学堂两部:前学堂学习法文,又称"法国学堂",专习制造技术;后学堂学习英文,又称"英国学堂",专习驾驶技术。⑥ 后来,前学堂增设"绘事院"(即设计专业)和"艺圃"(即学徒班);后学堂增设轮机专业。这样一来,船政学堂实际上就拥有了五个专业:前学堂的制造专业、设计专业、学徒班和后学堂的驾驶专业、轮机专业。这种分科设置专业的做法体现了近代教育的某些特征。不仅如此,学堂还具有比较完备的课程体系。各专业的课程设置如下:⑦

制造专业的课程有:算术、几何、透视绘图学(几何作图)、物理、三角、解析几何、微积分、机械学、实习、法语。

设计专业的课程有:算术、几何、几何作图、微积分、透视原理、船用蒸汽机结构、法语。

学徒班的课程有:算术、几何、几何作图、代数、设计和蒸汽机构造、法语。

驾驶专业的课程有:算术、几何、代数、直线和球面三角、航海天文气象、航海算术和地理、英语。

轮机专业的课程有:算术、几何、设计、蒸汽机结构、操纵维修船用蒸汽机、使用仪表、监分计、实际操作、英语。

除上述"西学"(外语、自然科学、实用技术)课程之外,学堂每日还要兼习策论,

---

① 《左文襄公全集》卷18。
② 《书牍》卷7。
③ 中国近代史资料丛刊《洋务运动》(五),第28页。
④ 中国近代史资料丛刊《洋务运动》(五),第56页。
⑤ 潘懋元:《福建船政学堂的历史地位及其影响》,《教育研究》1998年第8期。
⑥ 《清史稿》卷107《选举志二·学校下》。
⑦ 林庆元:《福建船政局史稿》(增订本),福建人民出版社1999年版,第123—127页。

讲读《圣谕广训》《孝经》，以明义理。首任船政大臣沈葆桢规画闳远，尤重视学堂。同治十二年（1873年），奏陈船工善后事宜："请选派前、后堂生分赴英、法,学习制造驾驶之方，及推陈出新、练兵制胜之理。学生有天资杰出，能习矿学、化学及交涉、公法等事，均可随宜肄业。"①他还进一步指出："今日之事，以中国之心思通外国之技巧可也，以外国之习气变中国之性情不可也"。② 由此可以看出，学堂不仅注重"西学"的传授，而且重视"中学"的教育，充分体现了洋务派"中学为体、西学为用"的教育理念。

福建船政学堂历经47年，它所取得的成就是同时代创办的各类型近代学校所无法比拟的。据统计，船政学堂先后共毕业了637人。其中前学堂制造科先后办了8届，共毕业180人；后学堂驾驶科共办了19届，毕业学生247人，管轮科办了14届，毕业学生210人。③ 与此同时，学堂还于1877—1897年间分四批先后选派了福建船政学堂颖悟好学的学生、船厂艺徒88名赴英、法等国学习轮船的制造和驾驶，④以期能够"探制作之源"、窥驾驶之"秘钥"，进一步深化"西学"内容。这些留学生在留学期间所学内容不仅仅局限于制造和驾驶轮船方面的技术，还进一步延伸到制造枪炮、水雷、开矿、冶炼、修建铁路等方面的技术，这样，学生当中有的"不但能管驾大小兵船，更能测绘海图，防守港口，布置水雷"，有的"于管驾应知学问以外，更能探本溯源，以为传授生徒之资，足胜水师学堂教习之任"。⑤ 回国后，他们都能学以致用，在中国社会各个领域中发挥应有的作用。由于受当时特定的历史条件制约，船政学堂及其留学教育主要是培养以军事用途为主的海防人才，故在这方面成绩斐然。

首先，学堂培养了近代中国第一批科技人才而成为我国科技队伍产生和形成的主要基地。以第一批留欧学生为例，其中就有从事制造和监造近代兵轮、军舰的，如魏瀚、陈兆翱、郑清廉、吴德章、杨廉臣、李寿田等，有了这批科技骨干，在一定程度上减少了我国对外国的技术依赖。从1868年开始建造"万年清"号至1907年的"宁绍"号（也称"江船"），船政局在40年中共造各类船舰44艘，除早期几艘是由洋工程师设计制造的以外，自1875年"艺新"号之后的30多艘都是船政学堂的学生与毕业生自己建造的。虽然自造的轮船在船舶吨位、功率、火力等远不及西方造船先进国家的最高水平，但与同时期向西方学习的日本造船业相比，其水平是要略胜一筹。除制造轮船之外，学生中也有从事兴建路矿电报工程的，如矿务方面有林庆升、池贞铨、林日章等，电报方面有苏汝灼、陈平国等，铁路方面有魏瀚等；还有的或从事文化教育，或担任翻译外交工作，充当中西文化交流的桥梁，如严复、马建

---

① 《清史稿》卷107《选举志二·学校下》。
② 林庆元：《福建船政局史搞》（增订本），福建人民出版社1999年版，第132页。
③ 郑登云：《中国近代教育史》，华东师范大学出版社1994年版，第48页。
④ 郑登云：《中国近代教育史》，华东师范大学出版社1994年版，第57页。
⑤ 林庆元：《福建船政局史搞》（增订本），福建人民出版社1999年版，第210页。

忠、陈季同、罗丰禄、魏瀚等。值得一提的是,第三届留欧学生中如陈寿彭、王寿昌、郑守箴在介绍西方文化以及将中国优秀文化介绍给西方方面,贡献尤为突出。

其次,学堂造就了近代中国第一批优秀的海军将才,因而拥有我国"近代海军摇篮"之誉。李鸿章在1880年称:"北洋前购蚊船所需管驾、大副、二副、管理轮机、炮位人员,皆借才于闽省。"①中法马江海战11艘舰船中有8艘的管驾、都带是船政学堂的毕业生,其中许寿山、陈英、叶琛、林森林、吕翰、梁梓芳等在战争中英勇奋战,以身殉国。中日甲午黄海海战中,直接参战的13艘军舰,其管驾以上的将官中有11人是船政学堂的学生,其中林泰曾、刘步蟾、邓世昌、林永升、黄建勋、林覆中等在大东沟战役中壮烈牺牲。辛亥革命后,船政学堂的毕业生黄钟英、刘冠雄、程璧光、萨镇冰、李鼎新等先后担任民国政府海军总长。据统计,中国近代海军军官中有五分之三是船政学堂培育的,他们在捍卫海防、抗击侵略者和近代海军建设中做出了重要贡献。正所谓:"船政学堂成就之人才,实为中国海军人才之嚆矢。学堂设于马尾,故清季海军将领,亦以闽人为最多。"②

综上所述,我们不难发现:福建船政局及其学堂的创办,是为了通过学习"西学",培养洋务人才,以达到"自强""求富"的目的。这种向西方学习的思想直接继承了近代中国第一批"睁眼看世界"的代表魏源"师夷长技以制夷"的思想并付诸实施,在所有洋务学堂中,其规模最大、影响最为深远、设备最完备、存在时间最长(从1867年正式开办到1913年"一分三校",即福建海军学校、福建海军制造学校、福建海军艺术学校,历经47年),为我国培养了近代第一批海军指挥人才和兵舰制造人才,为中国政府输送了第一批留欧学生,在学习和传播西方近代自然科学知识方面起了积极作用,而且"创办技术专科学校,福建船政学堂首开其端……开近代西学(技术专门)教育的先河",③促进了中国教育近代化进程。毋庸置疑,福建船政学堂的历史功绩应彪炳于中国近代教育史册。

第二节 教会教育

教会教育是指19世纪中叶以后,近代中国沦为半殖民地半封建社会的历史条件下,英美等国基督教会在中国创办的一种教育形式。教会教育的历史可追溯到英国伦敦会传教士马礼逊(Robert Morrison)1807年来华以后,为推动基督教的传播事业,于1818年在马六甲创办的第一所教会学校——英华书院。中英鸦片战争后,各国教会通过不平等的条约攫取了在中国建教堂、办学校的特权,教会教育逐渐发展起来。如1844年7月的中美《望厦条约》就规定:"合众国民人在五港口贸

---

① 中国近代史资料丛刊《洋务运动》(五),第255页。
② 《清史稿》卷107《选举志二·学校下》。
③ 郑剑顺:《福建船政学堂与近代西学传播》,《史学月刊》,1998(4)。

易,或久居,或暂住,均准其租赁民房,或租地自行建楼,并设立医院、礼拜堂及殡葬之处。"同年10月的中法《黄埔条约》也规定:"……佛兰西人亦一体可以建造礼拜堂、医人院、周急院、学房、坟地各项,地方官会同领事官,酌议定佛兰西人宜居住、宜建造之地。"第二次鸦片战争以后,教会学校由沿海通商口岸迅速发展到内地。据统计,1860年到1875年,教会学校总数约800所,学生约20 000人。1875年到1900年,教会学校总数增加到2000所,学生增至40 000人,其中,中学堂比例增加了,还出现了教会大学①。至此,基督教传教士在中国建立起了一个门类齐全,学科完整,包括小、中、大学各级教育以及包括普通教育、职业教育、特殊教育等各类教育的教会学校网,自成一个教育系统,成为中国近代官办教育的重要补充部分。

一、教会办学的目的

随着教会教育的兴起,基督教教育方针也逐步确立。1877年5月,在华基督教传教士126人在上海举行了第一次全国代表大会。会上,美国长老会传教士狄考文(C. W. Mateer)全面论述了教会与教育的关系,强调"作为教会的一种力量,教育是很重要的",教会应当把教育作为其工作的一个重要的组成部分,通过教会教育培养一批将来有希望掌握中国政权的人物,并通过他们影响中国,推动中国的社会变革。这次大会决定建立一个全国性的联合组织——学校教科书委员会,这标志着教会教育进入"有组织努力"的专业化、制度化阶段。委员会任命狄考文、丁韪良、韦廉臣、林乐知、黎力基、傅兰雅等传教士负责编写一套小学课本,"以应当前教会学校的需要"。初级教材由傅兰雅负责,高级教材由林乐知负责。两套教材的科目如下:②

(1) 初、高级的教义问答手册,以直观教学课的形式,各分三册;
(2) 算术、几何、代数、测量学、物理学、天文学;
(3) 地质学、矿物学、化学、植物学、动物学、解剖学和生理学;
(4) 自然地理、政治地理、宗教地理、自然史;
(5) 古代史纲要、现代史纲要、中国史、英国史、美国史;
(6) 西方工业;
(7) 语言、文法、逻辑、心理哲学、伦理科学和政治经济学;
(8) 声乐、器乐和绘画;
(9) 一套学校地图和一套植物与动物图表,用于教室张贴;
(10) 教学艺术以及任何以后可能被认可的其他科目。

截至1890年,13年间委员会共出版约3万册教科书和图表,其中宗教教材居多,也有自然科学和外国史地的教科书。数理化方面的有:《毛算数学》《形学备

---

① 顾长声:《传教士与近代中国》,上海人民出版社1981年版,第227—228页。
② 朱有瓛、高时良:《中国近代学制史料》(第4辑),华东师范大学出版社1993年版,第33—34页。

旨》《代数备旨》《三角备旨》《三角数理》《数学理》《代数术》《格致须知》《格致读本》《八线备旨》《重学》《勾股题镜》《形学拾级》《化学新编》《光学揭要》《热学揭要》《物理引蒙》《最新电磁学》《电学纪要》等；天文地理方面的有《谈天》《天文图说》《天文揭要》《地理志略》《地理全志》《天下五洲各大国志要》《天文略介》《列国地说》《训蒙地理志》《地文学教本》《最新地文图志》《小学地理课本》《地志学入门》《地理初级问答》《人类地理学》等；体育、生物、卫生方面的有《生命世界》《动物浅说》《最新中学教科动物学》《万物一览》《海族学》《昆虫学》《植物学》《应用卫生学》《生物卫生学》《初级卫生讲义》《生理卫生学》《体育图说》等；中外历史方面的有《中国纲鉴撮要》《泰西十八国史撮要》《印度史揽要》《大英治理印度新政考》《五洲史略》《法国最新进步史》《大英十九世纪新史撮要》《俄国近代史》《新译英吉利史》等。所有教科书除用于教会学校，也赠送各地传教区私塾应用，从而推动了教会教育的发展，近代中国有"教科书"之名自此开始。

　　1890年5月，在华基督教传教士又在上海召开了第二次全国代表大会，进一步明确了教会教育的目标。狄考文在其大会报告《怎样使教育工作更有效地促进中国基督教事业》中指出："教育是基督教会的一根很重要的支柱，不能漠然视之。重要的问题是，要怎样使教育工作为教会的最高目标服务。"要实现教会的最高目标，即通过教育促使基督教得到最广泛的传播，就应该从实施完整的教育、用中国的语言施教、在强烈宗教影响下进行教育等三个方面展开。狄考文说，所谓完整的教育，是要对中国语言文学、数学、现代科学以及基督教的真理有个良好的理解。"在任何社会里，凡是受过高等教育的人，必然是具有影响的人。他们可以支配社会的情感和意见。对传教士来说，给一个人施以完整的教育，那个人在他一生中就会发挥一个受过高等教育的人的巨大影响，其效果要比那些半打以上受过普通教育的人好得多。具有高等教育素养的人像一支发着光的蜡烛，未受教育的人将跟着他的光走。比起大多数异教国家来，中国的情况更是如此。"他分析说："中国人是最讲实际的民族，除非有看得见的利益，他们是不会让子女进入教会学校的。……唯一合适而有益的劝导，便是对教育本身提出要求。要使这个劝导获得成效，教育就必须致力于生活中能获得成功的事业，致力于容易寻找的职业，值得学生家长和朋友们称道的职业。目前应用本国语言、数学和西方科学的精湛知识的那种完整教育，是会引导青年人走上崇高和成功的职业道路的。"① 狄考文还指出，实施中文教育，引导受教育者同周围的群众打成一片，并影响他们，受过中文教育的人将比那些受过英语教育的人更能与群众打成一片。在强烈的宗教影响下进行教育，具体做法是尽可能增加出身于基督教家庭的子女的招生比例，让虔诚而有力的布道气氛笼罩着每一所学校。他还强调指出：真正的基督教学校，其作用并不是单纯地教授宗教，而是要训练学生，使其成为社会上及教会中有势力的人物，胜过

---

① 朱有瓛、高时良：《中国近代学制史料》（第4辑），华东师范大学出版社1993年版，第97—99页。

中国的旧士大夫,而能取得旧士大夫阶级所占的统治地位,"成为一般人民的导师和领袖"。狄考文断言:"中国基督教会的中坚人物,无疑地将依靠我们的教会中学培养出来。"①

美国另一著名传教士谢卫楼(D. Z. Sheffield)在其大会报告《基督教教育对中国现状及其需求关系》中也提出了同样的看法。他说:"一切布道工作本质上就是教育工作,而教会教育的最终目的就是传播福音。……如若教会要培养一批在知识和道德修养方面能与传教士看齐的男女,使他们在指望他们成为领袖的人们面前树立起基督徒生活的高尚标准,教会必须主动开展教育工作。如果教会要让基督徒担负有影响、负责任的职位,诸如政府官员、西学教师、医生、商人,以及在中国已经开始的伟大的社会变革的领导者,那么教会必须主动开展教育工作。"②

任福州美华书局管理兼福音书院教习、院长,曾在福州传教和办学多年的美国美以美会传教士李承恩(N. J. Plumb)在这次大会上则作了《教会学校的历史、现状与展望》报告。他说:"办学与布道哪一种更为可取,我们是不应该有疑问的,两者都应该是必不可少、密不可分的。我相信没有学校的话,我们是永远不能取得彻底成功的。……这是向教会开放的一个广阔的天地,在它所资助的这样的学校里,中国青年在心理习惯上可以得到完全的训练,使他们成为人民的领袖,培养坚强的基督教徒,使他们有能力担任位高权重的职位"。他甚至指出:"教育像一把利剑,指向那里,便刺向那里。所有教会学校应该是力量和灵感的源泉"。③

通过上述传教士的报告,教会教育的地位有了显著的提高,此次大会还将"学校教科书委员会"改组成为"中华教育会"(1912年5月,该会又改组为"全国基督教育会"),中国基督教教育得到迅速发展,教会学校如雨后春笋般涌现出来。

综上所述,教会教育的动机主要有两个方面:其一,培养一批当地的牧师和传教士,通过他们传播基督教"福音",有效地促进中国基督教事业的发展,"使整个国家基督教化";其二,培养一批饱学"西方文明"、将来有希望掌握中国政权、控制中国社会发展方向的有权势的"领袖",通过他们来影响中国,进而征服中国。

二、福州教会学校的发展

福州是近代中国教会学校兴办最早的地区之一。道光二十八年(1848年)美以美会传教士柯林(Judson Dwight Collins)创办了福州第一所教会学校——福州男塾。两年后,即1850年,美以美会传教士麦利和(Robert. S. Maclay,亦作麦可利,麦鉴利)夫人斯佩里(Sperry)在福州仓前山住宅创办福州女塾,是为福州第一所教会女校。从此,教会学校迅速向周围城乡扩展,学校规模及师生数量均居全省乃至全国前列。

---

① 朱有瓛、高时良:《中国近代学制史料》(第4辑),华东师范大学出版社1993年版,第97页。
② 朱有瓛、高时良:《中国近代学制史料》(第4辑),华东师范大学出版社1993年版,第115页。
③ 朱有瓛、高时良:《中国近代学制史料》(第4辑),华东师范大学出版社1993年版,第126—127页。

教会早期在福州的办学,如同在中国其他地方一样困难重重,首先要冲破中国民间以至官方的种种疑忌、阻难和捣坏压力。美国传教士李承恩(N. J. Plumb)提到在福州办学情况时说:"当时人们是如此的不友好,……教会开办了一所走读学校,有三个男孩,但是阻力极大,不久其中两个就逃之夭夭了,……同时开设了一所女寄宿学校,校舍建筑完毕后,在开学第一天,原来答应来上学的女生一个也没有来。以后通过当地教徒的帮助找来了几个学生,但不久学生全部逃跑,就是介绍那些学生的教徒因受到邻居的攻击也不得不全家逃走"。① 因此,当时的生源多是教徒子女或贫困子弟和无家可归的孤儿、乞丐、童养媳等,办学地点或在传教士家中,或附设在教堂内,或租赁民房,学校程度也是以发展初等教育即普通小学为主。

经过十几年的艰苦努力,教会学校逐渐走出困顿局面,学校规模逐渐扩大,师生数量日渐增多,截至1894年,福州地区(包括福清、古田、闽清、平潭等教区)就设有教会学塾300余所,学生约6000人以上。② 进入20世纪,教会学校又有更大发展,不仅小学几乎遍及福州城乡各地,而且在开设男女学塾的基础上,教会学校逐渐从小学向中学、书院(大学预科一、二年)以至大学迈进,同时还开设了一批职业学校,如护士学校、农业学校、商业学校等,办学日趋制度化、系统化、全面化。按规定,学制一般为初小3年,高小3年,中间加预科1年;初中有3年和4年两种;高中3年;书院8年,其中6年为中学,第7、8年为大学一、二年级,毕业生可以直接升入英美大学的三年级。20世纪,教会在福州还创办了两所高等院校:华南女子文理学院和福建协和大学。至此,学校类型涵盖了幼稚园、小学、中学、大学以及各类职业学校、女子学校、残疾人学校、孤儿院等,形成了教会教育的网络体系,规模之大,涵面之广,仅次于官办学校。现将福州较为著名的教会学校列表如下(如表6-1所示)③。

表6-1 福州教会学校一览表

学校名称	创办教会及创办人	创办时间	校址
男塾	美以美会柯林	1848年	福州
女塾	美以美会麦利和夫人	1850年	福州仓前山
保灵福音院	美以美会	1852年	福州
福音精舍	美部会卢公明	1853年	福州南台
格致中学	美部会卢公明	1853年	福州于山
文山女塾	美部会	1854年	福州保福山
文山女中	美部会卢公明	1854年	福州铺前顶
毓英女子初中	美以美会娲氏姐妹	1859年	福州仓前山

① 陈景磐:《中国近代教育史》,人民教育出版社1983年版,第58页。
② 福建省教育史志编写办公室:《福建教育史志资料集(第8辑)》,1992年(内部发行),第110页。
③ 林金水:《福建对外文化交流史》,福建教育出版社1997年版,第423—426页。

续表

学校名称	创办教会及创办人	创办时间	校址
陶淑女子小学	英安立甘会	1864年	福州仓前山
陶淑女中	圣公会	1874年	福州仓前山
三一中学	圣公会万拔文	1876年	福州仓前山
福州英华中学	美以美会武林吉	1881年	福州仓前山
史荦伯初中	圣公会史荦伯	1890年	古田
超古毓馨联中	美以美会	1892年	古田
融美中学	美以美会	1892年	福清
培青初中	美以美会	1894年	长乐
天儒中学	美以美会	1894年	闽清
毓贞初级中学	美以美会班芝馨	1894年	福清
福州塔亭护士学校	英圣公会	1902年	福州
同仁初中		1902年	永泰
福州协和职业学校(农业)		1903年	福州
福州青年会中学(商业)		1906年	福州
岚华中学	美以美会贵玛丽亚	1907年	平潭
华南女子文理学院	美以美会	1908年	福州
惠乐生护士学校	英圣公会	1912年	福清
福建协和大会	美以美会、圣公会、中华基督教会、归正会	1915年	福州
进德女中	美以美会	1915年	福州花巷
怀理护士学校	美卫理公会	1924年	古田
若瑟小学		1927年	平潭
类思小学		1935年	连江
炳文小学		1948年	福清

三、福州教会办学的特点

综观西方教会在福州办学的历史发展,其办学特点除办学时间早、规模大、数量多以外,还包括如下三个方面。

1. 课程设置以宗教教育为主,宗教色彩深厚,突出对人的基督化教育

一个学校的课程设置反映该校的性质和特点。以福州鹤龄英华书院为例,该书院是当时华南著名的教会学校。1917年刊印的书院章程规定:学习年限为六年,前两年为预科,后四年为正科。书院以兼习英文、汉文为宗旨,招收12岁以上的高小学生,及相当程度通晓汉文论义者。预科课程结束后,经考试,英汉分数无缺,方准升入正科。各科分数记法分六等,前四等为及格,五等得补考,六等留班再读。英文月考不及格者,次月另开特别夜班,约六点半至九点半钟,不问何班,均宜

集堂加受督课,不得托故不到。学生一概住宿校内。该书院"课程汇表"如下。

预科:

第一学年:英文、识字、切字、练读一文、文法启蒙、心算启蒙、翻译浅文、摹习西字、华文圣经、唱歌、打球、国文、《论语》上下、小学、论说文苑、习楷、作文、月课。

第二学年:英文、切字、练读二三书、文法启蒙、中国舆地、谈论、翻译浅文、摹习西字、华文圣经、唱歌、体操、国文、《孟子》上、《左传》一二、《战国策》菁华、习楷、作文、月课。

正科:

第一学年:英文、切字、文法、谈论、翻译、数学、练读三四书、各国地理、摹习西字、华文圣经、唱歌、体操、国文、《东莱传议》、《左传》三四、《孟子》中下、习楷、作文、月课。

第二学年:英文、切字、文法、谈论、代数学、地文学、练读、英文浅论、华文选译英文、摹习西字、华文圣经、唱歌、体操、国文、史论正鹄、中学历史、《左传》五六、习楷、作文、月课。

第三学年:英文、切字、代数学、西国史、身体学、作酬应函牍、华文、选译英文、选读浅显报章、英文圣经、唱歌、体操、国文、古今大家、中学历史、历代名人书札奏议、作文、月课、摹习西字、国语。

第四学年:英文、修辞学、英文论、几何学、西国史、格物学、电学、华文选译英文、选读报章、英文圣经、唱歌、国文、《史记菁华录》、中学历史、作文、月课、国语、体操。

福建华南女子大学教授科目如下。

生物学:动物学(一年级必修科)、植物形态学(专修必读并三年选科)、植物生理学(专修必读)、植物种族学(必修)、应用方法(教授问题及试验方法,四年级专修必读)、显微及制片术(专修)、种原学及优生学(专修并四年级选科)。

化学:无机化学大纲、品性分析(必需化学一)、定量分析(必需化学二)、有机化学、食品化学。

国文学:近代文(一年级必修)、文学史(一年级必修)、演讲(一至四年级必修)、古文辞(二年级必修)、诗词学(一)(二年级必修)、诗词学(二)(专修科)、文选(一)(三年级必修)、文选(二)(专修科)、译文(英译汉)(三年级必修)、汉文教学法(四年级必修)、中国哲学(一)(四年级必修)、中国哲学(二)(专修科)、文字学(选科)、小说学(专修选科)、史记(专修选科)、新闻学(专修选科)、文论(一至四年级必修)。

教育:心理学原理、儿童心理学、性学及笄与弱冠问题、学校管理法、小学教授原则及练习、中学课程教授法、近代小学教育史。

还有教育专修科课目(包括英文教授法、音乐教授法、学校体育教授法、游戏术)

英文:记述文类(一年级,读文、作文、谈话)、辩论文类(二年级,读文、作文、谈话)、说部剧本(三年级)、英美文艺(四年级)、英文教授法。

历史:古代史(一年级)、中古史(二年级)、欧洲近代史、欧洲大战史、宗教史、中国时局之中西观、史事评论(四年级每周一次)、历史教学法(四年级)。

家政：家之研究、卫生学、食物保存烹饪法、织物学、家庭管理法、家事簿记、衣服制样及家庭陈设术、育儿学、营养学、家用及临时看护学、饮食卫生法。

美术：美术大纲（图画设计及淡墨画法）。

算学：立体几何、大代数学。

音乐：弹琴、音乐教授法、唱歌。

体育：高等生理卫生学、学校体育教授法、游戏术、健身术。

物理：物理学大纲。

宗教教育：圣经渊源、旧约历史及宗教、新约历史及宗教、教会历史、宗教历史、圣经地理、耶稣之人生观、宣道法、文学美术中之圣经研究。

社会：社会学绪论、应用社会学。

由上述课程设置可以看出，《圣经》是学校最重要的课程，不仅是学生的必修课，而且是被置于压倒一切的位置。凡《圣经》考试不及格者不予毕业。为了便于掌握，英美传教士创造了"白话字"——"把罗马字母略加变更，制定23个字母连缀切音，凡厦门、福州、莆田等地区方言均可拼切成'白话字'，无论男女老幼，只须学习一、二个月，就可以读写纯熟"。[①]传教士们用"白话字"拼写《圣经》《圣经诗歌》等宗教书籍为课本，以当地方言进行教学，收到良好效果。

学生在学校的学习、生活、活动也无不体现基督化的精神。"福州私立格致中学校计划书"提出本校办学目的是使学生"得有基督化训练，……为教会造就人才，为社会预备基督教领袖及其他教会工作"。[②]学校对学生的评价标准也以宗教为依据，操行成绩是以学生对宗教的态度而定，"操行"不及格者退学。在大学教育中，不仅宗教课程的分点很高，而且分科很细。如上述《华南女子大学章程》中记述该校"宗教教育"一科就细分为：圣经渊源、旧约历史及宗教、新约历史及宗教、教会历史、宗教历史、圣经地理、耶稣之人生观、宣道法、文学美术中之圣经研究等课程。[③]宗教教育学的均为3~4个分点，学生除上课外，每天还要参加各种宗教活动：每天起床、三餐前、临睡都要祈祷；星期天上午要集中到教堂做礼拜，下午有主日课，晚上有勉励会；平时有复活节、圣诞节；甚至寒暑假的冬令会、夏令会也带有深厚的宗教色彩。1860年以前，传教士在福州出版的各种读物42种，其中宗教读物26种，占61.9%，科学读物16种，占38.1%。[④]宗教教育渗透至社会的方方面面，无怪乎福州鹤龄英华书院监督高智说："教会学校与一般学校不同，它是宗教和教育的结合体，是为宗教而教育，没有宗教就没有教育，也就没有学校"，[⑤]充分体现了教会学校"为宗教而教育"的办学实质。华南女子大学（1908年创办初为"华英

---

① 福建省教育史志编写办公室：《福建省教育史志资料集》（第8辑），1992年（内部发行），第137页。
② 朱有瓛、高时良：《中国近代学制史料》（第4辑），华东师范大学出版社1993年版，第269页。
③ 朱有瓛、高时良：《中国近代学制史料》（第4辑），华东师范大学出版社1993年版，第608—609页。
④ 熊月之：《西学东渐与晚清社会》，上海人民出版社1990年版，第8页。
⑤ 福建省教育史志编写办公室：《福建省教育史志资料集》第8辑，1992年（内部发行），第137页。

女子学堂")的办学宗旨亦是直接服务于华南地区教会的发展,尤其是为华南农村妇女培养宗教领袖。该校首任校长程吕底亚(Lydia Trimble,1863—1941)声称,"我们接受申请的范围越来越大,而且当我们高高兴兴地欢迎从各种官办学校、官家女儿和其他社会势力来的毕业生时,任何时候我们都能恪守那主要的想法:训练基督教会的领导者。我们一刻也不能忘记的是:学院不过是把我们联系在一起的链条的一环,从最小的日间学校到中学直到大学,我们都一直努力让华南的人们进入天国",并把这一指导思想凝练成华南的校训"受当施"。"受当施"源自《圣经·新约·使徒行传》第20章第35节,意思为"我凡事给你们做榜样,叫你们知道应当这样劳苦,扶助软弱的人,又当纪念主耶稣的话,施比受更为有福"。将其办学宗旨的基督教文化精神表现得淋漓尽致。①

2. 重视英文课的传授和西方科学知识的传播

教会学校在传播西方科学知识、培养中国近代科学事业发展所需要的专业科技人才方面是有成效的。1836年9月28日,在华的最早教育管理机构——马礼逊教育协会(Morrison Education Society)正式宣布成立,其筹备宣言写道:"本会以在中国设学校、促教育为宗旨,根据中国自身的特点,向中国学生教授英语的阅读和写作,使之能以英语为媒介,了解西方文化"。可见,教会学校的目的除了传教,还旨在教会中国人英语,以英语为手段,(部分)参与欧美社会的往来。为此,在教会学校中,英文课的比重是所开设课程中仅次于宗教课的一门课程,在大学课程中英文学的分点远远高出国文学的分点。表6-2是福建华南女子大学各门课程学点和分点表。

表6-2 福建华南女子大学课程学点与分点

年级		课程	学点	分点
一年级	上学期	国文学	3	1.5
		汉文论	2	1
		英文学	5	4
		英文论	3	2
		古代史	5	4
		动物学		4
	下学期	国文学	3	1.5
		汉文论	2	1
		英文学	5	4
		英文论	3	2
		古代史	5	4
		动物学		4

① 汪征鲁:《福建师范大学校史》上编,中国大百科全书出版社2007年版,第60页。

续表

年级		课程	学点	分点
二年级	上学期	国文学	3	1.5
		汉文论	2	1
		英文	5	4
		中古史		3
		科学或立体几何		4
		教育学		4
	下学期	国文学	3	1.5
		汉文论	2	1
		英文		4
		近代史		3
		科学或大代数学		4
		宗教教育学（一）		4
三年级	上学期	国文学	3	1.5
		汉文艺	2	1
		英文		3
		宗教教育学（二）		3
		选科		10
	下学期	国文学	3	1.5
		汉文艺	2	1
		英文		3
		教育学		4
		选科		9
四年级	上学期	国文学	3	1.5
		汉文艺	2	1
		选科		15
	下学期	国文学	3	1.5
		汉文艺	2	1
		宗教教育学（七）		4
		选科		11

  前述福州鹤龄英华书院的课程设置也表明，英文是六年制学习中贯穿始终的必修课。因此，教会学校较之其他学校英语水平更高。

  除此之外，西学一直是教会学校非常重要的教学内容。教会学校十分重视西学教育，特别是西方的科学技术，课程设置也体现了近代意义上的"全面教育"。从前述福州鹤龄英华书院章程所设置的课程分析，教会学校除宗教道德教育外，还包括了以科学技术为内容的智育教育（即西学教育），主要有算术（包括笔算和心算）、代数、几何、电学、格物学、地理学、世界通史等，几乎涵盖了现在中小学所有课程；另外还包括以打球、体操为主的体育教育，以音乐、美术为主的美育教育。毋庸置疑,教会教育在奠定中国现代化教育的基础,在推动我国从旧式教育体系向现代化教育体系转变的过程中,起了很好的示范作用和促进作用,也为近代中国培养了第一代懂得西方科学技术的科学家、译员、教师、职员和工程技术人员。

3. 注重女子教育,开办女校,首开福州女子受教育之先河

中国女子学校教育始于近代教会女塾。学术界普遍认为,1844 年,英国伦敦"东方妇女教育促进会"传教士阿尔德赛女士(Miss Aldersay)在宁波创办的女塾是中国女子学校教育的开端。① 福州是鸦片战争后五个通商口岸之一,也是近代中国女学最活跃的地区之一。据《中国基督教教育事业》载:1844 年至 1860 年有 11 所教会女子学校于通商之五埠设立,②福州就有 3 所,即:麦利和夫人 1850 年在仓前山住宅创办的女塾;卢公明(Justus Doolittle)1854 年在铺前顶创办的文山女中;娲氏姐妹——娲标礼(Beulah Woolston)和娲西礼(Sallie H. Woolston)1859 年在仓前山创办的毓英女子初中。创办之初,教会女学主要以初级小学为主,生源以富家女子为多。19 世纪 70 年代以后,教会女学开始向福州城郊发展,且开办了近代化的中学,教学、课程设置、管理各方面渐趋正规化。19 世纪末至 20 世纪初,福州教会女学开始由城镇发展到农村,更为重要的是女子大学先于男子大学建立起来,这就是 1908 年创办的华英女子学堂。③

华英女子学堂的创办者是美以美会女传教士程吕底亚。1889 年 12 月 19 日,程吕底亚被美以美布道会得梅因支会(Des Moines)派遣到福建,开始了其在华 50 余年的宣道办学生涯,1941 年 8 月 25 日病逝于华南女院立雪楼。华英女子学堂的创建,一方面利益于福州初等、中等女子教育的发展,诚如华英女子学堂的早期创建者之一华惠德所言:"在这个南方重要省份福建,向女孩子打开平常初等教育的大门,已经做了几十年极为艰苦而不惜一切牺牲的工作了,……如果不是福州毓英寄宿学校为女孩子打开初等教育的局面,在半个世纪以后,梦想有一个女子学院是不可能的"。④ 另一方面归功于福建美以美会女传教士们的不懈努力。早在 19 世纪 80 年代,美以美会伊利莎白·费歇儿(Elizabeth Fisher)就发出呼吁筹办女子高等教育。她在 1884 年福州年议会妇女晚会中发表演讲时说:"轮到我讲已经太晚了,你们中的一些人甚至想睡了,因此我要投下一枚炸弹。我问大家应该给我们的女孩子们什么样的教育呢? 假如我们为男孩子们提供中学教育,那么我们就必须为女孩子们提供中学教育。假如我们为男孩子们提供大学教育,我们就必须为女

---

① 1825 年在马六甲创设的英华书院虽然已经开始招收中国女生,但其"设在境外,充其量只能算是为华侨女子创办的学校"。(黄新宪:《中国近现代女子教育》,福建教育出版社 1982 年版,第 132 页)

② 章开沅、[美]林蔚:《中西文化与教会大学》,湖北教育出版社 1991 年版,第 45 页。

③ 1916 年改名为"华南女子大学";1933 年又更名为"私立华南女子文理学院";1951 年,私立华南女子文理学院与私立福建协和大学合并,正式成立福州大学,私立华南女子文理学院到此停办。(汪征鲁:《福建师范大学校史》上编,中国大百科全书出版社 2007 年版,第 55 页)

④ 朱有瓛、高时良:《中国近代学制史料》(第 4 辑),华东师范大学出版社 1993 年版,第 596 页。

孩子们提供大学教育。假如我们为男孩子们提供医科教育，我们就必须为女孩子们提供医科教育。"①程吕底亚在其传道中坚信女子教育的权利和能力，认为应在福州建一所女子大学，让中国女孩子和美国女孩子一样，享有完整的大学教育。1903年秋，美以美布道会在爱荷华州召开会议，在中国已经有着丰富办学经验的程吕底亚在会上倡议在华建立女子大学。1904年5月，程吕底亚女士在洛杉矶召开的美以美会常会上呼吁在中国南方建立一所女子学院。1905年5月18日，来自中国各地的美以美会传教士代表在上海讨论通过："最终应当在全中国建立4所女子大学——分别设在华北、华中、华西和华南。并且认为，在华南福州可立即着手筹建大学事宜。并表示，在建立这些大学时，愿意在条件许可的情况下，同其他宗派开展合作"。②1907年，董事部在福州正式成立，定名为南省华英女书院，先开设中学和师范，学制4年。1908年初，华南女子大学校董会在上海成立，由福建美以美会年会成员组成。同年1月，华南女大预科班开学，称为华英女子学堂，至此，长江以南第一所女子大学宣告成立，程吕底亚为首任校长。1916年，董事会将华英学堂正式改为"华南女子大学"。次年，华南女大开始招收4年制新生，首届只招5人，主要是美以美会所属女子中学的学生，学制完全照搬美国。1920年，学生数达到21人，1926年为87人，居全国教会女大学生数前列。生源也逐渐扩大到福州、厦门、汕头等地的其他教会创办的女子中学。③

　　从课程设置看，教会开办的女子大学都比较重视"全面教育"。华南女子大学亦不例外。从前引《华南女子大学章程》可以看出：系科设置重视自然科学和教育科，设课以英文为主。设文、理两科，六个系，包括文史系、教育系、外国语系、家政系、化学系和生物系。科目有生物学、化学、国文学、教育、英文、历史、家政、美术、算学、音乐、体育、物理、宗教教育、社会等14门类，共75科，既重文科，也重近代自然科学知识，其中理科知识较之中学大大提高。《华南女子大学章程》还规定："体育、唱歌为一至四年级的必修课"，体现了学校对学生身体素质和艺术修养的重视。

　　教会兴办女子教育，在中国历史上是破天荒的事，在中国教育史上也是一大创举。它改变了中国传统的男尊女卑和禁止女子受教育的传统，促使部分妇女打破闺门禁锢，走进学堂，走上社会，从事文化、教育工作，投身于社会变革运动之中，成为新一代觉醒的自强、自立的女性。作为福州新式女子教育的开端，福州教会女学为福建培养了第一代新女性，壮大了新的社会力量，推动了福州社会变革，为福州各项事业的发展做出了不可磨灭的贡献。根据1936年华惠德对1921年至1936年间178位健在的华南女子大学校友的资料分析，其中，从事教师职业的98人，医生9人，护士3人，图书馆员2人，在基督教教会工作的6人，还有2人在医院从事

---

① 汪征鲁：《福建师范大学校史》上编，中国大百科全书出版社2007年版，第57—58页。
② 汪征鲁：《福建师范大学校史》上编，中国大百科全书出版社2007年版，第59页。
③ 汪征鲁：《福建师范大学校史》上编，中国大百科全书出版社2007年版，第61—62页。

其他工作。著名的化学家余宝笙①就是华南女子大学培养出来的杰出女性。在社会变革的各个时期，华南女子大学的学生都起到了先锋模范作用，自觉投入到1911年辛亥革命、1915年反对"二十一条"不平等条约运动、20世纪20年代收回教育主权运动、抗日救亡运动之中，成为推动社会变革和社会进步的重要力量。

综上所述，从近代教会在福州办学的历史中可以看出：西方殖民主义者办教会学校的真正目的是企图通过学校教育对中国实行"基督教化"，"其初心主旨，有欲以为养成牧师教长之资者；有欲尊其为同宗诸校之冠者；有欲以高等教育灌输于教中儿女者，更有出于常通宗旨，欲以扩充基督教势力范围者；藉兹方法为华人通译教义者；以及教授备有新常识，染有宗教观念之男女少年，以谋助国人之进步之发达者。其目的虽异，其坚心竭力谋导学生信奉基督教为大主宰则同"。②然而，事物的发展并不完全以西方殖民者的主观愿望为转移，首先，教会学校对西方科学技术、文化教育、英语等知识的传播，开近代中国科学教育风气之先，客观上有利于中国传统教育的改革和新式教育的发展，"在中国教育近代化过程中起着某种程度示范与导向的作用"。③其次，教会开办女子教育，首开中国女子受教育之先河，推动了近代中国女子教育的发展。最后，教会教育为中西文化交流架设了桥梁，是近代中西文化交流史的重要组成部分。总之，教会教育在近代中国文化教育发展史上扮演了重要角色。

第三节 维新教育与新式学堂

维新教育是指19世纪末20世纪初中国维新变法前后的教育，以废除科举制度和八股取士、改革中国传统教育、倡导学习"西学"、创办新式学堂为基本内容，是中国近代教育体系确立的重要一环，在中国教育史上占据举足轻重的地位。

一、维新教育思想与近代新学制

甲午战争以后，中国社会面临空前危机，国内有识之士积极探索富国强兵、救

---

① 余宝笙，1904年出生于福建莆田县；1912年就读于福州陶淑女子中学；1922年就读于福州华南女子大学；1924年赴美国望城大学学习；1928年转入美国哥伦比亚大学研究院攻读硕士研究生；1928年9月回国任华南女大化学系教授，直至1935年再度赴美于约翰霍普金斯大学研究院攻读博士研究生；1937年回国后，相继任教于华南女子文理学院、福州大学、福建师范大学。1922年获得英国剑桥国际传记中心授予的世界妇女名人奖状，并载入《世界妇女名人录》。（李湘敏：《基督教教育与近代中国妇女》，福建教育出版社1999年版，第95—96页）

② 李楚材：《帝国主义侵华教育史料——教会教育》，（北京）教育科学出版社1987年版，第137页。

③ 章开沅、[美]林蔚：《中西文化与教会大会——首届中国教会大学史学术研讨会论文集》，湖北教育出版社1991年版，第448页。

亡图存的道路。在要求改革的呼声日益高涨的条件下，中国形成了以康有为、梁启超、严复等为代表的资产阶级维新思潮。他们倡导"教育救国"，强调振兴中国"归本于学校""其体在于学"。于是一场维新教育运动在全国沛然兴起。

康有为认为，一个国家的强弱与其教育的发达与否密切相关。他说：欧美诸国和日本之富强，"不在炮械军器，而在穷理劝学"。① 中国之贫弱，正弱于教育不发达，民智不开，因此"欲任天下之事，开中国之新世界，莫亟于教育"。② 梁启超在其《学校总论》中亦指出："中国之衰弱，由于教之未善。"③ 严复则通过对中国败于甲午战争之原因分析，提出："根本救济，端在教育。"④ 他在1905年就任复旦公学校长之前，为该校拟写的《复旦公学募捐公启》中说："以中国处今日时势，有所谓生死问题者，其惟兴学乎？问吾种之何由强立，曰惟兴学。问民生之何以发舒，曰惟兴学。"⑤

在倡导教育救国主张的同时，维新思想家们力陈中国传统教育之核心科举制度和八股取士的种种弊端和祸害。康有为说："今日之患，在吾民智不开，故士虽多而不可用，而民智不开之故，皆以八股试士为之"。⑥ 因此，他提出"今变法之道万千，而莫急于得才，得才之道多端，而莫先于改科举"。⑦ 梁启超在其文《论科举》《学校总论》中痛斥八股取士，"为中国锢蔽文明之一大根源"，指出"变法之本在育人才；人才之兴在开学校；学校之兴在变科举"，因此，"欲兴学校，养人才以强中国，惟变科举为第一义"。严复亦对科举制度进行了有力抨击，其《救亡决论》曰：八股取士有"锢智慧""坏心术""滋游手"三大害处，指出"八股取士，使天下消磨岁月于无用之地，堕坏志节于冥昧之中，长人虚骄，昏人神智，上不足于辅国家，下不足以资事畜。破坏人才，国随贫弱"。他疾呼"如今日中国不变法，则必亡是已，然则变将何先？曰：莫亟于废八股"。⑧ 他进而提出其建构中国近代教育目标之"三民"思想——鼓民力、开民智、新民德。他说："是以今日要政，统于三端：一曰鼓民力，二曰开民智，三曰新民德。"⑨待"民智日开，民力日奋，民德日和"之时，则国将自强，民将自富。严复这种德智体全面发展的教育理论对中国近代的教育发展具有启蒙意义，有力地推动了中国近代教育体制的建立。

在上述维新思想家的积极倡导和策动下，清政府从1901年起开始实行"新政"，改革教育，逐渐确立起了以壬寅学制、癸卯学制为代表的具有近代特征的新

---

① 康有为：《公车上书》，载《戊戌变法》（二），上海人民出版社1957年版，第148页。
② 梁启超：《康有为传》，载《戊戌变法》（四），上海人民出版社1957年版，第9页。
③ 陈学恂：《中国近代教育文选》，人民教育出版社1983年版，第130页。
④ 王栻：《严复集》，中华书局1986年版，第674页。
⑤ 皮后锋：《严复大传》，福建人民出版社2003年版，第280页。
⑥ 中国史学会：《戊戌变法》，上海人民出版社1957年版，第146页。
⑦ 陈学恂：《中国近代教育文选》，人民教育出版社1983年版，第101页。
⑧ 王栻：《严复集》，中华书局1986年版，第43页。
⑨ 王栻：《严复集》，中华书局1986年版，第27页。

学制。

壬寅学制，即指光绪二十八年（1902年）七月清政府公布的、由管学大臣张百熙拟定的《钦定学堂章程》，是年为壬寅年，故该章程又称"壬寅学制"。其基本内容是将学校划分为三段七级；初等教育3级——蒙学堂4年、寻常小学堂3年、高等小学堂3年；中等教育1级——中学堂4年；高等教育3级——高等学堂或大学预科3年、大学堂3年、大学院（年限不定）。整个学制长达20年。此外，与中学堂平行的有中等实业学堂、师范学堂；与高等学堂平行的有仕学馆、高等实业学堂、师范馆。"壬寅学制"是我国近代第一个法定学制，由于其不够完备，因此虽经公布，但并未正式实施。

癸卯学制，是光绪二十九年（1903年）[①]十一月清政府公布的由张百熙、张之洞、荣庆重新拟定的全国各级学堂章程，即《奏定学堂章程》，是年为癸卯年，故该章程又称《癸卯学制》。至此我国近代第一个比较系统、完备的学校教育制度正式确立并在全国推广执行。

《癸卯学制》对学校各级教育的规定仍为三段七级，具体如下：初等教育，设蒙养院4年，初等小学堂5年，高等小学堂4年；中等教育，设中学堂5年；高等教育，设高等学堂或大学预科3年，大学堂3~4年，通儒院5年。整个学制长达29~30年。此外，与高等小学堂平行的有实业补习学堂、初级农工商实业学堂和艺徒学堂；与中学堂平行的有初级师范学堂、中等农工商实业学堂；与高等学堂平行的有优级师范学堂、实业教员讲习所、高等农工商实业学堂。[②]

新学制颁布后，全国各地各级各类学校获得较大发展。

二、福州新式学堂的创办

在清末新政的推动下，尤其是清政府颁布新学制后，福州创办新式学堂的热潮蔚然成风，各级各类新式学堂如雨后春笋般建立起来，在不到10年的时间里，福州确立起来涵盖小学教育、中学教育、大学教育以及实业教育、师范教育、女子教育等门类齐全的近代学校教育网，为福建近代教育的发展奠定了坚实的基础，发挥了巨大的作用。

苍霞精舍 苍霞精舍是福州第一所兼习中西文化科学知识的新式学堂，是光绪二十二年（1896年）福州官绅陈璧、陈宝琛、孙葆瑨、力钧、林纾、任鸣珊等联合创办。苍霞精舍因其址始设南台苍霞洲林纾旧居而得名。林纾任汉文总教习，任鸣珊任监学。开设的课程有经、史、时务等国文课程，也有算学、地理等西学课程。1898年戊戌变法后，学生日益增多，林纾旧居狭窄，不敷应用，苍霞精

---

① 该章程公布于光绪二十九年十一月二十六日，此时公历则为1904年1月13日。
② 孙培青：《中国教育史》，华东师范大学出版社1992年版，第574—577页。

舍遂迁址于城内乌石山麓蒙泉山馆（今道山路尾），并改名为福州绅立中西学堂，增设日、英文课程，增聘国文教员黄永筠、林海珊及英文、算学教员何天增。光绪三十三年（1907年），陈璧以钦差大臣的身份回闽查办福建铜元局营私舞弊案时，鉴于绅立中西学堂在校名、学科设置、学生培养目标等方面与《癸卯学制》多有不符，且蒙泉山馆也不适应扩大招生的需要，便与闽浙总督松寿商定，将学堂迁至华林坊越山书院旧址，改校名为福州公立苍霞中学堂，并附设铁路、电报两科。光绪三十四年（1908年）学堂又迁入南台横山铺新校舍，改名为官立中等工业学堂，下设土木、电气本科，原中学各班为预科。宣统二年（1910年），增设窑业本科，附设工业教员讲习所，并增建各科工场，作为学生实习基地，这是福建省第一所工业职业学校。①

福州东文学堂 福州东文学堂是在侯官太守陈幼谷的倡议下，福州士绅陈宝琛联合刘学恂、陈璧、力钧等士绅于光绪二十四年（1898年）创办的又一所新式学堂。该学堂创办缘由是"诸君子倡建苍霞精舍专课英文二年以来，颇著成效"，而"日本迩来广译西书，富我取资，壤地至近，既鲁之闻邻，取径至捷"。② 是故，该学堂以教授日文为主，兼习汉文；办学经费除福州士绅捐助外，还得到日本东亚东文会的支持；学堂由刘学恂、陈宝琛先后任主理总董，陈成侯、林宝崑等任监院，王孝绳、林志钧等任驻堂董事，日本人冈田兼次郎、中西重太郎先后任东文总教习，桑田丰藏任东文副教习，陈成侯任汉文教习，王幼玉、刘功宇等先后任算学教习；学堂每年选2~3名优等生送往东洋游学，凡此种种，无不体现其办学特征。东文学堂校舍先后租用台江泛船浦、苍霞洲楼房及后街三官堂天心阁、光禄坊育婴堂、乌石山范公祠和积翠寺。在书院改学堂的风潮中，为了解决学堂师资紧缺问题，闽浙总督陈仰祈与陈宝琛商议后认为："因思造就高等学生必先从小学、中学层递而上，庶几各生学术整齐，教授管理方能划一。然办理中小学堂又必须先培初级师范之才，然后授受有资学派无虞歧异。"为此，光绪二十九年（1903年），在陈仰祈、陈宝琛的推动下，"将省城乌石山旧有绅设之东文学堂改建全闽师范学堂，俾福建全省士人均得入堂肄业"，"延陈宝琛为该堂监督，并添委稽查管理各员"。③ 全闽师范学堂是福建省最早的初级师范，学堂初建时，陈宝琛亲撰训联："温故知新可以为师，化民制成俗其必由学"。先设特科，学制3年；后设完全科，学制4年，1905年改为5年。从1903年至1905年，每年只招收一班学生，多由各州县推荐的举贡生员经考试录取的。由于招生人数少，培养年限长，满足不了各州县对小学教师的需求，故从光绪三十一年（1905年）增设简易科，大量招收各县秀才、童生、举人、贡生、监生

---

① 刘海峰、庄明水：《福建教育史》，福建教育出版社1996年版，第258—259页。
② 刘海峰、庄明水：《福建教育史》，福建教育出版社1996年版，第259页。
③ 汪征鲁：《福建师范大学校史》（上编），中国大百科全书出版社2007年版，第2页。

入学,学制 1 年。光绪三十二年(1906 年),全闽师范学堂改名为福建师范学堂,至 1909 年,已有简易科毕业生 700 人,完全科毕业生 100 人,大大缓解了全省小学教师紧缺的困境,为福建基础教育的发展做出了重大贡献。① 翌年,依据清廷学部光绪三十二年六月制定《优级师范选科章程》规定,福建师范学堂增设优级师范,下设初级师范科和优级师范科,校舍"并置一处",因此福建优级师范学堂又俗称"福建两级师范学堂"。陈宝琛为首任学堂监督(校长)。

光绪三十四年(1908 年)福州又设立了一所专收八旗子弟的福州八旗中学堂。至此,福州共创办 3 所新式中学堂,居全省之冠。②

全闽大学堂 光绪二十七年(1901 年)八月,清政府诏命学制改革,"着将各省书院于省城均改设大学堂"。根据这一精神,闽浙总督许应骙即督同司道以福州东街三牧坊凤池、正谊书院改建全闽大学堂,许应骙自任总办,派布政司周莲为会办,盐法道鹿学良为帮办,陈景墡候补知府为提调,江西知县王莹为监学,并聘翰林安徽监察御史叶在琦为总教习。③ 学堂仿山东学堂设正斋备斋,相当于中小学堂,延聘中西文教习十八员分斋督课。开办之初,暂定正斋学额 120 名,另设附斋容纳自费生 40 名,未收备斋生。④ 光绪二十九年(1903 年)二月在福州考试,甄录举贡生童之略有中西文门径者 60 名为正斋生,40 名为附斋生,并由各府州县考送正斋生 60 名,于三月初一入堂肄业。全闽大学堂是 20 世纪福建省最早创建的官办学堂,延聘本省进士、举人出身的士绅讲授读经、国文、修身等课,聘洋教习和留学人员主讲外语、算学、理化、地理等课。《钦定学堂章程》颁布后,凡省会所设学堂均改称高等学堂,全闽大学堂遂于光绪二十九年(1903 年)十一月改称福建高等学堂。学堂明确规定学制三年,分文、实两科,文科(又称政科)课程有伦理、经学、诸子、词章、算学、中外史学、中外舆地、外国文、名学、法学、理财学、物理、体操等;实科(又称艺科)课程有伦理、中外史学、外国文、算学、物理、化学、动植物学、地质及矿产学、图画、体操等。文科毕业后可升入大学的政治、文学、商务科;实科毕业后可升入大学的农业、格致、工艺、医术科。⑤ 民国元年(1912 年)1 月,福建高等学堂遵照教育部颁《普通教育暂行办法》改称"福建高等学校",监督改称"校长"。学堂第一学期毕业生王修(枚堂)担任校长。民国四年(1915 年)初,又改称"福建省立第一中学"。

优级师范学堂 光绪二十九年十一月二十三日(1903 年 11 月 13 日)清廷颁布的《奏定优级师范学堂章程》规定:"设优级师范学堂,令初级师范学堂毕业生及普

---

① 汪征鲁:《福建师范大学校史》(上编),中国大百科全书出版社 2007 年版,第 2—3 页。
② 刘海峰、庄明水:《福建教育史》,福建教育出版社 1996 年版,第 271 页。
③ 福建省政协文史资料委员会:《文史资料选编》第一卷"教育编",福建人民出版社 2000 年版,第 113 页。
④ 福建省政协文史资料委员会:《文史资料选编》第一卷"教育编",福建人民出版社 2000 年版,第 171 页。
⑤ 刘海峰、庄明水:《福建教育史》,福建教育出版社 1996 年版,第 262 页。

通中学毕业生均入焉,以造就初级师范学堂及中学堂之教员管理员为宗旨。""优级师范学堂,京师及各省城宜各设一所"。"省城优级师范学堂初办时,可与省城之初级师范学堂并置一处"。① 根据以上精神,陈宝琛进行了积极筹备,于光绪三十三年(1907年)正月在福建师范学堂的基础上增设优级师范选科,并将校名更改为"福建优级师范学堂",由于与初级师范学堂"并置一处",故又名"福建两级师范学堂",这是福建省第一所公立的高等师范学校。学堂根据当时中学堂和师范学堂师资的需求情况,先后开设选科、本科、专修科,共6个专业,即光绪三十三年(1907年)正月开设的理化、博物选科;同年十二月开设的史地选科;宣统二年(1910年)正月开设的数学选科、博物本科;民国元年(1912年)八月开设的图画手工专修科。选科和专修科学制3年,博物本科学制4年,各科均按照优级师范学堂章程的规定开设课程和规定上课时数。理化选科的主课有物理、化学、数学、地文。博物选科的主课有动物、植物、地质矿物、生理卫生。史地选科的主课有历史、地理、法制、理财。数学选科的主课有数学、理化、天文、图画、簿记。博物本科的主课有植物学、动物学、生理学、矿物学、地学、农学等。图画手工专修科的专业课主要有西画、国画、图案画、用器画、手工等。② 学堂成立之初,聘请中文造诣较深、具有科举功名的人员担任国文、伦理、人伦道德、经学大义等课程的教授,部分英文课则请福建船政学堂毕业生任教,其他课程多聘请日籍教师担任。学堂历年各专业毕业生共238人,其中理化选科47人,博物选科53人,史地选科52人,数学选科46人,博物本科13人,图画手工专修科13人。③ 至宣统年间,福建优级师范学堂已建成福州规模最大,机构完备,办事效率较高的一所新型学校,为福建省中等学校的师资培养做出了重大贡献。

此期,在福州所创办的新式学堂中,还有一所地位颇为独特的学堂——福州蒙学堂。该学堂是近代民主革命者林白水④受杭州知府林启创办新学的启发,于1899年戊戌变法失败后,从杭州回到福州联合其表兄黄展云、好友郑权、方声洞(均为同盟会成员)等人,在文儒坊卢氏祠堂创办。黄展云亲任堂长并执教。学堂

---

① 李友芝等:《中国近现代师范教育史资料》,1983年,第29页。
② 汪征鲁:《福建师范大学校史》(上编),中国大百科全书出版社2007年,第11—12页。
③ 福建省政协文史资料委员会:《文史资料选编》第一卷"教育编",福建人民出版社2000年版,第361—362页。
④ 林白水(1874—1926),近代民主革命者、著名报人、教育家。原名獬,又名万里,字少泉,号宣樊、退室学者、白话道人,笔名白水。闽县人。幼承家学,少有文名。光绪二十四年(1898年)应杭州知府林启之邀前往杭州创办求是书院、养正书院、东城讲舍、蚕学堂等4所新学堂,并任求是书院总教习。光绪二十七年(1901年)任《杭州白话报》主笔,宣扬新政,提倡社会变革。后在上海与蔡元培等成立中国教育会,组织爱国学社。光绪二十九年(1903年)留学日本,入早稻田大学法科兼习新闻,加入同盟会,与黄兴等共组华兴会。回国后,在上海创办《俄事警闻》《中国白话报》,鼓吹革命,宣扬爱国主义思想。1916年8月起从事新闻事业,先后在北京创办《公言报》《新社会日报》(后改名为《社会日报》),在上海创办《平和日报》等。1926年8月因发表《官僚之运气》一文,被军阀张宗昌枪杀于北京天桥。1985年8月,中华人民共和国追认他为革命烈士。著有《生春红室金石述记》《中国民约静谊》《林白水先生遗集》,译有《日本明治教育史》《自助论》。

主要招收本地优秀青少年,课程内容除学习汉文外,还着重介绍西洋政治、哲学思想和自然科学知识。学堂内除设高等班、小学班外,还秘密组织具有革命思想的进步青年成立"励志社",向他们灌输爱国革命思想,启迪民族意识,引导他们学文尚武,开展反清革命活动。在黄展云主持下,学堂成绩卓著,颇享盛名,为辛亥革命培养了一批仁人志士,在黄花岗七十二烈士的"福州十杰"中,林觉民、林尹民、林文、陈更新、陈与燊、陈可均等均为该学堂的佼佼者,福州蒙学堂也因此成为辛亥革命的摇篮之一,在中国近代史上具有显著地位。

在上述新式学堂创办的同时,福州还先后创办了福建法政学堂(1907 年)、福建私立法政学堂(1911 年)、福建警察学堂(1906 年)以及福建官立蚕业学堂(1907 年)、福建官立商业学堂(1906 年)、福建官立农业学堂(1910 年)等各类实业学堂。尤为值得注意的是,女子学堂也在这一创办新式学堂的热潮中应运而生。

女子学堂:光绪三十一年(1905 年),陈宝琛的夫人王眉寿创办的"乌石山女塾"是福州第一所女子学堂,这也是福建省第一所女子学堂。次年,陈宝琛在全闽师范学堂附设成立"妇女师范传习所",王眉寿任监督,招收学生 60 余名,后因校舍拥挤,学校迁至城内光禄坊玉尺山房,并分设保姆班和小学教员班。宣统元年(1909 年),该校改为"福州女子初级师范学堂"。福州另一所著名女子学堂是光绪三十三年(1907 年)由福建省教育总会①林柏棠等 10 余名会员捐资在福州城内孝义巷创办的"福建女子职业学堂"。学堂分刺绣、造花两个班,每班招收 40 人,分本科二级、预科一级,由王眉寿任监督。宣统元年,学堂成立研究科,招收该校毕业生专就刺绣、造花、编物、图画等科分组进行研究和实践。②与此同时,王眉寿还曾在光禄坊办"蚕务女学堂",聘请广东教习 2 人,招收女生 10 余人。

上述福州女子学堂具有鲜明的时代特色,凸显其师范性、职业性特征,为后来福建女子师范教育和职业教育的发展奠定了基础。

第四节 教 育 思 想

一、陈宝琛主要教育思想

1. 陈宝琛生平

陈宝琛(1848—1935),字伯潜,号弢庵,又号橘隐,福建闽县(今福州市螺州镇)

---

① 其前身是光绪三十一年(1905 年)由福建热心教育之士绅联合发起成立的"闽省学会",陈宝琛、郭曾炘任会长,郑锡光、刘学恂为副会长,徐友梧等 12 人为评议员,林炳章为干事员,孙葆璠为常驻干事员。光绪三十二(1906 年)年改名为福建省教育总会,并力促各府州县成立教育分会。据光绪三十三年(1907 年)统计,全省已设立教育分会 16 所,拥有会员 647 人,资产 27600 两。(刘海峰、庄明水:《福建教育史》,福建教育出版社 1996 年版,第 256 页)

② 刘海峰、庄明水:《福建教育史》,福建教育出版社 1996 年版,第 286 页。

人。咸丰十年(1860年)中秀才,同治四年(1865年)中举,同治七年(1868年)中进士,被授翰林院庶吉士。又先后授编修、翰林院侍讲,内阁学士兼礼部侍郎等职。后因中法战争中荐人失察,被降五级,时逢丁母忧,故在家闲居近二十五年。谪居期间,致力于家乡教育事业,创办和领导了福建近代第一批大、中、小学,是福建近代教育的主要奠基人。宣统元年(1909年),奉旨复出,任溥仪老师,被称为"末代帝师"。1935年病逝于北京,归葬福州。

陈宝琛的一生,大致可以分为四个阶段。

第一个阶段:道光二十八年到同治七年(1848—1868),这是陈宝琛成长、求学到中进士的青少年时代。这个阶段,陈宝琛在私塾接受传统教育,并随祖父官职的变动而迁居各地,开阔了视野,广博了见识。10岁时陈宝琛回到家乡螺洲,"历从乡里名师,学益进",①由此打下了扎实深厚的儒学功底,在科举考试中一帆风顺,13岁即成秀才,18岁中举人,21岁即中进士,被选为翰林院庶吉士。青少年时代的陈宝琛所接受的儒学教育与儒家的"忠孝"道德观,对其一生影响至深。

第二个阶段:同治八年到光绪十一年(1869—1885),这是陈宝琛进入仕途、积极言事时期。期间,陈宝琛历任翰林院编修、侍讲、右春坊右庶子、翰林院侍讲学士、内阁学士兼礼部侍郎等职,并多次出任各地考官、学证等,可谓宦途得意,昂扬奋发。他积极上奏评议时政,弹劾权贵,如在"俄约""球案"中义愤填膺,强烈批判误国庸臣,呼吁采取更加强烈有力的对外方针;在"庚辰午门案"中敢于对慈禧犯颜直谏。其因直言敢谏名动京城,威望日高,成为"天下相望风采"的"清流四谏"②之一。

第三个阶段:光绪十一年到宣统元年(1885—1907),这是陈宝琛谪居故乡,积极创办教育时期。1884年中法战争爆发,陈宝琛反对避战妥协,力主积极抵抗,并上奏建议在陆路派遣唐炯、徐延旭二人领兵抗敌。在抗法战争中,唐、徐二人表现不堪,有辱使命。清廷早有打压"清流派"的意图,因而借机以"荐人失察"罪将陈宝琛降五级使用。时值陈宝琛丁母忧,因而他返归家乡。虽在仕途上遇挫,但陈宝琛并未因此颓废,而是积极参与家乡的教育事业,对新式教育尤力。1898年,陈宝琛主持鳌峰书院;1900年他创办东文学堂,1903年他将东文学堂改成全闽师范学堂;1905年,陈宝琛支持其夫人创办福州乌石山女塾;同年,倡导成立福建闽省学会,翌年更名为福建教育总会,陈宝琛任会长。任会长期间,陈宝琛领导教育总会开展了一系列工作,如:推进中小学基础教育;设立教育讲习科、法政讲习科,开展短期职业教育;设立宣讲所推广普及教育等。陈宝琛的办学活动,在很多方面是开一时风气之先,为福建现代教育事业做出了开拓性的贡献,由此而形成了自己颇具特色的教育思想。

第四个阶段:宣统二年(1910年)到1935年,这是陈宝琛复出并担任"帝师"到

---

① 陈宝琛:《沧趣楼诗文集》,上海古籍出版社2006年版,第697页。
② 陈宝琛:《沧趣楼诗文集》,上海古籍出版社2006年版,第597页。所谓"清流四谏",一般认为是指光绪年间不畏当权者敢直言上谏之四位朝官——陈宝琛、宝廷、张佩纶和张之洞。

逝世的晚年阶段。宣统登基后，陈宝琛奉召开复原缺，重入仕途。宣统三年（1911年），陈宝琛为毓庆宫授读，成为"帝师"。辛亥革命后，陈宝琛仍效忠清室，矢志不移，因撰写《德宗本纪》和《德宗实录》，加封太傅。1931年，溥仪在日本人的诱使下，担任伪满洲国执政，陈宝琛劝阻未成，亦未随行。之后数次赴东北劝溥仪不可成为日本之傀儡，虽终未成功，但保持了其一生爱国名节。1935年，陈宝琛因病逝世于北京寓所，得逊清"文忠"特谥及"太师"觐赠，享年88岁。

2. 师范教育思想

师范教育乃"为国家担当教育责任"者。

陈宝琛自入仕以来，长期担任各级科举考试考官，后来又致力于新式教育，故深感师范教育的重要性。光绪三十二年（1906年）闽浙总督陈仰祈的《奏陈闽省设立师范学堂先后办理情形折》云："造就高等学生，必先从小学、中学层延而上，庶几各生学术整齐，教授管理方能划一。然办理中小学堂，又必须先培初级、优级师范之才。"①奏折的内容实际上是陈仰祈与陈宝琛商定的，师范学堂亦是依靠陈宝琛已办的东文学堂为基础而展开的，因此，奏折中表达的观点即是陈宝琛的观点。

全闽师范学堂开学后，陈宝琛在《开学告诫文》中说："国家之盛衰强弱，全视国民之智愚贤否。学堂固所以造就人才，然必先使人人知义理，人人知爱护国家，人人能自立，而后国民之资格始备，而人才亦出乎其中，故学堂必以小学为最急，顾安得无数师资为七十余县普开其知觉哉？诸生今日来学师范，后来即为国家担当教育责任。自治其性情，而后能治人之性情；自励其志节，而后能励人以志节。吾闽数年后之学风，方于诸生券之，谁谓皋比非事业耶？"②同时，他还亲撰训联："化民成俗其必由学，温故知新可以为师。"校歌的歌词则为："海阔天空，闽山第一峰。横舍玲珑，俯瞰全闽中。莘莘学子，重任在其躬。看他日教育救国，万口同归功。"③

训话、训联和校歌歌词的内容，表露了陈宝琛创办师范学堂宗旨，也透露了其对师范教育的认识。"化民成俗"即是教育的宗旨，使学生"为国家担当教育责任"，以实现"教育救国"，即为师范教育的功能。而要使学生成为能担当教育救国的重任，必须首先在师范教育中加强自身修养，在"温故"，即学习优良传统文化的基础上"知新"，即学习西方的新知识。这样才能使学生担负起开启民智，改变落后面貌，挽救国家危亡的重任。从这个意义上来看，陈宝琛是十分重视师范教育对整个社会的教化功能的。

为确保师范教育的发展，陈宝琛尤重师范生的教学质量和专业技能培养。鉴于师范学堂创办之初出现的生源短缺且素质低、培训时间短的问题，陈宝琛采取缩

---

① 《奏陈闽省设立师范学堂先后办理情形恭折》，《福建师范学堂一览（自光绪二十九年十月至宣统元年二月）》，福建图书馆藏，第9页。
② 《开学告诫文》，《福建师范学堂一览（自光绪二十九年十月至宣统元年二月）》，福建图书馆藏，第15页。
③ 唐文基、徐晓旺、黄启权：《陈宝琛与中国近代社会》，1997年，第446页。

短假期、延长教学课时的办法,使师范生在短期内获得更多的知识,锻炼出更纯熟的技能。同时,他还采用多轮考试的手段,一方面鞭策师生教与学的动力,提高教育质量;另一方面,借以淘汰不合格之学员,仅光绪三十三年(1907年)优级选科的预科班淘汰率就达到近40%,平均淘汰率亦维持在10%左右,足见陈宝琛对教学质量及毕业生素质之重视及其治学之严谨。

在对师范生的教育专业技能培养上,以两年制的简易科为例,仅"教育学"科就要讲授教育原理、管理法、教授法、教育制度和实事授业(即教育实习),每周安排12课时,占总课时的三分之一,是所有科目中最多的。而在五年制的完全科,"教育学"科每学年都为必修科目,且每周课时数都逐渐增加,由第一学年的每周4课时增加到第五学年的每周13课时,且其在所有学科中的比重逐步超过一直最受重视的"读经"科。此外,所有科目都要学习每个学科的"教授法",以便使学生掌握各学科的教育方法和教育技能,使其更好地运用到今后的教育实践当中。在担任福建教育总会会长后,陈宝琛本着"为宏教育之知识,培办学之人才"的教育精神,还特别设立教育讲习科以及学校制度、学校管理法等科目以培养办学人才。

在任职江西提督学政期间,陈宝琛认识到校官及教员的德行水平对学生的发展、书院兴衰具有决定性意义,即所谓"校官者,士之师也"。他认为:如果校官教员是"衰庸猥鄙之员",则"不足以为士率"。① 因此,在创办师范学堂的过程中,他极重视教员水平及引进高水平师资。师范学堂开办之初,缺乏可以胜任教学工作的师资,尤其是新式课程,师资尤为紧缺。为摆脱窘境,陈宝琛千方百计,多渠道又灵活地加以解决。如请国内学识渊博之人任教"读经""修身"等课程;就近请福建船政学堂合适的教员教授英语等外文课程;选派有基础者往北京学堂进修,以便尽快回校任教;选送优秀者往日本院校学习考察,利用日本的资源培养自己的师范人才;聘请日本教师担任新式课程的教学工作。通过这些自力更生为主、外聘教师为辅的方针、措施,基本解决了师范学堂师资紧缺的问题。

对于教员管理,陈宝琛同样加以重视。仅以对外聘教师的要求及管理为例,在聘请合同中:

"第一条明确地规定:某某君应受监督节制……"

"第四条规定:外聘教师除专任课程外,凡学堂内外一切他事,不得干预。"

"第七条规定:每周教授时刻以三十钟点为度,每日出堂入堂悉依本学堂钟点,不得短少时刻。"

"第十七条规定:不经本堂监督允许,不得营利,别图他业,并不得私自授课他处,致荒废本学堂正课。"②

从上述规定中可以看出,尽管学堂缺乏新式课程师资,其时正求助于外聘人

---

① 陈宝琛:《沧趣楼诗文集》,上海古籍出版社2006年版,第836页。
② 《福建师范学堂一览(自光绪二十九年十月至宣统元年二月)》,福建省图书馆藏,第53—56页。

员,尤其是日本人,但陈宝琛仍对外聘教师严加管理,使之不影响学堂的教学水平和教学质量。

从1903年至1907年,陈宝琛为师范学堂的发展倾注了很多心血。在陈宝琛"正规与短训结合、初师与高师并举、普师与女师分设"①的办学方针指导下,师范学堂得到了规模逐步扩大,办学层次由初级到高级,专业类别由单一到基本齐全的发展。经统计,师范学堂培养的师资人才有752名,有明确去向的毕业生435人中,留学日本的有18人,到各中小学堂从事教育工作的有417人。② 师范学堂培养的大量师资人才,积极投身各地中小学堂任教,极大地缓解了全省师资紧缺的困境。师范学堂的创办和发展,是福建近代师范教育的奠基,为其他类别教育的发展提供了重要师资保证。

3. 女子教育思想

陈宝琛的女子教育思想,是与其具体的办学实践紧密相结合的。特别值得一提的是,其妻王眉寿③既是陈宝琛开办女子学校教育最得力的助手,又是陈宝琛女子教育思想的实践者。光绪三十一年(1905年),陈宝琛支持其夫人王眉寿创办了"福州乌石山女塾"④,首开福建传统女子教育的先河,她既是福州第一所女学堂,也是福建省第一所女学堂。第二年,陈宝琛又在其创办的全闽师范学堂中开设了女子师范传习所,成为全闽师范学堂的附属女学,该传习所亦由其夫人王眉寿任监督,掌管具体教授事宜。在办学之初,传习所规模较小,只招收了60余名女学生,分两班上课。⑤ 一年后,传习所开始扩大招生规模,并将校舍由刘氏园亭搬迁至光禄坊玉尺山房,陈宝琛则从其主持的全闽师范学堂中每月划拨400元作为女子师范传习所的专项经费。⑥ 不仅如此,传习所的课程设置也渐趋完善。除了将传习所分为保姆班和小学教员班两种类型外,在教学课程设置上既有家政、裁缝及手工等实用性课程,又有教育学和数学等新式课程,并将体操、唱歌和图画等文艺性课程列入教学计划中。宣统元年(1909年)女子师范传习所升级为各种办学条件更加完备的"福州女子初级师范学堂"。

---

① 唐文基、徐晓旺、黄启权:《陈宝琛与中国近代社会》,1997年,第447页。
② 根据《福建师范学堂一览(自光绪二十九年十月至宣统元年二月)》统计而成,福建省图书馆藏,第145—207页。
③ 王眉寿(1848—1921),字淑怡,出身福州传统士大夫家族,其祖父文勤公王庆云为道光进士,官至工部尚书,父亲亦官至刑部员外郎。得益于其优越的家庭背景,在大部分传统女子只能接受"女子无才便是德"的无奈时,她能够与兄弟在家延师共读,接受严格的家庭教育。正是这样严格的教育养成了王眉寿知书达理的品性,也令其兄在科举考试中一举夺魁,状元及第,时人称其"兄天子门生,夫门生天子"。(福建省教育史志办公室:《福建省教育史志资料集·第四辑》,1991年,第184页)正是因为王眉寿有这样的受教育经历,才能够切身体会到兴办女子教育的重要性,才能够理解和支持陈宝琛创办教育的各种举措。
④ 朱有瓛:《中国近代学制史料》第二辑(下)册,华东师范大学出版社1989年版,第633页。
⑤ 檀仁梅、庄明水:《福建师范教育史》,福建教育出版社1990年版,第13页。
⑥ 《陈宝琛与福州近代教育》,陈宝琛与近代社会学术研讨会提交论文,福建省图书馆藏。

正是在陈宝琛夫妇的联手努力下,福建女子师范教育从无到有,从简陋到初具规模,为福建女子师范教育的发展奠定了良好的基础。

在创办女子学堂和女子师范教育的过程中,陈宝琛逐渐认识到女子教育不应该仅仅只停留于这种初级阶段,而应有更进一步的发展。特别是当陈宝琛把女子办学现状与同时期男子办学相比较后,更感到"女子教育本为重要,女子之实业教育则尤重要中之重要",①为此,陈宝琛决定在女子学堂和女子师范教育之外,创办女子职业教育。

光绪三十三年(1907年)清政府颁布《奏定女子学堂章程》(以下简称"章程")为陈宝琛开办女子职业教育提供了契机。《章程》明确规定"宜令各省于女子教育职业各事,因地制宜,尽力扩充,程度不求过高,但期普及于实用"②。《章程》颁布的同一年,陈宝琛创办了蚕桑女学堂。据《女子世界》记载,"福建蚕桑,近来蒸蒸日上。城内文儒坊陈君新设蚕桑女学堂,延聘广东女教习二人,监督一人,招考女学生入堂学习"③,文儒坊陈君即是陈宝琛。同年,作为福建教育总会会长的陈宝琛发起和创办了福建女子职业学堂,该校依然由其夫人王眉寿任监督(校长),招收学生80人,分为二级,并于四月开课④,虽然"常费不足",但由福建教育总会"按月补助"⑤,仍然逐步发展,至宣统元年(1909年)时已有两届毕业生,并且又招研究班,专研究刺绣、造花、编物、图画等科。⑥

由上述可见,陈宝琛无疑是福建女子教育的办学先驱。他不仅开创了福建近代女子教育的先河,使女子开始享有受教育权,而且创办了多类型的近代女学,既有女子学堂,又有女子师范教育,还有女子职业教育,为福建女子教育的发展奠定了坚实的基础。

4. 实业教育思想

实业教育是教育近代化的重要组成部分,主要是指近代以来出现的为培养农、工、商等各种新式人才而展开的农、工、商等经济和教育事业。一般而言,实业教育的主要内容是开办各种类型的实业学堂,但也涵盖如在一般学堂设置实业课程、开办专业技能培训等相关的实业教育活动。其最大的特点则是教育的实用性。

作为深受经世致用思想影响的有识之士,陈宝琛批评"近世士夫学不适用,专以不谈洋务为名高"⑦的状况,他认为"学问经济自有本原,理非空谈"⑧,应当努力

---

① 福建教育总会:《福建教育总会一览》,福建省图书馆藏,第6页。
② 朱有瓛:《中国近代学制史料》第二辑(下),华东师范大学出版社1989年版,第677页。
③ 朱有瓛:《中国近代学制史料》第二辑(下),华东师范大学出版社1989年版,第637页。
④ 福建教育总会:《福建教育总会一览》,福建省图书馆藏,第6页。
⑤ 福建教育总会:《福建教育总会一览》,福建省图书馆藏,第6页。
⑥ 同上。
⑦ 陈宝琛:《沧趣楼诗文集》,上海古籍出版社2006年版,第809页。
⑧ 陈宝琛:《沧趣楼诗文集》,上海古籍出版社2006年版,第853页。

做到"推究事理,不为空疏无用之谈"①。为此,他强调求学时应该"行己以有耻为质,读书以有用为程"②,办教育则必须"崇实学,以励人才"③。总体上看,陈宝琛实业教育思想具体体现在以下二方面。

第一,农业教育,实业扶农。

"民以食为天",农业作为解决人民温饱问题的基础产业,其发展的重要性成为世人共识,陈宝琛亦深深认同"强国之道,首重实业,而实业尤以务农为本原"④的道理。因此他兴办实业教育也是从农业着手。

栽桑养蚕是中国的传统产业,进入近代后,蚕桑业面临着新的突破和发展。因此,鉴于福州栽桑养蚕事业发展的需要,陈宝琛于光绪二十五年(1899年)"试办蚕事",通过"募集捐赀,为置蚕具,购桑秧及一切饲蚕种桑之用,以期广开风气"⑤,并且培养专业的蚕桑理论和技术人才。在开学之初,设"饲蚕"和"种桑"两科,同时"用显微镜制春秋蚕子,分售同志,以开风气",并且还允许有心致力于蚕业事业的乡亲"尽可来公学观看,并研究饲法"。⑥ 至光绪二十六年(1900年),该公学已经"颇有成效"⑦,经过几年的初步发展,蚕桑公学的各项事务也逐渐走上正轨,并于光绪二十八年(1902年)颁布了《福建蚕桑公学章程》,详细地规定了"总则""教习总则""生徒规则""赏罚""招考规条"和"学科课程"等一系列翔实的规章制度。其中,"总则"有言:"本学以提倡全闽风气开辟闾阎利源为宗旨"⑧,该公学的办学目的,清晰明了地反映了该校作为实业教育的务实性。再观其课程设置,蚕桑公学将学科分为两门,曰本科,曰别科。福建蚕桑公学学科课程设置如表6-3所示。

表6-3 福建蚕桑公学学科课程设置⑨

科别	课程类型	课程(前期课时)
本科	学理	养蚕法、蚕体生理、蚕体解剖、蚕体病理、使用显微镜讲义、查检法、缫丝法、桑树栽培、土壤学、肥料论
本科	实务	使用显微镜、解剖蚕体术、制蚕种法附贮藏蚕种法、养蚕术、缫丝手法、检查蚕卵蛹蛾法、用肉眼鉴定
别科	学理	养蚕法、蚕体病理、缫丝法、桑树栽培、土壤学、肥料论
别科	实务	养蚕术、缫丝手法

备注:1. 修业期限,本科为一周年,别科为六个月。
    2. 本科学期以正月为始至十一月,别科学期以正月为始至六月。

---

① 陈宝琛:《沧趣楼诗文集》,上海古籍出版社2006年版,第853页。
② 同上。
③ 同上,第852页。
④ 陈元晖:《中国近代教育史·实业教育、师范教育》,上海教育出版社2007年版,第108页。
⑤ 朱有瓛:《中国近代学制史料》第一辑(下),华东师范大学出版社1987年版,第966页。
⑥ 同上。
⑦ 同上。
⑧ 同上。
⑨ 同上,第969—971页。

从学科课程设置看,蚕桑公学采取的是理论和实务并重,特别是对本科的实务课程设置尤为细致、全面。陈宝琛所创办的蚕桑公学是福建近代史上第一所实业学堂,一方面"开辟间阎利源",另一方面"开全闽风气",为近代福建培养了一批专业的栽桑养蚕技术人才,进而促进了福建桑蚕业的发展。之后,福建的实业教育逐渐发展起来,各种实业学堂开始陆续出现。

除了蚕桑业外,陈宝琛还积极地参与其他农业教育与活动。众所周知,福建负山濒海,地土瘠薄,因此,"农民复拘守旧法,人事不尽,地力未宣,以致民多穷困"。① 面对这种现状,陈宝琛决定通过兴办农业教育的方式改变人们的传统观念。

光绪三十四年(1908年),陈宝琛任福建工艺传习所农事试验场总理。鉴于"农工合为一堂,诸多不便"的情况,陈宝琛决定成立农业别科,并且暂借福州府立中学堂的校舍作为农事讲习的场所,"名曰农业预备校"②,同时还准备在福州西门外的沣澜阁一带建筑新的校舍,并且在福州开化寺前租赁12亩田地准备作为农田试验场之用。但是,正当陈宝琛准备在农业教育办学实践方面有新的突破时,却奉旨入京,于是他任翰林院编修陈培锟为总理,掌农业别科。陈培锟严遵陈宝琛既定方案,于沣澜阁一带兴建校舍,并在开化寺前觅得试验场作为实习之地,而在学科方面参《奏定农业中等学堂章程》设预科、本科,课程亦是依《奏定农业中等学堂章程》而设置。宣统二年(1910),前身为福州农事试验场农业别科的农业预备学校更名为"福建官立农业学堂",成为福建省第一所中等农业学堂。

应该说,在"东西各国,有农学会以精研究,有农学堂以资讲求"③的背景下,陈宝琛能够认识到农业教育对于农业发展的重要性,并且能够积极地投入于办学实践中,不愧为福建近代农业教育思想的实践者和办学先驱。

第二,工商教育,强国之基。

早在洋务运动兴办之时,陈宝琛即认为,"洋务至重也,办洋务至公也,以至公之心,办至重之事"④,特别是面对"海外诸国莫不修政令、缮船舰、利器械以冀乘一日之衅"⑤的窘境,陈宝琛发出了"国何以堪,时不我待"⑥的感慨,直言应该大力发展洋务,壮我国力,扬我国威。

在维新变法思想的影响下,陈宝琛身体力行,积极倡导成立兼学东西的新式学堂,其中最具代表性的莫过于苍霞精舍。苍霞精舍系陈宝琛联合林纾、孙幼谷等福州士绅共同商议创办的一所兼学东西科学文化知识的新式学校。其中,国文教程设有经义、史籍、经世策论等,西文教程开设有英文、日文、数学、地理等科,尤其是

---

① 陈元晖:《中国近代教育史·实业教育、师范教育》,上海教育出版社2007年版,第108页。
② 同上。
③ 同上。
④ 陈宝琛:《沧趣楼诗文集》,上海古籍出版社2006年版,第809页。
⑤ 同上,第805页。
⑥ 同上。

外语课的教学质量较高,时人夸"诸君子倡建苍霞精舍专课英文二年以来,颇著成效"①。事实上,除了外语教育有较快发展外,苍霞精舍一直沿着新式教育和实业教育的方向不断前进,特别是 1904 年清政府颁布《奏定学堂章程》后,苍霞精舍在陈宝琛的带领下朝着实业方向发展。光绪三十三年(1907 年),苍霞精舍更名为"苍霞中学堂",另外"加课路电两科"②,并且"伏查该堂路电两科学生,皆在精舍肄业多年,外国文、算学均有根底",可见该学堂对于实业教育颇下苦功。光绪三十四年(1908 年),又"授路电本科功课"③,由天津大学堂铁路工程科学生高善姜、台湾电报学堂毕业生陈起彪分科教授,"颇有成效"。④ 苍霞中学堂实业教育的性质亦可见之一斑。

  陈宝琛重视铁路和电气教育并非一时冲动之想法,而是深思熟虑的结果。早在光绪六年(1880 年),陈宝琛就已提出"筹造铁路,以图自强"⑤的强国之道,他认为"自强之道,练兵造器,固宜次第举行,然其机括则在于急造铁路"⑥,同时指出了兴办铁路的种种利益和紧迫性,"铁路之利于漕务、赈务、商务、矿务,以及行旅、厘捐者,不可殚述,而于用兵一道,尤为急不可缓。"⑦对于电气,陈宝琛亦说,"此(电气)亦军务之急需,但电线须与铁路相辅而行,省费既多,看守亦易"⑧。可见重视铁路和电气发展的观念早已根植于陈宝琛的思想中,因此当清政府允许兴办教育之后,陈宝琛就在苍霞中学堂里附设路电课程,开展实业教育。宣统二年(1910 年),闽浙总督松寿奏请将苍霞中学堂改名为"官立中等工业学堂",将原中学各班改为预科,并且增设了土木本科、电气本科和窑业本科等新的实业课程,同时还开办了工业教员教习所和各科目相关的工场,作为实习基地。前身为苍霞精舍的官立中等工业学堂也成为福建省第一所工业职业学校。

  除工业教育外,陈宝琛对于商业也有自己的见解和实践。福建官立中等商业学堂是福建省第一所商业学校,该学堂的成立和发展与陈宝琛有着不可分割的关系。该学堂的前身即是陈宝琛创办的"全闽公学",光绪三十三年(1907 年),"英华书院学生因事全体退学,具请求书于本会请设公学会长(陈宝琛)",陈宝琛"悯其志,自行捐款三百元,又移拨公款二千元择定乌麓神光寺为校地"⑨,成立全闽公学,并于同年八月开课,"以英算为主,并注意国文及普通各科学"⑩。此时,恰逢学

---

① 王孝绳:《福州东文学堂三年报告汇编》,光绪二十六年,第 2 页。
② 陈元晖:《中国近代教育史·实业教育、师范教育》,上海教育出版社 2007 年版,第 137 页。
③ 同上。
④ 同上。
⑤ 陈宝琛:《沧趣楼诗文集》,上海古籍出版社 2006 年版,第 785 页。
⑥ 陈宝琛:《沧趣楼诗文集》,上海古籍出版社 2006 年版,第 786 页。
⑦ 同上。
⑧ 同上。
⑨ 福建教育总会:《福建教育总会一览》,福建省图书馆藏,第 4 页。
⑩ 同上。

部重订留学条件,因此陈宝琛决定在全闽公学的基础上"添设学科兼课东文",并且更名为游学预备学校①。同年,陈宝琛因募路股须亲赴南洋,遂将游学预备学堂交予郑锡光、林炳章等负责。光绪三十四年(1908年),陈宝琛自南洋归来后重新主持游学预备学堂,"立郑锡光、林炳章为监督,李世新为干事,添购图书器械,增聘洋师担任科学。"②更为重要的是,陈宝琛自南洋募股归来后进一步觉察商业发展对经济发展的重要性,遂有改游学预备学堂为商业学堂之想法。同年七月,"改为官立中等商业学校,分本科预科,改订章程课程,由督院奏咨立案"③。

综上所述,陈宝琛重视实业教育与实业发展的思想是贯穿于其一生,并且随着对社会经济生活的认识而不断深化发展的,其重视实业教育的思想也就逐渐地具体表现为"农业教育,实业扶农"和"工商教育,强国之基"的实业教育思想。当然,在其具体的实业教育实践中,除了以上所列述的种种外,尚有其他的办学活动,如担任福建省教育总会会长期间开展短期职业教育,开办法政讲习科,附设"闽路公会"等。此外,重视外语教育也在陈宝琛的诸多教育实践中有明显的体现,如开办东文学堂,在各种类和各级学堂中明确西文课程的重要性等,从严格意义上讲,虽然外语教育不属于实业教育,但作为新式教育的一种,毕竟是为向西方学习创造了良好的语言条件,也为实业教育的开展奠定了良好的基础。总而言之,陈宝琛重视实业教育的思想和积极创办实业教育的实践是其经世致用思想的最好写照。

二、严复主要教育思想

1. *严复生平*

严复(1854—1921),福建侯官(今福州)人,初名体乾、传初,后改名宗光,字又陵。登仕后又改名复,字几道。籍称严侯官。先后担任过京师大学堂译局总办、上海复旦公学校长、安庆高等师范学堂校长,清朝学部名辞馆总编辑。严复是中国近代史上著名的启蒙思想家、翻译家和教育家,在北洋水师学堂任教期间,培养了中国近代第一批海军人才。他通过翻译西方学术名著,系统地介绍西方民主和科学,将西方的社会学、政治学、政治经济学、哲学和自然科学介绍到中国,开启民智,是向西方国家寻找真理的"先进的中国人"之一。他提出的"信、达、雅"的翻译标准,对后世的翻译工作产生了深远影响。

1920年,严复因哮喘病久治无效,回到福州养病。1921年10月27日在福州郎官巷住宅与世长辞,终年69岁。

---

① 福建教育总会:《福建教育总会一览》,福建省图书馆藏,第4页。
② 福建教育总会:《福建教育总会一览》,福建省图书馆藏,第5页。
③ 同上。

史载,严复"早慧,嗜为文"①,"词采富逸"②,从小随其父学《三字经》《百家姓》《千字文》等蒙学读物,7岁始入私塾读书,先后"从师数人"③,其中对严复早年影响至深者非黄少岩④莫属。正是师从黄少岩的这段时间里,严复之国学造诣、忧国忧民和刚直不阿之秉性,乃至后来对西方科学的热情,在"某种程度上反映了他的老师糅合'汉学'与'宋学'价值的苦心"⑤。有学者甚至认为,"严复后来对西方科学的热情,是建立在直接(虽属初步涉及)与真正的自然科学的方法和资料相关的基础之上的,而并非建立在与'科学'这一口号的模糊不清的联系之上。在这里,西方科学要求的精确性和能力训练与严复原有的严谨的治学态度结合了起来,这种严谨的治学态度可能来自他早年受到的'汉学'家治学方法的训练。"⑥

严复14岁时,其父因抢救霍乱病人受到传染,不治而亡,父死家贫,严复"不再从师"。正值严复生存陷入窘境之时,适逢这年冬天福州马尾船政学堂招生,严复入学考试的作文受到船政大臣沈葆桢的激赏,以第一名的优异成绩被录取⑦入船政学堂,严复的命运从此发生逆转。

福州船政学堂又称"求是堂艺局",因校址在马尾,也称作马尾船政学堂。其作为清末最早的海军学校享有"近代海军摇篮"之美誉,是"中国海军人才之嚆矢"⑧。该学堂分制造和驾驶两个专业,分别由法、英两国专家为学员授课。相对于船政局坐落的方位,制造专业的学舍在前,故称前学堂,因习法文,又称法国学堂;驾驶专业的学舍在后,故称后学堂,因习英文,又称英国学堂。

1867年1月6日,严复进入船政后学堂学习驾驶,所习课程主要有:英文、算术、几何、代数、解析几何、割锥、平三角、弧三角、代积微、动静重学、水重学、电磁学、光学、音学、热学、化学、地质学、天文学、航海术等。⑨ 这些课程将严复带入了一个全新的知识领域,他开始系统接受西方自然科学的教育和熏陶,对西学逐渐有了更全面、更客观的认识,打下了坚实的近代自然科学知识的基础。此外,后学堂由英国人主持,教育体制悉按英国海军学校成规,教师用英语授课,使用英语原版教材。这一教育背景决定了严复一生的功业。从此,"英文是他汲取西方思想的媒介。英国成为他理想国家的范本。英国人的思想支配了他的思想发展"⑩。

值得一提的是,在船政学堂五年里,严复并未中断传统文化的教育,《圣谕广

---

① 《清史稿》卷486《严复传》。
② 王栻:《严复集》第5册,中华书局1986年版,第1541页。
③ 王栻:《严复集》第5册,中华书局1986年版,第1545页。
④ 黄少岩(字布衣,又名黄昌彝、黄宗彝)"为闽之宿儒。其为学汉宋并重,著有《闽方言》一书"。
⑤ 〔美〕本杰明·史华兹著,叶凤美译:《寻求富强:严复与西方》,江苏人民出版社1996年版,第22页。
⑥ 同上,第24页。
⑦ 王栻:《严复集》,第5册,中华书局1986年版,第1546页。
⑧ 《清史稿》卷107《选举志二·学校下》。
⑨ 王栻:《严复集》第5册,中华书局1986年版,第1546页。
⑩ 〔美〕本杰明·史华兹著,叶凤美译:《寻求富强:严复与西方》,江苏人民出版社1996年版,第24页。

训》《孝经》仍是学生们的课外读物。由此可见,严复接受正规的传统教育虽在14岁中辍,但事实上,终其一生都未停止对中国古籍的研读,从英国学成归国后,又师从桐城派大师吴汝纶研习古文,不仅西学造诣高,而且国学根底亦深,因此,他所译西方学术著作均以古文笔法译出,文笔灵动活脱,典雅畅达,"以瑰辞达奥旨"①。严复能成为中西文化比较之第一人,正是源于他中西合璧的知识结构。梁启超曾评论道:"严又陵(复),他是欧洲留学生出身,本国文学亦优长,专翻译英国功利主义派书籍,成一家之言。"②

1877年3月31日,24岁的严复在华、洋监督李凤苞、日意格的率领下,与船政学堂驾驶班同窗12名学员赴英国学习。在学期间,严复等人主要"肄习高等算学、格致、海军战术、海战、公法及建筑海军炮台诸学术"③。所有课程都以练习水师兵法为旨归。而严复"于管驾官应知学问以外,更能探本溯源"④,且"于西学已有窥寻"⑤。他说:"格物致知之学,寻常日用皆寓至理,深求其故,而知其用之无穷,其微妙处不可端倪,而其理实共喻也。"⑥

不仅如此,面对英国的富强和中国积贫积弱的现状之间的差距,严复开始探寻西方富强的奥秘,关注中外国情的差异。在专业课学习之余,他"尝入(英)法庭,观其听狱,归邸数日,如有所失"。他认为:

"刑狱者,中西至不可同之一事也。……英国与诸欧之所以富强,公理日伸,其端在此一事。……夫中国刑狱之平,至于虞廷之皋陶极矣。然皆以贵治贱。以贵治贱,故仁可以为民父母,而暴亦可为豺狼。若夫公听平观,其被刑也,如其法而正,民终不可是为天直,以责其上,使虽欲不如是而不能也。是故天下虽极治,其刑罚终不能以必中,而侥幸之人,或可与法相遁。此上下之所以交失,而民德之所以终古不蒸也。夫民德不蒸,虽有尧舜为之君,其治亦苟且而已。"⑦

为此,严复后来提出了"兴民德"之重要性。

1878年6月,严复等6人均以优异成绩完成了海军学院的学业。在郭嵩焘⑧的帮助下,方伯谦、何心川、叶祖珪、林永升、萨镇冰等5人到皇家海军船舰上实习,而严复则因被中国政府业已安排为教职,继续在格林尼治海军学院再学1年⑨,严复因此成为唯一没有上舰实习的海军留学生。这一偶然的安排对严复一生的命运

---

① 《清史稿》卷486《严复传》。
② 梁启超:《中国近三百年学术史》,东方出版社1996年版,第37页。
③ 王栻:《严复集》第5册,中华书局1986年版,第1547页。
④ 薛福成:《出使四国日记》,湖南人民出版社1981年版,第143页。
⑤ (清)郭嵩焘:《郭嵩焘日记》第3卷,湖南人民出版社1982年版,第907页。
⑥ (清)郭嵩焘:《郭嵩焘日记》第3卷,湖南人民出版社1982年版,第518页。
⑦ 王栻:《严复集》第4册,中华书局1986年版,第969页。
⑧ 郭嵩焘(1818—1891,湖南湘阴人)是中国历史上出使西方第一人,中国首任驻英公使,被认为是"当时最能了解西学的人"。严复敏锐的识见和出众的才华深得郭嵩焘的赏识,与之结为"忘年交","时引与论析中西学问在同异,穷日夕弗休"。
⑨ 孙应祥:《严复年谱》,福建人民出版社2003年版,第36页。

起了决定性的作用,它意味着严复以后不可能像其他同学一样依据自己的专业方向晋身海军行列,而是作为一名教师从事学术研究,培养海军将才。严复自1880年起就在北洋水师学堂供职,长达20年之久,而他的同学却大都在海军界担任舰长等职,严复则由军事拓展到对社会问题的关注,人生路径与他的同学大相径庭。此外,在英国多待一年,使得严复对已经倾心的西方政治、经济、文化等相关社会问题有了进一步研习的机会,为其日后从事西方社会科学研究,借助译著表达自己的思想奠定了坚实的基础。

在留下来的一年里,严复多次应郭嵩焘之邀参观考察了法国天文馆、巴黎各项市政工程、万国博览会、凡尔赛宫等,对西洋文明有了进一步的感性认识,深深体会到"西洋胜处,在事事有条理"①。不仅如此,严复的英文水平在留英期间已练就得炉火纯青,为他回国后大量阅读和译介斯宾塞、赫胥黎、达尔文、亚当·斯密、边沁、孟德斯鸠等西方艰深的学术思想著作提供了必不可少的条件。也正是有了这一本领,严复对西方社会了解之全面,西学造诣之精深,不仅远非李鸿章、张之洞等洋务派人物可比,就是那些在甲午战争前曾经到过欧洲的早期维新派人士如王韬、何启、郑观应之辈以及甲午战争后领导整个维新运动的康梁新学家们,也都不能望其项背。② 由此也注定了严复是晚清新学思想家行列中对西学认识最深的一位,他能够直入西方文化之堂奥,深得个中三昧,最终漂洋过海,将之植根中土。当年唐僧玄奘不惮万里荒漠赴印度取得真经,严复犹如近代海上玄奘,远涉万里重洋,为死气沉沉的近代中国取来资本主义的天火。就其理论而言,侯官新学③无疑是新学思想体系中最成熟、最系统同时也是最富创新性的一支。

1895年,甲午战败,中国面临亡国灭种的严重危机。战争的惨败,使严复受到极大刺激,感到"今日之世变,盖自秦以来未有若斯之亟也"④。而"中国今日之事,正坐平日学问之非,与士大夫心术之坏,由今之道,无变今之俗,虽管、葛复生,亦无能为力也"。于是,他腐心切齿,"宁负发狂之名,决不能喔咿嚅睨,更蹈作伪无耻之故辙"⑤,决意同爱国志士一道走上"变今"维新之路,积极从事爱国救亡的变法维新活动。

从1895年起,严复在天津《直报》上发表了一系列政论文章,这些文章清楚地"表明了严复当时对世界的整个看法,也清楚地表明了严复的全部观点,这些观点

---

① (清)郭嵩焘:《郭嵩焘日记》第3卷,湖南人民出版社1982年版,第568页。
② 王栻:《论严复与严译名著》,商务印书馆1982年版,第4页。
③ 侯官新学,广义而言,是指在福建的自然地理与社会历史文化背景下,在两宋以来闽学的浸润与观照下,以及清朝末季这一地区中西文化之交流激荡中,诞生出来的一个文化学派;狭义而言,侯官新学特指严复的新学思想。严复之侯官新学是晚清新学的集大成,其以进化论为世界观和方法论,以"三民论"为救国方略,以"民主"和"自由"为价值取向,为中国传统社会的现代化转型奠定了思想理论基础,是"五四"新文化运动之先驱。
④ 王栻:《严复集》第1册,中华书局1986年版,第1页。
⑤ 王栻:《严复集》,中华书局1986年版,第53页。

正是他以后几年里致力于翻译的基础","实际上构成了严复全部译著的绪论"①。与其他维新思想家不同,严复是借助西方先进理论,通过译著西方学术思想和政治学说以警世,诚如他自己所言:"意欲本之格致新理,溯源竟委,发明富强之事,造端于民。"②

此后的十余年间,严复专心致力于翻译西方资产阶级著名学者的著作,以翻译为职志,成为"介绍近世思想的第一人"③。正是在大量译介西方名著的过程中,严复形成了自己的思想理论体系,亦其自己所谓的侯官严复学,即所谓侯官新学。

2."教育救国"思想

"教育救国"思想是鸦片战争以来,伴随经世致用思潮兴起,中国的有识之士在近代中国救亡图存的特定时代条件下,在探索挽救国运、学习西方的过程中提出的救国方略。其滥觞于鸦片战争前后,勃兴于19世纪60—90年代,鼎盛于"五四"新文化运动前后,20世纪30年代后销声匿迹。"教育救国"作为近代中国的一种主流社会思潮,是民族危机不断加深以及中西文化碰撞的产物,也是近代先进的中国人寻求救国救民真理的必然结果,其所具有的进步性与合理性不言而喻。彼时几乎所有倾向变革维新的刊物无不呼吁发展教育乃至教育救国,"青年志士稍识时务者,莫不持兴学救亡之策,奔走呼号"④,这一思潮在中国近现代历史上的影响可谓至深至远。严复是近代中国教育救国论的先驱,其教育救国思想内涵丰富,别具特色。

(1)以译书为媒介倡扬"教育救国"思想。

虽然在戊戌变法时期,严复与康有为一样,政治上主张变法维新,但其表现形式却与康氏迥异。康有为主要是假借中国传统文化的形式,搞"托古改制",严复则是直接诉诸西方先进理论,通过翻译西方学术思想和政治学说以警世,诚如他自己所言:"意欲本之格致新理,溯源竟委,发明富强之事,造端于民。"他精选慎择地将西方国家赖以富强的学术名著译述介绍到中国来,其目的在于"警世""救世"、启迪民智。对此,早在戊戌变法失败后,严复在给商务印书馆创办者之一张元济的信中表达得明白无误。他说:"复自客秋以来,仰观天时,俯察人事,但觉一无可为。然终谓民智不开,则守旧维新两无一可。即使朝廷今日不行一事,抑所为皆非,但令在野之人与夫后生英俊洞识中西实情者日多一日,则炎黄种类未必遂至沦胥;即不幸暂被羁縻,亦将有复苏之一日也。所以屏弃万缘,唯以译书自课。"⑤又说:"复今者勤苦译书,羌无所为,不过闵同国之人,于新理过于蒙昧,发愿立誓,勉而为之。

---

① 〔美〕本杰明·史华兹著,叶凤美译:《寻求富强:严复与西方》,江苏人民出版社1996年版,第37—38页。
② 王栻:《严复集》第3册,中华书局1986年版,第514页。
③ 王栻:《论严复与严译名著》,商务印书馆1982年版,第41页。
④ 《修武富绅之热心兴学》,《豫报》第2号。
⑤ 王栻:《严复集》第3册,中华书局1986年版,第525页。

……极知力微道远,生事夺其时日;然使前数书得转汉文,仆死不朽矣。"①严复译述的这一旨趣亦可从吴汝纶给严复的信中见之一斑。吴汝纶在读罢《天演论》,致信严复说:"盖自中土翻译西书以来,无此宏制。匪直天演之学,在中国为初凿鸿蒙,亦缘自来译手,无似此高文雄笔也。钦佩何极!抑执事之译此书,盖伤吾土之不竞,惧炎黄数千年之种族,将遂无以自存,而惕惕焉欲进之以人治也。本执事忠愤所发,特借赫胥黎之书,用为主文谲谏之资而已。"②在读到严译《原富》一书后,又致信严复说:"斯密氏元书,理趣甚奥赜,思如芭蕉,智如涌泉,盖非一览所能得其深处。执事雄笔,真足状难显之情,又时时纠其违失,其言皆与时局痛下针砭,无空发之议,此真济世之奇构。"③鲁迅曾称赞严复为"19世纪末年中国感觉敏锐的人"④。可以这么说,近代译书以引进西方先进思想为鹄的始于严复,严译著作"标志着向西方寻求真理由感性到理性、由具体到抽象、由形式到内容、由现象到本质这条'天路历程'中不断上升的一个界碑","在中国近代思想史上开创一个新纪元"⑤。

(2)以"三民"教育为教育救国之纲领。

在严复接触到的西方学者中,斯宾塞无疑是对严复影响最大的一位,也是严复最推崇的一位,甚至可以说,严复几乎是全部接受了斯宾塞的思想体系,这已成为学界公论。因为在严复看来,斯宾塞的思想"不仅仅是在解释社会,而且还能提供一个改造社会的方案",尤其是"在甲午中日危机之前的几年里,严复在斯宾塞的体系中已发现了西方'成功'的秘密的线索。"⑥严复之"民力""民智""民德"思想直接来源于斯宾塞1861年出版的《教育论——智育德育和体育》,严复将之翻译为《劝学篇》。他说:"《劝学篇》者,勉人治群学之书也。其教人也,以浚智慧、练体力、厉德行三者为之纲。"⑦他根据斯宾塞社会有机体理论,认为国家犹如一个生物有机体,其优劣强弱与治乱盛衰均取决于国家个体——"民"之"才、德、力"的高下良莠。他说:"人之所以异于禽兽者,以其能群也。"⑧"且一群之成,其体用功能,无异生物之一体,小大虽异,官治相准。知吾身之所生,则知群之所以立矣;知寿命之所以弥永,则知国脉之所以灵长矣。一身之内,形神相资;一群之中,力德相备。身贵自由,国贵自主。生之与群,相似如此。"⑨他进一步指出:"盖生民之大要三,而强弱存亡莫不视此:一曰血气体力之强,二曰聪明智虑之强,三曰德行仁义之强。是以

---

① 王栻:《严复集》第3册,中华书局1986年版,第527页。
② 严复:《严复集》第5册,中华书局1986年版,第1560页。
③ 严复:《严复集》第5册,中华书局1986年版,第1562页。
④ 《鲁迅全集》第1卷,人民文学出版社1982年版,第295页。
⑤ 李泽厚:《中国近代思想史论》,三联书店2008年版,第264页。
⑥ 〔美〕本杰明·史华兹著,叶凤美译:《寻求富强:严复与西方》,江苏人民出版社1996年版,第33页。
⑦ 王栻:《严复集》第1册,中华书局1986年版,第17页。
⑧ 王栻:《严复集》第1册,中华书局1986年版,第6页。
⑨ 王栻:《严复集》第1册,中华书局1986年版,第17页。

西洋观化言治之家,莫不以民力、民智、民德三者断民种之高下,未有三者备而民生不优,亦未有三者备而国威不奋者也。"①因此,"国之强弱贫富治乱者,其民力、民智、民德三者之征验也,必三者既立而后其政法从之。于是一政之举,一令之施,合于其智、德、力者存,违于其智、德、力者废。""是故贫民无富国,弱民无强国,乱民无治国。"②因此,"今日要政,统于三端:一曰鼓民力,二曰开民智,三曰新民德。夫为一弱于群强之间,政之所施,固常有标本缓急之可论。唯是使三者诚进,则其治标而标立;三者不进,则其标虽治,终亦无功;此舍本言标者之所以为无当也。"③反观中国,"民力已茶,民智已卑,民德已薄,虽有富强之政,莫之能行。"④基于上述认识,严复认为当时的救国大业只能是从教育着手,他在1902年《与〈外交报〉主人书》中指出:"今吾国之所最患者,非愚乎?非贫乎?非弱乎?则径而言之,凡事之可以瘳此愚、疗此贫、起此弱者皆可为。而三者之中,尤以瘳愚为最急。何则?所以使吾日由贫弱之道而不自知者,徒以愚耳。继自今,凡可以瘳愚者,将竭力尽气鞍手茧足以求之。惟求之能得,不暇问其中若西也,不必计其新若故也。有一道于此,致吾于愚矣,且由愚而得贫弱,虽出于父祖之亲,君师之严,犹将弃之,等而下焉者无论已。有一道于此,足以瘳愚矣,且由是而疗贫起弱焉,虽出于夷狄禽兽,犹将师之,等而上焉者无论已。"⑤1905年在伦敦与孙中山见面时又说:"以中国民品之劣,民智之卑,即有改革,害之除于甲者将见于乙,泯于丙者将发之于丁。为今之计,惟急从教育上著手,庶几逐渐更新乎!"⑥严公之教育救国思想昭然矣!在这里,他第一次将教育提到关系救亡图存、人的全面发展、国家富强的一个全新的高度来理解,对处于民族危亡之秋的中国人而言所起到的积极启蒙作用不言而喻。

不仅如此,围绕教育救国的思想,严复还第一次系统地提出了近代中国的教育模式——"三民"教育。他说:"是以讲教育者,其事常分三宗:曰体育,曰智育,曰德育。三者并重,顾主教育者,则必审所当之时势而为之重轻。是故居今而言,不佞以为智育重于体育,而德育尤重于智育。"⑦第一,"鼓民力",即是"练民筋骸,鼓民血气者也"。⑧ 严复说:"今者论一国富强之效,而以其民之手足体力为之基","西洋言治之家,莫不以此为最急"。⑨ 而要"鼓民力",就要革除封建陋俗,"中国礼俗,其贻害民力而坐令其种日偷者,由法制学问之大,以至于饮食居处之微,几于指

---

① 王栻:《严复集》第1册,中华书局1986年版,第18页。
② 王栻:《严复集》第1册,中华书局1986年版,第25页。
③ 王栻:《严复集》第1册,中华书局1986年版,第27页。
④ 王栻:《严复集》第1册,中华书局1986年版,第26页。
⑤ 王栻:《严复集》第3册,中华书局1986年版,第560页。
⑥ 王栻:《严复集》第5册,中华书局1986年版,第1550页。
⑦ 王栻:《严复集》第1册,中华书局1986年版,第167页。
⑧ 王栻:《严复集》第1册,中华书局1986年版,第28页。
⑨ 王栻:《严复集》第1册,中华书局1986年版,第27页。

不胜指。而沿习至深,害效最著者,莫若吸食鸦片、女子缠足二事。"①"是鸦片、缠足二事不早为之所,则变法者,皆空言而已矣。"②严复从斯宾塞的体育思想出发,得出"君子小人劳心劳力之事,均非气体强健者不为功"的结论,③从而把传统儒家思想所鄙视的"力"提高到与"智""德"同等重要的地位,这在当时是难能可贵的。

第二,"开民智",即是开发国民智慧,此为"三民"中最重要者,是"富强之原","此悬诸日月不刊之论也",④其关乎救亡图存之大计。"民智不开,不变亡,即变亦亡。"⑤严复认为,西方之所以富强,在于民智之开。"洎乎二百年来,民智益开,教化大进,奋其智勇,经略全球,红人、黑人、棕色人与之相遇,始则与之角逐,继则为之奴虏,终则归于泯灭。"⑥而今,"中国人民智慧,蒙蔽弇陋,至于此极,虽圣人生今,殆亦无能为力也。"⑦要"开民智",则"非讲西学不可","非另立选举之法,别开用人之涂,而废八股、试帖、策论诸制科不可。"⑧他利用自然科学经验归纳法的方法论对中国旧学包括宋学义理、汉学考据、辞章等加以批判,第一次从哲学认识论和方法论的高度对中西文化进行比较,论证开民智与倡导西学之关系。他说:西学"先物理而后文词,重达用而薄藻饰。且其教子弟也,尤必使自竭其耳目,自致其心思,贵自得而贱因人,喜善疑而慎信古。其名数诸学,则藉以教致思穷理之术;其力质诸学,则假以导观物察变之方,而其本事,则筌蹄之于鱼兔而已矣。"⑨"一理之明,一法之立,必验之物物事事而皆然,而后定之为不易。其所验也贵多,故博大;其收效也必恒,故悠久;其究极也,必道通为一,左右逢源,故高明……且西土有言:凡学之事,不仅求知未知,求能不能已也。学测算者,不终身以窥天行也;学化学者,不随在而验物质也;讲植物者,不必耕桑;讲动物者,不必牧畜。其绝大妙用,在于有以炼智虑而操心思,使习于沈者不至为浮,习于诚者不能为妄。"⑩有鉴于此,严复反复强调教育的目的"不欲其仅成读书人而已",⑪而应以培养学生的实践能力为目标,在实践中发展人的聪明才智,发挥自己所学。他说:"言今日之教育,所以救国,而祛往日学界之弊者,诚莫如实业之有功。盖往日之教育笃古,实业之教育法今;往日之教育求逸,实业之教育习劳;往日之教育成分利之人才,实业之教育充生利之民力。第须知实业教育,其扼要不在学堂,而在出堂后办事之阅历。以学堂所课授

---

① 王栻:《严复集》第1册,中华书局1986年版,第28页。
② 王栻:《严复集》第1册,中华书局1986年版,第29页。
③ 王栻:《严复集》第1册,中华书局1986年版,第28页。
④ 王栻:《严复集》第1册,中华书局1986年版,第29页。
⑤ 王栻:《严复集》第3册,中华书局1986年版,第539页。
⑥ 王栻:《严复集》第1册,中华书局1986年版,第86页。
⑦ 王栻:《严复集》第1册,中华书局1986年版,第47—48页。
⑧ 王栻:《严复集》第1册,中华书局1986年版,第30页。
⑨ 王栻:《严复集》第1册,中华书局1986年版,第29页。
⑩ 王栻:《严复集》第1册,中华书局1986年版,第45页。
⑪ 王栻:《严复集》第1册,中华书局1986年版,第205页。

者，不过根柢之学，增广知识，为他日立事阶梯云耳。"①总之，在严复看来，开民智必大兴西学，兴西学必注重教育，其最终的目的就是致民族昌盛，国家富强。

第三，"新民德"，即是重视德育，讲自由、民主、平等，"至于新民德之事，尤为三者之最难。"②民德作为国民应有的素质，在政治上首先表现为爱国主义，然而，中国人"有家无国"的观念制约了这一精神的高扬。严复以资产阶级的自由、民主、平等思想，取代中国封建宗法制度和伦理道德，提高国民的思想品德，形成国家观念、主人翁精神和新的道德风尚。他认为甲午战败的一个主要原因是国民道德的沦丧。对此，严复分析道："西洋之言治者曰：'国者，斯民之公产也，王侯将相者，通国之公仆隶也。'而中国之尊王者曰：'天子富有四海，臣妾亿兆。'臣妾者，其文之故训犹奴虏也。夫如是则西洋之民，其尊且贵也，过于王侯将相，而我中国之民，其卑且贱也，皆奴产子也。设有战斗之事，彼其民为公产公利自为斗也，而中国则奴为其主斗耳。夫驱奴虏以斗贵人，固何所往而不败？"③又说："自秦以降，为治虽有宽苛之异，而大抵皆以奴虏待吾民。虽有原省，原省此奴虏而已矣；虽有燠咻，燠咻此奴虏而已矣。夫上既以奴虏待民，则民亦以奴虏自待。夫奴虏之于主人，特形劫势禁，无可如何已耳，非心悦诚服，有爱于其国与主，而共保持之也。"④"中国自秦以来，无所谓天下也，无所谓国也，皆家而已。一姓之兴，则亿兆为之臣妾。其兴也，此一家之兴也，其亡也，此一家之亡也。天子之一身，兼宪法国家王者三大物，其家亡，则一切与之俱亡，而民人特奴婢之易主者耳，乌有所谓长存者乎！"⑤正是由于中国人"有家无国"的观念，导致在追求个人利益的时候往往置国家利益而不顾。反观西方则与吾国完全不同，"彼西洋所以能使其民皆若有深私至爱于其国与主，而赴公战如私仇者"，"无他，私之以为己有而已矣。""是故居今之日，欲进吾民之德，于以同力合志，联一气而御外仇，则非有道焉使各私中国不可也。"⑥要做到这一点，就必须"设议院于京师，而令天下郡县各公举其守宰。是道也，欲民之忠爱必由此，欲教化之兴必由此，欲地利之尽必由此，欲道路之辟、商务之兴必由此，欲民各束身自好而争濯磨于善必由此。"⑦严复最后指出："国与国而竞为强，民与民而争为盛也，非以力欤？虽然，徒力不足以为强且盛也，则以智。徒力与智，犹未足以为强且盛也，则以德。是三者备，而后可以为真国民。"⑧唯其如此，"今世国土种族竞争，其政法之事固亦自为风气，独至教育国民，则莫不以此为自存之命脉。"⑨他

---

① 王栻：《严复集》第1册，中华书局1986年版，第206页。
② 王栻：《严复集》第1册，中华书局1986年版，第30页。
③ 王栻：《严复集》第1册，中华书局1986年版，第36页。
④ 王栻：《严复集》第1册，中华书局1986年版，第31页。
⑤ 王栻：《严复集》第4册，中华书局1986年版，第948—949页。
⑥ 王栻：《严复集》第1册，中华书局1986年版，第31页。
⑦ 王栻：《严复集》第1册，中华书局1986年版，第31—32页。
⑧ 王栻：《严复集》第2册，中华书局1986年版，第252—253页。
⑨ 王栻：《严复集》第3册，中华书局1986年版，第592页。

进一步分析道:"古今谋国救时之道,其所轻重缓急者,综而论之,不外标、本两言而已。标者,在夫理财、经武、择交、善邻之间;本者,存夫立政、养才、风俗、人心之际。"又说:"夫人才者,国之桢干也。无人才则所谓标、本之治皆不行。"①很显然,严复认为强国之"本"关键在人,在于教育陶铸和培育德、智、体全面发展的人,一句话,只有实现人的现代化方能实现国家之现代化。从这个意义上说,严复对中国在近代所处危势的原因症结的剖析反思是深刻的,因为这已经触及到了救国救亡、求强求富的根本——人。这样,严复就把自由、民主与爱国、救亡图存的历史使命联系起来,将其"三民"思想提升到救亡图存的高度,视之为"自强之本",②从而首开中国近代关注国民性问题之先河,成为近代中国重塑国民性思潮之滥觞,此后梁启超的"新民"论,陈独秀在五四运动时期倡导的新道德运动,孙中山提倡的"心理建设",鲁迅对国民性的探讨等,无不启端于严复的"三民"论思想。不唯如此,作为中国近代教育的先驱,严复以近代西方先进思想为借鉴,在比较中西学术政教之差异的基础上第一次系统提出德智体三育并重的教育思想以及由德育、智育、体育构成的教育体系,为中国教育现代化奠定了理论基础。著名学者王尔敏说:"三育观念是19世纪由西方介绍过来的,重要的介绍人物就是严复。1895年严复介绍德智体的动机,并不是为了教育,而是揭示强国国民的基本条件。"③

(3)以科学教育为教育救国之良方。

在严复看来,西方自17世纪以来的强盛莫不与培根开创的实证科学之风气有关。他说:西洋"制器之备,可求其本于奈端(牛顿);舟车之神,可推其原于瓦德(瓦特);用电之利,则法拉第之功也;民生之寿,则哈尔斐(哈维)之业也。而二百年学运昌明,则又不得不以柏庚(培根)氏之摧陷廓清之功为称首"。④ 他进一步指出:"名、数、质、力,四者皆科学也。其通理公例,经纬万端,而西政之善者,即本斯而立。"⑤反观"中国之政,所以日形其绌,不足争存者,亦坐不本科学,而与通理公例违行故耳"。⑥ 因此,"一言救亡,舍西学格致而不可"。⑦ 西学格致,"一理之明,一法之立,必验之物物事事而皆然,而后定之为不易。其所验也贵多,故博大;其收效也必恒,故悠久;其究极也,必道通为一,左右逢源,故高明。方其治之也,成见必不可居,饰词必不可用,不敢丝毫主张,不得稍行武断,必勤必耐,必公必虚,而后有以造其至精之域,践其至实之途"。⑧ 他断言,在当时的历史条件下,唯有科学,方

---

① 王栻:《严复集》第1册,中华书局1986年版,第65、68页。
② 王栻:《严复集》第1册,中华书局1986年版,第32页。
③ 王尔敏:《中国近代思想史论续集》,社会科学文献出版社2005年版,第139页。
④ 王栻:《严复集》第1册,中华书局1986年版,第29页。
⑤ 王栻:《严复集》第3册,中华书局1986年版,第559页。
⑥ 王栻:《严复集》第3册,中华书局1986年版,第559页。
⑦ 王栻:《严复集》第1册,中华书局1986年版,第46页。
⑧ 王栻:《严复集》第1册,中华书局1986年版,第45页。

"可转变吾人之心习,而挽救吾数千年学界之流弊。"①他分析道:"所谓科学,其区别至为谨严,苟非其物,不得妄加其目。每见今日妄人几于无物不为科学。吾国今日新旧名词所以几于无一可用者,皆此不学无所知之徒学语乱道烂之也。夫科学有外籀,有内籀。物理动植者,内籀之科学也。其治之也,首资观察试验之功,必用本人之心思耳目,于他人无所待也。其教授也,必用真物器械,使学生自考察而试验之。且层层有法,必谨必精,至于见其诚然,然后从其会通,著为公例。"②他甚至感慨道:"伟哉科学! 五洲政治之变,基于此矣。"③基于此,严复疾呼:"中国此后教育,在在宜著意科学,使学者之心虑沈潜,浸渍于因果实证之间,庶他日学成,有疗病起弱之实力,能破旧学之拘挛,而其于图新也审,则真中国之幸福矣!"④在严复看来,西学不仅是开民智之良方,而且还是政治变革之基础。欲开民智、学西学,教育是关键。"以中国前此智育之事,未得其方,是以民智不蒸,而国亦因之贫弱。"因此,"欲救此弊,必假物理科学为之。然欲为之有效,其教授之法又当讲求,不可如前之治旧学。道在必使学者之心,与实物径按,而自用其明,不得徒资耳食,因人学语。"⑤至于教育方法的步骤,严复依据西方教育思想理念设计了一个方案,他说:"发蒙之始,自以求能读书写字为先。然于此时,便当教以观物之法,观物以审详不苟为主。欲其如是,莫若教之作画。……再进则物理、算学、历史、舆地,以次分时,皆可课授。稍长则可读经书。……至于十五以后,则必宜使习西文,英、法、德、意择一皆可。……西文既通,无异入新世界,前此教育虽有缺憾,皆可得此为之补苴。大抵二十世纪之中国人,不如是者,不得谓之成学。假使中无间断,其人早则二十四五,迟则三十可望大成,为八面应敌之才,他日入世,达为王侯将相,隐为师农工商,皆可为社会之所托芘。"⑥据此观之,严复之教育救国实则西学救国、科学救国。应该说,倡导科学(即严复所谓的"内籀"与"外籀"法)的教育功能,以经验论和归纳法来研究教育问题,是严复对中国近代教育学理论的最大贡献。从中国近代思想史、教育史上来看,虽不能说严复是"教育救国论"的始作俑者,却完全有理由认为正是严复第一次赋予这种在中国近代影响深远的社会思潮以哲学的内涵及方法论上的依据,而他本人则终身是一位坚定不渝的"教育救国论"的提倡者、实践家。⑦尤其是他对西方近代科学"命脉"及教育根本的蹊径独辟的把握,以及对培养有自由人格的创造性人才的呼吁和追求,到今天仍值得后来者咀嚼深思。

总括上述,严复从19世纪末20世纪初中国民族危机日益加深的具体国情出

---

① 王栻:《严复集》第 2 册,中华书局 1986 年版,第 284 页。
② 王栻:《严复集》第 2 册,中华书局 1986 年版,第 282 页。
③ 王栻:《严复集》第 5 册,中华书局 1986 年版,第 1241 页。
④ 王栻:《严复集》第 3 册,中华书局 1986 年版,第 565 页。
⑤ 王栻:《严复集》第 2 册,中华书局 1986 年版,第 285 页。
⑥ 王栻:《严复集》第 2 册,中华书局 1986 年版,第 285—286 页。
⑦ 陈学恂、田正平:《中国教育史研究·近代分卷》,华东师范大学出版社 2009 年版,第 373—375 页。

发,从挽救时艰、解决"救亡图存"这个时代命题的现实需要出发,强调教育改造社会、拯救国家方面的社会功能,将教育视作拯救国家民族危亡的最有力的武器,充分体现了我国近代社会发展变化的要求。在严复看来,提高人们的身体素质、文化水平和道德修养,就像"土壤改良"那样,是一个长期的潜移默化的过程,因此,这一过程不能用革命手段"强为迁变",只能通过教育启蒙。"盖泰西言治之家,皆谓善治如草木,而民智如土田。民智既开,则下令如流水之源,善政不期举而自举,且一举而莫能废。"①他引斯宾塞的话说:"民之可化,至于无穷,惟不可期之以骤。"②又说:"富强不可为也,特可以致致者何?相其宜,动其机,培其本根,卫其成长,使其效不期而自至。"③他认为"万化皆渐而无顿"乃宇宙"至大公例"。④倘若操之过急,则后患无穷。他说:"夫人类之力求进步固也,而颠阶瞀乱,乃即在此为进之时,其进弥骤,其涂弥险,新者未得,旧者已亡,伥伥无归,或以灭绝。"⑤他不赞成孙中山革命救国的主张,认为:"中国民品之劣,民智之卑,即有改革,害之除于甲者将见于乙,泯于丙者将发之于丁。为今之计,惟急从教育上著手,庶几逐渐更新乎!"⑥毋庸置疑,严复教育救国的实质则是通过教育达到改造社会、推进社会变革的目的,易言之,其思想倾向是主张社会渐变,反对激变和突变。从一个社会理想的发展模式来看,严复的教育救国思想是一个非常理想的方案。

众所周知,民主政治的建立离不开一个国家、民族的历史文化传统和社会经济发展水平,更与一个国家的国民素质、民族心理的水平息息相关。严复教育救国思想,正是通过人的塑造来实现社会进步,肯定了人作为手段在改造社会中的积极作用。因此,从一般理论意义上说,严复的教育优先思想是完全正确的。不仅如此,他所论及教育的救国功能已深入西方文化的价值内核——自由观,注意从深层的价值移植来反观中西文化的差异,从而为中国传统教育的现代化转轨找到了一个牢固的支点,其理论价值亦不容忽视。然而,随着革命救国思想及其实践的风起云涌,革命与激进主义日渐成为中国政治的追求甚至统领一切时,严复的教育救国论相应地被贴上了资产阶级改良、保守、落后甚至反动的标签,没有得到应有的公正的评价。从历史上看,我们毋庸讳言的是,大凡通过革命的方式获得政权,迎来的却是相当长时间的动荡不安,如法国大革命;通过温和改良的方式建立政权则能实现社会的平稳发展,如英国资产阶级革命。同理,辛亥革命之失败很大程度上既是国民素质的低下所致,辛亥革命之后的国内政局的动乱在一定程度上也与革命的方式有关。在愚昧落后的环境下,很难出现良好的民主政治生活,即便通过革命

---

① 王栻:《严复集》第5册,中华书局1986年版,第1339—1340页。
② 王栻:《严复集》第1册,中华书局1986年版,第25页。
③ 王栻:《严复集》第1册,中华书局1986年版,第13页。
④ 王栻:《严复集》第5册,中华书局1986年版,第1245页。
⑤ 王栻:《严复集》第5册,中华书局1986年版,第1242页。
⑥ 王栻:《严复集》第5册,中华书局1986年版,第1550页。

的激进手段建立起了民主的政治体制,但在实际政治生活中却仍停留在传统的专制层面,思想和意识上并没有进入现代民主阶段。而第二次世界大战后的西德和日本之崛起,亚洲"四小龙"之腾飞,其成功的奥秘就在于这些国家对教育的重视。

综上,从历史发展的角度而言,教育的变革是社会变革的基础和动力之一,是现代社会发展的逻辑起点,是发展经济、富民强国的根本出路,离开教育变革,社会变革就会成为空中楼阁。

我们可以肯定地认为,严复教育救国思想及其实践既符合近代中国救亡图存的要求,也顺应了中国现代化的发展潮流,他视教育"为国家之根本大图",为提高民族素质和改善社会文化机制之根本对策,把国家的兴衰归结为国民的素质高下,这在强调教育为本、教育立国、教育兴国的今天,是有现实的借鉴和指导意义的,与中国"科教兴国"的发展战略有着内在的一致性。正所谓:"亡而存之,废而举之,愚而智之,弱而强之,条理万端,皆归本于学校。"实践证明,这一思想是合理的。

3. 女子教育思想

在中国近代思想史上,严复无疑是一位举足轻重的人物,他一生对近代中国的诸多社会思潮如自由主义思潮、科学主义思潮、教育救国思潮等,都提出了独到的见解,为中国近现代思想文化的发展做出了开创性贡献。女子教育思想便是其中之一。作为中国近代新式教育的倡导者与力行者,严复极力主张兴办女子学堂,并以之作为实现男女平权、国富民强以及妇女解放的重要途径。虽然,严复并没有专论女子教育,其有关女子教育的论述只是散见于其他论著中,因此,严格地说,严复的女子教育思想并未形成一个完整的体系,正因此,学界对这一问题的研究颇显薄弱。事实上,只要爬梳稽考严复的各类论著、文章,我们就不难发现,严复有关女子教育的论述是深邃的,其思想内涵是丰富的,影响更是深远的。毫不夸张地说,严复的女子教育思想,不仅对中国近代妇女解放运动具有启蒙作用,而且为中国女权运动的萌生与发展也提供了重要的理论依据。

(1) 女子教育是男女平权的标志。

在中国,女子学校教育肇始于鸦片战争后的教会教育。随着西方传教士的纷至沓来,基督宗教裹挟着各种近代西方政治思想,其中包括天赋人权、男女平等观念,在中国传播开来,并渐次风靡中土。"新教徒中,很多人明确信奉男女平等原则,而且决心投入一场十字军运动,以争取中国妇女的平等权利"。① 对此,梁启超感叹道:"彼士来游,悯吾窘溺,倡建义学,救我童蒙。教会所至,女塾接轨。夫他人方拯我之窘溺,而吾人乃自加其桎压!譬犹有子弗鞠,乃仰哺于邻室,有田弗耘,乃假手于比耦。匪惟先民之恫,抑亦中国之羞也。"② 柳亚子先生在 1904 年亦云:

---

① [美]费正清主编,中国社会科学院历史所编译:《剑桥中国晚清史》(上册),中国社会科学院出版社 1984 年版,第 627 页。

② 中国妇联:《中国妇女运动历史资料(1840—1918)》,中国妇女出版社 1991 年版,第 101 页。

"海通以来,欧美文明,窈窕之花,将移植于中国,弥勒约翰、斯宾塞之学说,汽船满载,掠太平洋而东,我同胞女豪杰亦发愤兴起,相与驰逐以图之"。① 以王韬、郑观应等为代表的早期维新派是最早意识到中国男女不平等这一社会问题的先知先觉者。在他们看来,"妇女灵敏不亚男子,且有特过男子者,以心静而专也。若无以教导之提倡之,终归埋没,岂不深负大造生人之意乎。"中国之所以"轻视女子""沉溺女子",皆"由女学坠废所致"。② 为此,他们呼请政府"通饬各省广立女塾,使女子皆入塾读书"。③ 戊戌时期的资产阶级维新派则开始从近代人权观、平等观的角度来探讨中国女子教育的问题。他们通过译介西学,以西方资产阶级"天赋人权"的学说为武器,向中国传统的"女子无才便是德"的教育思想发出了挑战,维新派当中最力者当首推严复。

1895年,严复连续发表了《论世变之亟》《原强》《辟韩》等一系列政论文章,从"人生而自由平等""天赋人权"观念出发,批判封建专制,抨击传统女性观,认为男女不平等与天赋人权的公理相悖,强调女子教育是兴民权、实现男女平权的重要标志。他在《论世变之亟》一文中指出:"夫自由一言,真中国历古圣贤之所深畏,而从未尝立以教者也。彼西人之言曰:唯天生民,各具赋畀,得自由者乃为全受。故人人各得自由,国国各得自由,第务令毋相侵损而已。侵人自由者,斯为逆天理,贼人道。"④在《辟韩》中他又说:"民之自由,天之所畀也,吾又乌得而靳之!"是故西洋之言治者曰:'国者,斯民之公产也,王侯将相者,通国之公仆隶也。'……夫如是则西洋之民,其尊且贵也,过于王侯将相,而我中国之民,其卑且贱也,皆奴产子也。"⑤

他尖锐指出:"学问"是人与动物的基本差异,"知言语文字二事,系生人必具之能。人不知书,其去禽兽也,仅及半耳"。⑥ 由此,受教育是人的基本权利,"不以男女之异"。是故,"西国与东洋则所谓四民之众,降而至于妇女走卒之伦,原无不识字知书之人类。"反观中国,"以文字一门专属之士"⑦,"四百兆人,妇女居其半;妇女不识字者,又居其十之九。即偶有一二知书者,亦不过以其余力,粗解词章"。推究其根源,盖"自《列女传》《女诫》以来,压制妇人,待之以奴隶、防之以盗贼,责之以圣贤",因而导致"中国妇人,每不及男子"。因此,女子之不及人,"非其天不及,人不及也"。⑧

---

① 李又宁、张玉法:《近代中国女权运动史料1842—1911 下》,龙文出版社股份有限公司1995年版,第868页。
② [清]李圭:《环游地球新录》卷一《美会纪略》,湖南人民出版社1980年版,第41—42页。
③ 郑观应:《郑观应集》(上册)人民出版社1982年版,第289页。
④ 王栻:《严复集》(第1册),中华书局1986年版,第2—3页。
⑤ 王栻:《严复集》(第1册),中华书局1986年版,第35—36页。
⑥ 王栻:《严复集》(第1册),中华书局1986年版,第42页。
⑦ 王栻:《严复集》(第1册),中华书局1986年版,第42页。
⑧ 王栻:《严复集》(第2册),中华书局1986年版,第468—469页。不过,值得一提的是,黄克武先生并不认为《论沪上创兴女学堂事》为严复所作。(参见其文《严复的异性情缘与思想境界》,《福建论坛》(人文社科版),2001年第1期。)

严复进一步从男女平权,发展女子智育方面论及女子自强的实现。"男女平权之说,创自西人,……上不为伯里玺天德,中不为议员,下不为军士,不过起居饮食,威仪进止之间,男子均优待之耳"。① "今日女子所与男子竞争者,名曰女权。顾权不可徒得。既得之后,必明所以用之方。故既倡女权,不可不从事于智育"。② 是故,"女子教育,所不可不亟者"。③ 唯有破除传统禁例,大力兴办女子教育,中国妇女才能摆脱封建礼教束缚,才能真正自强。正所谓"必欲为根本之图,舍女学无下手处"。④

不仅如此,严复还身体力行,大发宏愿,"为女界出一臂之力"。⑤ 1906年严复任安庆高等学堂监督,其在上海一家教会女校求学的甥女何纫兰常求教于他,并对该校教育措施非常不满,希望严复能亲自创办一所"完全的女学"。对此,严复十分乐意,他说:"虽然一息尚存,不容稍懈,当为吾儿勉成盛业。"⑥ 为使女校顺利创办,严复亲自到南京游说南洋大臣端方参与创办"完全国粹教育"的女学,端方当即表示"乐从""可出力"。他还集自己几十年的办学经验,拟定了七条女学宗旨,如"此校管理员用女","西学则用西妇",学员可以是"未嫁者"或"已嫁者","两年预备,而三年正斋",等等。另外,严复还对吕碧城女士在上海创办女学堂深表赞许,受人之托,亲自为吕起草的《女子教育会章程》写序,为中国妇女解放摇旗呐喊。

正是在严复等人的积极倡导下,中国近代女子教育蓬勃展开。1907年,清政府颁布《女生师范学堂章程》《女子小学章程》,女子学校如雨后春笋般创办起来。1908年,全国有女学堂29所,学生1384人;1909年,女子学堂激增至308所,学生达14054人,一年间学堂数、学生数均增长近10倍。⑦ 至"五四"前夕,女子教育覆盖了初级、高级、大学的各个层次,女子教育体系逐步确立。

(2) 女子教育是"国政至深之根本"。

严复通过译介斯宾塞的社会文明进化论来论证女子教育、兴女权与国家和民族兴亡之间的关系。严复认为,女子无知无识是国弱民贫的根源之一,女权则是一个民族与国家进化程度的重要标志之一。"观一国进化程度之高下,观其女权之大小、其地位之贵贱而可知。人谓女子地位弥隆,其教化之文明弥进。凡此为不易之说"。⑧ 中国自古以来奉行"女子无才便是德"的说教,《女儿经》云:"若论妇人,先须静默,从来淑女,不贵才能。"这样一来,"妇人既无学问,致历来妇人毕生之事,不过敷粉缠足,坐食待毙而已。一家数口,恃男子以为养,女子无由分任。……国弱

---

① 王栻:《严复集》(第2册),中华书局1986年版,第471页。
② 王栻:《严复集》(第2册),中华书局1986年版,第312页。
③ 王栻:《严复集》(第2册),中华书局1986年版,第313页。
④ 王栻:《严复集》(第3册),中华书局1986年版,第589页。
⑤ 王栻:《严复集》(第3册),中华书局1986年版,第832页。
⑥ 王栻:《严复集》(第3册),中华书局1986年版,第830页。
⑦ 陈学恂:《中国教育史研究》(近代分卷),华东师范大学出版社2009年版,第141页。
⑧ 王栻:《严复集》(第2册),中华书局1986年版,第312页。

民贫,实阶于是"。① 所以,"今日女子所与男子竞争者,名曰女权。顾权不可徒得。既得之后,必明所以用之方。故既倡女权,不可不从事于智育。而不幸女子智育推于极点,则所以为母之龙[能]事、性质,大致而论必有相妨,此又西医之经验也。故今日问题,是与女子以甚高之智育矣。而智育程度当达何点,乃能无害于生生之机,此甚难解决之问题一也。"②

严复进一步分析中国女权不兴在于宗法制。他说:"至吾中国之女权受损大要而言,则在宗法。"③严复指出,人类社会是由低级形态到高级形态循序演进,"始于图腾,继以宗法。而成于国家。"当时的中国正处在"宗法居其七,而军国居其三"的宗法社会阶段。④ 宗法制度下"中国之礼俗,固以严男女之防为一大事者也。六经之中,谆谆教诲,百家诸子,罔不如一,乃何为而至于斯乎?则其故即由于辨之太严而已"。⑤ 宗法制下,中国妇女长期处于受歧视、被压迫的地位,成为终身依附于男子的奴隶。因此,只有"受教莫先于庭闱,而勗善莫深于慈母,孩提自襁褓以至六七岁,大抵皆母教所行之时;故曰必为真教育,舍女学无下手处"。⑥

在倡导兴女权、男女平权的同时,严复还从生物学、遗传学等角度论证优生优育的重要性。"天下之事莫大于进种",人种的进化亦然。因此,各国皆"以人种日下为忧,操练形骸,不遗余力。饮食养生之事,医学所详,日以精审,此其事不仅施之男子已也,乃至妇女亦莫不然。盖母健而后儿肥,培其先天而种乃进也"。⑦ 他甚至将民力、民智、民德与妇女素质、女子教育联系在一起,指出:"国与国而竞为强,民与民而争为盛也,非以力欤?虽然,徒力不足以为强且盛也,则以智。徒力与智,犹未足以为强且盛也,则以德。是三者备,而后可以为真国民。"⑧正是在这一意义上,"使国中之妇女自强,为国政至深之根本"。因此,唯有"禁缠足"、"立学堂"、变"媒妁之道"、除"买妾之例",与妇女"以可强之权"和"不得不强之势",妇女才有"自立之日",⑨国家方能富强,民族才会兴旺。"窃谓中国不开民智、进人格,则亦已耳。必欲为根本之图,舍女学无下手处。"⑩

(3)女子教育是妇女解放之保障。

严复认为女子教育是实现妇女解放之重要保障,女子只有受教育才能真正摆脱封建礼教的束缚,才能走出家庭,走向社会。而废除多妻制,提倡婚恋自由,鼓励

---

① 王栻:《严复集》(第2册),中华书局1986年版,第468页。
② 王栻:《严复集》(第2册),中华书局1986年版,第312页。
③ 王栻:《严复集》(第2册),中华书局1986年版,第312页。
④ 爱德华·甄克思著,严复译:《社会通诠》,台湾商务印书馆股份有限公司2009年版,第23页。
⑤ 王栻:《严复集》(第2册),中华书局1986年版,第469页。
⑥ 王栻:《严复集》(第3册),中华书局1986年版,第589页。
⑦ 王栻:《严复集》(第1册),中华书局1986年版,第28页。
⑧ 王栻:《严复集》(第2册),中华书局1986年版,第252—253页。
⑨ 王栻:《严复集》(第2册),中华书局1986年版,第469页。
⑩ 王栻:《严复集》(第3册),中华书局1986年版,第589页。

女子参加社会活动就成了妇女解放题中应有之义。

人类社会的发展是以人类自身的繁衍为前提的,而人类延续得以实现的形式,自进入文明社会以来,便是婚姻。中国封建社会的婚姻关系是以男子为中心,女子处于屈从卑下的地位,《礼记》"郊特牲"就说:"共牢而食,同尊卑也,故妇人无爵,从夫之爵,坐以夫之齿。"女子并不是独立的个体,其荣辱尊卑皆由男子的地位而定,《大戴礼记》说:"女者,如也,子者,孳也;女子者,言如男子之教,而长其义理者也。故谓之妇人。"《白虎通》亦云:"夫妇者,何谓也?夫者,扶也,以道扶接也。妇者,服也,以礼屈服也。"①一句话,"妇女有三从之义,无专用之道,故未嫁从父,既嫁从夫,夫死从子。"②迨及西汉刘向作《列女传》③、东汉班昭作《女诫》④,中国传统以男尊女卑、夫为妻纲为核心的女性观基本定型,这二部著作亦成为中国二千多年女子教育的范本。其主要内容包括:夫妻关系是夫"御"妇"事"的关系,"夫者,天也",⑤"妇不事夫,则义理堕阙";⑥女性生来卑下,"古者生女三日,卧之床下,弄之瓦砖,……卧之床下,明其卑弱,主下人也。弄之瓦砖,明其习劳,主执勤也。……谦让恭敬,先人后己,有善莫名,有恶莫辞,忍辱含垢,常若畏惧,是谓卑弱下人也";⑦女性要恪守"妇道","阴阳殊性,男女异行。阳以刚为德,阴以柔为用,男以强为贵,女以弱为美……敬顺之道,妇人之大礼"⑧,"夫有再娶之义,妇无二适之文"⑨,等等,经过长期的灌输与教化,女子自觉不自觉地认同了自己在婚姻中的这种卑弱低下的地位,最终导致女性卑弱地位的形成。诚如摩尔根所说的"女性低人一等被作为一种原则灌输到她们脑中,直至她们本人也承认这是一种事实为止"。⑩

针对这些陋习和陈腐的观念,严复从理论上给予了有力的抨击。他指出:"自《列女传》《女诫》以来,压制妇人,待之以奴婢、防之以盗贼,责之以圣贤。为男子者,以此为自强之胜算。不知妇人既不齿于人,积渐遂不以人自待。其愚者犷悍无

---

① [清]陈立:《白虎通疏证》卷八《三纲六纪》,中华书局1994年版,第376页。
② [清]姚际恒:《仪礼通论》卷十一上《丧服》,中国社会科学出版社1998年版,第370页。
③ 《列女传》是一部介绍中国古代妇女行为的书,也有人认为该书是一部妇女史。一般认为,该书作者是西汉经学家、目录学家、文学家刘向,现存七卷,分别为母仪传、贤明传、仁智传、贞顺传、节义传、辩通传和孽嬖传,共记叙了105名妇女的故事。后屡经传写,到了宋代已经不是原来的本子了,分篇也各有不同。因此,也有人认为该书不是刘向所做,目前流行的有的版本作者一处会标注佚名。《列女传》记载了某些妇女的嘉言懿行,对通才卓识、奇节异行的女子进行歌颂,展示从古至汉女性风采,被封建统治阶级视作衡量女性行为的准则,在中国古代妇女史中占有重要地位。
④ 《女诫》是东汉班昭写作的一篇教导班家女性做人道理的私书,由卑弱、夫妇、敬慎、妇行、专心、曲从和叔妹七部分组成,凡1800字,被后世视作封建礼教至集大成者。其与明代仁孝文皇后所作的《内训》、唐代宋若昭所作的《女论语》及《女范捷录》合称"女四书"。
⑤ 《女诫·专心第五》。
⑥ 《女诫·夫妇第二》。
⑦ 《女诫·卑弱第一》。
⑧ 《女诫·敬慎第三》。
⑨ 《女诫·专心第五》。
⑩ 摩尔根:《古代社会》(下册),商务印书馆2009年版,第550页。

知，无复人理；其明者亦徒手饱食，禁锢终身"。正是这种附属地位，女子独立的人生价值和人身自由被剥夺殆尽，"致历来妇人毕生之事，不过敷粉缠足，坐食待毙而已。"①又说："中国女子，有三从之义，故终其身无自主之一日。云最亲之男子，则其初之从父，其后之从子，又可知矣。"②至于夫妇之间，则是"女之视男也，如霸主暴君；男之视女也，如奴隶玩好"。他慨叹道："孔子之教泽被寰区千余载矣，吾国之世风有所改善乎？此其所以败也。""吾国未尝对女子以有思虑之伦相待，禁锢终身已习以为常，对强加于女子之贞操，吾人甚耻之……中国之社会过于苛戾，须有温顺且具伦教之女子净化之。"③

有鉴于此，严复极力主张"匹合"，即一夫一妻制，反对男子纳妾。他说："大抵旧说常谓野蛮人必多妻，而多妻之社会，其女子必无善地，此其说不必深辩。但今日所可欲言者，世间有无数野蛮人，确然匹合，即使俗用多妻，而实行者必其中之少数，其大多数仍匹合也。"又说："且后此社会，必由匹合。而欲处家和顺，女子教育亦在必讲之一论。夫男子既受完全教育，长成求偶，其为满志，必不仅在形容丑好之间，假使秀外而不慧中，则色衰爱弛，又将属适他人，以求相喻相知之乐，而正〔匹〕合之制乃尔不牢。"因此，"匹合之制所以最善者，以其最便家庭教育之故"。④

严复的上述论述，对唤醒女性的自我意识，树立女性自尊、自信无疑具有深远影响，也为女性婚恋自主提供了理论依据。

众所周知，在中国传统社会中，妇女在婚姻恋爱方面无任何自主权，全凭"父母之命、媒妁之言"，"女嫁无媒，君子不以交，礼也"。⑤正如《礼记·坊记》所云："男女无媒不交，无币不相见，恐男女之无别也。"《战国策·齐策六》亦云："太史敫曰：'女无媒而嫁者，非吾种也，污吾世矣。'"对此，严复批评道："女子嫁一丈夫，任是如何，总须安分敷衍，所谓'嫁狗随狗，嫁鸡随鸡'，严气正性，言之侃侃，此少年真丝毫不识他人痒痛者也。"⑥他进一步分析道："譬如有人或造一物、置一衣，使成本稍大，亦必自为省度而后可，设无别故，无他人代决之，决不关白本人者也。小事尚然，岂有伉俪之大，一与之齐，终身不改，而发端之始，乃以探筹抓阄之法行之乎？此理必不可通者也。"⑦通俗地说，人们买衣置物这等小事尚可自作主张，而关乎终身伴侣之大事却要听命于他人，甚或以算命和抓阄来决定，岂不荒唐！在严复看来，这种"探筹拈阄之法"结成的夫妇，并不是以爱情为基础，仅可谓男女，而不能称为夫妇，由此而产生"爱则饰之以花鸟，怨则践之以牛马，法则防之以盗贼，礼则责

---

① 王栻：《严复集》（第2册），中华书局1986年版，第468—469页。
② 王栻：《严复集》（第4册），中华书局1986年版，第955页。
③ 孙应祥、皮后锋：《严复集》补编，福建人民出版社2004年版，第284页。
④ 王栻：《严复集》（第2册），中华书局1986年版，第311、313页。
⑤ 〔魏〕王肃注：《孔子家语》上册《致思》，中州古籍出版社1991年版，第36页。
⑥ 王栻：《严复集》（第3册），中华书局1986年版，第839页。
⑦ 王栻：《严复集》（第2册），中华书局1986年版，第470页。

之以圣贤"①的现象就不足为怪了。

与此同时,严复还对"女子不事二夫"的教条发起了攻击,指出:传统社会反对寡妇再嫁是"杂之以男子之私。己则不义,而责事己者以贞。己之妾媵,列屋闲居。而女子其夫既亡,虽恩不足恋,贫不足存,甚或子女亲戚皆不存,而其身犹不可以再嫁。夫曰事夫不可以贰,固也。而幽居不答,终风且暴者,又岂理之平者哉?且吾国女子之于其夫,非其自择者也。夫事君之不可不忠者,以委贽策名,发于己也。……独夫妇之际,以他人之制,为终身之偿,稍一违之,罪大恶极。呜呼!是亦可谓束于礼而失其和者矣!吾闻礼法之事,凡理之不可通者,虽防之至周,其终必裂。裂则旁溃四出,其过且溢,必加甚焉。中国夫妇之伦,其一事尔。……过三十年而不大变者,虽抉吾眼拔吾舌可也"。②

基于此,他认为"妇女之出门晋接,与自行择配二事,实为天理之所宜,而又为将来必至之俗。"③"媒灼之道不变,买妾之例不除,则妇女仍无自立之日也。"④

为了确保女性婚恋自主,严复强调"阅世"的重要性。他认为,与"泰西妇女皆能远涉重洋,自去自来,故能与男子平权"的情形不同,中国则"苦于政教之不明",封建统治者为"严男女之防",以免发生"越礼之事"而禁止妇女走出闺门参加社会活动,导致"妇人之不见天日者久矣"。他甚至敏锐指出,"天下之事,大约隔之愈远,愈不可即,则愈以其事为可乐;若日日见之,则以为常情,而不以措意"。读书而不阅世,则"一无所用"。⑤"人之学问,非仅读书,尤宜阅世。盖读书者,阅古人之世,阅世者,即读今人之书,事本相需,不可废一。"⑥正是因为"大家妇人非不知书,而所以不能与男子等者,不阅世也。"⑦因此,"今倘有人,独排众议,自立一会,发明妇人应出门之故,庶几风气渐开矣。"⑧唯其如此,女子的婚恋自主才有保障,妇女的解放才有可能。恰如恩格斯所说:"妇女解放的第一个先决条件就是一切女性重新回到公共的劳动中去。"⑨

总之,严复借助西方"天赋人权"的理论,以资产阶级自由观、人权观为武器,对中国传统的女性观进行了全面而深刻的批判,从男女平权、国富民强、妇女解放等方面系统阐述了女子教育的重要性,由此而初步形成了他的女子教育思想体系,为中国近代女子解放指明了道路,为中国女权运动的发展奠定了理论基础。

---

① 王栻:《严复集》(第2册),中华书局1986年版,第489页。
② 王栻:《严复集》(第4册),中华书局1986年版,第1017—1018页。
③ 王栻:《严复集》(第2册),中华书局1986年版,第470页。
④ 王栻:《严复集》(第2册),中华书局1986年版,第469页。
⑤ 王栻:《严复集》(第2册),中华书局1986年版,第469页。
⑥ 王栻:《严复集》(第2册),中华书局1986年版,第468页。
⑦ 王栻:《严复集》(第2册),中华书局1986年版,第470页。
⑧ 王栻:《严复集》(第2册),中华书局1986年版,第469页。
⑨ 《马克思恩格斯选集》(第4卷),人民出版社1972年版,第70页。

第七章　北洋政府时期的福州教育

1911年的辛亥革命推翻了清王朝的统治，1912年1月，中华民国在南京成立，9月即成立教育部，制定了"壬子癸丑"新学制，并相继颁布了与办理各级各类教育相关的新法规，全面反映了资产阶级民主革命派对教育的基本要求。袁世凯篡夺政权后，为了复辟帝制，积极推行"复古教育"。但这一切随着袁世凯的下台而终结。袁死后，中国又陷入军阀混战局面，教育也深受影响。1919年，新文化运动的兴起以及外国各种教育思想的引进对教育领域产生了深远的影响。1922年11月1日，民国政府以大总统名义公布了"学校系统改革案"，史称"壬戌学制"。"壬戌学制"改变了清末以来沿用的日本学制，采用美国的"六·三·三"学制。新学制的制定结合当时中国的实际，也注意到了儿童身心发展规律，具有其进步性和优越性。

这一阶段福建省内由于军阀轮流统治，教育行政机构权力有限、教育系统人员变动频繁，政令难以落实，再加上教育经费缺乏，福州地区的教育虽然进行各项改革，但进展比较缓慢。此时教会教育独立于中国教育体制之外继续发展，并建成了初等、中等及高等的完备学校体系。到了20世纪20年代，福建省内也掀起"收回教育权"运动，促使教会学校向中国政府立案。

第一节　教育行政的确立与变迁

一、省级教育行政的变迁

清宣统三年（1911年）11月9日，国民革命军光复福州后马上就成立了福建军政府，教育事业归属闽都督府下设的民政部教育科管理。1912年，闽都督府下单独设立教育部，分专门、普通两科，实业教育由专门科管理。革命党人黄展云为部长，刘以钟为次长。1912年5月为避免各部门名称与中央机构相同，都督府改为政务府，教育部改为教育司。同年7月福建政务院进行改组，教育司附属于行政官厅，"从此省的教育行政机关失其独立"。①

教育司内部设置简单，第一科负责专门教育，第二科负责普通教育，第三科负责社会教育，另设省视学二人。在福建教育司成立之后，司长一职更迭频繁。1912

---

① 福建省政府秘书处：《福建省五年来教育行政》，福建永安1939年版，第1页。

年10月27日高登鲤就任教育司长,此后至1913年8月间相继上任者为魏怀、张琴、宋渊源、周翰,有的仅上任一两个月。教育行政人事的频繁更迭,对于教育方针、政策、法规的稳定性和贯彻执行是极为不利的。1914年5月,根据大总统令公布的地方官制,各省的行政公署改为巡按使公署,在巡按使公署政务厅下设教育科。1916年4月巡按使改为省长,教育科隶属省长公署下政务厅。全省教育缩减为一科,能开展工作仅是"以荐任待遇椽属,批答公牍、统计表册而已。"①

1917年9月,北京政府教育部颁布《各省教育厅暂行条例》,同年11月颁布《教育厅署组织大纲》,规定各省设立教育厅,隶属中央教育部。教育厅设厅长1人,厅长下设3科,规定厅长由大总统任命,省视学和厅内一切职员由厅长委任。1917年年底,福建省改教育科为教育厅,首任厅长是江苏省省立第一师范校长蒋凤梧,但因福建政局不宁,蒋未到任,全省教育事务仍由省公署政务厅掌管。

1920年1月,福建省教育厅正式成立,黄冀云为厅长。11月,改由王述曾接任。教育厅下设3科,各科职责如下:"第一科,主管印信、收发文件、办理机要文牍、整理案卷、综合会计庶务、编制统计报告及不属于他科之各事项;第二科管理普通教育及社会教育;第三科主管专门教育及留学各事项。"至此经过十年的频繁更迭,"以前省教育行政纷更的局面,至是始告稳定,而教育系统上之省教育行政机关始行独立"。② 不过在军阀统治之下,教育厅"无督催实力,在军务省分,几无立足之地"。③

1926年12月,北伐军胜利进入福州,并收复福建全省。1927年1月,成立福建省临时政府(政治会议),另设福建省政务委员会和福建省财务委员会。政务委员会是全省最高行政机关,分设民政、教育、建设三科。教育科为掌理全省教育的行政机关,设专门教育、普通教育、社会教育、编审等四股及秘书、督学两室。除在政委会设置教育科外,又另设一个教育改造委员会。教育改造委员会为教育设计的机关,设委员9人至13人。教育科长黄展云兼任教育改造委员会主任委员。改造委员会成立后,将全省公立各级学校停办3个月进行改组,并改各级学校的校长制为委员制。这种办法打破了军阀时期教育界派系或私人把持学校的局面,把学校实权收归政府所有。同时省政务委员会下的教育科还先就福州各中小学加以改造,将省立中等师范和中等工、农、商各专业学校与普通中学合并,改称中学普通科、理工科、师范科、农科、商科等,并把一些必须合并的学校予以调整合并,重新设置,拟在四月间开学。④ 但是1927年"四·一二"反革命政变后,蒋介石派他的亲信杨树庄于是年6月来闽任福建省政府主席,黄琬为福建教育厅长,省政委会的教育科和教育改造委员会也随政委会的告终而结束使命,福建教育改造也随之半途

---

① 林传甲:《大中华福建省地理志》,京师中国地学会1919年版,第141页。
② 丁重宣:《二十四年来之福建教育行政》,《福建文化月刊》,1936年第2卷第5期,第59页。
③ 林传甲:《大中华福建省地理志》,京师中国地学会1919年版,第141页。
④ 福建省政协文史资料委员会:《文史资料选编》(第1卷),福建人民出版社2000年版,第9页。

而废。

二、县级教育行政的变迁

民国成立后,清末各县设立的劝学所得以沿用并仍负责教育具体事务。1913年闽县、侯官县合并为闽侯县,福州境内学务归闽侯县劝学所办理。按照1915年11月教育部公布的《劝学所规程》规定,劝学所应设所长1人、劝学员2人至4人,并视劝学所事务繁简,设书记1人至3人,各学区配置学务委员1人。闽侯县地域广阔,教育文化事业发达,却因劝学所经费支绌,只设所长1人、劝学员2人办理学区内教育事务,而且劝学所有名无实,"直接负教育行政责任者,仍是县长"。①

1923年,遵照教育部令,闽侯县改劝学所为县教育局。县教育局设局长1人、视学及事务员若干人。县教育局还设董事会,董事定额5人至9人。闽侯县教育局将全县乡镇划分为48个学区,每区设教育委员1人,受县教育局长领导,办理本学区教育事务。虽然各县的教育机构做了调整,但在办理教育方面并无实质进展,就是省会所在的闽侯县,"是时县教育行政机关,只知'植党营私'、'排除异己',对于地方教育,毫无具体计划与改善热诚"。②

三、教育视导

教育视导是现代教育行政的重要组成部分。中华民国临时政府教育部成立后,下设视学处。视学处为教育视导机关,并沿用清末教育视导制度,设视学12人,轮流到各地视察教育工作。1913年教育部颁布的条例,全国划分为八个视察区,每区有全国视学两名,福建省属于第七区。1914年,教育部还一度按当时行政建制,试行设置道视学。但在实行过程中,往往道、县视学的权限不清,于是到1917年,教育部即通知各省废除这一制度。

福建省教育厅内也相应设立视学督导机构。1918年4月30日教育部公布《省视学规程》,规定各省设省视学,省视学由省教育厅长任命,承省教育行政长官之命视察全省教育事宜。县级督学的设置,最初由劝学所负责。1918年公布的《县视学规程》中规定各县设县视学,秉承县知事视察全县教育事宜。采用县教育局新体制后,县视学划归教育局长领导,每年视察辖区内的学校一至二次。

教育视导的基本职能是监督、指导各级各类教育机关执行国家的教育政策和法规,包括视察与辅导两个方面。视学每到一地、一校视察,即将改进意见直接指示该地、该校的教育主管人员,各级视学还负有随时向本级行政长官报告视察结果和改进意见的责任。视学的设立,可使部、厅领导随时掌握各地教育情形,如同耳目。如1917年中央教育部视学在福建视察后认为,闽侯县知事王述曾"对于学务

---

① 丁重宣:《二十四年来之福建教育行政》,《福建文化月刊》,1936年第2卷第5期,第64页。
② 田文超:《闽侯初等教育现状与今后之期望》,《福建文化月刊》,1935年,第2卷第1期,第82页。

尚属热心且颇有进行计划",劝学所所长廖君涛"人颇诚笃办理亦有条理",建议福建省省长对他们进行表扬。①但福建省的教育视导在20世纪30年代前由于"政费紧缩",致使这项制度名不符实。1929年程时奎上任时说:"闽省教育,受兵事之影响,致有督学未能出发调查者已十年。"②

四、教育经费

经费是教育发展的重要保证。所谓"巧妇难为无米之炊",没有经费,就谈不上发展教育。北洋政府时期由于军阀主政,教育不受重视。中央教育经费拨款在1914—1920年间只占总预算的1％,而军费却占了40％以上。1923年教育经费预算涨至3％,但军费占的比例却是71％。③

在北洋政府统治时期,福建省的政治动荡,军阀割据,盗匪横行,经济不振,教育经费也无法保证。"厦门、福州为中外通商最早之地,而工厂甚少,即南洋富商之资源,无以利用……以福州省会而论,商帮之有力者厥为浙赣,近以各业凋敝,新企事业既无以开创,旧事业又不能维持,直接间接影响于教费之收入,教育人才之出路,减少人民对教育之信念,精神物质,俱受影响。""自民元至民六,教费自八十三万九千余元递增至一百有四万二千余元,民七以后闽粤用兵,地方学款为所侵蚀,维持现状犹恐不给。民十一教费定为六十六万一千余元。所谓省会教育经费,每月仅二万。"④

少得可怜的教育经费,在分配上也没有标准,特别是为了发展军队,教育经费还常被挪用,导致学校教师生活困难,教师们经常掀起索薪运动。比如1926年5月,福建军阀当局为将小学教育经费挪作军饷,通令闽侯县各小学停办。20日,各小学组织"闽侯县辖小学学生读书运动委员会",千余名师生到东路道尹公署、督办公署和教育厅等处请愿,福建警察当局开枪打伤学生、教员数人。21日,各中小学校罢课。⑤索薪运动的经常兴起,极大影响了正常教育的进行。"遇有欠费,则联盟罢课,多者旬日,少亦数日。长教育者无可如何,乃有教育费限期给发若干成之约,及期有误,必罢至发薪之日更行开课。约言至少两月必须罢课一次,每次必经三五日。故闽省中等以上各学校,除例假外,益以教职员罢课假期。每年上课日期,几不能得全年五分之二。"⑥有人感叹:"过去教育当局因种种关系,其能苟延残喘,维持生命,已属教育之千万幸事。"⑦

---

① 中国第二历史档案馆:《政府公报》,1917年9月,影印本第115册,第21页。
② 林天穆:《福建教育检讨与意见》,《福建文化月刊》,1935年第2卷第1期,第15页。
③ 苏云峰:《中国新教育的萌芽与成长 1860—1928》,北京大学出版社2007年版,第115页。
④ 丁重宣:《福建初等教育之检讨与展望》,《福建文化月刊》,1935年第2卷第1期,第66、67页。
⑤ 闽侯县志编纂委员会:《闽侯县志》,方志出版社2001年版,第15页。
⑥ 怀公:《闽事之面面观》,《福建月刊》,1922年第2期,第3页。
⑦ 林天穆:《福建教育检讨与意见》,《福建文化月刊》,1935年第2卷第1期,第14页。

第二节 各级各类学校的演变

一、初等教育

(一) 普通小学教育

民国初年,中央政府就颁布了一系列法令对小学教育的性质、课程设置等一系列要素进行了规定。小学的教育宗旨是:"留意儿童身心之发育,培养国民道德之基础,并授以生活所必需之知识技能。"①初等教育分初等小学校和高等小学校两级共7年,其中初等小学校4年,男女同校,为义务教育;高等小学校3年,男女分校。初等小学校以城镇乡立为原则,高等小学校以县立为原则,但城镇乡在具备条件的情况下,也可设立高等小学校。儿童自满6周岁次日起至满14周岁止,为学龄期,达学龄儿童应受小学教育。与清末的教育制度相比,民初的制度规定初等小学校的入学年龄提前,修业年限缩短,这更有利于初等小学教育的普及;在教学课程方面,取消了读经讲经课,初等小学校不再设历史、地理、格致课,高等小学校将原来的格致科改为理科,这更能适应儿童身心发展特点。

自1912年起,福建就在都督府教育部长黄展云等人的主持下对全省教育进行整顿。福州的学校按中央规定于1912年3月5日重新开学,并根据新学制要求,将清末所建的小学堂一律改称学校,并对学习年限和学习科目按中央规定进行调整;一些小学开始附设女子学校或女子部:闽侯县两等小学曾于民国元年1月(1912年2月)附设女子小学校,明伦两等小学也于同年4月附设女子小学校。②

1915年袁世凯上台后推行复古教育。8月,闽侯县遵照教育部颁布的法令,将初等小学改称"国民学校",两等小学改称"高等小学校暨国民学校",并在县辖区内划分学区,将所有小学的原名取消,按学区编号取名。同年10月,福州的公立城东、城西、明伦两等小学校和大同小学校,分别改为省立第一、第二、第三、第四高等小学校暨国民学校。在袁世凯复辟失败后,教育制度随之取消,但国民学校的名称仍保留了下来。

1915年福建巡按使许世英召集民国时期福建省第一次教育行政会议。这次会议做出的关于小学教育的议案和决议有:《小学校课外复习议案详及批》《变通小学校招生学期议案详及批》《使一般学生思想高尚有何良法案详及批》《学校教育宜采取实用主义议案详及批》《关于举行高等小学毕业县知事派员监考请勿单独试验国文议案详及批》《推广小学、请拨自治费为小学基金、扩充各乡小学、试行城台强

---

① 璩鑫圭、唐良炎:《中国近代教育史资料汇编·学制演变》,上海教育出版社2007年版,第663页。
② 福州市鼓楼区地方志编委会:《鼓楼区志》,方志出版社2001年版,第934页。

迫教育等五种议案详及批》《取缔私塾案详及批》《注重德育案详及批》《统一国语案及推行国语案详及批》，等等。这些议案对小学校的管理、考试，以及德育、智育的内容和方法等都进行了详细的讨论，并提出了一些改良方法，重视解决推广小学义务教育、推行国语教学、改良私塾等福建小学教育面临的实际问题。但那个时代军阀混战、教育管理松懈、教育经费缺乏，使这些方案难以得到落实。

  民国成立后，政府对学校教材也做出了变更规定。1912年1月9日公布了《普通教育暂行办法》，其中规定：小学《读经》科一律废止；凡各种教科书，务合乎共和民国宗旨，清末学部颁布的教科书一律禁止；民间通行的教科书有尊崇清朝廷及旧时官制、军制等字样的，应由各书局自行修改，学校教员如发现教科书中有不合共和精神者，可随时删改或呈请民政司或教育部通知该书局改正。袁世凯复辟期间曾颁布的《教育要旨》和《教育纲要》规定，在课程设置上，增设《读经》课，而《修身》课增加了封建道德的内容；袁世凯死后，在教育界先进分子的反对下，政府宣布撤销《读经》课及有关内容。1916年4月，福建省巡按公署在《福建公报》上公布了小学应使用的实用教科书，有修身、国文、算术教科书和教授书，国民学校各八册，高等小学各六册，此外还有习字图书、手工缝纫、唱歌、体操等书（分春、秋季二种），以及高等小学的历史、地理、理科教科书和教授书各六册。但民国初兴，新式师资不足，经费难以保障，因此县乡学校教学内容未必采用新编教科书，比如平潭县一些国民学校，"徒有新学堂之名，而无其实，教材与授课方式几乎与私塾无异"①。长乐县1923年间，"全县正规小学只有两所，一是城关的吴航小学，一是金峰镇的胪峰小学。两校学生各仅有一百余人。在乡村里只有教育会设立的6所单级学校，每月由教育会发给银币五元为经费。其余各乡村虽也有学校名称，但实际上都是私塾，只不过在校门前挂起一块'某乡国民学校'的牌子而已。所用的课本，多数还是《三字经》《五言杂字》《千字文》《学庸》《论语》《三孟》等课本，较新颖的课本也只不过'人、手、足、刀、尺……'和'小猫叫，小狗跳，小孩子哈哈笑……'等《国民课本》而已。"②

  1919年"五四运动"爆发后，推行白话文成为潮流。北洋政府教育部成立"国语统一筹备会"。1920年北洋政府训令全国各国民学校改"国文"科为"国语"科。与此同时，又通令修改原来的《国民学校令》，规定首先教授注音字母，改革教科书的文体和教学方法等。福州教育界开始打破男女分校上课的旧例，实行男女合班。1920年，福州多次派人到北京学习国语注音字母和国语，并在学校里推广。各校开始革除用福州方言教课的习惯，推广普通话，提倡白话文，推行语文体写作，并逐渐推广到社会。福建省立师范学校主编的《师范校刊》就是福州较早采用语文体、白话文写作的刊物。

---

① 福建省平潭县政协文史资料委员会：《平潭县文史资料》（第3辑），1983年，第73页。
② 福建省长乐县政协：《长乐县文史资料》（第3辑），1987年，第156页。

1922年，全国实行"新学制"，小学分初、高两级，初级小学4年，高级小学2年，两级小学均实行男女同校。课程设置也做了调整，小学共设国语、算术、公民、卫生、历史、地理、自然、园艺、工用艺术、形象艺术、音乐、体育等课。初级小学阶段可将公民、卫生、历史、地理4科合并为社会科；自然、园艺合并为自然科。与前相比删掉修身课，国文课改为国语课，增设体育课；高小增书法、公民课。其中低年级不设体育、音乐，只设唱游。

　　民国之后各校在教育方法上也向西方学习。中国传统教育主要采取演讲注入式，注重背诵强记。1912年，教育界渐重视启发式，并介绍单级和二部制教学法。1914年使用道德训练及知识练习方法。1916年引进的"自学辅导"教法，重点在学生个人之学习，并由此提倡"能力分组"教学法，将同年级能力相近者分为一组，由教师教学。1919年以后，受杜威教育哲学影响，而采用"设计教学法"使学习与实际生活联合。在此同时，美式"自动教学法"、欧洲的"自由观念"及印度"泰鄂尔自然学团"等观念与方法，均相继介绍到中国来。1922年又有"道尔顿制"（Dalton Plan）的试验在国内施行。① 这些新的教学方法，在福州的小学里也得到实践。1921年美国人孟禄到福州考察时就看到：福建省立第一师范附属小学"学生正在上课，先参观高小一年级算术，教师学生，正互相问答。继参观音乐教室，学生正学唱卿云歌。继到一年级复式班，见一组学生练习演算，题都是数字；一组习字"。私立城南小学的课程"注重英语，高小每周五个小时，国民自第四年起每周二个小时。我们参观时，高二三年合级，正授算术公约数。用中学教科书作课本讲授，高一级国文，教员讲授，国民一二年级学国语"②。

　　教育经费的分配方法上也有变动。福建省初等教育原由各县办理，除了在福州设立省立4所小学外，其余概由各县自行筹款创办。省库补助费每县每一年度只有1200元，除财力丰富的几个大县尚能办起几所小学外，多数穷困的小县只能勉强办起一两个小学，以致各县许多学龄儿童还是得不到小学教育。1915年福建省第一次教育行政会决定增加小学补助费，每县每年增拨1200元初等教育补助费。这些经费并不多，但同时各府中学变为省立，维持中学的原有经费全部留用，依照各县原有捐募上缴的数目，拨给各县，作为扩充办理小学的经费。这一做法对于福建各地公立小学的兴办起到促进作用。平潭在1915—1921年间，全县相继设立24所国民学校。③ 连江县1916年，全县小学发展到23所，在校学生1426人。④

　　这个时期出现了创办小学校的热潮，各地纷纷创办私立学校，在福州市台江区，"1912年詹桢在大庙山创设一所女子小学校，初名无考，后改名为闽南女子乙

---

① 苏云峰：《中国新教育的萌芽与成长 1860—1928》，北京大学出版社2007年版，第130页。
② 王卓然：《中国教育一瞥录》，商务印书馆1923年版，第280、281、289页。
③ 福建省平潭县政协文史资料委员会：《平潭文史资料》（第3辑），1983年，第72页。
④ 连江县志编委会：《连江县志》，方志出版社2001年版，第1025页。

种工业小学校。1913年许素琛在达道铺创办台江女子小学校。1915年何启镕在大庙前设立彬社小学校;李麟绶在帮洲桥仔头创设龙潭小学校;陈逸才在夏社创办达道小学校;林宝琼在新港琉球商会馆创设琼水(蒙求)小学校。1916年刘钟业在中选创设城南小学校;黄培钟在沧洲庵创办沧洲小学(后改双虹小学)。1918年项淑兰在太保境创设一所女子小学校,初名无考,后改名为闽侯第十七区私立第一女子国民学校"①。闽清县在1914年新办下庙、五公宫、白汀等小学堂,1919年时先后又创办高等小学、国民学校6所,高等小学校1所。② 长乐县在1912年时,全县创办初等小学校7所;1917年又创办初等小学校7所。③

在初等教育发展中,华侨也是不可忽视的力量。1919年,福清东瀚侨胞在南浔创办私立南浔初级小学。1920年,印尼归侨、福清华侨协会会长戴祥滋邀请郑仲琛等人到南洋筹资建校。不久,在县城明伦堂旧址创办了福清公立华侨小学(即后来的城关小学)。1922年,渔溪侨贤林焦琴筹资创办梧岗小学。1923年,新厝棉亭村侨胞创办私立培元小学。1924年,县立第一高等小学(实验小学前身)校长吴桐礼赴南洋募捐筹款,戴祥滋、郑兴利、丁承登、陈孙义、俞建金等100多位侨胞,慷慨解囊热心赞助,集资13000银元,兴建两层10间红砖教学楼一幢。1925年至1927年,侨贤俞宏瑞独资兴建里美小学和东张豸山小学。1926年,松潭侨胞筹资创办松潭小学。1927年,新厝侨胞捐赠5000银元在东楼村创办南光初级小学。④

需要注意的是,这些新办的小学受限于资金与师资,多是初等小学性质学校,而且大都利用私产如寺庙或祠堂来办学。比如长乐的7所新办初等小学中有5所是利用宗族的祠堂创办的。⑤ 利用宗庙创立的学校,条件十分简陋。长乐的"东坑小学,设居民之一厢房中,外无校牌,内无标识,督学到时,双门紧闭"。有时基层乡村的小学创办甚至成为地方土豪谋财的工具。"长乐之第二区坑田小学平时无,除标语一纸外,毫无学校之痕迹,询诸乡民,竟无人知该乡有学校者。据码头主言:历来轮渡捐款,均由邱树霖收去。"⑥

教育经费的多寡也影响着学校的存亡。作为省会所在,福州城内的小学校经费较为稳定。1921年时,"闽侯县立第一小学有高小三级,国民四级,共学生160人。常年经费为3300元"。"私立城南小学创立已有8年,学生高小两班、国民四班共102人。每月经费130余元……闽侯县每月津贴65元,余由学费及捐款供给。高小学生每月学费4角,国民每月3角,寄宿者月纳宿费3角。"⑦在乡村,小学

---

① 台江区志编委会:《台江区志》,方志出版社1997年版,第668页。
② 闽清县志编委会:《闽清县志》,群众出版社1993年版,第695页。
③ 长乐市志编委会:《长乐市志》,福建人民出版社2001年版,第724页。
④ 中共福清市委党史研究室、福清市市志编委会:《福清华侨史》(征求意见本),2003年,第275—276页。
⑤ 长乐市志编委会:《长乐市志》,福建人民出版社2001年版,第724页。
⑥ 林天穆:《福建教育检讨与意见》,《福建文化月刊》,1935年第2卷第1期,第17—18页。
⑦ 王卓然:《中国教育一瞥录》,商务印书馆1923年版,第280、281、289页。

情况就不容乐观,永泰"由于军阀混战加以连年匪患,乡村小学除教会学校外,因经费无着多数关闭"①。

(二) 初等实业教育

清朝末年各种力量为农、工、商、矿等实业所举办的实业学堂,通称实业教育。"壬子癸丑学制"中比较系统和完整的职业教育性文件有《实业学校令》和《实业学校章程》。实业学校中的农业学校、工业学校、商业学校、商船学校,均分为甲种和乙种,而且各实业学校均设有实业补习学校。

1913年8月,教育部公布《实业学校令》,规定实业学校分甲乙两种,乙种实业学校与高等小学同一程度,招收具有初等小学程度的学生,修业年限3年;乙种实业学校施行简易的普通实业教育,县、乡镇及农工商会均可设立。在课程方面,按《实业学校令》规定,乙种农业、工业学校应开设的通习课有修身、国文、数学、博物、理化大意、体操、实习,并得酌加历史、地理、外国语、经济、图画等科目。专业课则据设置专业不同,分别开设专业科目。乙种商业学校开设修身、国文、数学、地理、簿记、商事要项、体操等课,并得酌加其他专业科目。

这个时期福州地区新办一批职业学校,普通中学兼办过职业科(不包括教会的学校)。1916年,福建盐运使署在中选路设水产学校,后改办榕南小学。1917年,由私人创办的台江乙种商业学校在苍霞洲银局里成立;同年,督军兼省长李厚基将其收归官办,改名福建省立乙种商业学校,不久迁址于后洲大同浦。② 1921年,省立华侨中学也曾兼设商科。

1922年,中央颁行"壬戌学制"。次年5月,全国教育联合会又公布了为新学制编订的课程标准。新的制度规定,原来的乙种实业学校一般改成职业学校,招收高级小学毕业生,变为中等学校。初等职业学校从此在国家学校系统中消失。

(三) 师资

民国成立之后小学的大量创办,需要大量的师资。除了师范学校,省政府曾开设简易科,但未见成效。"从前省城师范学校设有简易科,而偏僻地方每以交通不便不能来省就学,师资缺乏小学无由推广"。③当时小学的师资队伍不合格者居多数。"闽省各县之师资十分紧缺,多为前清廪生举人,甚至警察学校卒业者有之,有的竟为高级小学毕业生。"④

学校里的教员对教学兴趣不高,一方面是因为薪俸太少。"闽省学款支绌,教员本不甚优,而待遇小教员为尤薄,有学校每年的经费支出三四千元,而担任修身、

---

① 永泰县志编委会:《永泰县志》,新华出版社1992年版,第661页。
② 台江区志编委会:《台江区志》,方志出版社1997年版,第687页。
③ 璩鑫圭、童富勇、张守智:《中国近代教育史资料汇编:实业教育、师范教育》,上海教育出版社2007年版,第908页。
④ 林天穆:《福建教育检讨与意见》,《福建文化月刊》,1935年第2卷第1期,第18页。

国文、算术正教员,每周二十余种功课,薪俸仅十二元,宜人之有去志也。"①在市区的学校,教员待遇还算好的。1921年时"私立城南小学薪俸教员12人,最多者每月10元。闽侯县立第一小学教员薪金最高者高小20元,国民18元,最低者则七八元不等。比之广东,清苦已极。"②在乡村学校里,待遇更差。"教师待遇之恶劣,为人所骇闻。长乐之第二区公立平民学校,教员薪俸只发二成半,最多为十四元,实得三元五角。"③这样的薪水,难以维持生存。另一方面,当时教师的聘任全由校长决定。"小学教员之进退权皆操之校长,每当校长易人,则全体为之变动,故教员多存五日京兆之心,而无热爱学校之想。"④

民国成立之后,福建社会上还存在大量私塾,这对小学教育的开展有极大影响。连江"闽连小学",是二等学堂。开办初等小学4班,高等小学3班。但因"乡间私塾林立,招生受到影响,全校只收一百四十五十名"⑤。古田县罗华中心小学创办于1914年,创办一年后,初具规模。但第二年袁世凯称帝,且此后军阀混战,国无宁日,私塾旧风趁机抬头,罗华中心小学因而被迫停办达五年之久。⑥

作为与新式教育相背离的私塾,本应立即取缔。但"现存的小学,又未能尽量容纳欲求读书之儿童,致使私塾保存其地位"⑦。所以民国初年福建省教育司只是对全省私塾进行改良以补小学之不足。1912年8月24日,省教育司在《福建公报》上发出通告,要求各塾师速赴省城代用小学教员讲司所听候考选,"授以简要科学知识,养成教员之资格"。教育司还计划选择办学成绩优良的私塾,改为代用小学,以弥补农村学校之不足。1915年,在福建省第一次教育行政会议上,还提出了《取缔私塾案》,但并不能收到实效。北洋政府时期新式小学的数量有所增长,但广大劳动人民无以度日,无法送子女入校读书,即使节衣缩食想让子弟入学,也常因学费太贵而上不了学。为了使下一代能识几个字,只得就近送入省钱的私塾,从而使不合普通教育要求的私塾禁而不止,反而有所发展。1917年,在学校教育相对发达的闽侯县,仍然"私塾充斥,学童就学者甚多"⑧。1921年时,全福州城还有私塾160处,闽侯县立第一小学的学生多系由私塾考入。⑨

---

① 李桂林、戚名琇、钱曼倩:《中国近代教育史资料汇编:普通教育》,上海教育出版社2007年版,第545页。
② 王卓然:《中国教育一瞥录》,商务印书馆1923年版,第281页。
③ 林天穆:《福建教育检讨与意见》,《福建文化月刊》,1935年第2卷第1期,第18页。
④ 李桂林、戚名琇、钱曼倩:《中国近代教育史资料汇编:普通教育》,上海教育出版社2007年版,第545页。
⑤ 倪国涛等:《私立青芝学校校史》,福建省连江县政协:《连江文史资料》(第6辑),1988年,第72页。
⑥ 魏振熙:《古田县罗华中心小学简史》,福建省古田县政协:《古田文史资料》(第10辑),1990年,第140页。
⑦ 蒋敦道:《私塾教育之研究》,《闽侯教育辅导》,1936年,第1卷第1期。
⑧ 福建省教育史志编写办公室、福建省教育科学研究所文史志研究室:《福建省教育史资料集》(第9辑),第152—153页。
⑨ 王卓然:《中国教育一瞥录》,商务印书馆1923年版,第281页。

二、中等教育

(一) 普通中学教育

1. 中学教育的变迁

清末,中学的设立以府(州)为单位,每一府治设一中学。福州与泉州具有特殊情况,各增设1校,因此全省11府州,共有13所中学。在福州的是全闽大学堂和福州府中学堂。

1912年,教育部先后颁布《中学校令》16条和《中学校令施行规则》52条,规定中学以"完足普通教育,造成健全国民"为宗旨;学堂改称学校,监督改称校长,停止正科招生。同年,全闽大学堂改为"省立福建中学校",福州府中学堂改为"省立福州中学"。但学校的变化也只限于校名,学校的最高管理人员从监督到校长,本质并没有变化。因为"在学校行政上,省会中等以上学堂的监督,过去以太史公(翰林)为唯一人选,以后一律改聘学校出身的新人物充任。省府以外的中学在相当长的时间内,仍由老资格的人物继续担任,因为他们在地方上有一定的声望和代表性,政府当局抱着'为政不得罪巨室'的做官秘诀,不敢调动他们。各县从学堂毕业回来的新人物,多数是他们的后辈,或有师生之谊,也不便和他们竞争,因此,这种现状还继续维持下去"①。

民国初年的中学课程规定,修业年限为4年,招收高等小学毕业生入学。中学开设课程有修身、国文、外国语、历史、地理、数学、博物、物理、化学、法制、经济、图画、手工、乐歌、体操等,女子中学加设家事、园艺、缝纫课。每周上课时数以33~35课时为限,女子中学则少1课时。外国语以英语为主,但遇地方特别情形,得任择法、德、俄语1种②。教材的选择也由政府统一规定,1914年《福建公报》公布中学的"共和国教科书"就有《修身要议》《国文读本》《本国史》《东亚各国史》《西洋史》《本国地理》《英文读本》《英文法》《经济大要》《法制大要》《算术》《代数学》《平面几何》《立体几何》《植物学》《物理学》《化学》《用器画图式》《兵式教练》等。③ 1923年,全国教育联合会公布《新学制课程标准纲要》,规定高级中学各科的课程均分为三部分:一为公共必修课;二为分科专修课;三为纯粹选修课。各门课程以学分计算,修满150学分始能毕业。④ 福州各中学多根据自身的办学条件选择课程内容,编订教学计划进行教学。

在民国初年新旧教育体制的变革中,福州的中等学校还比较混乱。1913年8

---

① 福建省政协文史资料委员会:《文史资料选编》(第1卷),福建人民出版社2000年版,第87页。
② 璩鑫圭、唐良炎:《中国近代教育史资料汇编·学制演变》,上海教育出版社2007年版,第679页。
③ 福建省教育史志编写办公室、福建省教育科学研究所文史志研究室:《福建省教育史资料集》(第9辑),第174页。
④ (民国)教育部中国教育年鉴编审委员会:《第一次中国教育年鉴·丙篇》,开明书店1934年版,第191页。

月,中央教育部派员视察了福州的中学,在相关报告中提及中学的各种弊病,除了经费问题外,还涉及学校的性质、学生数量与管理等方面的问题。

> 该省中学现已一律改归省立,惟经费尚未划清,暂就原有者为之维持,再由教育司每月酌量补助……合计全省中学省立者 14 所,县立者 2 所,私立者 4 所。此次视察省城中学共 7 处,内省立者 5,私立者 2。除福州中学校系独立外,其余皆附设于他种学校内,性质迥殊,界限不清;至于学生名额,平均计算,每校不过一百人左右,亦嫌太少,是非为划分清楚并酌量归并不可。他如教科,多用印刷讲义,用审定本者绝少;查阅出席表簿,学生缺勤总有十分一二,询之职员,均云新章一学年缺席至四十小时者,扣总平均一分,处分太宽,故学生敢于请假缺课;然教员缺席者亦复不少,所视各校,就中以高等学校附设之中学校最为美备,福州中学校就教授一方面论,亦可观,余均逊之。①

1915 年福建省巡按使许世英整顿各级各类教育,把全省公立中学全部改为省立,以第一、第二等序数冠以中学校名。省立福建中学校改为省立第一中学校,聘日本东京高等师范毕业的王修任校长。省立福州中学改称省立第二中学,校长仍由日本师范速成科毕业生、前清副举人黄翼云充任。这次收归省立,只是名称上的变化,对经费和校长方面都没有变动。② 同年的福建省第一次教育行政会上,与会代表提出并通过了《学校教育宜采取实用主义议案详及批》《中等学校国文教授方法案》《中学教授多用讲义录亟宜改良议案详及批》等议案。议案内容包括提倡启发教学、理论与实践相结合、根据学生心理和能力选择教材、推广国语教学。代表们还指出改良中学教学方法的原则:自动的原则,同时学习的原则,个性的原则,行政上严密视导。会后,福州的一些中学对这些新的教学方法进行了试验。

在这次会议上,在中等学校的经费分配上有了重要的改变。原来中等学校的经费,按规定由省立者称省立中学,经费由省款支给,经费相对稳定充足;由县立者称县立中学,可由书院改建,原书院公款作为县立中学经费,不足部分由省库酌予补助。1916 年,财政部批准将 5 万多元余款移充福建的教育经费。福建省拟订一个经费分配计划,并编制 1916 年 1—6 月半年预算。每校分配经费额以现有学生班级数为标准,班级多者多发,少者少发。当时,中学是四年制,有 4 个班级的即是完全中学。办 4 个班级的学校,每月经费编定 800 多元,全年约有近万元的经费,班级多者按此数照加,班级少的则酌予减少。……此外还有一笔,各校一样的设备费 1500 元。③ 据 1916 年 11 月统计,省立第一中学每月经费 2343 元,省立第二中学

---

① 李桂林、戚名琇、钱曼倩:《中国近代教育史资料汇编·普通教育》,上海教育出版社 2007 年版,第 880 页。
② 福建省政协文史资料委员会:《文史资料选编》(第 1 卷),福建人民出版社 2000 年版,第 89 页。
③ 福建省政协文史资料委员会:《文史资料选编》(第 1 卷),福建人民出版社 2000 年版,第 90 页。

每月经费1010元。私立福州女子中学校每月经费410元,其中220元由省款补助。① 经费上的保障,使福建省进入"公立中学发达时代"②。福州地区县立中学增加了不少。1913年,闽清六都麟田的文泉高等小学堂增办中学,并改名为闽清私立文泉中学,这是闽清县历史上第一所中学。③ 据1916年11月统计,福建省中等学校共有15所,其中福州有3所,除了省立第一、第二学校外,还有私立福州女子中学校,闽清另有县立中学1所。④ 福清县在1925年创办县立中学,校址在高巷陈氏宗祠;1927年3月迁到明德书院,改名福清县立初级中学。⑤ 1923年,连江县也开始办县立初级中学。⑥ 经费上的保障也使各校得以着手整顿,在教学质量方面也有所提高。各校都增聘一些好的师资和行政人员;教学设备也有改善;学生的学习情绪提高,遵守校规也有显著的进步。⑦

不同于初等教育,创办中学所需要的资金较多,师资要求较高,中学创办之后的维持是个大问题。"一县教育经费,每月最少要达万余元,以百分之一办中学方可办到。"但"闽者人士好办中学,而不计其内容之充实,且浪费经费"⑧。各县市新办中学因经费问题,常陷入困境甚至停办。比如民国12年(1923年)长乐县的林冠人在东关创办长乐九溪国学专修馆,设3班,学生120人,教员11人;1926年冬停办。⑨ 1926年古田始办县立中学,次年改名为公立文峰初级中学;因经费困难而于1934年停办。⑩

1922年后全国开始推行"新学制",将中学修业年限从4年改为6年,并分初、高两级,初中和高中各3年。初级中学施行普通教育,但视地方需要,也可兼设职业科。高级中学实行综合高中制,内设普通、农、工、商、师范、家事等科。普通科以升学为主要目的,其他各科以就业为主要目的。新学制的高中分科制度是借鉴美国的教学制度而设计的,开设课程多,教务管理复杂,师资要求高,在全省立即推行这种制度是有困难的。所以福建省教育厅决定先做好准备工作再实行,实际从1927年年初才开始实行高级中学分科制,办理综合高中。

1922年福建省的中学划为5个高中区,13个初中区;原四年制的省立中学改

---

① 李桂林、戚名琇、钱曼倩:《中国近代教育史资料汇编·普通教育》,上海教育出版社2007年版,第887页。
② (民国)教育部中国教育年鉴编审委员会:《第一次中国教育年鉴·丙篇》,开明书店1934年版,第229页。
③ 闽清县地方志编委会:《闽清县志》,群众出版社1993年版,第700页。
④ 李桂林、戚名琇、钱曼倩:《中国近代教育史资料汇编·普通教育》,上海教育出版社2007年版,第887页。
⑤ 福清市志编委会:《福清市志》,厦门大学出版社1994年版,第778页。
⑥ 福州市地方志编委会:《福州市志》(第1册),方志出版社2000年版,第502页。
⑦ 福建省政协文史资料委员会:《文史资料选编》(第1卷),福建人民出版社2000年版,第90页。
⑧ 林天穆:《福建教育检讨与意见》,《福建文化月刊》,1935年第2卷第1期,第22页。
⑨ 长乐市志编委会:《长乐市志》,福建人民出版社2001年版,第730页。
⑩ 古田县志编委会:《古田县志》,中华书局1997年版,第716页。

为初、高中兼设的"三·三制"完全中学或三年制初级中学。1926年,福建省政务委员会成立,在全省划分5个省立高中区、13个省立初中区,福州设高中3所、初中2所,全省除南平、永春两区外,每区均设1所中学,共计有7所省立高中、11所省立初中。①

2. 华侨办学

民国建立之后,海外华人受到极大鼓舞,对祖国寄以很大的希望。福州的华侨虽然不如闽南地区多,但在这个时期也出现了3所华侨中学。②

闽省华侨公学 1912年,闽提学司姚文倬派遣省视学官萨君陆赴南洋各地视察华侨,回国时带回侨生11人,并在北后街开设补习班,学习汉文和普通话;一学期后利用鳌峰坊于山上前全闽公立法政学堂的部分校舍,成立"闽省华侨公学"。校长张旅,学监萨君陆。后,学校从南洋募捐到了一大笔捐款,并增加了27名华侨学生,新旧侨生共38名,又在本地招收6人,共计44人,分为商业科和普通中学两班。1915年第一届商业科学生毕业,1916年第一届普通中学学生毕业。至1917年,华侨捐款所剩无几,又值第一次世界大战,侨汇断绝,经费无着,学校无法维持,随即停办。

福建省立华侨中学 1921年,王述曾任福建教育厅厅长,王振先(孝泉)任科长,负责筹办福建华侨中学。校舍在鳌峰坊前闽省华侨公学旧址。经费由省教育厅拨付,并由暨南局向华侨募捐一部分来补助。学校编制分师范、商业两系,各3个班。华侨中学的教职员大多是留日回来的,教授国文的是前清的举人。

1922年10月,粤军许崇智部入福州。12月,黄翼云出任福建省教育厅长,于12月18日发布命令,将福建省华侨中学取消。1923年4月黄翼云辞职后,华侨中学恢复办理。1927年福建省教育改制,福建省华侨中学师范科和省立漳州师范学校合并于乌石山省立福州师范学校,改称福建省立第一高级中学;华侨中学商业科合并于福建省立商业中学。至此,福建华侨中学才真正被取消,原校址改办私立三民中学。

汉美华侨中学 1922年,军人陈昇平把汉美学舍改办汉美华侨中学,并租赁苍霞洲美亚洋行一部分为校舍,招收初中一年级学生五六十人,编为1班。学校经费原由陈昇平向南洋华侨募集。1922年年底捐款用罄,陈昇平拟亲去南洋劝募没有成行,学校便结束办理,前后不及1年。

3. 收回教育权运动中新立的学校

1924—1925年间,福建学生联合会提出收回教育权口号,福州英华、格致等校的部分师生反抗奴化教育,退出原教会学校,先后新立了4所中学校。

---

① 福建省教育厅:《福建省五年来中等教育》,福建永安1939年版,第1页。
② 福建省政协文史资料委员会:《文史资料选编》(第1卷),福建人民出版社2000年版,第193—195页。

1924年间英华鹤龄书院教师周宗颐及许绍珊等人在南台岛岭下(万春街二十八号)设立三山公学。学校的学制及课程等与英华学校大致相同,主要是省去有关宗教方面的内容。学校成立后,设在南台岛上的三一书院及设在南台苍霞洲的基督教青年会中学学生,也有不少转学至该校。学校经费由社会集资并得到爱国华侨周学振捐助。①

　　不久许绍珊与周宗颐不和,许从三山公学率一部分师生另组闽江中学,校址在南台岛上的美岭兜(即在亭下路与鹤龄路间),学制及课程等与三山公学无任何差别。

　　这两所学校在经费方面毫无基础,只靠学生所交学费维持。不久,闽江中学因学生数过少,难以维持,自行停办,在校学生又转入三山公学。

　　1926年春,格致书院一部分师生,在教师许道钰率领下,与原设在南台岛上的私立外国语专门学校及另一性质相同者,联合在仓前山洋墓亭设立育华中学。1934年由国民党省党部委员林宗华(女)接任校长,并由其出力,获得教育厅批准为正式中学,并将校舍迁往南台福新街附近,只是因经费困难,且学生人数无多,难以维持,不久即自行停办。

　　1926年夏,高文振借城内鳌蜂坊前闽省华侨公学旧址设三民中学。学生来源,一部分从随北伐军进入福州的厦门中山中学学生中招收,一部分在福州招收。当格致书院部分校舍被烧,停课整顿,一部分格致学生也转入三民中学就读至肄业。部分格致教师如黄道行、张维全等也受聘于三民中学任教。学校经济来源由董事筹集、省教育厅每月补助三百元和学生学费收入组成,其中华侨的帮助对学校发展有极大帮助。学校创办时新加坡华侨刘沛然捐坡币二千五百元,后还两次募款共八千元用于支援办学。校董事会中也有华侨成员。

　　1933年,三民中学与三山公学及另一私立中学国粹中学合并,以三山中学为名,校舍迁至城内学院前经学会旧址,亦得教育当局承认为正式中学。

(二) 中等师范教育

　　1912年9月29日教育部公布《师范教育令》13条,其中将师范教育分为中、高两级。"中等性质的师范学校以造就小学校教员为目的。专教女子之师范学校称为女子师范学校,以造就小学校教员及蒙养园保姆为目的。"师范学校定为省立,高等师范学校定为国立。除了公立学校外,也允许设立私立师范学校。② 之后,教育部又相继公布了《师范学校规程》《高等师范学校规程》《师范学校课程标准》《高等师范学校课程标准》等文件,对各级师范学校的培养目标、课程设置、教学制度、学生待遇等方面作了明确的规定,各级师范学校有了比较完整的规章可循。

---

① 仓山区志编纂委员会:《仓山区志》,福建教育出版社1994年版,第366页。
② 璩鑫圭、唐良炎:《中国近代教育史资料汇编:学制演变》,上海教育出版社2007年版,第670—671页。

清末在福州设立了1所高等师范专科学校即福建优级师范学堂。学堂设有初级师范科和优级师范选科两部分,前者为中等师范教育,后者为高等师范教育。1912年3月,福建优级师范学堂改名为福建师范学校,"监督"改为"校长"。林元乔任校长,下设教务处、训育处和事务处。8月优级师范选科改为高等师范科。9月增设高等师范图画手工专修科。1913年4月"福建师范学校"易名为"福建高等师范学校",设中师和高师两部。另外,清末创办的福州女子初级师范学堂也在1912年改名为福州女子师范学校。福建省的几所师范学校,在设校不久都兼设有附属小学,作为学生见习和实习的场所。

1915年,巡按使许世英整顿福建教育,把师范学校依照闽海、汀漳龙、兴泉永、延建邵等旧4道属设立4个师范区,每区设立1所省立师范学校。决定把福建高等师范学校停办高师科并改名福建省立第一师范学校,原福州女子师范改为省立女子师范学校——这是福建省唯一的女子师范学校。1915年、1916年,两校据教育部颁行的《师范学校课程标准》《修正师范学校课程标准》对课程设置作了一些改进。1922年实行新学制,师范学校的修业年限增为6年,分前、后期师范,各3年,并规定高级中学可设置师范科。新学制大幅度调整课程设置,与1913年比较,大大增加了教育专业课程的比重,开设心理学入门、教育心理、普通教学法、各科教学法、小学各科教材研究、教育测验与统计、小学行政、教育原理和实习课等,共48学分。

在福建省的4所师范学校中,福建省立第一师范学校的名声最好。因其办学历史悠久,校内"学膳宿等费均免,奖励学生优厚,未毕业时声誉崇隆,似前清秀才风度,四年毕业后,约当举人资格。由是求学者争先恐后"①。教学内容,"凡单级教学、体育、音乐及图画手工各项专修科无不先后办理,实树全省师范之楷模"②。1921年开始,省立第一师范学校为了学习江浙先进的师范教育经验,利用实习时间,连续多年组织毕业生赴浙江、江苏参观著名的师范学校和小学。实习生回校后运用江浙经验在附小开展教改实验,取得较好的效果。但福建省立第一师范学校办学中也有弊端。据陈嘉庚的考察,"每年招生二班八十名,多不公开招考,盖官僚教师及城内富人豪绅之子弟,早已登记占满,闽南人焉能参加。所收学生既无执教鞭之志愿,又非考选合格,程度难免参差,学业勤惰更所不计,只求毕业文凭到手,谁肯充任月薪二三十元之教师。故闽北虽有此校,而小学教师仍形缺乏,即使每年七八十人肯出任教师,亦是杯水车薪,况其中多属膏粱子弟,教职非其所愿"③。还有个明显的缺陷就是采用方言教学,极大影响学生的就业。"福建言语各县不同,福州之语只适于省城一部分之用,师范学校以福州语讲解,则外县学生来学者少,

---

① 陈嘉庚:《南侨回忆录》,岳麓书社1998年版,第5页。
② (民国)教育部中国教育年鉴编审委员会:《第一次中国教育年鉴·丙篇》,开明书店1934年版,第330页。
③ 陈嘉庚:《南侨回忆录》,岳麓书社1998年版,第5页。

而福州学生毕业后又不能分往各县担任教员。在外县方面则求过于供,在省城方面则供过于求。"①

(三)中等职业教育

1913年8月4日,临时国民政府教育部公布《实业学校令》11条、《实业学校规程》7章60条。按这两个文件规定,改清末实业学堂为实业学校。实业学校分甲、乙两种,甲种实业学校实施完全之普通专业教育,相当于清末的中等实业学堂。女子职业学校属新设的学校,可就地方情形与其性质所宜,参照各项实业学校规程办理。实业学校修业年限为:各类甲种实业学校分预科和本科,预科1年,本科3年,亦可根据具体情况延长1年。一般地说甲种实业学校多属省立,其设立、变更或废止应报教育总长。

1912年福建省对清末创建的实业学校进行更名。清末设立的福建官立中等蚕业、商业及农业学堂分别改名为福建省立蚕业、商业及农林学校。女子职业学堂与福州女子初级师范学堂合并为女子师范职业学校;1918年,又分出成立省立女子职业学校。1913年福建官立中等工业学堂改为福建省立工业专门学校,成为大专性质的职业学校。1914年,蚕业学校改名为省立甲种蚕业学校,并附设乙种女子蚕业学校;农林学校改名为省立甲种农业学校。1915年,省立商业学校改名为省立甲种商业学校,1925年改名为福建公立商业学校。1922年时,根据中华职业教育社《职业教育调查录》的统计,福建省共有各类型的职业学校共22所,其中福州有11所,占了其中的一半,另外长乐还有2所。在福州的学校中,甲种学校仍保持4所,2所为农业学校,工业和商业各1所;乙种商业学校2所。女子职业教育学校全省有5所,其中4所在福州。②

福建的职业学校多以设立单科为原则,几乎没有什么进展,再加上经费的限制,尤其是公立职业学校,无论学校规模、科目设置还是教学安排,都远远落后于普通中学的发展,成为全省教育的薄弱部分,而与全国相比尤为落后。以农业学校为例,1914年中央视学的报告中写道:"农业学校作业场、实习林等均不适用,良以面积太小,为地所限也"。③ 1921年这种情况也没改变,福州甲种农业学校,"现有仪器与标本皆七八年前购置,七八年来实未添一物。福建其他省立学校,景况莫不相同"④。

1922年的新学制充分考虑了职业教育的需要,其特点之一就是加强青年学生

---

① 璩鑫圭、童富勇、张守智:《中国近代教育史资料汇编:实业教育、师范教育》,上海教育出版社2007年版,第907页。

② 璩鑫圭、童富勇、张守智:《中国近代教育史资料汇编:实业教育、师范教育》,上海教育出版社2007年版,第303—340页。

③ 璩鑫圭、童富勇、张守智:《中国近代教育史资料汇编:实业教育、师范教育》,上海教育出版社2007年版,第262页。

④ 王卓然:《中国教育一瞥录》,商务印书馆1923年版,第282页。

的职业教育训练,适应升学、就业的双重需要。学制规定:将乙种实业学校改为初级职业学校,甲种实业学校改为高级职业学校或高级中学农、工、商、农事等职业科;要求小学高级阶段根据地方情形,增添职业准备教育;在中学设各种职业科。这一方案的制订促进了全国职业教育的发展。但这个学制并未在福建及时实施,除了早期设于省城福州的商业学校、女子职业学校、农业学校等,各地极少新设公立职业学校,直至1927年才设立闽侯县立第一、第二女子职业学校2所。

在女子职业教育方面,原创立于1906年的福州女子师范学堂和创立于1907年的福州女子职业学堂(两校均由陈宝琛的妻子王眉寿为监督)于1912年4月合并为"福建省立女子师范职业学校",由方君瑛①女士任校长,租赁花巷为校所。此后,福建省教育司拨给经费1200元(台票)。这是我国近代史上创办较早的女子职业学校。1912年8月,由于方君瑛校长游学西欧,9月福建省教育司另委邓萃英为校长,11月又改派汪涵川为代理校长。

女子师范职业学校设有师范本科、预科,职业本科、预科和师范讲习科,学制3年。该校开设课程有修身、教育、国文、习字、国语、历史、地理、数学、博物、物理、化学、法制经济、图画、家事、造花、编织、刺绣、缝纫、乐歌、体操、英语等。除招收福州学生外,1915年起还向全省各县招生,所以学校规模不断扩大。至1915年下半年时,在校学生共达384人,其中通学生268人,寄宿生116人。学校有普通教室13间,其中刺绣实习室、造花实习室、音乐教室各1间,自习室11间,宿舍11间,还拥有礼堂、校园、操场等各种场所。书报阅览室内有图书116种,共1644册。教学器械,标本34种,计287件。1914年下半年,该校还选派了5名优等生赴日本留学。② 学校的刺绣这门课培训学生的效果很好,每年该校开成绩展览会一次,所陈列的绣货可以卖出2000余元,以百分之五奖励学生,余归为学校经费。③

在这期间,省财政厅也曾创办1所职业学校。1917年林则徐曾孙林炳章任省财政厅长,特拨专款筹备福建矿业讲习所,归属福建财政厅管辖。福建矿业讲习所于1918年1月开始招生并正式开学。1920年2月学校归实业厅管辖。1922年9月粤军许崇智入闽驱逐李厚基,矿业讲习所被取消,剩下的学生并入福建公立工业专门学校。讲习所创办之时,投考者极为踊跃,录取60名,修学时间定为预科1年、本科3年;后改为甲乙两级,甲级修预科半年,乙级仍须修预科1年。所修课程依照教育部定的工业专门学校采矿冶金科课程,稍为增减。所内规定三年级学生应由教师带往矿山实习。1921年间曾由所长陆钦颐带甲乙级学生前往我国台湾大租坑煤炭矿实习。该所毕业生前后3班,合计仅有38人。但因社会不靖,毕业

---

① 方君瑛(1884—1923年),字润如,福建侯官县人,黄花岗烈士方声洞之妹。清末民初的女革命家、中国同盟会的会员,曾留学日本和法国。1932年因对国民党政府不满而悲愤自杀。
② 冯学垒:《福建省立女子师范职业学校的产生和发展》,《教育评论》,1987年第1期,第55页。
③ 王卓然:《中国教育一瞥录》,商务印书馆1923年版,第282页。

生大部分用非所学。①

三、高等教育

1912年10月,北京政府教育部颁行了《大学令》,对大学的教育宗旨、学科建置、学制年限、学生入学资格、教师职级、管理体制等作了明确规定。《大学令》共有22条,旨在使大学管理走向近代化、规范化,废除清末《奏定学堂章程》中的封建性,其中规定"大学以教授高深学术、养成硕学闳材、应国家需要"为宗旨。在学科设置上,规定大学分为文科、理科、法科、商科、医科、农科、工科,以文、理二科为主。须合于下列各款之一者,方得名为大学:(1)文理二科并设者;(2)文科兼法商二科者;(3)理科兼医农工三科或二科一科者。1913年1月12日,北京政府教育部为更好地贯彻执行《大学令》,进一步加强对大学的管理,公布了《大学规程》。《大学规程》分6章30条,对大学、预科、大学院的学科及科目、修业年限、入学资格等作了更加具体的规定。

民国初年,由于福建高等学堂改为普通中学,福州只剩下法政、高工和高师三类专门的高等教育机关,没有普通高等学校。

(一)法政专门学校

1. 法政学校

民国之前,福州就曾创办了两所法政学校,分别是1907年创办的官立法政学堂和1911年3月成立的私立法政学堂。1912年,根据全国《专门学校令》的精神,官立法政学堂改名为公立法政专门学校,私立法政学堂于1912年3月改名为私立法政专门学校,董事长刘崇佑,校长林长民,这是中国人自办的福建省第一所私立大专学校。1912年11月2日,教育部又公布了《法政专门学校规程》10条,力图统一全国各法政专门学校的办学标准。该规程规定"法政专门学校以养成法政专门人才为宗旨",招收中学毕业生入学。修业年限是本科3年,预科1年;3年的本科分设法律、政治和经济3科。

民国成立之后政府急需大量的工作人员。在福州的公、私立两所法政专门学校虽然最大限度地扩大招生数,但仍不能满足社会的需求。于是1913年,私立全闽法政学校和私立海滨、尚宾法政学校等又相继开办。有些学校未经正式批准,也办起法政专门学校,比如福州开智小学在1912年时就增办了"福州开智政法专门学校",校长也兼小学校长,②导致法政招生失控。1912年在校生有2405人,1913年有2319人,比全省中学在校生数还多(1912年全省中学在校生为2337人)。为了保证质量,省巡按使公署下令只准办公、私立两所法政专门学校,其他办学单位一律停招法政学生。1914年8月,福建私立海滨、尚宾和全闽法政专门学校一起

---

① 福建省文史资料委员会:《文史资料选编》(第1卷),福建人民出版社2000年版,第285页。
② 福建省政协台江区委员会:《台江文史》(第8辑),1992年,第55页。

归并私立福建法政专门学校。这样当年法政学生才降至939人,1915年又降至704人。但1915年的法政在校生数仍比工业、商业专门学校在校生(42人)多近17倍。①

民国初福州公私两所法政学校的发展大不一样。福建公立法政专门学校"用地方之公款,一切设施,较之私校为力较易,自应认真办理,以树社会之楷模",但"福建公立法政专门学校,滥收学生,程度诸未适合,管理教授,亦多懈弛"②。直到1915年8月,学校才获教育部认可立案。20年代后期,法政专门人才大量充实到有关部门,社会对法政人才的需求逐渐饱和,加之政府财政困难,下令逐步减少各地法政专门学校。福建公立法政专门学校遂于1927年奉令停办,学生转学到福建私立法政专门学校续读。

福建私立法政专门学校在1912年时开始设置3年制本科,向全省招生100人,8月开课。学生的入学资格规定为中学或具有同等资格学校的毕业生,修业年限为4年。该班便成为法律系本科第一组,以后每年连续招生,自第七组起增设政治经济系。1914年6月,经教育部核准,福建私立法政专门学校取得法定资格,政府正式承认其学历。1919年,为培养更高层次的法政人才,该校又附设留法预备班,毕业38人,其中有不少人赴法国勤工俭学。③ 1921年时,"内分专门与中学二部。专门部学生约150人,政治经济1班,法律1班,预科1班。中学部学生140人,分4班。法政学生每年学费24元,中学生12元。学校经费全靠学生学费和捐款,常年约需1.6万元"④。

私立法政专门学校,由于校长和大部分教师都是留日法学毕业生,思想比较开放,专业基础扎实,严格教学管理,倡导严谨学风,在民国初年法政教育泛滥、教学质量普遍低下的情形下,其办学成绩仍深受社会各界的赞誉。1914年10月,北洋政府教育部授予该校"为国储才"的匾额,并有"福建私立法政专门学校办理认真,设备完善,经费充实,毕业成绩优良,给予匾额,以重名誉而奖勤劳"的奖语。⑤ 1916年,北洋政府教育部举办全国法政专门学校办学成绩展览评比,福建私立法政专门学校以75分成绩在全国公私立法政专门学校29所中名列第六,在全国私立法专13所中名列第二;⑥学校行政成绩为80分,在全国公私立法政专门学校中名列第四,在全国私立法政专门学校中名列第一,受到教育部的嘉奖。⑦ 在中央政府和福建地方政府举行的文官、法官和县知事考试中,私立福建法政专门学校毕业的考生也都取得了出色成绩,学校一时驰誉全国。

---

① 刘海峰、庄明水:《福建教育史》,福建教育出版社1996年版,第334页。
② 潘懋元、刘海峰:《中国近代教育史资料汇编:高等教育》,上海教育出版社1993年版,第477页。
③ 福建省政协文史资料研究委员会:《福建文史资料》(第16辑),1987年,第33页。
④ 王卓然:《中国教育一瞥录》,商务印书馆1923年版,第280—281页。
⑤ 刘以芬:《校史一斑》,《福建学院月刊》,1934年第1卷第1期。
⑥ 朱有瓛:《中国近代学制史料》(第3辑·上),华东师范大学出版社1990年版,第609—611页。
⑦ 刘以芬:《校史一斑》,《福建学院月刊》,1934年第1卷第1期。

2. 福建大学

1923—1924年,北洋政府教育部以加强高等教育为名,拟停办专门学校。福建地方政府也觉得有在福州设立大学的必要,私立福建法政专门学校的师生也有将专门学校改为大学的愿望。经多方努力,1925年8月,福建大学开始招收预科1班,原有私立福建法政专门学校及附属中学照旧办理。学校开设研究刑法学特班,招收专门法科毕业生,修业2年。1926年,该校率先招收女生,男女合班上课。此举为提倡男女平等、打破封建思想、开风气之先树立了典范。

正当福建大学力求发展之际,校长林长民去世,福建大学的校务受阻。1926年,国民革命军东路军何应钦率部入闽,福建政务委员会下令停办私立福建大学。但经学校校友组织护校团进行请愿,福建政务委员会被迫收回成命,福建大学又继续办了一些时日。后因时局不济,办学艰难,后经校董事会商议,认为地方政府既无设立大学的计划,该校亦自无改办大学的必要,遂决定呈请将福建大学恢复改办为私立福建法政专门学校。

福建大学从1925年7月成立,至1927年8月再改办法专,前后仅2年。共毕业大学部预科1班,专门部本科2班,附属中学部三、四年制3班,共300余人。福建历史上第一次出现的福建大学,成了昙花一现。①

(二) 高等师范教育

清末中学师资的培养任务,由福建优级师范学堂承担。民国成立后,福建优级师范学堂改名福建师范学校,1913年,又改名为福建高等师范学校,下设高等师范科和中师科。1914年,巡按使许世英决定把福建高等师范学校改为福建省立第一师范学校,只承担培养小学教师的任务,原福建高等师范学校的理化、数学、博物选科学生均于1912年前毕业,博物本科学生于1913年12月毕业。1915年7月,图画手工专修科27名学生毕业后,②福建省的高等师范教育退出了历史舞台,共计培养学生高师1班,选科5班共250余人。③ 随着福建高等师范学校的撤销,中学师资的短缺成为福建中学发展的一个瓶颈。

(三) 军事高等教育

清末创立的福建船政学堂,在辛亥革命后继续招生。1912年年初,福建省都督府通令各县向船政学堂的前、后学堂保送13—16岁的初中以上毕业生,并将名额分配各县,还招收部分华侨学生,招生工作由船政局主持。经3场考试,最后前学堂录取60人,后学堂录取120人。入学一年内又经多次考试甄别,最后前学堂只余22人。④

---

① 汪征鲁:《福建师范大学校史》(上),中国大百科全书出版社2007年版,第139页。
② 檀仁梅、庄明水:《福建师范教育史》,福建教育出版社1990年版,第28—29页。
③ 王卓然:《中国教育一瞥录》,商务印书馆1923年版,第280页。
④ 福建省政协文史资料编辑室:《福建文史资料》(第15辑),1986年,第51—52页。

1913年10月,前、后两学堂改由海军部管辖,将前学堂改名为福州海军制造学校,监督改称校长,任命陈林璋为校长,总教习改称总教官(后改称训育主任),教习、帮教习改称教官、协教官。后学堂改名为福州海军学校,任命王桐为校长。船政原设的"艺圃"改名为福州海军艺术学校,委任黄聚华为校长。绘事院改为船政局图算所。其中,船政局图算所在1916年前后,因经费困难,将优秀学生16人送入制造学校肄业,余均遣散,图算所停办。

1917年,海军部决定在福州马尾建立福州飞潜学校。校长是当时船政局局长陈兆锵兼任,巴玉藻、王助、王孝丰、曾贻经、叶芳哲、陈藻蕃等兼任教师。校内设飞机制造、潜艇制造、轮机制造3个专业,学生除由海军艺术学校选送外,也部分向社会招生。随后又开办航空班,培养海军飞行员,学制4年。这就是中国最早的培养飞机、潜艇制造和飞行员、潜艇驾驶人才的高等学校。

1924年1月,福州海军飞潜学校、福州海军制造学校两校合并。1926年又与福州海军学校合并,改称为马尾海军学校,由海军部直接管辖。

(四)其他专门学校

1. 经学会

1916年,袁世凯在北京设经学院,颁令中小学校增加读经课程,并通令各省得遵照教育纲要设立经学会。1916年4月2日,福建巡按使许世英奏设福建经学会,获准,会址设在前清提学使署。由闽绅陈孝箴兄弟捐5000银元作为开办费,其日常开支,由许世英在内务行政费预算范围以内设法筹措,每月拨给银圆1000元,不足再由福建盐运使筹款进行补助。经学会聘任绅士吴徵鳌为会长,每年招收40名经生,学制5年,不收学费。招收的学生必须"具有举贡廪生增附资格,或中学以上毕业生与中学毕业有同等学力者"。所学课程分为经学科、教育学科、史学科、词章学科四个部分,每个月终进行考核,按成绩分等并给予奖金。[①]1927年改名为私立福建国学专修学校,1930年又易名为私立福州国粹中学,直至1933年才停办。

2. 商业专门学校

福建公立商业专门学校原是1907年创办的福建官立中等商业学堂。1912年1月,更名公立商业专门学校。1915年,改名为福建省立甲种商业学校。1925年,又改名为福建公立商业专门学校。1927年停办。

3. 外国语专门学校

1920年,在福州还创立公立外国语专门学校。学校设置英语、法语、德语、俄语、日语等学科。第一届学生50名,开学后逐渐淘汰或转学,25人毕业。第二届

---

① 中国第二历史档案馆:《中华民国史档案资料汇编》(第3辑),江苏古籍出版社1991年版,第43—46页。

招考学生40名,除自动退学或转学外,毕业20人。由于经费不足,1925年7月学校被并入福建公立商业专门学校,结束办学使命。①

4. 工业专门学校

福建公立工业专门学校原是创办于1896年的苍霞精舍,后改名为苍霞中学堂、福建官立中等工业学堂等名,1914年校名才更改为公立工业专门学校,增办电信3个班,一学年结业,共100余人。学生入学,每名缴学费现洋60元。以后,又陆续设窑业科、采矿冶金科。1925年,改称福建第一高级中学分校,废除校长制,设校务执行委员会,分理、工两科。理科设数、理两专业,工科仍设土木、电机、机械专业,后又增设窑业科和采矿冶金科。教职员实行专任制,任期一学年,续聘续任。东京日本高等工业学校毕业生梁志和、何长祺先后任该校校长。②

学校的办学曾取得一定佳绩。1914年,巴拿马赛会,福建出品协会,蒙农商部给予三等奖状一纸。1916年,福建全省学校成绩展览会,学校得甲种奖状3纸,学生得甲种奖者7份,若以分数平均,为全省冠。"③在1916年的全国专门以上学校成绩展览会中,福建公立工业专门学校以85.8分排在所有送展68所高校中的第八名,获教育部一等奖状。④

但学校的进一步发展受到学校经费短缺的极大制约,在《福建公立工业专门学校六年度周年概况报告书》中提及学校发展的种种难处:⑤

教室、宿舍以及办公室等一时尚可敷用,惟工场之材料囤积所,器具杂件庋藏室,土木科、金工科之材料试验室,各科成绩品陈列室,以及病室等均属阙如。又本校体操场面积甚小,实不敷用,以上所陈,于管理、教授时均有障碍,业于呈报五年规划进行表时申叙,奉准提前筹办在案。嗣以省费支绌,尚未照拨。又乙种各级学生系国民学校出身,或现营工艺之子弟,训育方法似宜准照小学校及工场办法方可。今与专门甲种学生同在一处,历年以来,诸感不便,尚欲乘扩充工场之际,附建是种各级教室,以资乙种学生与专门甲种各级学生分离段落,便于设施特别教练。此后非借政府加增特别经费,校舍仍无推广之希望,种种进行,亦因之阻碍。

机械药品:甲乙种工业宜注重日常用品及易于自营者,故本校对于金工之金属细工一门极欲推行,唯应需钣金器械及电镀器械,药品均付阙如,无从着手。

经费:本校经费几经裁减,现在学生级数仍旧,而每月经费仅领二千六百零四元九角,在本校虽力图积极之进行,而政府则时行消极之支配。跋前疐后,顾此失彼,亦本校毋庸讳言之实况也。

---

① 福建省文史资料委员会:《文史资料选编》(第1卷),福建人民出版社2000年版,第287页。
② 台江区志编委会:《台江区志》,方志出版社1997年版,第688页。
③ 潘懋元、刘海峰:《中国近代教育史资料汇编:高等教育》,上海教育出版社2007年版,第608页。
④ 朱有瓛:《中国近代学制史料》(第3辑·上),华东师范大学出版社1990年版,第609—611页。
⑤ 潘懋元、刘海峰:《中国近代教育史资料汇编:高等教育》,上海教育出版社2007年版,第609页。

四、社会教育

民国成立后,学校教育逐渐推广,有一些教育家认为需要兴办社会教育,使每个国民都有受教育的机会。在蔡元培任中央教育部总长时,鉴于西方各国教育发达,而我国失学民众却占大多数,就开始力倡社会教育。1912 年 3 月底由南京参议院制定的教育部官制中,社会教育与普通教育、专门教育三司并立,确立了社会教育在教育行政系统中的独立地位。自此之后,作为管理全国社会教育的最高行政机关,社会教育司的设置在整个民国时期一直延续下来。1912—1918 年的社会教育注重通俗教育的推行,此时所设立机构大体与清末相同,在社会上设立识字学堂、阅书社、阅报所、讲演所等,向正式学校之外的一般成年民众传授知识。

福州开展的社会教育与全国各地一样以传播普通知识、社会公德等为主要内容。1913 年设立的社会教育机构有图书馆、通俗科讲演会、宣讲会、通俗教育会、公众补习学校及半日学校、妇女演说部、通俗阅报社、省城说报社等;开展的活动是通过演讲和刊物进行宣传,如创办通俗教育杂志、通俗彩色画报,其他的方法还有开展运动会、设立幼稚园、改良戏剧、征求小说戏本。① 由于时局动荡,经费不足,福州的社会教育并不能顺利发展。上述社会教育开展的项目繁多,但均是初步开展,效果不明显。"通俗科学讲演会、通俗教育杂志、幼稚园"三项为稍完全,其他各项均属"萌芽时代,缺点不免太多,良以社会教育范围广漠,一时欲谋完全之发达,甚非易事也。真正在拟办之社会教育如通俗图书馆、各县浅易识字学校、盲哑学校、宣讲员养成所、编辑演稿巡行文库、社会教育视察员、公园公共戏场、教育博物馆、电戏馆、戏剧小说编辑员、美术展览会、游艺会等,以无成绩可考,故不具论。"②

在 1919—1926 年期间,全国的社会教育以平民教育为中心,主要内容有文字教育、生计教育、卫生教育和公民教育等,原先开展民众教育的半日学校或简易识字学校,开始改称义务学校、平民学校、民众夜校等。1923 年,福州成立福建博物研究院,主要通过收藏、陈列有关工务、理化、农业、药品等实物和资料的活动,向百姓传播传统文化。

第三节　教会教育的发展

清末以来,由于教会学校在人才培养方面的独特作用,而被社会逐渐接受。

---

① 李桂林、戚名琇、钱曼倩:《中国近代教育史资料汇编:普通教育》,上海教育出版社 2007 年版,第 1012—1014 页。

② 李桂林、戚名琇、钱曼倩:《中国近代教育史资料汇编:普通教育》,上海教育出版社 2007 年版,第 1014 页。

1917年以前,北洋政府对教会学校采取大致与晚清政府相同的做法,既不取缔,也不准予立案注册。1921年是基督教学校发展的一个转折点,北洋政府教育部公布第138号训令,规定了教会中等学校立案办法,主要内容包括以下几点。(1)学校名称应冠以"私立"字样。(2)中学校应遵照中学校令、中学校令施行规程办理。(3)中等学校科目及课程标准,均应遵照。如遇有必须变更时,应叙明理由,报经该省区主管教育官厅呈请教育部核准。但国文、本国历史、本国地理不得呈请变更。(4)关于学科内容及教授方法,不得含有传教性质。(5)对于校内学生,无论信教与否,应予以同等待遇。(6)违反以上各条者,概不准予立案;既已经立案,如有中途变更者,得将立案取消①。在这个训令中,首先明确规定了教会学校的"私立"性质,并要遵守中国的教育法规;其次,对宗教教育做了严苛的规定;最后,在课程方面突出了国文、本国的历史和地理,这是针对教会中学重英文、轻国文的洋化倾向。1922年,北洋政府教育部制定的新学制明确规定"通令全国公私立学校,包括教会学校,都必须实行统一的学制"。1925年12月,北洋政府再次发布《外人捐资设立学校请求认可办法》,要求外人捐资设立的学校,按要求向教育厅申请立案。

面对政府的要求,教会学校并没做出实质性的变革。因为教会学校的所有权与管理权均掌握在差会手中。在大多数传教士看来,教会学校仍然只是差会的宣教机构,"差会学校有两个基本目标:首先是发展有能力的基督徒,其次是为将来的教会培育精干的领导者"。只要学校经费由传教士负责,教会学校就只能服务于上述两个目标。

这个时期教会学校可以拒绝执行来自政府的训令,但也不得不面对来自中国教育体系带来的两个方面的压力:一是教会学校学生的学业不能得到公立学校的承认,因为两者的各个年级课业标准不相通,使用的术语名词也不尽相同,客观上使教会学校趋向封闭;二是凸显了教会学校由于所属差会不同、所在地域不同,学校课程的设置与教材的选用方面也大不一样。这种混乱局面,使教会学校一直标榜的高质量受到怀疑。②因此教会学校也做了一些调整。

一、初、中等教育的调整与发展

(一)小学

清末教会小学大量增加,但各地学校的质量参差不齐。1911年,教会开始着手对城镇小学的教学管理。当时教会的福建教育会就准备了一个实验性的统一考试计划,建议"中国教育会"成立全国和地方两级委员会予以实施。该计划建议设立四级考试,分别为小学初级、小学高级、中学中级、中学毕业四级,同时

---

① 高时良:《中国近代学制史料》(第4辑),华东师范大学出版社1993年版,第783页。
② 孙广勇:《社会转型中的中国近代教育会研究》,华中师范大学出版社2007年版,第236页。

规定了各级的必修科目和附加科目。此外，对考试的证书、人员、地点、时间、考生的年龄、费用以及具体的程序等，都做出了规定。但这一计划并没有施行。1913年"壬子癸丑"学制颁布，福建基督教教育会表示支持，"我们建议负责学校工作的人们尽其可能采用政府的课程和政府在学制上名称，等等"。① 1914年，该会又一次提出了福建省的小学统一考试大纲，并且当年开始考试。1915年，福建基督教教育会在当年公布的统一考试大纲中，大量使用教育部规定的"共和"系列教材，②并对教会小学课程加以规定：初小学制4年，设圣经、伦理学、中文、地理、地图绘制、算术、历史、科学、图画、罗马语、音乐、体操、性知识、家事、古典文、中国官话等课；高小学制4年，课程有圣经、中文、古典文、算术、地理、历史、伦理学、科学、英语、中国官话、音乐、图画、体操、手工艺等。至此民国初期教会小学的课程标准才开始统一。不过与当时中国教育部颁布的小学课程相比，教会小学仍强调宗教教育，也更重视英语和自然科学的学习，还根据福建语言复杂的特点增设了"中国官话"一科。③

表7-1　1920年福州地区基督教教会小学概况表④

县区	差会	在华职员总数(人)	国民学校学生总数(人)	高等小学校学生总数(人)	两等小学校学生总数(人)	全县(区)小学校学生中肄业于教会小学校的比例
闽侯	公理会、英圣公会女部、独立教师、美以美会、复临安息会、男青年会	393	3680	1475	5155	41.4
古田	美以美会、英圣公会女部	166	1621	233	1854	81.6
屏南	英圣公会女部	20	210	8	218	47.8
闽清	美以美会	82	1217	98	1315	40.0
长乐	公理会	22	410	70	480	31.4
连江	英圣公会、内地会	18	154	12	166	35.6
罗源	英圣公会	9	205	6	211	37.0
永泰	英圣公会	30	568	90	658	
福清	英圣公会、美以美会	62	1221	136	1357	
平潭	美以美会、英圣公会女部	31	558	48	606	50.0

民国时期，在福州各县市仍分布着许多教会小学。从表7-1可看出，教会学校在福州各地区的教育的发展中所占的比例不一。闽侯作为省会所在地，国人所办

---

① 尹文涓：《基督教与中国近代中等教育》，上海人民出版社2007年版，第166页。
② 孙广勇：《社会转型中的中国近代教育会研究》，华中师范大学出版社2007年版，第229、237页。
③ 王豫生：《福建教育史》，福建教育出版社2004年版，第407页。
④ 中华续行委办会调查特委会：《1901—1920年中国基督教调查资料》(下)，中国社会科学出版社1987年版，第1304—1305页。

的教育比较发达,学生的数量远超过其他地区。但同时教会学校的力量也比较庞大,全县(区)小学校学生中肄业于教会小学校的比例达到41.4%。在省会以外的其他地区,教会学校的教育对当地的教育起了很大的弥补作用,比如在古田教会学校毕业的中小学生竟达到80%以上,平潭的也有50%。

(二)中学

民国以后教会中学进一步发展,一批新的教会中学得以创办。1914年,中华基督复临安息日会开办乐育学校,校址在南营,由郭子颖兼任校长。1915年于大根路一号建新校舍,改名为福州三育学校,设有中学和小学,10年制。1915年,美国美以美会创办了福州进德女子初级中学。1920年,美国美以美会创办了平潭岚华初中。1922年,华南女子文理学院新设华南女子高级中学作为附属的女子中学。1924年,天主教会创办了福州懿范女子初级中学。1927年,中华基督教会创办了长乐培青初中。一些教会办的小学如扬光学校、陶淑女子学校、毓英女子学校、寻珍女子学校、进德女子学校等,先后增设中学部,成为中、小学合设的私立学校。

在1916年福州四公会创办了福建协和大学,教会决定把福州英华、格致、三一及厦门英华、漳州寻源5所书院的七、八年级学生,转入协大为一年级学生,上述书院的学制,则从8年调整为6年,属普通中学建制。1922年,"新学制"颁布后,教育部通令全国公私立学校,包括教会学校,都必须实行统一的学制。所以从这一年起,教会中学的修业年限均定为6年,其中初中3年,高中3年,不再加设大学预科,并取消书院名称。

民国成立之后,教会中学也曾尝试做出一些变动。一些教会学校把四书五经这一类的儒家经典列为中等学校学生的必修课程。1921年,北京教育训令北洋政府教育部要求教会学校进行立案,此后全国爆发了"反对基督教收回教育权"的运动。福州格致书院在1924年孔子诞辰那一天,还允许学生在城内观巷刘公纪念堂里仿照基督教的仪式举行纪念会,并在举行仪式时,高声宣读经书中某些颂赞孔子的章句。在当时,不但许多教会外的人无法理解,就是教会里的成员也有人向美国波士顿总会控告格致书院主理裨益知(W. L. Beard),说他违背了基督教的教规与惯例,侮辱了教堂的尊严,并要求给裨益知以严厉处分。经过一番研究后,波士顿总会却肯定了裨益知这个措施为适当,且加以表扬。[①] 但教会学校的这些变化仅是表面上的变动,学校课程设置、学制规划与政府的体系并不完全相同。

这个时期教会中学的办学质量进一步提升,办学规模也相应扩大。如福州的格致中学,1913年裨益知在提高教员质量、充实教师队伍的同时,创办了2年制预科班(相当于小学高小),凡学生修完预科学业毕业者,可免试直接升入书院一年级。1915年又创办高等小学(相当于初中),学制4年,毕业后直接升入书院四年

---

① 徐天胎:《福建民国史稿》,福建人民出版社2009年版,第76—77页。

级。后为解决美籍教牧人员和书院教职员的子女入学问题,又创设一所培英小学和德尔幼稚园。在设备上购置大批挂图、模型、仪器为教学、实验之用,也购置了一批图书。在校园建筑方面也有所增加,1915年建一座三层教学楼,又在观巷与鳌峰坊之间买下两座民房,作为小学与幼稚园校舍。1915又获得书院毕业生1万元捐款建成大教堂作为宗教活动及学生集会场所。在师资方面,1916年前后,学校在行政方面延聘中国人陈敏望、倪耿光为教务长,统筹教学工作。校内还增设办公室主任、庶务主任、会计与司库等职务。留任部分美籍教职,陆续聘任国内名牌大学和格致书院优秀毕业生为主要科教员及行政管理人员。①

(三) 职业和师范教育

1912年,中华基督教会、卫理公会和圣公会在福州联合开办协和职业学校和协和护士学校;圣公会在福清设立惠乐生护士学校;1913年,福州公理会与美以美会合作将培元师范学校改名协和师范学校,移址于城内古仙桥。1916年,美、英在福州的3个教会联合创办私立福州协和幼稚师范学校,校址在福州鳌峰坊。1915年,教会创办了私立福州协和幼稚师范学校,学制3年,招收中学毕业生入学。学校附设小学及4处幼雅园,儿童入学计有千余人。1919年,美以美会办的一所中学并入协和师范学校,改名为福州协和师范中学校,迁仓前山施埔,高中分为师范科、普通科,附设农林木场。1924年,美卫理公会在古田开办怀理护士学校。此外,清末设立的福州青年会商业职业学校和天主教会设立的福州扬光初级商业职业学校,在民国初年均有较大的发展。部分教会中小学和女子学校,也相继附设职业班,进行简单的职业技术教育。

二、高等教育的发展

民国时期,在福州的由外国教会主持的高校有2所,分别是清末延续下来的华南女子学院和新办的福建协和大学。

(一) 华南女子大学

清末华南女子大学成立之初,校名为"华英女学堂",没有校舍,只能在福州仓前山一所旧房子里上课。最初学校只设置预科方向,着重开设有关师范教育方面的课程,学生毕业后多数回家乡担任教师工作。1914年夏,学校的新校舍彭氏楼竣工,预科迁入新校址,同时美国派来的英语、理科、家政与体育学等科目的教师也到位。当年秋季学校开始招收专科生。由于受师资条件的限制,起初只能完成一、二年级的教学任务,三、四年级的课程须到其他高校完成。1916年,学校正式更名为"华南女子大学"。1917年,增聘了若干名美籍教师后,才开设三、四年级课程。1921年有预科生202名,本科生42名,并有了第一批3个本科毕业生。② 1922年,

---

① 该书编纂委员会:《福州格致中学校志(暂定本)》,内部刊物1996年版,第2—3页。
② 王忠欣:《基督教与中国近现代教育》,湖北教育出版社2000年版,第78页。

美国纽约州立大学批准华南女子大学的学士学位授予权。此后学校规模逐渐扩大。在1923年前,学校只设一个教育系;1924年增设宗教教育系和生物系;1925年增设化学系;1926年增设英语、历史、体育系;1928年增设中文系;1929年后增设数理、家政系,停办体育、历史系,宗教教育系并入教育系。

华南女子大学开设的课程分为必修和选修两类。据1925年的《华南女子大学(章程)》统计有生物学、化学、国文学、教育、英文、历史、家政、美术、音乐、体育、物理、宗教教育、社会等科目。在这些科目中,体育与唱歌为一到四年级的必修课,另外一年级不允许选读科目。这些规定对于学生的素质提升有一定的好处。但是华南女子大学的创办不是基于社会需要,而是源于教会的发展、差会的推动。因此,学校在学生培养方向上,更多强调的是英文和宗教的内容。比如在历史类的课程里中国历史的内容极少;国文学与汉文论的学分点分别只有1.5分和1分,而宗教教育学和英文的学分都达到4分。[①] 学生还要参加各种宗教聚会,星期日需到周围农村的主日学校担任义务教员。1926年38名学生毕业,全都信奉基督教,其中24名在教会学校任教,还有几名到边远地区传教。[②]

(二)福建协和大学

福建协和大学由福建省中华基督教会、美以美会、中华圣公会、闽南归正会4个公会合作在1915年创办于福州。学校设立董事会,由协同创办的4公会选派代表及特约人员15人组成。美国人裨益知为主席,并选举美国人庄才伟(Edwin C. Jones)为校长。1916年2月,在福州仓前山租用旧俄商茶行为临时校舍,正式开学,学制4年。聘专职教师5人,兼职教师4人。[③] 第一批的学生是将福州英华、格致、三一及厦门英华、漳州寻源5书院的高年级学生81人,转为该校一年级学生。其中,福州的学生共有70人,厦门9人,菲律宾2人。[④] 1918年,美国纽约邦大学院批准该校具有学士学位授予权。1919年毕业生5人毕业。1920—1926年的毕业生共81人。[⑤]

协和大学在开办之初的设备极为简陋,当时的常年经费只有4000元,没有实验室,做实验必须借用英华书院的实验设备;图书馆只有小屋一间,所有藏书都是教师私人所有或临时赠送的。1919年后获得多项的外国资助,使该校面貌有了很大改观。1922年,选定福州鼓山下的魁岐乡作为新校址,文、理科楼,科学馆,宿舍楼等20余座楼房相继落成,逐步建成为福州规模最大、设备较为完备的一所大学。

---

① 朱有瓛、高时良:《中国近代学制史料》(第4辑),华东师范大学出版社1993年版,第175页。
② 黄新宪:《中国近现代女子教育》,福建教育出版社1992年版,第161页。
③ (民国)教育部教育年鉴编纂委员会:《第二次中国教育年鉴》,商务印书馆1948年版,第670页。
④ 福建省政协文史资料委员会:《文史资料选编》(第5卷),福建人民出版社2003年版,第363页注:另有一说法是86人,还有5名特别生。学生也不全是在一年级,54名为一年级生,27名为二年级生。详见:黄涛:《大德是钦:记忆深处的福建协和大学》,中国大百科全书出版社2007年版,第22—23页。
⑤ 黄涛:《大德是钦:记忆深处的福建协和大学》,中国大百科全书出版社2007年版,第635页。

福建协和大学成立时只设文科和理科,以后逐步设系,1918年增设医学先修科,至1926年,共设16个系科,即教育学系、英文学系、法文学系、哲学系、心理学系、社会科学系、国学系、比较文学系、基督教学系、史学系、数理学系、化学系、生物学系、地质学系、音乐系与医学先修科。

(三)神学教育

从19世纪60年代起,基督教会就开始办宗教训练班,培养中国籍传教助手。到20世纪初,在福州的各宗派都有了自己的神学校。1912年,美以美会的福音书院、圣公会的真学书院、美部会的圣学书院合并,在仓山原福音书院原址,成立福州协和道学院,进行高等神学教育。设特科2人(招收高中毕业生),正科4年(招收初中毕业生)及附科(即简易科)。1925年设神学科及圣经科,也是3年学制。1935年中华基督教会加入合办,学院遂改名为福建协和道学院。1916年又建女子神学院于福州,后并入协和神学院。该神学院与金陵神学院合作,学生头两年在福州攻读,后两年在南京续读,直至毕业。

第四节 学生运动

清末西学的传入以及民国以后教育的近代化变革,先进的知识分子开始觉醒。到民国时期,各校学生在爱国运动中表现更为突出。

一、五四运动时期的学生爱国运动

1919年5月4日,北京爆发了反对帝国主义、反对封建军阀的学生爱国运动。消息冲破层层封锁传到福州,福州各校学生积极响应。5月7日,福州各校数千学生在南校场(今五一广场)"集会",举行示威游行。中旬,13所中等学校学生派出代表,在吉庇巷谢氏祠开会,成立福州学生联合会(后改称福建学生联合会),以领导广大学生深入开展爱国反帝斗争。学联会成立后,代表福建学生通电上海各报,主张争外交、惩国贼,号召省内各地学生采取一致行动,响应五四运动;同时创办《全闽学生日刊》,进行反帝爱国宣传。

23日,福州青年会学校学生在街头宣传反日爱国主张,日本帝国主义分子竟公然行凶殴打学生,当场重伤学生七八人。省学联决定翌日举行大规模示威游行,以示抗议,并在南校场举行五四殉难烈士——北京大学学生郭钦光追悼大会,还邀请各界参加。但消息被军阀当局侦知。翌晨,大批军警封锁各校,不许学生走出校门;在南校场四周也布满荷枪实弹的军警。省学联临时通知各校集会改址西湖公园。于是,各校学生越墙而出,沿途集合达数千人。会后,来自30多所学校的学生8000多人,分列32队上街游行,直抵仓前山日本领事馆示威后,返回南公园先烈祠。

抵制日货是当时人们反抗日本帝国主义侵略的主要斗争内容之一。6月间，省学联组织的"五人团""十人团""日货调查组""国货调查会"对福州各商行进行调查，规劝其不再贸易日货。6月14日，福州学生代表到商会长黄瞻鸿的恒盛布店调查屯积日货情况，被黄瞻鸿等陷害围殴，学生多人受伤，蚕业学校的一个工友为营救被殴学生，当场被打重伤致死。黄瞻鸿"恶人先告状"，电告官厅捏报匪徒抢劫。李厚基派兵前往镇压，捕去无辜群众5人。对此，全市学生和各界人士无不义愤填膺。15日，学生罢课，商店罢市。在学联会的领导下，数千名学生前往地方检察厅控告黄氏兄弟，当夜露宿检察厅前。16日，又有数千名学生赴省议会请愿，要求拘捕黄瞻鸿，并依法惩办。李厚基派出大批军警，分途包围，把请愿学生拘禁于省立第一中学和工业学校，并拘捕学生总代表等4人于军署，下令封闭学联刊物《全闽学生日刊》，张贴布告诬蔑学生为"匪"。17日，李厚基又派军警强迫罢市抗议的商店开市，打死商人1人。这一事件史称"黄案事件"。事件爆发后，全国人民群起声援，迫使政府下令李厚基释放被捕学生和群众，拘捕黄氏兄弟（后被释放，逃往上海）。这次斗争，把福建抵制日货的运动推向高潮。在福州，省立二中学生李宗韬引刀断指，以血沥书"提倡国货，坚持到底，精力同心，誓雪国耻"十六字，表现了青年学生火热的爱国热情。在古田，学生也在七月纷纷组织"反日会""救国会"等爱国团体，开展抵制日货运动。屏南在福州求学的学生，在陆仲渊的带领下，暑假回屏南，上街宣传五四运动的精神，收缴和焚烧日货。罗源县的学生在县城的四个城门口用石灰刷写"勿忘国耻，誓复国仇"的醒目标语。

学生的爱国行动沉重打击了日本帝国主义的侵略野心，日本驻闽领事妄自进一步制造事端。1919年11月11日，该领事馆炮制所谓"日商两箱火柴被福州学生焚烧"的假新闻，16、18日出动"敢死队"60人，在台江大桥头、坞尾、安乐桥、瀛洲道、台江汛等处，肆意殴打或枪击过路学生、市民10多人，捣毁商店，连劝阻的国民党军警也不幸免。这就是轰动全国的"台江事件"。事件发生后，自17日起，福州各校学生全体罢课，商民罢市。当日下午，各界在省议会门前广场开国民紧急大会，通过向日本政府交涉的四项要求：必须撤换驻闽领事；向中国谢罪；惩办祸首暴徒；赔偿一切损失。但军阀政府屈服于帝国主义的压力，下令查封福州学生联合会及其所办刊物，妄图压制福建人民的斗争。23日，3艘日本军舰入侵闽江口。28日，日本水兵登岸在福州游行示威。此举激起省内和全国各地爆发大规模的爱国斗争。省学联代表毛一丰等应邀到上海，在5万余名学生参加的声援大会上作日本人在福州暴行的报告。由于全国人民同仇敌忾，政府不得不出面交涉，12月30日终于迫使日本政府撤走入侵军舰、撤换驻闽总领事、正式向中国政府道歉、赔偿受害人和商店2100元。

二、马克思主义在福州的传播

随着五四运动深入发展，马克思主义逐渐在福建传播，许多爱国学生认真学习、积极宣传马克思主义。马克思主义书籍，通过各种渠道传到福州。1919年12月，旅京福建学生联合会创办《闽潮周刊》，以改造国民思想为宗旨，向全国发售，传播新文化，并在福州第一师范设立代售处。1920年春，旅京福州学生郑天挺、郑振铎等人发起组织"福州旅京学生假期回闽社会服务团"，利用假期回闽机会，开展新文化运动的宣传鼓动。福建法政专科学校罗源藉学生林可彝，在1920年和1925年先后留日、留苏回国，两度回罗源探亲，在家乡积极支持创办新学，接收贫寒子弟免费入学，亲自讲学授课，并利用接待机会，向家乡人民介绍日本明治维新后科学的发展，介绍苏联的社会主义，抨击封建社会教育和剥削制度，宣传马克思主义。他还提倡男女平等，反对虐待婢女，支持倡办新学。

1921年中国共产党成立后，在中国共产党的推动和指导下，全国各地广泛、深入地开展以反帝反封建为中心内容的马克思主义宣传活动。1922年10月，在上海加入中国社会主义青年团的原福州二中学生陈任民回到福州，开展革命活动，创办"民社"，组织进步青年学生学习马列主义。同年12月，陈任民又和方尔灏等同学创办了《冲决》周报，抨击军阀统治，宣传民主革命思想。这是福建最早宣传中国共产党政治主张的刊物。1923年夏，陈任民、方尔灏等人在福州二中发起成立"福建工学社"，组织青年学生阅读《共产党宣言》等马克思主义著作和《先驱》等共产党刊物，并出版了《工学报》，宣传马克思主义。在此前后，陈聚奎、郑松谷等进步青年组织了"青年学社福建支社"，并出版了《福建青年月刊》。同年秋，陈任民、江削五等在"民社"的基础上组织"民导社"。1925年1月，"民导社"与"青年学社福建支社"合并，成立了"福建青年社"，成员达80多人，出版了《福建青年》周刊，大力宣传马列主义。1925年1月，徐星者、苏建维等人发起成立"福建勉之学社"，成员达30多人，大家互学互勉，共同研究马列主义，同年秋天，该社改名为"福建涤社"，创办《涤之》周刊，决心涤荡旧中国的污泥浊水。

1923年，福州师范学生翁良毓前往上海，得到了李大钊的接见和教诲。他回到福州后，以福州师范为基点，利用晚上和星期天的时间，秘密聚集几个同学，写文章、刻蜡纸，出版宣传马克思主义的油印小报，1925年3月，他光荣地加入了中国共产党青年团，成了福建最早的共青团员之一。7月，他接受了团组织的委托，创办"福州书店"，积极经售马克思主义书籍和党、团刊物，使"福州书店"成为大革命时期福建宣传马克思主义的重要阵地。

1925年1月，中国共产党第四次代表大会在上海召开，会议决定在福州等地"努力开始党的组织"，在党中央的重视和团中央的指导下，同年4月1日，团福州支部正式成立。不久，又成立了团福州地委，9月在福州入团的连江籍学生严明杰回连江发展了3个同学入团，后成立了共青团连江特别支部，负责人为严明杰。

1925年春，翁良毓在当选为福建学生联合会副理事长后，领导全市学生开展反帝爱国运动。在这一年里，福州学生先后开展了捣毁日货商店、惩办卖国奸商、破坏日营妓馆、抵制美国鱼货等活动。在抵制美国鱼货在福州的倾销的斗争中，美国驻闽领事肆意地私行拘捕中国学生,并指示福建军阀政府逮捕学生。1925年4月8日,福州学生2000多人为营救因抵制美鱼事件被捕的学生代表,到省公署去请愿。福建当局在美帝国主义的指使下,派军警镇压,并开枪打死学生7人,打伤数十人,制造了"福州惨案"①。18日上海学联、20日全国学联通电声援,率全国学生为其后盾,要求执政的军阀政府向美国政府提出严重抗议。22日,福州当局被迫释放了林昌浩、容文能、刘诗宗、郑鼎等4人。

三、收回教育权运动

教会教育以培养为传教服务的各种人才为目的,它们完全由外国举办和控制,藐视中国教育主权,不受中国政府管辖,为中国国家教育体制之外的独立王国。民国之后,民族觉悟日渐觉醒的国人,对这种蕴含宗教意味、"外国化"色彩的教会学校极为不满,教育界爱国人士和全国人民强烈要求收回教育主权。1922年,以北京各高校学生为主成立了非基督教学生同盟,把收回教育主权作为重要手段,达到非基督教的主要目的。

1924年,英华中学主理夏平和禁止学生参加爱国运动,全校500多名学生反抗,夏平和用野蛮手段驱逐学生出校。12月23日,福建学生联合会发表宣言谴责夏平和的蛮横无理行径,全市学生遂发动声援英华学生的斗争。

1925年,福建协大教师陈锡襄联络福州教会学校进步师生组成"教会学校立案委员会",提出"教会学校必须向中国政府申请立案"等主张。同年9月,福建学生联合会成立"收回教育权运动委员会",由共青团地委组织,翁良毓任委员长,领导开展收回教育权斗争。在福州团地委领导下,福建废约运动同盟会、格致书院收回教育权运动临时委员会、扬光学校学生会、福州青年会学校学生决志离校同盟会和培元中学学生会纷纷成立并发表宣言,提出教会学校应向我国教育部立案注册、取消强迫做礼拜读圣经、恢复信仰自由等要求。

1927年1月14日,国民党福建省党部筹备处和福州学生联合会破获西班牙籍天主教神甫创立的"仁慈堂"虐杀婴孩事件,民众连日举行集会游行,提出打倒帝国主义,严惩残杀婴儿的神甫、牧师等口号,将反文化侵略收回教育权运动推向高潮。同年2月,北伐军入闽后成立的福建省教育改造委员会对福州各省立学校进行改造,中共福州地委领导的福建涤社出版《收回教育权专号》,发表《收回教育权运动宣言》。3月,福州成立"收回教育权筹备委员会",公推协大教师陈锡襄主持。同时,教会学校师生400余人自发地组织"福州教会学校教职员学生反对文化侵略收回教育权运动筹备委员会"。3月24日,福州协和初中、英华中学、协和师范、培元中学、文山女校等教会学校1000余名学生和各界群众在仓山麦园顶集会,陈锡襄担任大会主席,会后举行游行示威,向福建政务委员会请愿,要求彻底收回教育权。

---

① 黄国荡:《福州惨案及有关史实订正》,《历史教学》,1984年第7期。

3月26日,协和大学等教会学校成立"福州各界反文化侵略收回教育权运动大同盟"。至此,福建反文化侵略、收回教育权运动达到最高潮。但4月初,以蒋介石为代表的国民党反动势力在福州开始"清党",大同盟失去了有力支持,转入地下。

福州的收回教育权运动最后虽然失败,但它与全国的反帝国主义文化侵略运动一起,促使当时的政府部门对教会学校逐步采取一些管理措施,也促使了教会学校的逐步改制和立案。

第八章 南京国民政府时期的福州教育(上)

1927年,国民党领导的国民政府在南京成立。1928年,国民政府宣布全国统一,结束军政,开始训政时期。国民党对教育十分重视,把教育作为服从政治的工具和实施的手段,将教育方针纳入国民党的根本轨道。这时的福州教育,在遵循中央"三民主义"教育宗旨和各项教育方针政策的同时,执行福建省制定的一系列实施办法,对各级各类教育进行调整改制,加强了对教育的控制,也取得了一定的成绩。

第一节 教育行政的变迁

南京国民政府成立后,撤销教育行政委员会,建立大学院制,由蔡元培任院长,以管理全国的教育事业。1928年10月,废止大学院,恢复教育部为全国最高教育行政机关,由蒋梦麟为部长。1928年5月,中华民国大学院在南京召开第一次全国教育会议,确定"教育宗旨"为:"中华民国之教育,根据三民主义,以充实人民生活,扶植社会生存,发展国民生计,延续民族生命为目的;务期民族独立,民权普遍,民生发展,以促进世界大同。"①之后,还确定了教育实施方针和一系列教育政策。

一、省级教育行政的变动

1927年夏,福建省恢复教育厅设置,隶属福建省政府。在福建教育厅内只设厅长1人,综理全省教育行政。下属各级办事机构比较精练,包括秘书室、督学处及第一科、第二科、第三科。秘书室设秘书3人,科员和办事员若干人,分设人事、统计、文书、庶务等4股;督学处设督学6人,负责视察指导地方学务;第一科分设教育经费、地方教育行政、小学教育及义务教育等4股;第二科管理中等教育分中学、师范教育、职业教育等3股;第三科设高等教育、社会教育、特种教育、考试、研究等5股。此外还设指导员3人,担任专门视察及设计事项。全厅职员共70人。②除建立正式行政机构外,省教育厅内还建立了一系列指导性、研究性、专业性的业

---

① (民国)教育部中国教育年鉴编审委员会:《第一次中国教育年鉴·甲编》,开明书店1934年版,第8页。

② 郑坦:《福建省教育概况及社教法令》,福建省民众教育师资训练所1936年版,第12页。

务组织,如福建省义务教育委员会、健康教育委员会、中等及师范学校教员检定委员会、职业学校职业学科教员登记委员会、中学师范毕业会考委员会、学生指导委员会、清寒学生大学奖学金委员会、戏剧检查委员会、注音符号推行委员会、体育委员会、中学师范教育研究会、学校及社教机关建筑审查委员会、教育林公有团委员会等。这些机构设置相对比较完整并分别办理有对应的教育工作,对贯彻执行教育行政方针、开展具体工作起了一定的作用。

1928年8月,福建省政府第一次改组,聘原北京高等师范学校和上海大夏大学教授程时烺任省政府委员兼教育厅长。程时烺就任之后,公布福建教育行政方针16条,并发表《告福建教育界同人书》,并提出从物质和精神两方面对福建教育进行整顿。1932年12月,福建省政府第二次改组,程时烺离职,由化学家郑贞文继任教育厅长。郑贞文上任后,"仍依照前厅长原定方针,积极进行,用人行政,多本旧贯"。① 此外郑贞文也制定了各种教育法规,继续进行教育改革。

从1927—1937年,程时烺、郑贞文主持教育厅工作以来,福建省的教育行政工作逐步走上正轨,各种教育法规进一步建立和健全,各级各类教育有较好的发展,取得了较好的成绩。

二、县级教育行政的变动

1928年上半年,各县教育行政机关由教育局改为教育科。1929年1月,程时烺任厅长时招考教育行政人员14名,并设行政人员养成所,经短期训练,为县教育行政人才。1929年3月,县级机构又改科为局,原任县教育科长经考查成绩优良者,考试及格人员见习期满者,经教育厅训练学识经验相当者充任教育局长。省教育厅也同时修订公布了《福建省暂行教育局规程》《福建省县教育局督学暂行规程》以及《指导员暂行规程》《学区教育委员暂行规程》《县教育行政要员会暂行规程》等一系列章程,对县级行政的人员及职责进行规范。在教育行政经费方面,"各县经费不足,由省款分等补助,促其成立,一等县经费五百元,二等县四百五十元,三等县四百元,其省款补助之数为二分之一,余由各县就原有县教育行政费项下拨付。"②

1933年7月,因经费不足,福建省政府又重新下令全省各地教育局改设为科。闽侯县教育局即按令执行于县政府内设置教育科,教育局长改为科长,县教育行政转由县长主管,教育科长的任用改由县长遴选合格人员呈请省教育厅委任并报民政厅备案。县督学则由县长遴选合格人员直接任用,并呈省教育厅转送省政府审查备案。教育科下分设3股,即学校教育股,社会教育股,视察指导股。除科长外,还于每股下设主任1人,科内设有科员、视导员、雇员等。经费以一等县为例:一

---

① 丁重宣:《二十四年来福建教育行政》,《福建文化半月刊》,1936年第2卷第5期,第66页。
② 同上。

般设科长1人,督学1人,科员3人,事务员1人,雇员2人。总经费534元,比原有之一等教育局经费略增,而二三等县之教育科缩减甚多。①

这个阶段,县级教育行政机构的成员素质较高,以受师范专业训练者的比例较大,文化程度都较高。据统计,在福建省的县教育科局长中,大学教育系科毕业者占34%,其他大专学校毕业者占22%,师范学校毕业者占34%。县督学中大学教育系科及其他大学毕业者占19.5%,师范学校毕业者占63%,中学和各种养成所毕业者占17.5%。② 福州地区各县市的情况也是如此,1933年时统计,10个县市中一半以上的教育科科长毕业于师范性质的院校(如表8-1所示)。

表8-1 1933年福州各县政府教育科科长一览表③

县别	姓名	履历
闽侯	谢伯英	国立东南大学毕业
长乐	陈师钜	福建省立第一师范学校本科毕业
福清	郑永祥	国立中央大学教育学士
连江	林钟鸣	福建优级化选科毕业
罗源	林家溱	留日日本大学政治学士
古田	郭秉衷	福建省立第一师范学校本科毕业
屏南	薛贻埙	福建省立第一师范学校本科毕业
永泰	林访西	福建省立第一师范学校本科毕业
闽清	雷焕章	福建省立第一师范学校本科毕业
平潭	黄于协	国立京师译学毕业

但这个时期县级教育管理机关频繁的变动,对教育发展的影响极为不利。"科局之寿命既不永年,而科局长之更易,亦颇倏忽,行政既乏强大之力量,地方特殊之势力当然此长彼消,"因此"行政之编制与控制地方教育之发展,结果至微。"④再加上改局为科后,教育行政皆由县长负责,教育工作中弊端重重,如"非法移挪教费,非法支配经费,百法更换职员与校长,以校长为和缓驻军土劣攻击之工具。"⑤因此教育管理工作迟迟未能上轨道,行政效率很低,也带来诸多弊端,因不重视行政计划,"以致办事无目的,无计划,随时敷衍,遇事对付。不注重教育统计,不注重视导,各县派督学下乡视察,而是将督学留在县政府办文稿"。⑥

为提高教育行政效率,1933年省教育厅制定了《各县县长办理地方教育应注意事项》,规定:"① 县长办理教育,须恪遵现行教育法令及本厅颁行之各项教育单行法规。② 对于用人,应以曾经专业训练之人才为标准。③ 对于教育行政人员及

---

① 丁重宣:《二十四年来福建教育行政》,《福建文化半月刊》,1936年第2卷第5期,第66页。
② 郑坦:《福建省教育概况及社教法令》,福建省民众教育师资训练所1936年版,第16页。
③ 福建省教育厅:《福建省教育工作报告·概览》,福建省教育厅1933年版,第39页。
④ 丁重宣:《二十四年来福建教育行政》,《福建文化半月刊》,1936年第2卷第5期,第68页。
⑤ 李大奎:《改进全省教育意见书》,《福建教育厅周刊》,1934年第180期,第14页。
⑥ 郑坦:《福建省教育概况及社教法令》,福建省民众教育师资训练所1936年版,第20—21页。

所属教育机关,应随时考核督促,分别奖惩呈报。④ 对于公文处理,应监督主管人员努力进行,遇有限期办理事项,应如期办竣,不得耽延。⑤ 对于筹划推进本县各项教育事业,应依照法令参酌本县经费状况地方需要,拟定分期推行方法。⑥ 对于乡村教育应力求推行,以期城乡教育均衡发展。⑦ 对于督学应先定视导方案严令认真视导,并将视导情形按时汇报教育厅备核。⑧ 对于县属教育会应督促其积极从事研究工作,使地方教育充分改进。⑨ 对于各项教育机关,县长每年应亲自巡视二次以上,并将视察情形呈报省政府备核。⑩ 对于每月办理教育状况,应依规定表式,按月填报。⑪ 原有各项会议,仍须继续举行。⑫ 应将各项教育统计,随时呈报备核。⑬ 调查师资状况,并登记合格教师。"①

1934年,郑贞文又提议恢复教育局制,但是各地经费不足等原因,3月,闽侯作为6个特等县之一先行设局,其余44县仍为教育科。同年9月,又裁局改科,于县政府中设第四科专管教育。12月起又改由闽侯县政府第三科专管教育事务。1934年7月,福建省政府开始划分行政区,设立专署。各种区署组织成立后,区内教育事务,系由第二科主管。

1937年4月,福州成立省会教育局,直接隶属于省教育厅,局长由省教育厅遴选,请省政府转荐任命;督学由教育局长遴选,请省教育厅转呈省政府核委。省会教育局设局长1人,秘书1人,科长2人,督学2人,科员、办事员、书记若干人。

三、健全教育视导制度

郑贞文任教育厅长期间重新落实教育视导制度。郑贞文除了在全省设置省、区、县三个层次的督学外,还增设指导员、视察员、视员等职位;同时对视导内容和方法,以及视导的区域及范围都做了总结和要求。据1933年的《福建教育厅督学分区视察表》可见,由黄开绳和叶松坡负责视察闽侯及长乐,"该二员除视察外并留省襄办省立科学馆及民众识字教育事宜",福州地区的其他县市由孙承烈视察。②1934年福州的各县市所在的第一、二、三区分别由林挺杰和何雨农负责视察,视察的主要包括以下内容:(1)地方教育经费的调查与整理;(2)地方教育行政人员工作之指导与考核;(3)地方教育纠纷案件之处理;(4)县私立中等学校改办后之实施情形;(5)关于厅令应行改正事项之实行;(6)小学校及社会教育实施状况。③

福建省教育厅为进一步健全和实施视导制度,1935年开办各县市督学训练班,1936年召开全省教育视导会议,提出视导方针和视导标准,统一视导报告及视导人员联络方法,规定督学每学期至少应到本地区各校开展一次视导工作。④

---

① 郑坦:《福建省教育概况及社教法令》,福建省民众教育师资训练所1936年版,第16—17页。
② 福建省教育厅:《福建省教育工作报告·教育行政》,福建省教育厅1933年版,第7页。
③ 《令教育厅督学孙承烈、叶松坡兹派该督学前往第六区第七区第四区各县视察教育附发视察区域及视察要项仰遵照认真视察具报》,《福建省政府公报》,1934年第432期,第24—25页。
④ 郑贞文:《福建全省教育视导会议开会辞》,《福建教育》,1936年第4期,第1页。

1936—1937年,省教育厅组织督学到全省各中等学校进行一次全面视察,并把督学的视导报告汇编成册。

在地方行政中,闽侯县在教育局成立之前,仅有督学2人、指导员2人,以负责全县一切教育视导之责,难免有顾此失彼不周之弊,"虽有局部视察而于整个计划终难实现"。1934年闽侯县教育局在裁局为科后也对视导制度进行变革,对所有督学、指导员等名称进行变更,设视察指导股,隶属于第四科,设置主任1人,视导员4人。为"改变此前视而不导及导而无视之憾",闽侯县教育局还做了进一步规定:(1)划分视导员基本视导区以专责成,而便于各校接洽;(2)交换视导,以免视导者主观主评判之错误;(3)拟订整个视导方案,分期实行;(4)根据视导方案,编订视导历及分期视导标准;(5)改订视导表,分为小学行政,小学教导,及小学学期用之视导表,短期小学社会教育等视导表,以便视导于每学期中带往应用,借以增进视导效率;(6)规定教学视导办法,并制定教学视导记载表,规定视导人员每视导一校至少应视导老师一人之教学,以谋教导问题之改进,并作为本县教师考成之标准;(7)订定视导记载簿分发各校以备视导员到校时切实记载;(8)每月第一周之星期六下午由视导主任召集视导人员开视导会议一次,议决一切改进事宜,送请科长核办。[①]

四、教育经费的筹措和使用

(一)省级经费

教育经费一直是影响福建省教育发展的一个重要因素,在北洋政府时期,由于时局不稳,教育经费极不稳定。虽然几任教育厅长力图达到"教育经费独立",但未能实现。直到1928年,福建省全年教育经费预算仍仅为60余万元。

程时烽上任福建省教育厅长后,宣布"救济福建教育两办法,一为精神上救济,整顿学风;一为物质救济,增加教费"[②]。程时烽成立了福建省教育经费委员会,聘请财政、教育部门"具有经验而资望素孚者"为委员,积极筹措教育经费。1929年,经程时烽厅长多方交涉争取,省政府才议决,每年教费预算应占省库总支出的20%,即144万元左右。同时决定盐税附加每月划拨12万元为教育专款,按月拨付。为保障经费独立并监督其使用,程时烽还决定设置省教育经费保管委员会,由省政府代表、教育厅长、财政厅长、省立学校及省教育会代表组成,专门负责教费的收支、保管、预算审核事宜;还另置省教育经费稽核委员会,以审核监督经费之使用。各县市也相应成立了教育经费管理部门。1929年,闽侯县也成立县教育经费管理处,负保管催收稽核出纳之责。

不过由于时局影响,经费特别是每月的盐税附加专款都未能如数付给,省库也

---

① 王志谦:《二年来本县之教育视导》,《闽侯教育辅导》,1936年第1卷第6期。
② 郑坦:《福建省教育概况及社教法令》,福建省民众教育师资训练所1936年版,第24页。

不能照拨,"从1931年3月起,各省盐附加税归财政部统一核收,此项专款改为国库补助,仍由盐税收入机关照拨。但因税收不足,每月实拨之数,平均不满十万元,且系盐商期票,须由教费保管委员会向银行或钱庄贴现,月付二分六厘二毫的高利,以致多延时日,不能按期发款。各校教职员待遇本甚菲薄,又时遭拖欠,致罢课索薪,成为常事。"[①]1934年,中央财政部每月汇教育款11万为福建办理教育,1936年开始每月增至12万,至此才实现了8年前的"盐款教费144万元"的议案。至此福建省教育经费才达到最高数200万元,占全省支出经费总数的10.3%。[②] 有了经费保证,省教育厅便得以充实学校的设备,提高教师的待遇,增设部分学校,并对各类学校教育进行了一定程度的整顿与改革。

为增加教育资金来源,福建省政府曾创办教育团公有林。1933年春,福建省政府公布《福建省教育团公有林章程》,由省各级公、私立学校与教育机关节省开支,省出经费,利用官有荒地营建教育团公有林,以林业收入充作教育经费。1933年7月福建省政府选择南平王台为福建省教育团公有林第一林场。1934年1月,又在闽侯县南屿乡五凤里觅得第二林场场址。至1938年,两个林场都由福建省农业改进处接管,教育团公有林结束,在筹措教育基金方面,未起过什么作用。

(二)地方经费

南京国民政府成立之初,福州各地区的教育经费十分有限,1928年程时烃厅长对全省教育进行视察,福州地区只到了的永泰、闽清、连江、罗源、福清、长乐几个县。在其所视察的6区44个县中,因为地方经济实力的不同,教育经费相差悬殊。全年教育经费最高的是晋江达167100元,还有龙溪达120714元;福州6县中永泰可查的只有400元,相当低(如表8-2所示)。[③]

表8-2 1928年福州地区部分县市教育经费及办学情况表

县别	全年教育经费 (单位:元)	经费来源	学校校数 (中小学在内)	社会教育机关数
永泰	(可查者)400	田赋附加、柴麻税、省库	20	无
闽清	未详	华侨捐款	9,中学5	无
连江	27000	竹木捐、军政机关辅助	50余	民众学校3
罗源	5000	公款	13	无
福清	26000	就地筹款	15	无
长乐	5000左右	未详	数十	书报所1

当时县市中学校经费的主要来源有:① 各种教育附加捐,② 学租院产及已拨充地方教育之公产书田,③ 省库补助,④ 县库补助,⑤ 基金或他款利息等。各

---

① 福建省政协文史资料委员会:《福建文史资料》(第12辑),1986年,第5页。
② 郑坦:《福建省教育概况及社教法令》,福建省民众教育师资训练所1936年版,第23—28页。
③ 林天穆:《福建教育检讨与意见》,《福建文化月刊》,1935年第2卷第1期,第16页。

县市教育经费很大一部分由地方自筹。闽侯县"每年约收入教育捐十五万元,每月约收入一万二千元,其中除省库补助确定外,其余各种出赋附加以及各种捐税多不确定。"① 1929年,福建省教育厅增加税收,"田赋项下每斛附加两角,屠宰附加三成,烟酒附加三成,契税附加一成,充任地方教育经费,归县教育经费管理处管理,(福建省)全年计增六十余万元。其他取得于生产品之附加为最多。"②

为保证地方教育经费独立和合理使用,1933年福建省下令各县对教育经费进行审查。原因是"各县县长及征收机关对于经收地方教费每多擅行挪用,卸任后或未办交代或虽办交代却并拨还"。在查追旧欠行动中,福州的闽清、罗源、永泰、屏南四县被发现存在挪用情况,并勒令催还。③ 1933年的经费整理使各县的教育经费得到了一定程度上的保障,比如闽侯教育经费,不但"收支相抵,且每月均有盈余。"有了经费的保证,对教育工作的开展极为有利,"县府教费能按期发放,各校教育人员对于教学工作,亦极勤奋任事,以故闽侯教育至是可谓上轨道矣。"④闽侯县先行补发积欠的薪水,"过去本县教费,年差约五千元,自教育局成立后,尽量节省,此后经费支配原则:一按月定期发放,即本月经费定下月十日支给;二如收入减少,则比例发放。此外对于偿还旧欠,截至三月止约计二个月多,因县款无着,尚未做到;兹拟决定偿还原则三项:一以收回旧欠之数偿还旧欠;二由近月偿还至远月;三先补还解职教职员,后及在职者,以示公允。"此外进一步制订了闽侯教育发展的计划:"至今后教育计划,分为7个步骤:① 振兴乡村教育,各增加乡校十余所,并提高教师待遇,每乡拟办成人班与短期义务教育班等;② 注重公民训练,现在各校对公民训练,多不重活动方面,只在采取讲演方式,今后应与新生活运动同时推进;③ 注意生产教育,养成生产观念,应注重劳作;④ 社会教育与学校教育联合举行,不单独立,以省縻费;⑤ 确定经费,公开收支;⑥ 增加视导人员。"⑤

但好景不长,1934年教育经费统归县财务委员会管理,从而出现挪用、移用、短欠教费的现象,严重影响地方教育工作的开展。"各县政府及税收机关,对于所收教费,任意挪移短欠,影响亦大。"⑥1936年,闽侯县又提高税收额,专充小学教育经费。"本省契税,原为买六典三,嗣经省政府改买四典二,最近又经省政府议决增收附加五成,拨为各县小学经费。"⑦ 这些自筹经费对各县市的教育经费增加起到一定作用,但受百姓生活水平的影响,来源不稳定。1936年,新设"国民教育捐",规定各县中等以上殷商富户,分别等级,每月负担3角至2元的捐税,由县政府统一征收支配,其他杂捐一律废除。至此,各县、市教育经费来源较为稳定。

---

① 《闽侯教育汇讯》,《福建教育厅周刊》,1934年第198期,第35—36页。
② 丁重宣:《福建初等教育之检讨与展望》,《福建文化月刊》,1935年第2卷第1期,第66页。
③ 福建省教育厅:《福建省教育工作报告·学校教育》,福建省教育厅1933年版,第1页。
④ 田文超:《闽侯初等教育现状与今后之期望》,《福建文化月刊》,1935年第2卷第1期,第82、83页。
⑤ 《闽侯教育汇讯》,《福建教育厅周刊》,1934年第198期,第35—36页。
⑥ 郑坦:《福建省教育概况及社教法令》,福建省民众教育师资训练所1936年版,第32页。
⑦ 《闽侯税契附加专充小学教育经费》,《福建义教》,1936年第1卷第8期。

华侨捐资也是有些地方教育经费的重要来源。华侨虽身处海外,但一直关注家乡的发展。如在闽清县,1931年,华侨黄景和募资赞助六都梅南小学建校;福清县也由华侨兴办了松潭小学(1928年办)、龙山初级小学(1928年办,在渔溪山东海)、郎官初级小学(1929年办)、岭边小学(1933年办)、西园小学(1935年办)。尤其值得一提的是南洋华侨胡文虎,鉴于我国教育的落后和不普及,1936年时,计划于五年内在全国范围内建筑小学校舍一千所。福州台江区建"文虎小学"即是在此时由其捐资所建。另外,胡文虎曾捐资在福州大庙山上的私立福商小学建一座"文虎楼"(今福州四中校园内);他还参与捐资建设下杭路的南郡小学和吉祥山的"省立医院楼"等。1936年,他参观视察了私立福建学院附中后,即慷慨捐款,捐建福建学院两层青砖楼"文虎先生纪念堂",楼在今福州二中校园内。此外,胡文虎还向福建省政府捐资二万元用于修建公共体育场、健身房与游泳池。

第二节 初等教育的整顿

1927年8月,福州小学校恢复校长制。此后,福州各小学校一般设校长1人,下设教务部(课)、总务部(课)。规模较大的小学设训导部(课)、研究部(课),各部(课)置主任1人,办事员若干人。各部(课)主任、办事员一般由教师兼任。

在课程方面,按照1928年2月颁布的《小学暂行条例》的规定,将小学分为初级小学与高级小学,初、高级合设者为完全小学。小学应设的课程有:三民主义、公民、国语、算术、历史、地理、卫生、自然、体育、童子军、图画、手工,高级小学可加设职业或其他科目。同年福建省贯彻南京国民政府"三民主义"的教育宗旨,在小学中增设三民主义、童子军等课程。小学教科用书多用书局编印本。1929年,南京国民政府教育部颁发《幼稚园小学暂行课程标准》又把课程简化为国语(读书、作文、写字)、算术、常识(公民、卫生、历史、地理、自然各科)等综合科,"三民主义"改称"党义",图画、手工扩大教材范围,改称"美术工作"。1932年,新颁布的《小学课程标准》规定小学应设课程有:公民训练、卫生、体育、国语、社会、自然、算术、劳作、美术、音乐。其变化是:不特设党义科,将党义教材内容融化于国语、社会、自然等科中,另加公民训练为实施训育的标准,划出社会、自然两科中的卫生教材,增设卫生科,"工作"改为劳作,并将教材分为家事、校事、农事、工艺四项。此后,这个《小学课程标准》还经过几次修订,课程的名称时有不同,科目也时有增减。

从1927年起,福州各教会办的小学陆续向南京国民政府立案。1927—1931年,福州城乡已获准立案的私立小学有27所。1930年,福州城区共有完全小学、初级小学49所(不包括设在乡村的小学),学生9186人,教职员647人。1937年4月,福州成立省会教育局。据省会教育局统计,1936年第二学期,省会(福州)共有完全小学、初级小学、短期小学95所,470个班级,学生25771人,教师606人。省会教育局成立后,原由福建省教育厅直接办理的省立福州第一、第二、第三、第四小学就由省会教育局接管,并将其改称省会公立第一、第二、第三、第四中心小学。不久,省会教育局在南台大同埔设立了省会公立第五中心小学。同时接管的还有原由闽侯县管辖的小学87所,其中县立小学8所,镇立小学9所,县立工读小学1所,县立短期小学32所,私立小学37所。原县立小学改称省会公立小学,原镇立小学改称省会公立初级小学,原闽侯私立小学改称省会私立小学。①

一、"中心小学区制"的实行

1. 省立小学的增设

1927年前,福建有6所省立小学即省立福州第一、二、三、四小学,福州师范附属小学2所。程时煃任教育厅长后,又创设省立实验小学4所,即福州、龙溪、莆田、建瓯实验小学,作为小学"模范",并"领导地方小学,以促进地方教育"。1929年,创设福州、晋江、建瓯、龙岩4所乡村师范的同时,相应设立了4所附属小学,以为"乡村小学之模范"。这样,福州的省立小学数量增至8所。

省立小学由教育厅直接管辖,办学经费由省库拨付,按小学法规定"小学由市县或区坊乡镇设立之,其有特殊情形者得由省设立之"。省立小学经费按学生平均约是私立小学的三倍。② 有了充足稳定的经费来源及较好的设备,可以聘请师范学校毕业、有一定经验的教师任教,所以教学质量较高,办学效果较好。福州省立的小学创办成绩突出,在1934年的全国职业学校及中小学劳作科成绩品展览会总报告中,以省立第二小学部的劳作课成果为"最合劳作课程之教学通则及教材组织,而为全国各小学出品之首列"。③

省立小学除了一般小学的任务外,还应是担任某种教育理论或教育方法的"实验学校",师范学校学生的"实习学校"和一般小学的"模范学校"④。但是,数以千计的地方小学,经费缺、设备差、合格教师少的现状并未改变,省立小学的"模范"地位对他们没有多大实际意义,反而"将全省小学分成两个阶段,与普及之目的,过于背道而驰"。⑤

2. 实行"中心小学区"制

为实现地方与省立小学间的平衡发展,1934年起福建就试行"中心小学区制",即把全县的教育机关,分为若干个学区,采取网状组织。每个学区的中心地点设立一所中心小学,统辖并指导区内各级学校"以为示范及辅导地方小学之用"。

---

① 福州市教育志编纂委员会:《福州市教育志》,福州市教育志编纂委员会1995年版,第63、65页。
② 丁重宣:《省立小学的使命与今后的路向》,《福建教育厅周刊》,1934年第180期,第3页。
③ 丁重宣:《福建初等教育之检讨与展望》,《福建文化月刊》,1935年第2卷第1期,第73页。
④ 丁重宣:《省立小学的使命与今后的路向》,《福建教育厅周刊》,1934年第180期,第3页。
⑤ 刘海峰、庄明水:《福建教育史》,福建教育出版社1996年版,第380页。

中心小学的师资方面,设校长1人,秉承教育局长办理本区行政、学校教育和一切规划、研究和视导事项。校长的资格"以大学教育科高等师范科或师范本科或高中师范科毕业知识经验特别充足富有研究精神者充任之";中心小学的教师以二学级三人为原则,校长不兼级任,其教员资格"以聘请学识丰富及具有研究精神之完全师范生为合格。"①

闽侯县在1934年时开始实行"中心小学区制",将全县划分为13个学区,每学区设置1所中心小学。"本局为谋增高视导效能,促进各小学联络发展起见,特于每学区内设立中心小学一所;但学校数稀少的学区可以合并设立。中心小学由教育局根据下列标准,指定区内公立小学改设:地点适中,交通便利;人口繁多;学级较多;校舍宽阔,设备完善;成绩优良。依先后设立中心小学8所。现在除第六区外,每区均已设中心小学"。②

闽侯县对中心小学的运作制订了详细的计划:(1)拟订中心小学规程呈厅核示。(2)拟订中心小学校长视导办法。(3)组织各区辅导会议,由各区中心小学校长主持其事。(4)明定中心小学校长之职权,并提高其待遇。本年度内计设中心小学7处,原有各区辅导会议改为分区小教育研究会,其主席由本县指定县立中心小学校长担任之。(5)每月九日下午二时由县召集各中心小学校长及本府视导人员举行中心小学校长会议一次,借以形成视导网的作用。③ 在学校督导方面中心小学须于每学期开始时,拟具视导计划,呈送教育局核准施行。中心小学须将每学期工作概况及改进意见于学期终了时呈报教育局,以备考核。中心小学于必要时得将区内小学教师,调至该校内轮流实习,并派该校内教师前往被调查教师小学代理一切。中心小学视导区内各小学及私塾时,应备用局发视导记载簿,详细记载视导情形,于到达某校时,加盖某校钤记,及校长私章以备考查。④

各区中心小学设立之后,作为各区内的辅导机关,中心小学对本区内的其他小学负有监督与指导的职责,具体要做到:(1)采用增进小学教育最新而最有效的实用方法,并随时报告实验结果,以供区内小学及私塾效仿;(2)协助区内各乡、镇长筹办乡镇小学;(3)视导区内小学及私塾;(4)组织研究会及讲习会等,以便区内小学教员及塾师的进修;(5)编辑乡土教材或临时教材呈送教育局核定,以供区内小学及私塾的应用;(6)协助教育局规划及改进区内社会教育;(7)联合区内各小学举办成绩展览会、运动会、及其他各种比赛会等;(8)主持各该区视导会议;(9)处理教育局发交研究及委托办理的事项;(10)调查区内教员状况,报告于教育局。⑤中心小学还负有视导区内各小学校及私塾的责任。中心小学校长视导所在学区内

---

① 葛保飞:《本县中心小学区制评述》,《闽侯教育辅导》,1936年第1卷第5期。
② 《闽侯教育局制定中心小学规程》,《福建教育厅周刊》,1934年第198期,第37页。
③ 王志谦:《二年来本县之教育视导》,《闽侯教育辅导》,1936年第1卷第6期。
④ 《闽侯教局制定中心小学规程》,《福建教育厅周刊》,1934年第198期,第38页。
⑤ 《闽侯教育局制定中心小学规程》,《福建教育厅周刊》,1934年第198期,第37页。

的小学及私塾,每学期至少5次,对私塾还须用抽查的办法,加以指导改进。每到一所学校视察至少要停留半日,对民众学校更注重晚间的视导。①

为改变小学设备简陋的情况,闽侯县政府购置小学所用之物理仪器、化学用品,博物标准模型6套,发交各中心小学流动使用并保管,此外还下令各校要依地方实际情形,及学校之性质,订定各校分期充实设备办法,分期办理,并列为考成标准之一。1936年时各校第一期设备已将次完成。②

新设的中心小学"只重指导,而少有行政实权",③虽不能保证所有措施的都能实现,但对当时地方教育缺点的改进有明显的作用:"中心小学成立后视导的机会增多,促进全县学校的发展,提高行政效率,视导方法精密而切实际,便于全县教师之考成。使其事权集中,行政迅速,督促严密,视导周详,树立整齐划一的教育标准,实现机会均等的教育理想……以中心小学为改造区内各级学校内的中心;更以中心小学的特殊政策,为推动教育行政中心。使行政具学术化,以便于实际的指导;学术具行政化,以收指导上实际的效果。"这种制度被认为是"诊治现行地方教育行政病态的唯一圣药,而辟地方行政教育的一个新途径。"④

1937年起"中心小学区制"制度得以推广,省立小学仅保留省立实验小学、各师范附属小学数校,其余由所在地的县政府教育局接管。

二、开展教育研究实验

1924—1926年,中国教育界对20世纪20年代初盲目、冒进地试行外国的"新教学方法"进行了反省,初步得出了一些经验的教训,开始采取冷静、审慎的态度;意识到要从中国教育的实际出发,而不是机械地照搬外国的东西。1927年至30年代初,教育界注意改革的科学性,提倡实验,研讨教学中的具体问题。

程时烺任教育厅长后,首先创设省立实验小学,当时设实验小学的目的是"用科学的方法、实验的精神来试行最新的教学法,效率最高的学校组织法,适合环境的教材,富有活动性而饶有兴趣的课程,养成身心发达、科学习惯、热心社会的良好国民。"⑤1929年,福建省教育厅举办小学教师暑期学校,在这个暑期学校中成立了"福建初等教育研究会",后改为"小学教育研究会",力图研究"如何足以发展儿童的本能,适应儿童之环境,供给儿童之需要等问题"。⑥1932年,福建省省会小学教育研究会在教育厅召开全体大会,丁重宣任主席。这次会议通过了《福建省会小学

---

① 《闽侯中心小学校长视导区内各校办法》,《福建教育厅周刊》,1934年第199期,第40—41页。
② 葛保飞:《二年来本县之教育行政》《闽侯教育辅导》,1936年第1卷第6期。
③ 《闽侯中心小学校长视导区内各校办法》,《福建教育厅周刊》,1934年第199期,第40—41页。
④ 林治渭:《由中心小学区制谈到如何增进本县中心小学的交通问题》,《闽侯教育辅导》,1936年第1卷第5期。
⑤ 尹日新:《福建省立龙溪实验小学答问》,《福建教育厅周刊》,1929年第18期,第30页。
⑥ 福建省教育史志编写办公室、福建省教育科学研究所文史志研究室:《福建省教育史资料集》(第9辑),第157页。

教育研究会简章》,简章规定研究会分四组:幼稚教育组、实验教育组、教学法组和训育组。会议选举省立福州师范学校附属幼稚园二部、省立福州实验小学、省立福州师范附属小学第二部和省立第三小学分别主持这4个组,开展教学研究活动。

在实验小学及各级的小学教育研究会的带领下,各校都开展了一些教育实验。例如,省立福州实验小学开展《中级阶段自然科笔记做表解与印发表解效果孰大》的研究,省立福州师范附属小学第二部进行《默读与朗读之理解力孰优》的实验;部分城镇的普通小学也进行一些教育实验,将教学与实际相结合。如闽侯郭宅中心小学能利用布匹标头厚纸,剪裁成各种"常识卡片",并自制各种标本和人体模型。在1934年的《省会小学实验问题分配表》中可以看到7所在福州的小学共涉及177个专题或教学实验的议题。①

福州小学的实验研究迅速成为各个小学的新风尚。闽侯县为了鼓励小学教师进行研究,1936年还制定办法:① 随时选定研究题,饬交各区小学教育研究会讨论研究,并将结果汇送本府以便整理发表;② 随时鼓励一般教师发表各项实际问题,以便送登《闽侯教育辅导月刊》,并由县酌赠书券或奖状等以示鼓励;③ 由视导人员随时介绍良好读物,指导自动进修;④ 督促全县教师进修于本省教厅召开之时暑期讲会。② 至1937年,福建省除有省会小学教育研究会外,还有分区小学教育研究会,县市分区及小学教育研究会。

三、推行义务教育

近代以来推行义务教育逐渐为国人所重视。1915年和1920年,北洋政府教育部曾两次制定颁布实施义务教育的通知,但并没有得到真正执行。1928年,南京国民政府大学院在南京召开了第一次全国教育会议。会议通过《厉行义务教育案》,并进行了具体规划。此案要求,各地失学儿童数,每年应减少20%。1930年,在南京国民政府教育部召开的第二次全国教育会议上通过了《改进全国教育方案》,提出在20年内完成普及4年制义务教育的目标,并制订了一整套计划、方案。

遵照教育部实施义教办法大纲精神,福建省教育厅于1931年成立组织义务教育推行委员会,先后公布《福建省第一期实施义教办法大纲》《福建省实施短期义教办法大纲》《义教实验简章》等文件,要求各县市着手推行义教。但以当时福建"各县经济能力与师资情形,欲使已达6岁之学龄儿童,都受4年之义务教育,事实上恐难做到。"③为了摸索经验,教育厅在闽侯、思明、建瓯三县设立义教实验区。但实行的结果,除闽侯较有进展外,其他地区"或因政潮陷于停顿,或因经费缺乏难于发展。"④

---

① 《省会小学二十三年度实验研究问题分配表》,《福建教育厅周刊》,1934年第213期。
② 王志谦:《二年来本县之教育视导》,《闽侯教育辅导》,1936年第1卷第6期。
③ 《福建省义务教育试验区进行概况》,《福建教育厅周刊》,1931年第85期,第34页。
④ 郑健羽:《对于福建义教实验区的希望》,《福建义教》,1935年第1卷第1期。

（一）义教实验区

1931年2月，福建省教育厅在福州设立闽侯城市及乡村义务教育实验区。城区实验区办事处附设在省教育厅内，乡村实验区办事处设在五里亭。试验区成立后，乡村分为3队、城市分为2队进行义务教育的宣传与学龄儿童的调查。经调查，闽侯乡村义务教育实验区有学龄儿童1253人，就学的男童447人，女童151人，未就学的男童276人，女童375人。①城市义务教育实验区学龄限定足五岁二个月至十一岁二个月之学龄儿童及十六岁以下之失学儿童。共调查637户，922人。②

按学龄儿童数，两个义教实验区在当年4月分别创设简易初级小学（如表8-3所示）。先试办三年制的简易初级小学，招收六岁至十五岁不能入正式小学的儿童，每天到校修习四个小时，三年共有三千小时的学时即可毕业。另外还有半日制及部分时间制办法，以招收不能全日到校修习的儿童，修习的时间也定为三千小时。所授课程为党史、国语、算术、常识等主要学科，必要时加授音乐、体育等科目。③城市实验区在旗汛口设初级小学1所，招收失学儿童269人。乡村实验区在秀坂设初级小学1所，另设分校5所，招收失学儿童约600人。④

表8-3 实验区简易初级小学情况表⑤

地区	创办地点	学生数	级数	经费	职员
城市	教育厅前进	250	5	开办费教室内设每室100元，教室修缮费每室50元，经常费每级每月42元	校长吴德馨，教员3人
乡村	大坂乡	480	10		校长陈贞瑞，教员7人

实验区内的学校师资人选采用公开办法，登报招聘，由义务教育推行委员会组织招聘闽侯义务教育实验区小学老师审查委员会进行缜密的审查。审查及格的有12人，多为师范生。实验区内的学龄儿童入学不仅免缴学费，若有极贫寒儿童还分配书籍、笔墨等费。不过学龄儿童必须接受强制的义务教育，作为其父母或保护者必须承担"使之受教育之义务"，"……倘有不尽此义务之父母或保护者，则政府为尽其使人民受教育之义务起见，唯有出于强迫而已"。在城市义教区内则取更严格的措施推进义务教育，联合公安局强制在三日内取缔区内私塾限，并"联络区内正式小学组织学龄儿童就学督察队;发行义务教育月刊"。⑥

---

① 《闽侯乡村义教试验区调查学龄儿童》，《福建教育厅周刊》，1933年第142期，第72页。
② 张俊玕：《闽侯城市义务教育实验区调查学龄儿童报告》，《福建义教》，1936年第1卷第3期。
③ 《福建省义务教育试验区进行概况》，《福建教育厅周刊》，1931年第85期，第34页。
④ 福州市教育志编纂委员会：《福州市教育志》，福州市教育志编纂委员会1995年版，第63页。
⑤ 《福建省义务教育试验区进行概况》，《福建教育厅周刊》，1931年第85期，第36页。
⑥ 《福建省义务教育试验区进行概况》，《福建教育厅周刊》，1931年第85期，第32、35、37页。

为了辅导区内简易初级小学教职员教学，实验区内还设立教学辅导会，由教育厅义务教育推行委员会委员互推兼任，设3人。辅导事项包括：教学方法的改正；教材的选择与组织；智慧测验与教育测验的举行；教师进修方法的指导与书籍的介绍。每周视导教学一次，关于教学上的普通问题与教师随时讨论解决。每星期六开辅导会议一次，全体教师均须出席研究关于本周视导的结果、改进的意见及视导的方针。举行范教、举行教学方法讲演。①

1936年8月，福建省教育厅以乡村为推行义务教育重点，又为提高实验效果，将闽侯城市、乡村两义务教育实验区合并，改组为福建省义务教育实验区。该实验区仍以福州五里亭为区址，以邻近的大坂、秀坂、廉村、龙江、凤坂、藕浦、前屿、象园、琼莲等13乡为施教区域。全区设中心小学1所，单级小学1所，短期小学6所，试验农村工读小学1所，中心小学附设短期小学班1班。区内实施各种学级编制及教学方法的改革实验，实验内容如下：(1) 在中心小学二、三、四各年级采用单式编制，一年级采用复式编制。教学方法，低级段采用启发式，中级段采用自学辅导式。(2) 在工读小学采用二部编制，教学方法以设计教学法为主，间亦采用自学辅导法。(3) 在一年制短期小学采用全日间时二部制，教学方法采用自学辅导法；低年级施行大单元设计教学，并训练辅导生分任辅导。(4) 在二年制短期小学采用复式编制；教学法参照当地环境，自学辅导与设计法并用。同时还举办巡回文库，推行小先生制，设置"共学处"，以普及教育。② 上述义教实验取得一定的成果，对其后全省推行义教发挥了一定的作用。

(二) 开办短期小学

1935年6月，福建省全面实施义务教育。这一年制订公布了《福建省义务教育分年实施计划》《各县市义务教育委员会组织规程》，分3期在全省推行义务教育。当时测算全省学龄儿童为115万，减去已就学的学童27.9万，则失学儿童为87万以上。分年实施计划，第1期为5年，每年应减少失学儿童17万余人。为此必须开设大量的短期小学和简易小学。短期小学的学制1年或2年，简易小学的学制3年。

短期小学一般都利用寺庙、宗祠、公所及各种机关等公共场所，或租借私人住宅为校舍，采用上午、下午、夜间分班教学制，修业年限一年，每班每日授课2小时，每年上课540小时。短期小学或小学附设短期小学班，以识字为目的，其课程只设国语一科，穿插史地、公民、算术、自然等常识。在教学中要求注重注音符号，但实际上许多教师自己也不懂注音符号，因而也就无从教起。短期小学均免收学费，书籍及学习用品也由学校供给。

为了加强对新创立的短期小学的管理，闽侯县将全部的短期小学为分为40个

---

① 《福建省义务教育试验区进行概况》，《福建教育厅周刊》，1931年第85期，第36—37页。
② 福建省政府秘书处：《福建省五年来初等教育》，福建永安1939年，第57—58页。

短期小学区,每区指定完全小学校长1人,对全区内的短期小学进行视导;另外安排短期小学所在附近的普通小学对其进行辅导。① 1935年度上期添设短期小学120校,设208级,及附设于普通小学之短期小学班24级。1935年年底下期为适应全县城乡各区之需要起见,又添设乡镇立普通小学15所计35级,短期小学39所计25级。② 1935年下学期,闽侯县设在福州城乡的短期小学有79所、158班,另有7班附设在普通小学内,共招学童8501人。1937年,闽侯县还在乡村设立3年制简易小学。简易小学仍属义务教育范畴。此时,闽侯县在福州乡村设立的简易小学有32所。③

随着短期小学和简易小学的兴办,师范学校的毕业生远不能满足需要,又出现师资严重缺乏的问题。如闽侯县第三区柳浪短期小学,"全校学生数有一百多人,教员只有一人"。④ 此外由于受经费和其他办学条件的约束,福建省《第一期实施义教办法大纲》规定义教年限为四年,但各地多是一年制的短期小学。此外多数短期小学都设在市镇所在地,或附设于原有小学,仍然未能深入农村,这样,普及教育势必受到很大限制。另外许多短期小学招生不足额,"假造名册以报主管机关",任课教师亦以塾师滥竽充数,学生的管理也流于形式,"就学儿童每多随便缺席,时来时辍,或于开学时报名入学,过后便没有来"。加以教材不实用,上课敷衍应付,一年时间瞬息即过,"计划只是空谈,学校等于虚设"。⑤ 短期小学教育儿童的效果不佳,又影响了义务教育的推行,"如一年制之短期小学,儿童毕业后所得智识,不足以应付社会生活之需要,如失学儿童过多,学校数不足分配,如师资缺乏,办理成绩不佳,得不到民众信仰,在在均足以阻碍义教推行。"⑥

四、整顿教师队伍

福建省的教师素质不高,据1932年调查,"全省小学教师13700余人,其中师范大学或大学及专科学校毕业者103人,师范学校毕业者1700人,高级初级中学毕业者5000人,受过短期师资训练者1000人,其余大概都是小学毕业或肄业以及塾师出身。"⑦ 早在1928年福建省政府颁布就《福建省小学教员资格暂行条例》,规定了在小学任校长及教员的资格。⑧ 后为了确认教师资格,福建省教育厅对全省小学教员"总甄别",制定公布了《福建省小学教员检定办法》,并成立小学教员检定委员会,统一领导全省小学教员的检定和登记工作。

---

① 王志谦:《二年来本县之教育视导》,《闽侯教育辅导》,1936年第1卷第6期。
② 葛保飞:《二年来本县之教育行政》,《闽侯教育辅导》,1936年第1卷第6期。
③ 福州市教育志编纂委员会:《福州市教育志》,1995年,第63页。
④ 宋鹤年:《办理短小困难的感想》,《福建义教》,1936年第1卷第7期。
⑤ 宋亨嘉:《推行义务教育中几个重要问题》,《闽海教育》,第2卷,第2期,第75—77页。
⑥ 林春生:《怎样改良私塾》,《福建义教》,1936年,第1卷第8期。
⑦ 郑坦:《福建教育概况及社会教育法令》,福建省民众教育师资训练所1936年,第47页。
⑧ 《大学院公报》,1928年第7期,第175—176页。

(一)审核小学教师资格

随着小学校数量的逐渐增多,小学教师的需求急剧增加。闽侯县"原有小学129校,318级,合格师资526人,不合格师资172人;1934年度上期,小学增至134校,528级,需要师资792人,除增加师范毕业生68人尽量作用外,尚需要师资104人。"但1933年前,在闽侯县小学师资,"概无合法甄别,故一遇学年开始,各校教员,每感漫无标准,不知适从。同时凡属接近某系某派之分子,均可'滥竽充数',败类充斥士林,贤能闻风远引。"①

在此情况下,要保证小学教育的发展,对教师资格进行认定势在必行。闽侯县在1934年举办小学教员登记,并制定相应办法:(1)小学正教员限于完全师范生及乡村师范生之已有教学经验者;(2)专科教员以中等以上学校毕业确有某种专长者为合格。幼稚师资限于幼稚师范生。登记手续:对于申请登记者,须填写申请登记表,呈缴毕业证件及服务证件;并经口试合格,始呈县府与教厅备案,并通令各校尽先任用。1934年申请登记者,计769人,经审查合格者共520人,其中正教员共450人,专科教员共70人。又吸收外县新毕业之师范生来县服务,差能供应适合。②1935年度学年初,闽侯县对教师资格重行登记,合格教师共有893人,其中正教员571人,代用正教员253人,专科教员共43人,幼稚员教员25人。③另外,"因需要师资之数量骤增,除随时特准应用师范毕业生外,并根据本县义务教育委员会所定短期小学校长资格,征求师资,以便选充短期小学校长。兹定于1936年度举行教员登记之时,令该项特种任用之师资,一律补行登记。并重新审查短期小学校长资格,以昭慎重,以杜假冒"。④

闽侯县还加强对各校的教职人员的管理:首先,确定各校教职员人数。1934年起,规定各校采"专任制"校长须兼级任。办理一级之小学,不另聘教员;二级者,得聘级任及专科教员各1人;三级者,得聘级任2人,专科1人;四级者,得聘级任3人,专科1人;五级者,得聘级任4人,专科2人;六级者,得聘级任5人,专科2人。自此标准确定颁布之后,各校教职员均在其原担任学级任教,并无离校兼课之流弊发生。其次,提高小学教员任用标准。闽侯县制定《小学教职员任免规程》三条:(1)小学教员以任用登记合格之师范毕业者为原则;新毕业之师范生,应予尽先作用。(2)中心小学教员,应聘用学识丰富及具有研究精神完全师范生。(3)区、乡、镇及私立各级小学,除聘用登记合格之师范生外,并得聘用曾经登记合格之代用正教员。最后,对各小学加强管理,严密考核办学成绩。为改变各小学办学不力与成绩低劣的缺陷,闽侯县颁布《小学校校长及教员服务规则及奖惩办法》,根据视导人

---

① 田文超:《闽侯初等教育现状与今后之期望》,《福建文化月刊》,1935年第2卷第1期,第83页。
② 葛保飞:《二年来本县之教育行政》,《闽侯教育辅导》,1936年第1卷第6期。
③ 谢永臧:《二年来本县之学校教育》,《闽侯教育辅导》,1936年第1卷第6期。
④ 葛保飞:《二年来本县之教育行政》,《闽侯教育辅导》,1936年第1卷第6期。

员到校视察时随时记载各校长及教员之服务勤惰,进行平常考核。①

这些办法对师资素质的提升起到良好规范及促进作用。小学师资"凡属具有相当资历与教育经验者,俱可致力教育事业,共同服务,否则,虽有任何特殊势力,亦难得登讲坛,且登记及格教员中,分有正教员、代用正教员、专任教员三种,拟聘之先,一窥若何,便知取舍,各校教员,咸感利便;至于各校级数问题,悉以生额多少为准则,较诸过去任意添级加费,实远过多多!他如各校教育人员之任免,悉以前期视导报告为标准,力矫以往感情用事之流弊"。②

（二）组织小学教员进修培训

从 1934 年开始,省教育厅依据《省立小学教职员资助进修办法》选派省立小学教员赴上海大夏大学等校进修。在 1934 年派出的人员有省立第一小学教员郑希介、省立第二小学教员黄聪和张廷荫、省立福州师范附二小学教员林浩观,"各带本人原薪俸之半数,前往进修"。③ 同年规定各县市区应利用举办暑期讲习会,短期培训小学教员。暑期举办讲习会分为四个区进行,福州地区的县市集中在第一区的省立师范学校进行 4 周学习。学习内容包括"讲习、讨论与研究"3 个部分。④

1936 年 5 月,教育厅在福州设立福建省小学教员训练所,由教育厅直接管理。训练所的设置主要是"增进小学教员学识、改善教学方法及补救各县市不合格师资。"第一期学员名额定为 300 名,主要由各县市区保送不合格的现任小学教员,"不论男女,年龄在 18 岁以上 36 岁以下,经初中以上学校毕业"到省会受训,为期 6 个月。开设课目包括 16 门必修课及 3 门选修课。前来受训的学员食宿费用及学费均免,另规定各县市政府应给予 5 至 10 元的补助。⑤ 训练所共办 2 期,受训教员 614 人。后又举办 3 期中心小学校长训练班,受训学员 252 人。此外还举办音乐、体育教员培训班各 1 班,受训学员 120 余名。⑥ 同年为了弥补义务教育师资的不足,福建省颁布《福建省义务教育师资训练办法》,要求全省 7 个行政区各设 1 所义教师训班,招收符合以下条件的学生:(1)中等以上学校毕业者;(2)相当于初级中学毕业程度,有一年以上教学经验者;(3)现任短期小学校长或教员。师训班开设教育概论、短期小学各科教材及教学法、军事训练、实习等课程。每班学习时间 5 个月,经考查合格者分发原县市任教。⑦ 从 1937 年 2 月起师训班办了 3 期,全省毕业学员 2648 人。⑧

---

① 谢永臧:《二年来本县之学校教育》,《闽侯教育辅导》,1936 年第 1 卷第 6 期。
② 田文超:《闽侯初等教育现状与今后之期望》,《福建文化月刊》,1935 年第 2 卷第 1 期,第 83 页。
③ 《本厅奖助小学教师进修》,《福建教育厅周刊》,1934 年第 198 期,第 34 页。
④ 《民国二十三年福建省小学教员暑期讲习会办法》,《福建教育厅教育周刊》,1934 年第 191 期,第 32—34 页。
⑤ 《福建省小学教员训练所办法大纲》,《福建省政府公报》,1936 年第 600 期,第 2 页。
⑥ 福建省政府秘书处编印:《福建省五年来初等教育》,福建永安 1939 年,第 9—10 页。
⑦ 《福建省义务教育师资训练办法》,《福建省政府公报》,1936 年第 659 期,第 4 页。
⑧ 福建省政府秘书处编印:《福建省五年来初等教育》,福建永安 1939 年,第 66 页。

（三）统一待遇标准，改善生活待遇

以往福建省各县市区小学教员的待遇并无统一标准，不同地区差别很大。福州的小学教师也存在收入过低的情况。以福建省立福州高级中学所属小学第一部为例，校内教员15人，1930年学校每月经费700元，由政府发放；学生每学期收茶水费90元。教员薪俸每月546元，占全数的73%。教师的收入比一般私塾的塾师为高，却也只能刚好满足生活需要，"入超者最多月不及20元，出超者月最多亦不及20元。"因此仍有教师"以薪苏为嫌者"，教师们"前途所希望唯求当局改善待遇，实行年功加俸而已。"① 为此，"省教育厅于1936年组织调查了各县市区教职员待遇状况及当地人民生活费用的最低限度。根据这次调查结果，制定《福建省各县市及特种区小学教职员任用待遇服务及奖惩规则》，将全省小学教员待遇标准，分为甲、乙、丙三等，每等复分为5级。各县市区视当地生活状况，先以某等为其辖内教职员的待遇标准，再按教职员的资格、经验、服务年限和成绩等，核定支给某级薪额。"② 实行此办法后，小学教员的待遇略有提高，但各县市区的待遇差别仍然存在。

（四）提升校内行政效率

以往学校"县小各教员，以前往往暗中结成数派，干涉校长职务，一至新旧校长交替之时，则反对新校长，拥护旧校长，或推拥新校长，勾结小学生反对旧校长"。因此各校长奉令整理学务，"对于乡村本地教员，应须全部解约另聘，打破地方传统思想，预防阻碍校务，倘有反对新校长解约者，予以最严厉的处分，以正学风，而重教育"。③ 同时为了增进小学行政效率，闽侯县教育局还规定于每年度之假期中举行全县小学行政会议一次。对小学行政之各项实际问题进行研究。会议召开之时由各校先期提出议案，以便集中讨论作各校行政之参考。④

五、继续整顿改良私塾

民国初年就开展的私塾改良工作，因"各县市主管教育行政机关对于私塾尚多忽视"，⑤一直没有完成。南京国民政府时期推行义务教育，私塾教育又成了绊脚石。但当时创办的短期学校数量不足，教学质量不高，缺乏竞争力，因此本应予以取缔的私塾教育，只能在改良之后继续加以利用，"际此推行义教初期，如能予以改良，使渐趋学校化，亦足以补学校数供不应求之憾"。⑥ 福建省教育厅颁布一系列文件，要求各县市区对私塾进行整顿和改良。

1932年5月，福建省教育厅公布《改良私塾规程》27条，规定私塾在城市不得

---

① 李文海等：《民国时期社会调查丛编：文化事业卷》，福建教育出版社2004年版，第138页。
② 福建省政府秘书处编印：《福建省五年来初等教育》，福建永安1939年，第10页。
③ 《闽侯教育汇讯》，《福建教育厅周刊》，1934年第198期，第35页。
④ 葛保飞：《二年来本县之教育行政》《闽侯教育辅导》，1936年第1卷第6期。
⑤ 《为限期举办私塾登记及塾师训练令仰遵照》，《福建教育》，1935年第9期，第50页。
⑥ 《为限期举办私塾登记及塾师训练令仰遵照》，《福建教育》，1935年第9期，第50页。

设于小学附近1000米内,在乡村不得设于小学附近3000米内。设立私塾均应呈报核准,并进行登记注册。私塾不准选用《四书》《五经》为教学内容,而必须开设党义,国语(读文、作文、写字),算术(珠算或笔算),常识(包括公民、卫生、历史、地理、自然各科),体育等课程,每星期教授时数须在24小时以上30小时以下。私塾内的教材应采用大学院或教育部审定的图书。对违规的学生不允许体罚。①

对于主持私塾的先生,省政府组织人员进行审核培训。1934年12月,颁布《福建省各县塾师甄别委员会组织规程》10条及《福建省各县塾师甄别委员会组织规程施行细则》11条。《细则》中规定私塾教师须年在20岁以上60岁以下,并曾在初级中学以上学校毕业,或曾任教员2年以上有服务证明书者方为合格。未合上述条件者需要参加考试以及体验等进行"甄别"。② 1936年1月,教育厅又公布《为限期举办私塾登记及塾师训练令》和《福建省各县市塾师训练班暂行办法》12条。

1934年闽侯县开始对县区内的私塾进行"甄别"。闽侯县约有私塾900余所,约三倍于全县之小学。塾师登记合格者780余名,未登记合格者约千余名,合计约两千余名。闽侯县制定甄别方法:"(1)订定设立私塾暂行办法以资取缔;(2)组织塾师甄别委员会,负审查及甄别师资之责;(3)订定塾师讲习会规程,分区训练甄别合格塾师;(4)取缔不合格塾师设塾;(5)指定合格塾师之设塾地点。计第一次申请登记者有989人,无试验合格者有520人,有试验合格者123人,第二次检定合格者计337人,第三次计24人。并布告有学校之乡村不得再行设塾。兹拟于廿五年度(1936年)设立塾师讲习所,供合格塾师之进行,并造就未经登记合格之塾师,俾得准备新知识,以便登记。"③

在义教实验区内的,私塾的存在也难免冲击义务教育的普及。1935年,徐天枢在义教实验区的雁塔村创办短期小学,由于办学是匆忙上马,"一切校具、教具,均系商借,其中课桌、课椅,曾由乡中补凑,充为办公与教学之用,其他厨房器具,亦由乡人分给"。这样的短期小学在与私塾竞争方面除了行政上的权力外,并无多大优势。因此义教实验区内的私塾改良工作只能等到学校扎稳脚跟后进行,"本校学区内有私塾3所,其中登记合格者2人,当本校设立时,该私塾恐生活影响,外则毁谤多方,内则央人要求准予设立,本校设施尚付缺如,恐在乡人未尽了解之时,反引起不良印象,于事反为不利,遂决定学童额满时,对私塾加辅导,随时促其改善"。④

随着义教实验区建设的逐步稳定,试验区对于私塾的废立以及办理中的所须各种条件,参照上级的政策做了详细的规定:⑤

---

① 《福建省教育厅改良私塾规程》,《福建教育厅教育周刊》,1932年第109期,第11—13页。
② 《福建省各县塾师甄别委员会组织规程施行细则》,《福建教育厅教育周刊》,1934年第213期,第21页。
③ 葛保飞:《二年来本县之教育行政》,《闽侯教育辅导》,1936年第1卷第6期。
④ 徐天枢:《创办乡村短期小学经过报告》,《福建义教》,1935年第1卷第3期。
⑤ 张俊玕:《辅导私塾与试行小先生制度》,《福建义教》,1935年第1卷第2期。

凡新设的私塾，须持有地方教育行政机关的设塾准许证件，按照本区办事处的规定设塾请求表填写（其中包括拟收学生数，每人学费、科目及课本等项），呈由办事处核办，否则不得在区内设塾。

凡区内私塾有下列事情者得由区办处加以区分或勒令停办。① 妨碍本区各小学学额的充实者；② 经辅导而无意改善者；③ 塾师有各种不正当行为者；④ 塾师身有痼疾者；⑤ 学童成绩过劣者。

私塾"学校化"，应有最低限度的设备，包括学生出席表、教授日记、学生告假表、家庭通讯簿、学业操行考查簿、黑板、粉笔、黑板刷、大算盘、自鸣钟、字典挂图及参考书、总理遗像及党国旗。其他什物如茶壶、茶杯、毛拂和扫帚等。

对于教学的科目与课本，要求私塾教学的科目，应以党义、国语（读书作文写字说话），算术（珠算、毛算），常识（公民卫生历史地理自然）以及体育等科为纲，并得依学生的个性及需要，酌设其他选修科目，但须报告本区办事处核准。区内私塾均须一律采用教育部审定的课本，并得自编教材或选用其他课本，但须经本区核准。

私塾管教学生，应改变以往专重惩罚的手段，并改进对于学生一切的非法待遇：① 严禁无谓的有害于身心的体罚；② 不得使学生为塾师个人服务，但得为私塾内的一切事务操作；③ 利用儿童竞争心以助管理。其他如纪念周并各种纪念会，亦由本区通饬遵行，不过假期则可相当变通。

塾师要求"教师化"，须有以下资历之一：① 曾在初级中学以上毕业的；② 曾任教员一年以上的；③ 经地方教育机关检定及格的。塾师应有专业的常识。

六、其他教育整顿措施

闽侯县的公立小学中分为县立小学与区乡镇立小学，由于各区经济实力不一，所办的学校分布不平衡。"原有学校多偏于城区，乡区校数较为稀少。全县一、二、七、三区学校数占全县总数百分之七十以上，其他各区为数殊少，至于十一、十二两区，竟付阙如"①。

1934年时闽侯县颁布多项措施促进办学质量提升。首先闽侯县特别颁布《各区小学颁布添设或酌量归并办法六项》，具体规定如下：（1）城区县立小学，自本年度起暂不添设，对于办理腐败难期改进者，即予归并。（2）县立小学每区至少一所。（3）凡在一乡村办有小学两所以上均难发展者，勒令合并办理。（4）区立小学，无区款者，即改为县立或改为乡镇立。（5）城私立小学，无固定经费者，令其整顿校董会，速筹的款，否则严予取缔。（6）学校数稀少各区，办理乡镇立小学，得优先补助。同年还"责令视导员，会同各区长勘察设校地点；原有的私立小学，改为乡

---

① 谢永臧：《二年来本县之学校教育》，《闽侯教育辅导》，1936年第1卷第6期。

立小学。各区区公所所在地,创设县立完全小学一所"。1935年"查全县185联保之中,几已遍设学校矣"①。

其次在经费方面,闽侯拟订改造计划,对不同类型学校进行不同的补助。县立小学的经费,全部由县拨给,规定"教育经费额每月一万元中参酌分配,划出百分之六十办理县立学校之用,……县立的学校,设立22校,每级给费60元。较前略有提高"。对于区立小学,闽侯"全县划分13区,就各区小学中择成绩优者之一校,每月给予补助费30元,其余区立性质的学校,由区筹款办理"②。对各区乡镇小学的补助,按学校的实际需要及办学成绩分五等进行补助,最高等每年每级300元,最低等每年每级60元。补助费总额,以全县初等教育经费总额百分三十为限,但于施行强迫义务教育期间,得增至百分之三十以上。③ 由于各乡区的经济发展不一样,乡镇区立小学的教育经费仍感紧张。"区乡镇立小学,则以一半由县补助,一半就地筹款为原则。在目前教育经费短拙时期,固属一种过渡办法,但乡辖小学中,有则地方毫无公款,或虽有公款而被联保办公处把持,有则公款微薄,不敷应用,此本邑乡辖各校所以常有校费困难之呼吁"④。至于私立小学,经严格审查分为甲乙丙丁四等,前两级成绩较优,每月准给补助由80元至100元,丙等则令自行筹款,丁等是办理不合格,决令撤销。⑤ 这些调整与补助办法对私立学校的发展有一定的作用,比如苍霞洲私立萃文小学,自接受教育厅拨款补助后,校务蒸蒸日上,接收的失学儿童越来越多,学校校舍狭小,即便是改建了一座洋楼还不够,向上级申请填埋校前的小河作为建筑用地。⑥

闽侯县还办理各种小学竞赛事项,促进学校发展。为鼓励小学努力实施健康教育,1934年举行第一届全县运动会,凡各学校及业余团体,均有加入。同年又举行全县小学生国语演说竞赛,借为各校注重国语训练并甄拔优秀人才。⑦ 为提高一般学校儿童之学习兴趣及检阅各校员生平时成绩起见,闽侯县规定于每学期举行各科成绩展览会竞赛会一次。1935年、1936年间举行过全县运动会二次,与省会联合举行各校自制儿童玩具成绩展览会一次。为考核办学成绩,1934年起对学生进行临时抽考,到1936年时举办了三次。每次评定等第,分别升留级,并注意要点及应改进事项,通令各校,切实施行。⑧

1934年起全国开展"新生活运动"。闽侯县认为"此种运动过去对于乡村方面,努力程度尚差"。为了"使此种运动推行于各乡村僻处",还制定措施在各小学

---

① 谢永臧:《二年来本县之学校教育》,《闽侯教育辅导》,1936年第1卷第6期。
② 《闽侯教育汇讯》,《福建教育厅周刊》,1934年第198期,第34页。
③ 《闽侯教局补助区乡镇立小学经费办法》,《福建教育厅周刊》,1934年第198期,第36页。
④ 田文超:《闽侯初等教育现状与今后之期望》,《福建文化月刊》,1935年第2卷第1期,第83页。
⑤ 《闽侯教育汇讯》,《福建教育厅周刊》,1934年第198期,第34页。
⑥ 《教育消息》,《福建教育厅周刊》,1934年第214期,第81页。
⑦ 谢永臧:《二年来本县之学校教育》,《闽侯教育辅导》,1936年第1卷第6期。
⑧ 葛保飞:《二年来本县之教育行政》,《闽侯教育辅导》,1936年第1卷第6期。

推行"新生活运动":"(1)各小学初等新生活运动,应与小学公民训练条目参合进行,并须组织新生活运动促进分会,积极倡导。(2)各校推行新生活运动之勤惰,得与办理校务成绩合并评定。(3)通令各校组织新生活运动宣传队,纠察队,挨户劝导并检查,其先应从学生之家庭着手。(4)新生活运动各项活动工作,均由学校主持领导。"这些措施施行之后,"各乡村街道与住屋之民事行政清洁均有进步,其他各项工作按各校随时施行,具报均有进展之现象。"①同时闽侯县通令各小学生以注意劳作教育,逐渐训练儿童具有职业生产之技能,要求各校:"(1)各校积极添置清洁用具,小农场,小工厂用具等。各校工役,概行取消,一切校内打什工作,由校内师生共同负责,并励行师生共同生活。(2)校内生活及一切设备,均以简单、朴素、清洁为原则。""根据两年来视察结果,各校对于劳作训练,多能努力实施。至雇用工役与设备布置,颇合经济之原则。"②

七、幼儿教育的兴办

在1927年前,福州的幼儿教育并不发达,主要的幼儿园都是由教会所办。在福州,国人所办的只有省立蒙养园2所,以省款单设,其后蒙养园改为省立幼稚园,最后改为福州师范之附属幼稚园第一二部。1928年以后,福建省教育厅比较重视发展幼儿教育,才有各省立小学先后附设幼稚班及部分县自行筹款单设幼稚园。1930年福州共有省立、县立幼稚园(班)10所:省立福州高级中学附属幼儿园第一部,教职员6人,学生87人;省立福州高级中学附属幼儿园第二部,教职员5人,学生82人;省立福州第一小学附设幼稚班,学生59人;省立福州第三小学附设幼稚班,学生34人;省立福州第四小学附设幼稚班,学生60人;省立福州实验小学附设幼稚班,学生41人;闽侯县立琼南幼稚园,教职工5人,学生63人;闽侯县立龙山幼稚园,教职工6人,学生77人;闽侯县立东南幼稚园,教职工5人,学生71人;闽侯县立西北幼稚园教职工6人。学生94人。③

幼稚师范课程最早是由教会设立,由外国人主持,对于幼稚生的教材教法,"大抵外国化过甚,脱不了过往幼稚教育之积习。"④1929年福建省教育厅发布《幼稚园课程设置及时间分量》,设置的课程有故事、唱歌、常识、读法、游戏、图画、手工、数目等,供各地斟酌实行。在教学上各园内重视教学改革。福建省幼稚园初建时,多采用美国幼稚园分级制,把幼稚园2学年分为4级,类同小学的学年编级形式。1930年前后,取消学年编级,而以年龄智力为分级标准。在幼稚园的教材内容方面,原为一个个的方块字,以后改由教师自编适合于儿童年龄特征和生活经历的教材。在教学方法方面,起初都采用读书识字的课堂教学形式,后改为组织儿童游戏

---

① 谢永臧:《二年来本县之学校教育》,《闽侯教育辅导》,1936年第1卷第6期。
② 谢永臧:《二年来本县之学校教育》,《闽侯教育辅导》,1936年第1卷第6期。
③ 福州市地方志编委会:《福州市志》(第7册),方志出版社2000年版,第17页。
④ 丁重宣:《福建初等教育之检讨与展望》,《福建文化月刊》,1935年第2卷第1期,第68页。

来进行学习的方法,"从片段知识的灌输而进于整个经验的历程的研习"①,使幼稚园的教学进一步科学化和实用化。

1935年,闽侯县为普及"幼稚教育",规定以"附设"为原则,增设郭宅、扈屿两中心小学幼稚园各一所,并根据创办规模在经费上进行支助:办一组者,每月经费58元,园长1人,月支薪俸32元,助教1人,月支薪俸20元,公费6元;办两组者,每月经费85元,团长1人,月支薪俸32元,组主任1人,月支薪俸24元,助教1人,月支薪俸20元,公费9元。区、乡、镇立及私立之幼稚园,其经费补助,依补助各小学经费办法支给。设组标准:以招足25人为一组,满60人,设两组。②

当时教育行政部门对幼稚教师资格审查十分严格,非经幼稚师范毕业者,很难进入幼稚园工作。截至1936年统计,福建全省有220名幼稚园教师,她们几乎都毕业于福建的三所幼稚师范学校。在教学研究上也形成了良好的风气,"教师从不闻不问而近于集会研究小会方面的幼稚园教师,有教育行政方面督促研究,同时各园教师大多认为研究的重要,渐趋向于研究的路上努力,学校的行政当局也有指定研究作业,指定教师工作,……形成浓厚的研究空气"。③

第三节　中等教育的变革

南京国民政府成立后,全国基本上继续实行1922年的学制,在中等教育方面,规定高级中学分设普通、师范、农业、工业、商业、家事各科,也可根据地方情形单设一科或兼设数科。在课程方面,1929年南京国民政府实行"党化"教育,"党义"(或"公民")课教学由经过省党义(公民)教师检定委员会检定的国民党员担任。

福建中学还实行军事化管理。福建省教育厅长王孝辑就曾在《福建公报》上发文提倡组织童子军和传习武术,并指出应严格规定使用器械和学生服装。1929年以后,初中以童子军课为正式科目之一,并开始在高中实施军训,每星期训练时间为三小时,训练期两年。1934年国民党政府推行"新生活运动",福建省各中学更严格军事化管理,要求高中生着黑色军装制服,初中生着黄色童子军制服才能入校上课,同时,实施连续三星期的严格军事训练,全省分六区举行,除进行术科、学科训练外,还研讨一些国际政治问题,从此开始,各中学军训课成为正规课程,不及格者不升级。1935年,国民党政府又规定每年4月至7月举行3个月的集中军训,因而,1935—1937年,福建省各高中生除平时在校受军训外,每年四月集中于福州等地集训。对于女生,加紧实施救护训练,1937年四月至六月也在福州进行了女生救护集训。中学教员也曾集中于福州军训一个月,不

---

① 田文超:《闽侯初等教育现状与今后之期望》,《福建文化月刊》,1935年第2卷第1期,第82页。
② 谢永臧:《二年来本县之学校教育》,《闽侯教育辅导》,1936年第1卷第6期。
③ 丁重宣:《福建初等教育之检讨与展望》,《福建文化月刊》,1935年第2卷第1期,第71页。

参加者不得继续任教。

这时期,中学学生学籍管理制度逐步制定和严格实施,1931年福建省教育厅颁布了《福建省中等学校学业成绩计算及升级留级办法》,其中规定:升级的条件是——凡学期成绩及格的学分达应修学分十分之九以上,不及格科的分数达四十分以上者可升级;不及格科的学分未达应修学分四分之一者可补考一次,补考成绩达到前项标准者可升级。而不及格学分达应修学分四分之一以上,或学期总平均分数不及六十分者须留级,若各学期不及格学分累积达到毕业应修学分总数二十五分之一者,不论其在本学期成绩如何,也均予以留级补习,不能毕业。①

表8-4 1930年度福州市中学概况表②

校名	设立年月	立案年月	班级数	学生数	职员数
省立福州高级中学	民国十六年二月		21	633	60
省立福州中学	清光绪二十八年三月		19	532	62
省立福州女子初级中学	民国十七年十月		3	151	24
私立福州中学	民国十七年十月	民国十七年十月	7	179	31
私立福州女子初级中学	清宣统元年八月	民国十七年六月	3	93	30
私立格致中学	清同治三年	民国十八年六月	7	211	41
私立三民中学	民国十五年春	民国十七年十一月	9	401	31
私立福建学院附属中学	清宣统三年	民国十八年一月	7	311	39
闽侯县立初级中学	不详		3	92	16
私立开智初级中学	民国十六年	民国十八年一月	3	109	17
私立光复中学	民国十六年九月	民国十八年八月	3	146	14
私立育华中学	民国十五年	民国十七年七月	6	107	19
私立国学专修学校	不详	民国十九年四月	4	363	46
私立鹤龄英华中学	清光绪七年	民国十七年七月	8	458	5
私立三一中学	清光绪三十三年	民国十六年十二月	9	187	27
私立文山女子中学	清光绪二十年	民国十七年十一月	6	90	13
私立华南女子学院附属高级中学	清光绪三十三年十二月	未立案	4	175	26
私立青年会中学	清光绪三十三年	民国十六年六月	7	187	32
私立三山中学	民国十三年	民国十七年十二月	8	105	23

---

① 福建省教育史志编写办公室、福建省教育科学研究所文史志研究室:《福建省教育史资料集》(第9辑),第181页。

② 福州市教育志编委会:《福州市教育志》,1995年,第106页。

续表

校名	设立年月	立案年月	班级数	学生数	职员数
私立协和中学	民国八年	民国十七年六月	7	114	22
私立陶淑女子中学	民国二年	民国十七年二月	6	113	36
私立毓英女子初级中学	民国十四年	民国十八年	3	141	14
私立寻珍女子初级中学	民国十四年	民国十九年二月	3	54	18
私立进德女子初级中学	民国十六年	未立案	3	42	10
备注	\multicolumn{5}{l}{1. 表内一些中学原由小学或其他职业学校改办，"设立年月"是指其开始有普通中学教育的时间。 2. 省立福州高中、私立青年会中学、私立协和中学、私立鹤龄英华中学的学生数均包括普通科和其他职业科}

南京国民政府成立后，福州的中学校也发生了一些变动。据表8-4统计，1930年福州有普通中学24所，其中省立中学3所，县立中学1所，私立中学20所，有学生4994人，教职员656人。不过近一半的学校是教会所办。

一、高中与师范的分合

（一）师范、职校与高中的合并

1922年的《学校系统改革令》中规定高级中学设置师范科与职业科。这种规定引起了师范、职校与高级中学分与合的激烈争论。由于对合并问题看法不一，所以福建省的中等学校还是维持旧制，没有马上执行《改革令》的合并规定。1927年，在全国多数省份实行"师职中合并"的情况下，福建省教育厅于3月决定将福州的省立第一师范学校、省立福州女子师范、省立女子职业学校、甲种商业学校的高中部、公立法政专门学校预科与省立第一中学、省立第二中学的高中部合并为一所学校，定名为福建省立第一高级中学，设于乌石山原省立第一师范校址。合并后的省立第一高级中学分设普通科、师范科、女子职业师范科、商科等，并以原省立第一师范的附属小学为第一附小，原省立女师附小为第二附小。此外，还附设幼稚园第一部、第二部。1929年，福建省立第一高级中学改名福建省立福州高级中学，并增设幼稚师范科和初中部。

这种综合中学教育制度，在实施过程中出现了种种问题，也引起了教育界人士的不满。1932年9月，中央教育部开始整顿中等教育，重新规定中学、师范、职业三种学校分立，高中不分文理科。

（二）师范学校的独立建制

师职中合并之后，受影响最大的是师范教育。在高中之下设立的师范科，"经费既不独立，设备又不完全，师范生难得特殊之训练，而校内又无充分之教育空气，师范教育，遂失其尊严"。这是因为中学是以升学为宗旨，"教员均注重升学目标，而忽略教师之训练"①。师范生虽然仍享受免费待遇,但常受到同校高中生的冷嘲热讽,从而造成初中生不愿考师范,师范生不愿当教师的现象,所以师范生人数锐减。福州的师范学生数在多校合并之初有较大增长,1927年有学生62人,1928年有580人,1929年有562人,但到1930年后,随着老生的毕业,在校生就降至336人。②

为缓和省内师资不足状况,1931年省立福州高级中学首先改为省立福州师范学校,撤销普通科和商科,专办师范科。1933年7月,福建省决定在全省范围内恢复师范教育的独立建制。此外还决定在全省设立4个师范区,每区设1所师范,1所省立乡师。省立福州师范学校,为第一师范区内的中心师范校。此后数年,福建省的中等师范教育保持了较快的发展速度。

(三)高中、师范的集中办理

福建省的师范教育虽取得一定进展,但是当时的福建省政府主席陈仪却认为:"过去的师范学校分散于各地,程度不齐一,设备不完全,每级人数不足额,而且教育的精神,学生的思想、意志,均不能集中统一,甚至有此校与彼校中树派别的恶现象。现在省立师范的师范只要办一个,这些积习都有法破除,而可以负责去改进了。"③1936年福建省政府为"齐一师资训练",将全省各地省立师范学校集中合并,只在福州乌石山办1所省立师范学校——福建师范学校,各地只办县立简易师范学校,禁办私立师范学校(班),私立师范学校(班)原有学生读至毕业结束。

二、举办教员检定

1933年8月国民政府教育部出台了《审查中等学校训育主任资格条例》和《审查中等学校公民教员资格条例》。1934年5月,在公布《小学教员检定暂行规程》的同日,公布了《中学及师范学校教员检定暂行规程》和《中学及师范学校教员检定委员会组织规程》,建立了中学及师范学校教员检定制度。

1936年,福建省教育厅参照教育部文件,制定颁发《福建省中学及师范学校教员检定办法》。检定的种类分为无试验检定和有试验检定两种。无试验检定由检定委员会审查申请检定者的有关证明文件决定,有试验检定则在审查申请者的有关证明文件后,再进行试验。参加检定的教员分为高级中学、初级中学、师范学校和简易师范学校4种。试验检定的考试科目分为两种:一是共同科目,设置"教育概论"和"教学法"2门考试课程;其他为专科科目,分为国文、历史、体育等15科,教师按所任课程选择不同的考试课程,最后还有口试。检定合格者,由省教育厅发

---

① 中华民国大学院:《全国教育会议报告》,商务印书馆1928年版,第134页。
② 林天穆:《福建教育检讨与意见》,《福建文化月刊》,1935年第2卷第1期,第27页。
③ 姜琦:《福建高中师范集中一校办理以后的教育方案之检讨及其怎样改进》,《教育改造》,1937年第5—6期,第105页。

给检定合格证书,有效期 6 年。①

1936—1939 年起,福建省共举行试验检定 1 届,无试验检定 3 届。在中学、师范教员检定的同时,职业学校教员实行登记制度。1936—1939 年共进行过 4 届登记。② 在教员检定同时,为了给教员进修提高的机会,福建省教育厅从 1936 年暑假开始举办暑假讲习会,"凡公立及已立案私立各中等学校校长、各科专任教员,及各科兼任教员,每周上课在 10 小时以上者,应一律参加听讲,学员均在会住宿,并受军事训练"。学员修完课程后,通过相关考试才发给证书。1936 年暑假举办第 1 期讲习会,听讲学员 375 人;1937 年暑假续办第 2 期,学员 290 人。③

三、举办中学会考

1932 年 5 月,国民政府教育部颁布《中小学学生毕业会考暂行规程》,规定:"各省县市教育行政机关为整齐小学、初级中学、高级中学普通科学生毕业程度及增进教学效率起见,对于所属各中小学应届毕业经原校考查及格之学生举行会考。"④1933 年 12 月,教育部宣布 1933 年废除小学毕业会考,并公布《中学学生毕业会考规程》;1934 年 4 月,又公布《师范学校学生毕业会考规程》。毕业生会考所考的科目,高级中学为公民(或党义)、国文、算学、物理、化学、生物学、历史、地理、外国语。初级中学把物理、化学合并为理化,历史、地理合并为史地,其余科目与高中相同。师范学校不考外国语,而加考教育概论、教育心理、小学教材及教学法。毕业会考试题,"应包括各科教材之全部,不以最后一学期教材及原校所用课本为限"。"毕业会考各科成绩核算方法应以学校各科毕业成绩(即三学年成绩之平均数)占十分之四、会考成绩占十分之六合并计算之"。"毕业会考各科成绩须均及格方得毕业,三科以上不及格者应令留级",会考有一科或二科不及格者,准其继续参加下两届各该科会考两次,及格后,方得毕业。如仍有科目不及格时,应考试全部会考科目。会考结果,一以学生个人为单位,将其所得各科成绩分别等第揭示,一以学校为单位,将各校与试各生平均成绩分别等第揭示之。⑤

为了贯彻执行两个《规程》,福建省教育厅先后制定公布《修正福建省中学生毕业会考办法》和《修正福建省师范学校学生毕业会考办法》,规定凡本省公立及已立案之私立中学和师范学校应届毕业学生,"由原校考核毕业成绩合格后,均应参加毕业会考"。全省会考分 5 区举行,第 1 区在福州,包括闽侯、长乐、永泰、古田、屏南、闽清、平潭、福安、莆田、福清、宁德(三都)、霞浦 12 县;第 2 区在龙溪,第 3 区在厦门,第 4 区在晋江,第 5 区在建瓯。包括每年毕业会考定于六月最后一星期和七

---

① 《福建省中学及师范学校教员检定办法》,《福建省政府公报》,1936 年第 614 期,第 2—6 页。
② 福建省政府秘书处:《福建省五年来中等教育》,1939 年,第 17—18 页。
③ 福建省政府秘书处:《福建省五年来中等教育》,1939 年,第 19—20 页。
④ 《部颁中小学学生毕业会考暂行规程》,《福建教育厅教育周刊》,1932 年第 119—120 期,第 23 页。
⑤ 教育部:《教育法令汇编》(第 1 辑),商务印书馆 1936 年版,第 221 页。

月第一星期内举行。未立案私立高中毕业生另举行升学预试,各未立案高中毕业生都必须参加,考试科目有国文、数学、英语、理化、史地五科。考试及格者给予升学证明书,不及格者按其程度分别降低年级给予转学证明书。升学预试时间为每年7月12日—13日。

从某种意义上讲,毕业会考对督促学生努力学习,提高学生素质有一定帮助,但会考制度的实行仍存在一些弊端。一方面增加毕业生的负担。会考制度实行后,每个毕业生在短时间内必须参加2至3次考试:第1次为在学校举行的毕业考试;及格之后得参加毕业会考,成绩及格者才能毕业;欲升入高一级学校者,还要参加升学考试。同时会考与学生毕业挂钩,如果不能毕业,拿不到毕业证书对学生的求职也造成极大影响。另一方面,会考的通过情况也成了衡量学校办学质量的一种标准。学校领导为了顾及学校声誉,"一切为了会考",不少学校停授体育、音乐、图画、劳作等非会考科目,而任意增加必考科目的学时。"课程支配方面,各校课程支配与部颁标准多所出入,仅就各科教学时数增减情形而言,各校有一共同重大错误,即对于劳作、音乐、美术、体育等科,过分忽视,甚至有因毕业会考关系,而将上述诸科完全停授者,对于学生心身训练,有所偏废,应加彻底纠正。"①另外由于会考的成绩层次不一,有的学校认为"会考成绩不佳,因之学校必受取缔或处分,于是在考试时放纵学生,甚至共同作弊"。而且"办理会考的时间太费,……在期前期后,本来就需要三个多月"。加上各种因素的耽搁,"又要迁延时日。所消耗的时间与精神,非常不经济"②。

鉴于以上弊端,1935年中央政府公布了《修正中学学生毕业会考规程》,规定参加会考的学校不进行毕业考试,并规定实践生有特别困难者可以抽考。1936年,教育部通令各省,将原按学生会考成绩计算学校成绩的办法改为仅发表参加会考学校名单,并重申对毕业学生的操行、体育等应严加考核。这样,中学、师范会考制度逐渐有所放松。

第四节 职业教育的变动

1927年2月,福建省成立教育改造委员会,将省立甲种蚕业、商业、工业、农业及华侨等职业学校并入省立第一高中;其中商业、华侨两校成为省立一中商科(1929年停止招生);工业专门学校改名为省立第一高级中学第一分校;蚕业、农业两校合并成为省立第一高级中学第二分校;省立女子职业学校改为省立女子职工学校。其他县立职业学校并入县立中学成为职业科。1928年,省立一中两所分

---

① 张志智:《福建省会私立中等学校视导报告》,《福建教育》,1936年第2卷第4期,第66页。
② 唐守谦:《会考之经过及其感想》,《福建教育厅教育周刊》,1933年第173期,第7—8页。

校又恢复单独设置,改称理工及农林两所职业中学,同时全省划分福州、厦门、龙溪及南平4个职业教育区,分设4所职业中学;基督教会办的福州私立协和中学及私立鹤龄英华中学,分别兼设农林科及商科。

此时,南京国民政府为发展经济、巩固政权的需要,在中华职业教育社推动以及乡村教育运动的带动下,职业技术教育受到重视。福建省教育厅也十分重视职业教育发展。1929年12月程时煃在上任之初,说:"至于职业教育,为现今人群生活上最重要的一件事。要办职业教育,其目的是为了学生个人谋生之准备,其次为服务社会之准备,再者也是为国家与社会谋利益和发展生产力之准备。而它最重要目的是,让无业者有业,有业者乐业。中国现时无职业的人非常之多,中途辍学和毕业生失业的人比比皆是,亟须提倡职业教育。"[①]1931年8月,福建省教育厅召集职业教育设计委员会议,讨论并通过了有关职业学校设科之标准、中学职业化实施办法等推行职业教育的方案、条例,共20多项议案,在全省推行职业教育。1932年1月,福建省教育厅还委托中华职业教育社的职业指导所在上海《民国日报》上刊登为福建求聘职业教师的广告。1932年8月9日,中华职业教育社第一、二届社员大会及第十届全国职业教育讨论会同时在福州正式召开。江苏、上海、广东等8省2市共300余人参加。这些都有力地推动了福建职业教育的发展。

1931年教育部"以各省公私立中等学校多系普通中学,大多数的毕业生,既因家境贫寒无力升入高中,又无生产技能之训练,不能从事各种职业,认为应予以矫正",要求各省自1931年起将县立中学逐渐改组为职业学校或乡村师范学校。在福州,"私立青年会中学地在省会,商业繁盛之区,商业一科较为环境所需,因令其改办商业职业学校;私立协和中学原系学理师范及农林等科,自22年(1933)师范科停办,仅余农林等科,因令其改为农林等科之职业学校以求实际"。同时为了使职业教育能够与社会需要结合在一起,福建省改进职校设科,"省立福州理工中学的电机科,历年毕业学生已供过于求,特将其改办普通工程科"。福州鹤龄英华中学也在1932年停办商科。对办理无成绩的学校,进行全面改造。"福州农林中学校务废弛,学风败坏,致演成学生控告校长及罢考等恶剧,允许校长自动辞职,重新挑选校长接管,并将为首学生严惩。"[②]

1933年福建省为贯彻教育部《职业学校规程》,将福州农林、理工两中学分别改为福州高级农业职业学校和福州省立工业职业学校,省立福州师范学校初中部改办省立福州初级中学,并同时设立私立育秀女子初级职业学校。在县立的职校中,按规定县立职业中学应改为"初级职业学校",因闽侯县立职业中学及第一、第二女子职业中学和闽清县立职业中学均改为"初级职业学校"[③]。同年还有一些新职校创办。在福清,由县中改办成福清县立初级商业农业学校。新筹设省立莆田

---

① 福建省教育史志编写办公室:《福建省教育史志资料集 第四辑》,第168页。
② 福建省教育厅:《福建省教育工作报告·学校教育》,1933年,第16—17页。
③ 福建省教育厅:《福建省教育工作报告·学校教育》,1933年,第63页。

农业职业学校,后移设长乐,改为长乐初级农业职业学校。在 1934 年设立的还有私立扬光初级商业职业学校,同仁初级畜牧科职业学校,私立民生初级农业职业学校。在改办过程中由于经费未能落实,1933 年,闽侯县立第一、第二两女子职业中学因经费困难,并入闽侯县立职业中学办理。

  这个时期又有一些职业训练班兴办。1934 年福建建设厅在青年会开办会计练习班,在省立福州职业学校办建筑绘图训练班。会计班毕业生由建设厅委派闽南北各工程处充为练习生;建筑绘图班毕业生 18 人,除其中 4 人已派为监工外,其余派往工地实习,期满后成为正式职员。① 福建省还曾在福州实行过实验工读教育。1934 年下学期为提倡职业生产并为大多数不能升学儿童及青年谋出路,在西湖书院设立"西湖工读学校"一所。开办费 310 元,校长兼技师 1 人,教员兼教导 1 人,另有教员 1 人,技师 1 人,助手 1 人。设家事、园艺、工业三科,为推广工作增设成年职业补习班、儿童需要商店等。教育部的视察员视察后"对于该校一切设施亦多赞许,认为值得介绍推行于全国之一种设施"。1935 年上学期又设立北岭工读学校,学校位于闽侯县井北汤中区。实施目标:推行乡村教育,并试验农艺职业教育。开办费 114 元。校长兼教员 1 人,教员 3 人。设初级工读 2 班,高级工读 1 班。以园艺为中心,开垦农地,耕种农产并增加畜牧、缝纫与机织等工作。校内有设立民众学校、农妇补习班、图书报社、问字处等社教工作机构。②

  福州地区的职业教育办学取得一定的成绩,学生的作品获得社会的肯定。1934 年全国职业师范学校及中小学劳作成绩展览会,福建漆器、藤器、竹器等十分美观,特别是漆器,"到会参观之各界人士,均视本省漆器为奇珍,争相购买,报界及艺术界均摄影存为纪念"。此外,省立福州工业职业学校的几何形体投影模型,福州中学的石膏工,省立福州第二小学的竹工,也因"不落寻常窠臼,亦为观众所赞许"。上海商务印书馆,认为几何形体投影模型"可为几何学上一件新发明,设计之精密,叹为未曾有",还特意派员与学校方面接洽生产事宜。③

  不过职业学校的进一步发展仍然要面对很多困难,其中最大的问题在于经费不足。1933 年中央颁发《各省市中等学校设置及经费支配办法》限于 1937 年达到以下标准:职业学校不得低于 35%;师范学校约占 25%,中学约占 40%。这就要求省立初级及高级职业学校每学级的每年经费,照省立初级及高级中学约各增 50%,以充实职校之设备。福建省一方面将可合并之班次合并,另一方面增加预算,比普通中学增加百余元,"俾得留出经常费的百分之二十为扩充设备之用"④。但经费的落实却受到地方形势的影响。以省立福州工业职业学校为例,"职业学校端在设备充实而欲设备充实自应按照部颁《职业学校规程》,较其他普通中学之校

---

① 《教育消息》,《福建教育厅周刊》,1934 年第 198 期,第 32 页。
② 谢永臧:《二年来本县之学校教育》,《闽侯教育辅导》,1936 年第 1 卷第 6 期。
③ 《教育消息》,《福建教育厅周刊》,1934 年第 214 期,第 80 页。
④ 福建省教育厅:《福建省教育工作报告·学校教育》,1933 年,第 16 页。

费应增多百分之五十。而揆诸实际本校校费与普通中学不相上下，……（但教费）时多积欠，甚至难于维持现状，遑论发展。本校为校费所制限所有一切设备之充实及其他之计划均艰于进行"。另外由于社会不安定以及社会上对职业学校毕业学生的歧视，使得学生的培养也难以持续。"职业学校之毕业生以就业为原则，目下我国社会经济百业萧条，一切建设事业均无从进行，职业学校之毕业生几无出路可言，从而社会对于职业学校之信仰，不甚浓厚"。"学生进入学校其自身并其家庭对于职业尤其对于工业职业均乏正确之认识，或欲升学而入职业学校，或因职业学校毕业生之无出路及将来毕业时既无职业可就而所习学科又不能应大学之入学试验，致时有发生半途辍学或请求转入他校"①。

1934年中央教育部的视察报告中指出福州各职业学校在专业设置方面的缺陷明显："现有省立职业学校，设科偏重工业，关于土木工程一科，近公路建设，需用专才固多，但现在各职业学校中，除农科一校外，莫不有该科之设置，将来学生出路，难免发生问题，应就地方各项土木工程之实际情形，用作造就此项技术人员之标准。""省立职业学校之属于工科性质者，大抵于地方原有工艺之改良提倡，未能注重，应于可能范围内设法兴办。""该省人民以业农为最多，农业建设，在在落后，农业职业人才之养成，尤为当务之急，而省立农业职业学校除北田农业职业学校尚在筹备中外，仅有福州高级农业职业学校一所，不足以济需要，应一面严督莆田职业学校认真筹备，克期成立，一面参酌各地产业状况，尽先添办农业职业学校。""省立福州高级农业职业学校设有农林各一科，场地设备，未见充实，且设在城市，与乡村环境，殊少接触之机会，应设法移设郊外，充实设备，以利教育效率之增进，毕业学生出路颇感困难，应予救济。按该校划有添置罐头制造及园艺苗果等项，又该校近年来于养育家畜一项颇著成绩，似可设农林两科酌量缩小范围，趋重于农业制造及附产之一途。""省立福州工业职业学校办理，尚称得法，场所设备，焕然可观，惟设立日久，历年稍欠补充，应于预算内酌量增加扩充设备费，以电机、机械、土木等为基础，尽量充实内容，其制造工厂并应注意于市场上通用商品之制作与行销。""省立福州职业学校，原有基础，颇有可观，但设科并有工业、商业、家事、助产护士等类，学生男女各半，对于设备之配置，训育之实施，困难之点，自亦较多，应减少设科种类，集中训练。"②福州地区的职业学校，根据报告精神做了调整，1935年时的办学情况如表8-5所示。

1935年后，福州的各县立职校均停办。1936年全省教育改造后，省立福州高级农职停办，学生并入长乐初级农职，将名称改为省立长乐农业职业学校；省立福州职业学校改办省立福州女子家事职业学校，参考江苏扬州中学女子生活学级办法办理，复于福州设立高级助产职业学校，以培植助产人才。1937年开始，为适应

---

① 中华职业教育社：《全国职业学校概况》，商务印书馆1934年版，第194页。
② 教育部：《教育部视察各省市职业教育报告汇编（民国二十三、二十四年）》，商务印书馆1936年版，第54—56页。

地方需要,在福州创办省立医学专科学校附设高级护士职业学校。①

表 8-5 1935 年福州地区省立、县立与私立各职校设置一览表②

校名	设置地点	学校性质	级别	设科名称	设置情形	设科旨趣
省立福州工业职业学校	福州吉祥山	单业职业	初高级	土木科、电机科、机械科、公路科、应用化学、建筑科	本年度添办初级工业师资训练班	培植高初科工业技术人才
省立福州职业学校	福州城内	多种职业	初级	缝纫科、印刷科、理产科、应化科、会计科、建筑科	本年度按照原计划办理	改良本科工商职业兼注意女子职业
省立福州高级农业职业学校	福州北岭下	单业职业	高级	农科、林科	本年度迁至距福州二十里外之北岭下办理	培植高级农业技术人才
省立长乐初级农业职业学校	长乐安全乡	单业职业	初级	农作科	与长乐农场合作办理	训练初科农作技术人才
闽清县立初级工业家事职业学校	闽清	多种职业	初级	家事科、印刷科	该校由中学改办	改良本地工业及注重女子职业
福清县立初级商业职业学校	福清	单业职业	初级	商业科	该地近海人民多往南洋经商	培植本地学生赴南洋经营商业基础技术
闽侯私立青年会商业职业学校	闽侯	单业职业	高初级	商业科	该区为商业中心,对于会计商业人才由该校办理	训练商业技术人才
闽侯私立协和农业职业学校	闽侯	单业职业	高初级	农业科	该校原为教会设立,素以农事为训练中心,今改设农业职校	训练农业技术人才

---

① 福建省政府秘书处:《福建省五年来中等教育》,1939 年,第 11 页。
② 郑坦、姚虚谷:《福建职业教育之现况及其改进》,《福建教育》,1936 年第 1 期,第 12—15 页。

续表

校名	设置地点	学校性质	级别	设科名称	设置情形	设科旨趣
闽侯私立扬光初级商业职业学校	闽侯	单业职业	初级	商业科	该校由中学改办	训练学生经商技术
闽侯勤工初级机械科职业学校	闽侯	单业职业	初级	机械科	该校原为海军艺术学校，1935年改为机械职业	训练初级机械人才
永泰私立同仁初级畜牧科职业学校	永泰	单业职业	初级	畜牧科	由中学改办	改良本地畜牧事业

另外，当时几所未被列入当时政府统计范围的民办中医学校也值得一提。南京国民政府于1929年通过"废止旧医"提案，禁止中医学课程列入医学教育课程，对全国各地所办的中医学校概不予立案。为了挽救处于危亡之中的中医事业，福州的有识之士办起了几所中医专门学校。学校一般招收初中以上学历的学生，因而虽然有的名为专科学校，但基本上实施的是较高水平的中等职业教育。

福州中医学社 1929年，王德藩召集名中医董幼谦、黄云鹏等人共同创办"私立福建中医讲习所"。1931年2月讲习所在立案后奉教育厅令改名为"福州中医学社"。校址最初在北门夹道坊，后搬迁至南后街闽侯中医师公会内，1932年改名为"三山国医专门学校"。1937年抗战爆发后，学校又迁至闽侯县厚美乡。

福州中医学社以"昌明国医学术，融会新知，造成医学高尚人才"为宗旨，招收中学毕业或具有同等学历者，报名者需经过笔试和口试且考试合格后才能进入学校学习，学期初为3年，后延至4年，1940年起遵照教育部新颁布中医专科学校暂行课目表规定，将修业期限延长至5年。无论学习期限长短，都安排有1年的实习时间，将学生分派至福州中医学社附设之诊疗所实习，并派教员分别负责指导。学习科目中西兼修，既包括《内经》、针灸等中医经典理论，也包括解剖学、生理学等新传入中国的西医知识，还有国文、外国文、物理、化学等基础学科。从1929年8月至1947年7月，福州中医学社共办学10届，培养中医后起之秀共249人。[①]

私立福州中医专门学校 1931年，高润生、萧乾中、林笔邻等在福州南台大庙山创建"私立福州中医专门学校"，聘请蔡人奇担任校长。该校在中央国医馆立案，并在福建省政府、福建省民政厅及福建省国医分馆备案。学校经费除中央国医馆补助部分外，皆由医界董事18人捐款筹集。学校实行考试入学，招收"年在20岁

---

① 黄颖：《民国时期福建中医药界人士对中医药事业的贡献》，《中医文献杂志》，2007年第2期，第60页。

以上曾经中学毕业或具有同等程度精通于文学者",男女兼收,额定50名。入学考试科目有国文、常识,并加口试。招收本科、预科两种,本科5年,预科2年。

该校课程设置既重视传统古文与中医经典理论学习,又开设生理、解剖西学课程;教学中注重直观教学,购置解剖学教具,中药课无论是常见药材还是贵重药材,均由授课老师带来实物详为讲解;重视临床实习,在第三至第五学年安排学生在各名医诊所实习,学生毕业前还要在"福州述善社"附设诊所诊病。学校学制5年,前后共办3届,毕业者100多人,多为福州医林骨干。1936年,福州中医专校医学研究社还创办了《医铎》杂志,号召中医学者钻研祖国医学,发扬祖国医学精粹,培养中医人才。[①] 1937年抗日战争爆发,因经费不足而停办。

第五节 师范教育的变动

1927年3月,福建开始实施"师职中合并"多所学校合并成"福建省立第一高级中学",校址位于原第一师范所在地。合并后师范成为附设,取消了独立建制。师范科下设文史地系、理学系和艺术系。1929年校内增设幼稚师范科。学校的各种制度也进行了频繁的调整,最终确立为校长制,校内采取分班制,不再分系,学生学习取消学分制,恢复学时制等。

1927年师中合并之后,福建省师范教育迅速走下坡路。高中师范科招生数减少,师范毕业生供不应求。1931年,师中分设的呼声越来越高,省立福州高级中学首先改为省立福州师范学校,该校的普通科、商科停止招生,专办师范科。这比中央正式宣布恢复师范教育独立地位还早1年。1934年该校增办社会教育师范科;1935年增办体育师范科。此后,福州师范成为全省规模最大的师范学校。

1933年起,福建省出台多种政策,力图促进师范教育,福州地区的师范教育也相应发生一些变动。

第一,将师范与普通教育完全分开。1933年整理中学教育时,要求附设于县立初中之师范班应改为"简易师范科",如闽清县立文泉初中的附设师范班;"师范学校附设之初中部应改为独立初级中学",如福州师范学校之初中部改为福州初级中学,暂附在福州师范学校办理;[②]同时停办私立中学中的师范科,福州的私立三一中学、协和中学和三民中学内仍办有师范科,在当年起勒令停办。[③]

第二,确立福州师范在师范区的指导地位。1934年5月,省教育当局公布《福建省师范区规程》,把全省分为闽海、汀漳龙、兴泉永、延建邵4个师范区。福州师范成为闽海区所辖15个县的中心师范校,与辖区内的县立师范学校、乡村师范学

---

① 仓山区地方志编纂委员会:《仓山区志》,福建教育出版社1994年版,第469页。
② 福建省教育厅:《福建省教育工作报告·学校教育》,1933年,第63页。
③ 同上书,第4—5页。

校、简易师范学校共同负责区内师范教育之改进和地方小学辅导的任务。① 同年10月,该校发行了指导性刊物《闽海教育》。

第三,要求师范学生参加会考。师范职业学校会考教育部并无规定,福建省教育厅为提高师范职业教育学生程度及促进教学效率,仍自行制定了会考办法。1933年,省教育厅公布《福建省师范学校毕业成绩考查办法》,规定"凡公立已立案私立师范学校暨高中师范科毕业班学生"都应参加职业学校毕业成绩考查;凡公立及已立案私立职业学校暨职业性质学校毕业班学生均应参加师范及职业毕业成绩考查。②

第四,调整办学方向,为社会教育培养师资。1934年福建省教育厅"以社会教育事业应与学校教育相持并重",着重推行社会教育。为了加强师资力量的培养,下令全省师范学校,由本学年起,将普通中学班停止招生,增设社会教育科一班,招收毕业生,授以社会教育的课程,其程度与高中师范科相同,毕业后即派充各地办理社会教育事宜。③

以上措施中安排学生参加会考与社会教育科的设置,对学生的就业没有起到明显作用,毕业生就业存在很大问题,1935年筹办短期小学时,估计需要师资1600余人,但政府对毕业生出路并无统筹安排。"全省现有中等学校毕业生若干人,尚无统计,确数茫然"。"学生毕业之后,服务问题政府尚听各人自由选择,任其自灭。……本县近家,但无地方可去,外县有机会,却嫌背井离乡。于是乎一方面多数师范学校毕业学生在失业,而另一方面在苦无此项师资。""教育发达诸大县及都会地方,如莆田、龙溪、晋江、省垣及厦门等处师资或仍有余。"④

1936年,福建省遵令实施所谓"教育改革方案",把全省师范学校集中在福州办理,定名为福建师范学校。福建师范学校内设普通师范科,体育师范科,幼稚师范科,社会教育师范科,以及3所附属小学、2所附属幼稚园。全校共有教员59人,学生777人。合并后的新校计划在福州近郊建筑新校舍,在新校舍完成之前,体师科和社教师范科暂在尚干乡福州乡村师范学校旧址,其余各科在福州师范旧址上课。1938年因抗日战争,省立福建师范学校迁永安县。

在公立学校之外,1928年1月,福州私立协和师范中学校迁入祭酒岭自建新校,改名福州协和中学,申请立案,分设师范、普通、农林3科。同年11月,省教育厅在福州洪山创建福州乡村师范学校。1934年迁闽侯尚干乡。1934—1935学年福州的师范学校办学情况,如表8-6所示。1934年,全省只有私立集美、协和、怀德三所幼师,后集美幼师与集美中学附设之师范科合并,改称集美师范学校。到

---

① 《福建省师范区规程》,《福建教育厅教育周刊》,1934年第197期第36—37页。
② 福建省教育厅:《福建省教育工作报告·学校教育》,1933年,第56页。
③ 《本厅培养社教师资》,《福建教育厅周刊》,1934年第198期,第31页。
④ 吴玉德:《义务教育与本省实施问题》,《福建文化半月刊》,1935年第2卷第3期,第56页。

1936年省私立师范则仅存协和一校。①

表 8-6　1934—1935 学年福州的师范学校情况表②

校名	班级数	学生数（人）			毕业生数（人）			教职员数（人）		
		计	男	女	计	男	女	计	男	女
省立福州师范学校	15	419	203	216	121	67	54	28	24	4
省立福州乡村师范学校	5	150	136	14	96	88	8	21	20	1
福州私立协和幼稚师范学校	2	33		33	5		5	16	4	12

第六节　高等教育的改造

这个时期由于公立大学改办成高中，在福州的大学主要是几所私立的院校。从1928年开始，省教育厅分别督促要求这些学校进行立案。同时根据中央的要求以及福建的情况，福建教育厅对几所大学制定相应的措施进行改造与帮助。

一、私立学校的调整与立案

私立福建学院　在福建大学停办后，校内师生决定恢复改办为私立福建法政专门学校。1929年，南京国民政府教育部为了整顿高等教育，又明令废止专门学校，发展大学，并颁布《私立学校校董事会条例》及《私立学校规程》，要求私立学校重新呈报立案审核。据此学校重新组织了董事会，选举时任海军部长兼福建省政府主席的杨树庄为董事长。政府补助经费由此每月300元增至700元。董事长杨树庄每月捐资300元。经费收入亦较前充裕，校务日益发展。③ 杨树庄上任后，即以学校董事长名义申请注册立案将福建大学恢复改办为私立福建法政专门学校。直至1931年1月7日，私立福建法政专门学校的改复办注册立案才正式得到核准。

在申请立案期间，私立福建法政专门学校也在筹划改组为大学。后经研究讨论决定聘请何公敢为校长，成立以刘以芬、何公敢等11人为改组大学筹备委员会委员，决定由专改院，成立独立的私立福建学院。同时，学校将私立福建法政专门学校董事会改组为福建学院董事会，选举时任海军部长兼福建省政府主席的杨树

---

① 福州市地方志编纂委员会：《福州市志》（第7册），方志出版社1998年版，第135页。
② 檀仁梅、庄明水：《福建师范教育史》，福建教育出版社1990年版，第49—50页。
③ 福建省政协文史资料研究委员会：《福建文史资料》（第16辑），1987年，第36页。

庄为董事长,陈培锟、陈孝怡为基金监,王孝缉、陈寿凡为审计员,刘以芬、杨遂、林栋为常务董事,选聘何公敢为私立福建学院院长。1929年7月3日,私立福建学院校董事会正式成立。8月1日,私立福建学院正式改办。9月1日,私立福建学院正式开学。

私立福建学院是先成立后补立案手续。直至1932年,私立福建学院才获准立案,内设法律、政治、经济三个学系,"学校有两院,并附有藏书八九万册之乌山图书馆及校外两处大农场,一在汤门占地约三十亩,一在瑁头检讨山占地面积四十方里"。① 据1933年调查,计教员33人,学生132人,年经费93 353元。②

1935年,福建学院又试办农科,招收农艺系新生1个班。次年,福建实施整顿教育方案,调整各大学相同科系,把农科划归协和学院,福建学院专办法科,课程分为必修与选修两类。必修课有"宪法""行政法"等12门,选修课有"刑事政策""法制史"等5门。教学上强调理论与实践并重,设置模拟法庭以资诉讼实习;派学生到司法部门见习。为使学生以其所学知识与社会接触,学院设立民众法律咨询处,义务为民众解答民事和刑事方面的法律问题。由于教职员素质较高,加上治学严谨,管理认真,培养出一批人才,深受海内外人士赞誉,因此全国有"北有朝阳,沪有东吴,南有福建学院"之称。③

私立福建协和大学 1929年私立福建协和大学设文、理、教育三个学院,1931年1月经教育部核准以"私立福建协和学院"立案。1933年秋学院开始招收女生。文学院内分中国文学、外国文学、哲学、政治学、经济学、社会学、历史7个学系;理学院内分数学、化学、生物3个学系;教育学院内分教育原理、教育心理、教育行政、教育方法,并附设师范专修科。1934年,改设文、理两科。1935年协和学院经费年计376 669元,支出则为364 587元,图书馆总值71 376元,仪器总值95 665元,标准模型8712元,机器20 062元。教职员36人,学生全校计文学院103人,理学院71人,历届毕业生共163人。④ 1936年得到福建省政府补助,增设农学和农业经济两系,并开辟园艺试验场。

私立华南女子文理学院 南京国民政府成立后,因为不符合普通大学必须具有三个学院的规定,华南女子大学更名为华南女子文理学院,王世静担任院长,不过实权仍然控制在教会的手中。1931年10月9日华南女子文理学院向教育部申请立案。为此,除了学院的课程设置按教育部规定进行了调整外,学院的教育经费也必须达到教育部规定定额。1933年6月教育部准许华南女子文理学院临时立案,承认了中文、外语、教育、家政、数理、化学、生物7个系。1934年3月又设立了家事专修科。1934年6月华南女子文理学院获教育部批准永久立案。同年9月

---

① 洪孟博:《福建省高等教育概况及其应改善之点》,《福建文化月刊》,1935年第2卷第1期,第103页。
② 林天穆:《福建教育检讨与意见》,《福建文化月刊》,1935年第2卷第1期,第28页。
③ 福建省地方志编纂委员会:《福建省志·司法志行政志》,高等教育出版社2000年版,第46页。
④ 林天穆:《福建教育检讨与意见》,《福建文化月刊》,1935年第2卷第1期,第28页。

21日又得到美国纽约州立大学董事会正式承认,具有文学士与理学士两个学位的授予权。

省立医学院 1937年7月为了培养医学专门人才,福建省立医学专科学校在福州创办。学校初设于解藩路,后迁于福州南台吉祥山,附设省立医院和省立高级护士职业学校。第一年招生69人,修业年限5年,前4年为修学期(理论学习),最后一年实习,附设的省立医院为学生实习基地。

二、各高校的院、系、专业调整

1933年以前福建的大学教育水平还算不错。据统计,1931年福建大学教育各项统计与全国的大学办学水平相比,在水平线以上的各项数据包括:学生数的比率,教职员资格的比率,学院之分布,院系之数量,图书册数。其在水平线以下的数据为:经常费及设备费。① 就成绩而言,福建学院之法律系、协大之生物学系、厦大之商科颇为社会人士所赞。②

1933年1月,教部派员来闽视察,在未深入调查的情况下就认为福建高校的院系专业设置多重复或不尽符合需要。认为协大、厦大、华南和福建学院四所"过去学校当局缺乏远大的眼光和计划,且彼此间也没有什么联系,以致科系重叠,力量分散"。"厦大协和及华南的文理及教育学科大致相同,厦大及福建学院的法科又完全重叠,至政治、经济学系协和及福建学院又同时设置。四校中所特有的科系,只有福建学院的农科。"③随后视察员主持召开福建高等教育第一次讨论会,决定将各大学联络成一综合大学,彼此分工合作互助。最后福州的三所院校间的科系作如下调整:华南女子文理学院改设文理两科,医预科及普通科应即取消,原有历史系改为史地系,物理系改为数理系,哲学、家政两系取消,设讲座于教育系,这样合并成国文、英文、教育、史地、数理、化学、生物等系。以后又在该院附设音乐专修科,并将原有的文科调整为外国文学、家事教育两系,理科则继续办理。协和学院所设文理两院改称文科理科,又因该院外国文学系及哲学系学生过少,建议分别设法裁并;福建学院法科停办,筹设农科,先行设立农林研究所。1934年教部又准予法学系恢复招生,农艺学系开始办理。1936年开办农学系,停办农林研究所。

经过这样的调整,福建高等教育不仅没得到发展,规模反而越来越小,文法科学生少了,自然科学学生未见增加,反而将全省唯一的医学专科教育——华南女子文理学院医预科取消,使高校学生数量有所降低。

---

① 唐守谦:《福建的高等教育》,《福建文化月刊》,1935年第2卷第1期,第109页。
② 林天穆:《福建教育检讨与意见》,《福建文化月刊》,1935年第2卷第1期,第28页。
③ 洪孟博:《福建省高等教育概况及其应改善之点》,《福建文化月刊》,1935年第2卷第1期,第103、104页。

三、补助高等学校经费与资助学生

由于福建省高等院校均为私立,省政府在办学经费上不予考虑。只有在各校办学经费支绌,纷纷申请政府拨款时,才给予少量补助,但补助款常常没有兑现。1932年6月起,省教育当局为了奖励清寒学生努力进修,特指拨专款作为清寒学生奖学金,用考选方法分别发给,在省外肄业的每年给300元,省内的每年给200元,并按途程远近酌给往返旅费。从前两届受资助学生的籍贯来看(两届共录取了33人,包括第二届的2名备取生,闽侯18人;平潭3人,永泰1人,古田1人,屏南1人,福州地区的学生占大多数共计24人)[①],这种奖助清寒学生升学并使其完成学业以及奖励大学生研究基本学科的措施,在当时是很有成效的。至1935年,已考选清寒学生共53人,各年视本省需要之人才而定科别,历届考选22科,并指定国内有名大学报名投考。[②]

在1929年以前,福建省虽有派送国外公费留学生,但未有考选办法。1929年严定办法后曾选派留学生2次,第一次考选2人,同年六月第二次选取4名。1935年时统计从前已送留学生20余名之公费,且多数已次第回国。仅余留学英美法各1名,日本半费补助者1名。之后数年来省教费多用于发展职业教育及社会教育,故久未再考选学生留学国外。[③] 1937年,福建省教育厅恢复考派留学生,并制定《福建省二十六年度选派国外公费留学生办法》进行考选,准备选出10名学生送到国外大学深造,此《办法》公布后,福建省内登报通知大学毕业生有意者前往教育厅报名,但因战争爆发,此计划被迫停止。

第七节 社会教育的推广

社会教育在教育家的提倡下,民国成立后就时有开展,特别是"五四"运动后逐渐为人们所重视。但社会教育从政府经费上加以落实,则是在1928年后。当时国民政府明令宣布,自1929年预算年度起,社会教育经费应占全部教育经费的10%至20%,中央及各省市县须一律实施。自此,社会教育经费就有了正式的政令可以保障。另外,自1927年至1935年,国民政府颁布有关社会教育的法规包括,民众教育39种,图书馆、博物馆11种,通俗讲演4种,公共体育7种,电化教育15种,特种教育8种,美化教育2种,共计八十余种。[④] 其中比较重要的有《民众学校

---

① 福建省教育厅:《福建省教育工作报告·教育行政》,1933年,第13—16页。
② 唐守谦:《福建的高等教育》,《福建文化月刊》,1935年第2卷,第1期,第111页。
③ 唐守谦:《福建的高等教育》,《福建文化月刊》,1935年第2卷第1期,第111页。
④ 教育部教育年鉴编纂委员会:《第二次中国教育年鉴》,第九编社会教育,商务印书馆1948年版,第1089页。

办法大纲》《民众学校规程》《实施失学民众补习教育办法大纲及实施细则》《民众教育馆规程》《职业补习学校规程》《民众教育馆利用教育播音须知》和《社会教育机关委任人员之任免办法》等。有了经费与制度保障,社会教育才比较好地开展起来。

一、识字运动与民众学校的创办

1928年,福建省教育厅成立民众教育委员会,负责失学民众补习教育的设计和推广工作。福建省民众教育委员会规定,由各机关社团工厂学校附设民众学校,组织12岁以上40岁以下的失学民众学习《平民千字课》《平民书信》《三民主义千字课》等。教师由公务员及教育机关人员担任,并设教育警,督促应就学的民众入学,不入学者要罚款。当然政府普及教育的出发点是好的,但采用的"强迫"手段未必能达到"识字"的效果。比如在永泰县,在县城北门桥头、小东坑、南门桥头、卧鲲潭桥头、浮头尾渡船头5处主要交通要道,设立"识字岗",每岗每日由小学高年级学生二人当辅导员,行人必须念完或学会黑板上所写的字才得通行,字虽少而易,但农民深感不便,百般抵制,有的人(尤其是妇女)为了避免麻烦,宁愿涉水绕道而行,因此收效甚微,不久停止。①

同年10月,福建省举行"省会第一次识字运动"宣传,倡导各机关学校、团体筹办民众学校。当年福州就成立民众学校16所,学生1611人,毕业者412人。②1929年5月,福州市成立识字运动委员会,并举行第二次识字运动宣传,设立民众学校226所,学生12 613人。③1932年,福州市第三次识字运动宣传之后,识字运动就推向全省。这一年,福建省计有长乐、尤溪、建瓯、晋江、长泰等22县设立识字运动委员会,开展识字运动宣传,成立民众学校。1932年福建省教育厅为了更好地指导以识字教育为主要内容的民众教育,拟订《强迫识字教育大纲》。

1933年1月福建省修订公布《福建省普及识字教育计划大纲》,成立福建省普及识字教育委员会,强迫识字并推及各县普遍设立此组织。福州市以城台为实验区,附近乡村为推广区。在实验区内凡不识字的青年民众一律强迫就学,在推广区内凡民众学校周围不识字民众分期强迫就学。同年4月第一期民众学校开学共创办了94所,177个班,其中机关办的36班、社团办的8班、学校负责的44班、私人1班。④ 1934年闽侯县下令"要求县立小学规模稍大者,均将附设民校一所。各区限期成立,以一个月为限,九月一日应一律正式开课。至设备经费,县立各校由局拨付,区立各校筹备期内,仅给予十五元生活费。所有学生椅桌及一切设备等费,由筹备员会同区乡公所就地设筹"。⑤

---

① 永泰县地方志编纂委员会:《永泰县志》,新华出版社1992年版,第677页。
② 福州市地方志编纂委员会:《福州市志》(第7册),方志出版社1998年版,第114页。
③ 鼓楼区地方志编纂委员会:《鼓楼区志》,方志出版社2001年版,第958页。
④ 福建省教育厅:《福建省教育工作报告·社会教育》,1933年,第4、11页。
⑤ 福建省教育厅:《福建教育厅周刊》,1934年第198期,第35页。

为了检验办学的成果,省教育厅还安排民众学校毕业会考。在福州16岁以上25岁以下的文盲男子有2万人。原本政府打算设民众学校400班,以4个月为一周期。① 但学生入学后却因各种原因频繁变动,并不能全部参加测验。

1934年起福建省教育厅贯彻执行教育部《民众学校规程》,并在1935年以"强迫识字"作为全省教育中心工作之一。围绕此项工作福建省教育厅制定了《福建省民众学校施行细则》《福建省实施强迫识字办法》《福建省实施强迫识字推行要点》等。闽侯县为了使各校都能尽力完成学校教育与社会教育的结合,在1934年颁布《闽侯县小学兼办社会教育暂行办法》,督促各小学兼办社会教育。1934年起,南京国民政府开始推行"新生活运动",这场运动要"改造一般人的日常生活,把礼义廉耻精神,寓于一般人的衣食住行日常生活之中"②。学校也担负起改造国民、改变周边社会的任务。闽侯县于1934年颁发5条办法:(1)规定小学与社会活动须知,分发各校参照办理;(2)订定小学办理社会教育事业之办法,鼓励各小学切实遵办;(3)各小学办理社会教育事业之经费,由本县社会教育经费项下酌拨补助;(4)各区、乡镇立小学,应与各区、乡、镇公所切实联络,共同负责推行地方自治之工作及其他有益之社会活动;(5)城区各小学,应协助各机关,从事调查宣传工作。施行之后,各小学除增办社会教育工作外,对于当地社会有益之活动,均有积极影响。③

1935年闽侯县开展"强迫识字计划",通令"各小学及私塾除有特殊原因外,一律规定附设民众识字学校1所,所有学生完全由保甲长负责督促并分配入学"。在施行方法上,"以成人教儿童识字者,教不识字者,知识高者教知识低者,为实施强迫识字之准则",自1935年8月1日起实施。识字标准:认识民众生活上基本需要之字约七百字。修业时间定为三个月,每日至少一小时。民众学校的设立由学校及私塾附设,无学校、私塾的地方,则由区保设法筹设。教师由当地识字成人义务担任,不敷分配时,得向邻保聘人教授。④ 到1936年7月底止,闽侯县共办了138校,143级,受教的人都是16岁以上的失学男女,其中男4494人,女902人,共5396人。每级办3个月,每月由政府津贴灯油费3元,全年共给灯油费1277元,课本由小识字委员会供给,教师均义务任课。平均每扫清一文盲,费洋0.237元,殊为经济。⑤

1936年福建省制定《福建省实施失学民众补习教育六年计划大纲》及第一年度计划,并加强省立民众教育处,在该处设识字教育股,办理全省民众学校的辅导工作。由于宣传、组织、发动工作抓得比较扎实,到1936年,全省识字教育进入最

---

① 傅无闷:《星洲日报四周年纪念刊:新福建》,1933年10月,第44页。
② 曾扩情:《新生活运动的出发点及其意义》,《广播周报》,1936年第80期,第32页。
③ 谢永臧:《二年来本县之学校教育》,《闽侯教育辅导》,1936年第1卷第6期。
④ 郑贞文:《二十四年度福建教育工作计划》,《福建文化月刊》,1935年第2卷第1期,第10页。
⑤ 童伯篪:《二年社会教育实施报告》,《闽侯教育辅导》,1936年第1卷第6期。

好状态,毕业学生逐年增加。1928年,福州市区有民众学校16所,学员2611人,毕业412人;1931年,有368所,学员19 344人,毕业4689人;1935年,有68所,学员4271人,毕业2913人。①

二、民众教育馆的创办

民众教育馆或称通俗教育馆,是举办关于健康、文字、公民生计、家事、社交、休闲等教育的机构。福建省于1929年在福州开办省立民众教育馆,其中心工作是组织民众阅览、讲演、娱乐等,"其目的是要用教育来唤起民众,训练民众使其有知识,有组织,能团结,能发生力量,来共同奋斗以救中国"。② 福建省立民众教育馆还在福州茶亭街设分馆,内有说书人员训练所、民众说书场和民众习艺所等。1934年为配合新生活运动,馆内还制作了新生活模范村一座进行展览。③ 闽侯县立民众教育馆原设城内津泰路柏姬庙,经费每月208元。"经费尚称充裕,施教方式殊少改进;实施区域亦未能推广于乡村,至于内部组织及经费支配等更有未合。"1934年起闽侯县立民众教育馆进行整理,"除规定馆内人员组织系统,及经费支配标准外,并订定活动事业大纲",发展"由城市而转向乡村"。同时为了发展本县乡村民众教育,选择第一区郭宅乡试办。④

1935年起全省试行社教分区集中办理制度,将县立民众馆暂时停办,设立6个社会教育中心施教区办事处,与6个中心小学合作进行。由于合办效果不佳,1936年起又将6个社教办事处合并成3个民众教育馆单独办理。⑤ 经过一年的整理,民众教育得到了发展。1934年全省只有13个县15座民众教育机关,莆田和龙溪各有2座,福州地区的闽侯、福清也都各有1座;一年后1935年已增至21个县23个民教馆,福州地区的闽侯、福清、罗源各1处;⑥民教区8处,其中闽侯的民教区有6处最多。⑦

为了进一步发挥民教馆的作用,省教育厅于1935年6月制定《福建省统一各县市民众教育馆馆务组织办法》,规定民教馆内设总务部、教导部、生计部。教导部负责民众学校、公民训练、健康活动、家事指导、展览、讲演、阅览、游艺、研究、实验等;生计部负责农事改良及推广、职业指导和介绍及合作事业等。应此要求,闽侯县广设民众阅报处,"用以提倡民众阅报,使其明了世界时事及各国间之相互关系"。这也是"实施公民、语文,两教育的有效方法"。阅报处内的报纸是识字委员

---

① 福州市教育志编纂委员会:《福州市教育志》,1995年,第256页。
② 何幼卿:《一年来福建民众教育之探讨》,《福建文化半月刊》,1936年第2卷第5期,第54页。
③ 《省民教馆举行新生运展览》,《福建教育厅周刊》,1934年第195—196合期,第54页。
④ 童伯匋:《二年来社会教育实施报告》,《闽侯教育辅导》,1936年第1卷第6期。
⑤ 童伯匋:《二年来社会教育实施报告》,《闽侯教育辅导》,1936年第1卷第6期。
⑥ 何幼卿:《一年来福建民众教育之探讨》,《福建文化半月刊》,1936年第2卷第5期,第55页。
⑦ 许卓群:《闽省民众教育之现状及其今后应趋之途径》,《福建文化月刊》,1935年第2卷第1期,第115页。

会编辑的《民众报》，经政府通令转发各社教机关，小学、联保办公处等一律附设办理。全县已经设立约300余所。①

1935年中央规定为"儿童年"，为使社会教育力量补助家庭、学校教育之不及，并力谋家庭、学校、社会三方面通力合作共负教育儿童的重大使命。闽侯县政府于1935年9月起筹备创立县儿童教育馆，12月正式成立。馆设城内花园路（前县立初级工业商业职业学校校址），开办费550元，每月经费250元，内部组织，设主任1人，干事若干人，分掌总务、教导、社会三部。教导部下分为：国防展览室、时事展览室、图书阅览室、模范儿童室、古今名人室、现代生活展览室、乡土教材室、新生活运动室、国货展览室、航空建设展览室、康乐室、儿童教育电影场、运动场、动物园、儿童问题询问处、短期小学班等。社会部下包括：儿童劳动服务团、儿童读书会、儿童故事会、儿童储蓄会、郊游会、儿童健康比赛、儿童运动比赛、儿童讲演比赛以及其他各种卫生活动等。每日到馆儿童匀在二百以上。②

三、省立科学馆的创办

1933年春，福建省教育局为普及民众科学知识，促进学校科学教育及解答社会上有关科学上的疑问，在福州创设省立科学馆。科学馆址设福州解藩路，内分总务、物理学、化学、生物学四部，另设小学自然科学示教室、防空陈列室、民众科学教育委员会、编辑委员会等。在科学馆内还设置了物理、化学和生物等科的公共实验室，规定省会各公私立中等学校按排定的实验时间，由教师率领学生到馆实验，并由馆内各部专家予以辅导。所有实验用的教材、药品、标本、用具均由科学馆供应。这种规定使设备较差的私立学校的学生得到了与省立学校学生同样进行科学实验的机会，从而提高了公私立中等学校自然科学学科的教学水平。自1933年开始至1937年，每年到科学馆做实验的学校逐渐增多，每学期都有20余所，学生超过1000人。③

为更大范围提升学生和民众对自然科学的兴趣，科学馆每周举办科学讲座，如黄开绳有关化学方面的《氧气》《从福州玻璃仪器制造说到化学知识之必要》；郑作新生物学讲《水的昆虫》《怎样才是科学化生活》《本地常见之两栖动物》；唐仲璋讲《生物学与人生》《人类的由来》《禽类之生存》《福建植物学略史》《谈谈进化论》。赵修颐讲《卫生常识》《癣病及其预防》。赵修复讲《各种速度比较》。讲座内容丰富多彩，对普及科学知识起过很大作用。④ 科技馆还通过通俗科学讲演、放映科学电影以及编辑通俗刊物等方式将知识送到乡村和学校。

---

① 童伯匋：《二年来社会教育实施报告》，《闽侯教育辅导》，1936年第1卷第6期。
② 同上。
③ 福建省政府秘书处：《福建省五年来社会教育》，福建永安1939年，第99—100页。
④ 福建省闽清县政协文史资料委员会：《闽清文史资料》（第2辑），1984年，第52—53页。

四、图书馆建设

在程时煃任厅长时,于 1929 年在教育厅内自办教育厅图书馆,"一方面本程厅长行政机关学术化的主旨,使教育厅同人有阅读图书公余研究之机会,另一方面补救省会各小学参考图书缺乏之弊病,得借给各校教师。"[①]

1930 年教育部公布了《图书馆规程》,规定各省及各特别市应设图书馆储集各种图书供公共阅览,各市、县得视地方情形设置之。福州的图书馆分布并不均衡,以闽侯县为例,馆舍多在福州市区,即在市区内也分布不合理。"省立者在东街,县立则在鼓楼,相去咫尺。而不远处又有民众教育馆之图书室。……而城外却仅青年会中摆有数十册陈旧书籍。不值一读。"[②]1936 年秋,福建省教育厅为节约经费,决定裁撤各县县立图书馆,把各县县立图书馆业务归入各该县县立民众教育馆,将原有经费用于改办民众书报所。

福建省立图书馆 原名"福建图书馆",创立于清末。1914 年巡按许世英改馆名为福建公立第一图书馆。1920 年因战争停办,馆舍为驻军所占,损失惨重。1928 年夏天,程时煃任福建省教育厅厅长时,倡议重新筹建福建省图书馆,以民国日报社旧址为馆址并加以扩充,定名为福建公立图书馆。1929 年元旦,福建公立图书馆正式成立。同年 8 月改名为福建省立图书馆。

1934 年起福建省立图书馆进行整理。因为作为"闽省唯一之省立图书馆,前此亦无多大成绩,馆中外国文书籍几等于零,而古版珍书又未见多"。在一年多的整理过程中,福建省立图书馆对图书"重加编订,修理书库,扩大规模,形式精神,俱见进步。而最近举办之小说流通处,与南台青年会内合立分馆,均为有益之举。惟对于新书,购备不多,外国书籍及报纸杂志过少"[③]。1936 年时统计,图书馆占地面积 163.98 平方丈(1476.82 平方米),设成人阅览室、日报阅览室、儿童阅览室,阅览座位 210 个;藏书 18 377 种,64 703 册,其中古籍 2650 种,23 134 册;期刊 250 种,报纸 50 种;工作人员 17 人,月经费 1700 元(其中工资 420 元,1935 年起九折发给);年图书流通 284 220 人次(包括设在南台吉祥山的第一分馆与设在渡圭路的第二分馆)。[④]

闽侯县立图书馆 位于鼓楼顶,成立于 1928 年。每月经费 180 元,受经费限制"内部存书除《万有文库》外,其能入目者,不多见"。1935 年增加经费 50 元,并规定了支配标准,图书才有所充实。但因其馆址于省立图书馆相近,来此的读者并不多。"因社教机关在城区者多而在南台者少,为谋教育机会均等"10 月正式将县

[①] 丁重宣:《福建初等教育之检讨与展望》,《福建文化月刊》,1935 年第 2 卷第 1 期,第 73 页。
[②] 林天穆:《福建教育检讨与意见》,《福建文化月刊》,1935 年第 2 卷第 1 期,第 32 页。
[③] 同上书,第 29 页。
[④] 福建省政协文史资料委员会:《福建文史资料》(第 34 辑),1995 年,第 78 页。

立图书馆迁往南台,以南台大妙山前县立学校校舍作为馆舍。①

闽侯县立南台民众图书馆 成立于 1934 年,前为私立榕南民众图书馆,位于南台下渡小岭巷。每月经费 90 元,"查阅内部所列图书,并不适合民众需要,其他设备亦未尽充实,且馆址狭小",没有发展的前景,所以将其归并县立图书馆办理。②

五、开展健康教育

1931 年福建省教育厅提议办理健康教育,1933 年正式申请卫生署派专员来闽筹划。1934 年由教育厅选派省立各小学校长教员至卫生署接受学校卫生讲习班训练。训练之后,教育厅同时组织本省健康教育委员会函商卫生署介绍健康教育专家来闽主持其事,并聘请此项技术人员多人,先于福州各小学开始办理。试办范围为省会省立各小学及指定之县私立小学若干校,学生总数以五千人为度。③

1934 年 8 月起,福州各中学实施健康教育,学校健康教育的主要内容有:聘请校医、护士(多由医院的医师、护士兼任);由校长、各处(课)主任、体育教员、校医、护士等组成健康教育委员会,负责指导、实施学校的健康教育事宜;购置医药用品,设立卫生室;开展保健预防工作,新生入学时作一次健康检查,以后每学期或每年再作检查,定期或不定期进行防疫注射;改善环境卫生、饮食卫生等。

六、扩展电化教育

为利用电影与播音作为科学教育和民众教育的工具,教育厅设电化教育服务处,办理电化教育的推行与辅导工作。1933 年夏,福建省才建立了广播电台,名为"福州无线电局",在福州东大路汤井巷。10 月 16 日试验播音。1934 年由中央直接派员管理,改名为"福州广播电台"。下设局长 1 人,总务工务主任各 1 人,职员若干。广播电台一天播音三次,内容有平剧、闽曲等,更多是公民教育,比如公民常识、法律常识,还播出国语会话。节目的设置就是为了对民众进行教育,"吾国现在所需要者,为宣传党义政纲,坚强人民信仰,迅速传播下令,训练人民,行使政权,灌输各科学识,提高人民知能,供给正当娱乐,纠正不良习惯,推广民众教育,辅助学校教育之不及,以发扬民族,适合于新生活之意义,使民众于潜移默化之中,初等生聚教训,以培植国力,达复兴民族目的"④。

1934 年初时福州的收音机也只有数十架而已,到 1936 年时已有 1200 余架。但广播的覆盖面还有待加强"在河南开封,秋季夜间环境良好时,曾可收听清晰,但论白昼,则尚不及于闽南台湾"⑤。

---

① 童伯匋:《二年来社会教育实施报告》,《闽侯教育辅导》,1936 年第 1 卷第 6 期。
② 同上。
③ 文汉长:《福建健康教育事业》,《福建文化月刊》,1935 年第 2 卷第 1 期,第 126 页。
④ 黄大如:《民国二十四年前之福建广播事业》,《福建文化半月刊》,1936 年第 2 卷第 5 期,第 50 页。
⑤ 同上书,第 51 页。

七、建设讲演厅

为使民众有集会娱乐的公共场所,并运用讲演方式推行社会教育,闽侯还于1935年9月起筹办"县立民众讲演厅",12月成立,地址在鼓楼顶原县立图书馆原址。开办费165元,每月经费95元,内部设主任1人,干事若干人,分掌事务、宣讲两部,利用电影、无线电及书报等以吸引民众,举行各种社教活动。每月在规定时间里协同本县新生活化装讲演团,分赴各乡镇施教。每月平均受教人数,男约3760人,女约1162人,共计约4922人。①

八、推行特种教育

1935年4月,因连江、罗源曾是中共领导下开展土地革命的根据地,被省列入"特种教育"试验区,创办特种教育班,对外称中山民校。特种教育班旨在对原苏区革命群众和儿童进行所谓"感化"教育,反对"赤化",宣扬"三民主义"。教育方法为管、教、养、卫兼施。在连江县,经省统一训练教员后,于民国25年在丹阳、透堡、赤石、厦宫、黄岐、马鼻依次成立第一至第六中山民校,共设16个班,学员669人,其中儿童6个班,299人;成年5个班,237人;妇女5个班,163人。由于学员是强迫入学,所以教学宗旨无法实施。民国26年,中山民校先后改为扫盲识字的民众学校。②

第八节 乡村教育的开展

民国的教育在发展的同时,也存在着分布不平衡的问题。大部分的学校集中于城市,广大的农民子弟无法得到有效的教育。20世纪20年代到30年代,以陶行知先生为代表的进步知识分子提倡乡村教育,提倡将教育活动中心由城市转移到农村。在这种思想影响下,福建省的进步知识分子创办了一批乡村学校,掀起了福建的乡村教育运动。福州乡村教育运动主要是营前模范村的建设和乡村师范教育的开展。

一、营前模范村

1926年9月北伐军入闽作战,1927年初,组成了国民党福建省政府。8月,黄展云出任福建省农工厅厅长,即着手筹办长乐"营前模范农村"(当时营前属闽侯县管辖,1934年以后改隶长乐县管辖),并在12月3日,由福建省政府委员会通过,1928年3月模范村正式挂牌成立,村长由黄展云兼任。

---

① 童伯匋:《二年来社会教育实施报告》,《闽侯教育辅导》,1936年第1卷第6期。
② 连江县地方志编纂委员会:《连江县志》(下册),方志出版社2001年版,第1043页。

营前位于闽江下游,距省城福州水程 30 余里。营前分县辖区有大小乡村 76 个,是个农业生产为主的村落。按照黄展云的方案,"营前模范农村"的建设是:采用"政、经、教、卫合一"的乡村政权形式,作为乡村建设的领导;创办"农工商一体化"的乡镇企业以发展乡村经济;创办约 30 所小学,实施普及义务教育,学童免费入学;改造私塾为新式学校;创办乡村幼稚园;开办扫盲班和民众夜校,推行成人教育;开展卫生教育,严禁烟、赌、嫖和迷信活动,等等。

教育事业是模范村的建设重点。原先 4 万人口的营前地区仅有 6 所小学,其余都是旧式私塾,执教者多为"冬烘"先生。模范村建立后,黄展云提出"废除私塾、兴教办学"的口号,实行义务教育,小学生一律免费入学。但最初却无法获得村民的信任,"乡民认识未清,诸多误会,因而有的从中作祟,希图破坏;有的消极排斥,心存观望;有的公然蔑视,冷嘲热骂,弄得我们创办的同事,几乎焦头烂额,万念皆灰"。教程安排上,每日只上课 4 个小时,剩下的时间是做家庭作业,却仍受到各种非议。经过一段时间的坚持后,义务教育才被乡民们所接受。原本在私塾里接受教育的小孩也开始转向新式的学校。比如有几个儿童,"其中一人的叔父是个塾师,在实验区附近设馆授课,这几个儿童向为追随其叔习读,"在他们目睹学校的授课情形后,竟宁愿辍学,不入私塾,并最终实现目的。① 在随后的时间里,入学儿童的数量逐步上涨(如表 8-7 所示)。

黄展云等人进一步把全村分为五个教育行政区,每区设一中心小学。鉴于当时通用教科书的内容与编制方法,不适合模范村教育的实际,黄展云等人搜集材料,自拟课程,编写各级课程教材。课程设置非常重视农业知识和农村生活技能的教育。经过改革,营前辖区范围内的小学由原有 6 所增为 34 所,使大多数学龄儿童得到入学教育。营前还办起福建农村最早的一批幼儿班、幼稚园,办起了扫盲班、夜班(即夜校),使儿童、老人、妇女都可以上学认字;办起了图书馆,吸引乡民入馆阅报读书;修建大型运动场,既可开运动会,也可作群众集会场所。

表 8-7　1931—1933 年营前实验区内学生人数表②

年度	男生	女生	总计
1931 年	392	116	508
1932 年	443	151	594
1933 年	533	214	747

值得一提的是模范村成立后,共产党在各类学校中活动十分活跃。当时许多优秀的共产党员隐蔽进入营前,重要成员有:刘乾初、江平、赵忠英、郑乃之、黄源、王介山等。他们在营前接管了玉田、桃源等小学,开办成人夜校,发展壮大农民协会,开展农民运动,发展共产党员,建立基层党组织,并打入模范村办事处,模范村

---

① 朱增江:《四年来乡村义教实施的梗概》,《福建义教》,1935 年第 1 卷第 1 期,第 1、4 页。
② 同上书,第 4 页。

干部王介山、黄源等都是共产党员。

模范村的建设虽有成效,但因不容于当局,1933年3月,福建省政府明令撤销模范村。

二、乡村师范教育

1928年后,福建省教育厅派人前往南京、江苏、浙江等地考察乡村教育实验情况。1929年12月,程时煃厅长亲赴南京晓庄学校参观,认为该校"教育设施深合平民化精神,常注重社会活动以求适应环境之需要"。回闽后,程时煃发出《福建教育厅训令》,要求各县、校要学习晓庄经验,以学校为中心,结合乡村实际,建立适应环境需要的学校教育。从此,福建乡村教育逐步被推广至全省。

为了培养乡村学校的师资,1928年11月,福建省教育厅决定创办福州乡村师范学校,建立农村生产基地,定校址于福州郊区洪山桥,并任命许文芹为校长。1929年2月,福州乡村师范学校正式开学,招收学生70余人,分特科和本科两班。特科招收初中毕业生,本科招收高小毕业生。1932年,福建省教育厅在各乡师课程表的基础上,统一制定了《福建省立乡村师范暂行课程表》,内容包括:《四年制简易乡村本科暂行课程表》《简易乡师二年制特科暂行课程表》《简易乡师一年制特科课程表》等。课程表对各类乡师不同课程学时数的比例作了规定。乡师开设的课程与普通师范学校开设的课程比较,除共同必修的三民主义(公民)、国文、数学、军训等课程基本相同外,乡师还开设适合农村教育需要的"农学"以及"乡村社会学及社会问题"等课程。[①] 此外,福州乡师的社团也十分活跃。该校曾先后建立书法、音乐、太极拳等研究会,设立演说、文艺、社会、历史、经济、教学、美术、工艺、理化、国技、舞蹈、党义等研究组,积极开展各种课外活动,并吸收附近青年参加。

福建乡村师范学校培养出来的教师,主要是服务乡村,应具有:"改造社会的精神、科学的头脑、农夫的身手、艺术的兴趣、健康的体魄"等条件。[②] 办学宗旨是"养成乡村人民和儿童所敬爱的导师,俾能为实施乡村教育并改造乡村生活的中心";教育方法是"以实际生活为中心",实行"教学做合一","实行师生共同生活、同甘苦、在劳力上劳心",强调在师生共同生活、一起参加劳动、合作苦干的基础上,进行教育和教学工作。乡师十分重视现场教学、实验和实习,重视课外办学实践。当时规定本科四年级学生必须下乡办学一学期,在办学实践中完成实习任务。在下乡实习期间,每星期日回校上课,并参加实习讨论会。1934年,福州乡师从洪山桥迁往闽侯尚干乡重新建校。校长提出该校的办学宗旨就是一个"干"字。其具体内容为"抱定干的宗旨,鼓起干的勇气,发挥干的精神,造成干的风尚,充实干的内容,

---

[①] 《福建省立乡村师范暂行课程表》,《福建教育厅教育周刊》,1933年第170期,第14—20页。
[②] 怀国珍:《乡村教师应有的技能》,《教育周刊》,1933年第170期,第5页。

提高干的效率,扩大干的范围,表现干的力量,实现干的教育,训练干的师资"。其校歌也体现一个"干"字。

乡师本着实施乡村教育,改造乡村生活的宗旨,积极开展服务乡村的课外活动,通过做(干)而实现教和学。福州乡师为农村服务的形式更加多样,主要的有如下几种:"1. 附设民众学校。该校每晚7至9时上课,附近村民均可入学,一切书籍用品由乡师赠送。2. 建立民众读书处、民众阅报室、民众问字处、民众代写处、农余俱乐部,以活跃附近乡村文化生活。3. 组织路口教育团、上门教育团,送教下乡,送教上门。4. 实施农业推广工作,办理农事询问及农业指导。设立试验农场,推广农业新技术。5. 筹设乡村医院,方便村民就医。6. 建立消费合作社、洪山旅社、洪山公园。"①

1934年为了乡师教生的实习便利及鼓励各乡自动兴学,闽侯县与省立福州乡村师范学校,合办初级小学。每学级学生数以50人为度,满75人者,分为两学级,仅设单级者,经费为45元,由县充任地、乡师及地方每月各分担15元。如增加一级,则增12元,并为谋各校基金之巩固与发展,应由各该乡联保主任,各保长暨各学校有关系之地方人士,合组经济委员会,该校须受本县之监督与指导一切进行之事项。②

福建乡村师范教育运动从1929年开始至1936年,历时7年。1936年福建师范教育集中办理,省立乡师集中福州,合并成立省立师范学校,其他县立乡师则改为简易师范。

第九节　教会学校的立案与调整

一、教会学校立案

在经过"收回教育权运动"之后,1927年4月,福建省政务委员会以第1337号训令,并转发国民党中央政府《私立学校规程》《私立学校校董会设立规程》《私立学校立案规程》《党化教育实施办法》《纪念周条例》《学校委员制实施办法》,通知省内各教会学校,令其遵照施行。要点如下:(1) 政府对外国人(教会)在中国境内所设立的学校,完全以加以保护;(2) 教会学校应一律称为私立学校,并于校名上冠以"私立"两字;(3) 每逢星期一应举行"总理纪念周";(4) 应将"圣经"列为自由科,不得强迫学生修读;(5) 所授各科课程,应事先呈报教育厅审查;(6) 改外国人校长制为中国人委员制;组织由中国人构成的委员会;委员长即是校长,管理校务。外国人在学校里只得充当教员及顾问;(7) 外国人不得为学校董事长,或董事会主席。③

---

① 檀仁梅、庄明水:《福建师范教育史》,福建教育出版社1990年版,第58页。
② 谢永臧:《二年来本县之学校教育》,《闽侯教育辅导》,1936年第1卷第6期。
③ 野上英一:《福州考》,福建师大图书馆藏,手抄本,第216页。

此后国民党南京政府又颁发了与私立学校立案相关的一系列政令。1927年12月福建省教育厅公布《未经立案学校之取缔办法》，并在全国率先禁止在初中开设宗教选修课程，理由是根据政府的课程编制，初中并无选修科目。

1927年后，福州各教会大中学校先后向政府登记立案，并在学校名称前冠以"私立"二字，表明这些学校开始脱离教会教育的体系，而成为中国教育体系中的一部分。另外福州各教会中学遵照政府训令，改革课程和教学，统一按照中学标准设置课程，将宗教课改为选修，并且校内任命中国人担任校长，掌管学校事务。这表明这些教会学校不断地中国化、世俗化。1929年，福建省教育厅又颁布了《私立学校立案须知》，定期要求私立学校立案，但仍有不少教会学校迟迟不来立案。为此，省教育厅发出两次布告，指出立案"限期已过，各校遵令立案者，固属多数，而迟不照办者，亦复不少，殊属玩忽已极，若不严行取缔，曷足以符中央统一教育之令指"。布告要求于学年开始之前呈报立案，否则于下学年起"不准招收新生"。① 尽管政府一再督促，仍有少数教会学校拖延数年才勉强立案。如福州进德女中一直到1932年才立案。

1932年福州市区教会学校都已依照南京教育部的规定，经教育厅核准立案。但在周边地方则不尽然，如"古田有教会学校四十余所，立案者不过三校"，对此古田的未立案教会学校，有人建议加以取缔"在此闽中教费比较充足，学校比较普及之区，对于此等学校，宜抱抑制态度，加以严格之取缔"。②

立案之后的教会学校改任华人为校长，建立董事会，调整课程设置，但教会学校对于中央颁布的条令阳奉阴违。政府规定不得作宗教宣传，但圣公会办的三一中学在立案之后却坚决维持学校是为宣传宗教而设的宗旨，坚持宗教教育是信教自由的"权利"，依然进行各种宗教活动。③ 甚至教会学校瞒着教育厅，任意变更主要课程的时数。如1933年，教育厅举行第一次毕业生会考，私立英华中学学生坚持不参加。原来理化与生物为会考必修课程。学校仍按未立案前的习惯，私准学生选修其中一门。这样参加毕业会考的任何一个学生总有一门无法应试。④

二、政府加强对教会学校的管理

1927年后国民党大力加强对教会学校的控制，"采取了齐一与统制的办法"，包括毕业会考的举办，采用教育部新颁的课程标准，对学生集中训练，采用军事管理等措施。⑤ 另外国民党福建省党部也逐步进入这一教育阵地。福建省国民党党务指导委员会和省政务委员会提出改造福建教育的口号，主要就是推行"党治教

---

① 福建教育厅：《私立学校立案须知》，1929年，第33页。
② 李大奎：《改进全省教育意见书》，《福建教育厅教育周刊》，1934年第180期，第15页。
③ 《中华圣公会福建教区第23届议会报告书》，1933年，第42页。
④ 郑贞文：《在福建教育厅任职的回忆》，《福建文史资料》（第12辑），1986年，第31页。
⑤ 校志编委会：《八闽之光：福建师范大学附属中学校志》，内部刊物2001年，第32页。

育",建立党的组织,培养党治干部和党义教师,规定凡公立中学校长,非国民党员者,即予免职。对教会学校的管理和控制,其主要措施如下:"1. 官员参加教会学校董事会,参与学校领导工作;2. 在校内设立三青团和国民党组织,一般在中学设立国民党区分部和三青团区队,积极发展党团员;3. 设立训育处或训育课,配备训导人员,借以推行导师制,加强政治思想管理,监督师生言行;4. 派遣军事教官,加强军事训练;5. 加强教学工作统一管理,立案后的教会学校都必须设置公民课、党义课,举行总理纪念周和升旗活动;6. 政府对财政困难的教会学校,酌情给予一定的补助。"①

以上的措施,教会学校虽一时难以接受,但仍在按中国的法令做出相应的变革。英华学校承认"这些措施对于纪律的齐整,意志的统一,影响实大"。该校按政府要求在下述几个方面做了变革,"毕业会考之准备,分科制度之取消,教科用本之采择,学校规章之改订,训育军训之合一,教职员之进退、校具之添置,校舍之扩充"。② 协和学院也在整改,为使学校得到当时政府的承认,林景润任院长后,就着手于学校的教学改革,先取消基督教学系,将基督教课程改为选修课;又按教育部颁布的标准安排各系课程,终于在1931年取得教育部批准以"私立福建协和学院"名称立案。

三、中小学校概况

(一) 小学

民国成立后,福州外国教会办的初等学校多发展为中学,小学成为中学的附设学校。如格致中学、三一中学、文山女中、陶淑女中、协和职业学校等,均有附设小学。1927年收回教育权运动后。教会办小学要向政府立案,其学制课程均与公立小学相同。民国时期福州教会办小学单独办理的主要有以下几所:③

琢玉女子小学 1913年,中华基督教会洪山永生堂在洪山桥(今洪山乡洪桥村)创办。不久,因学生少与广益小学合并。1943年停办。1947年复办,改为"广益补习所"。

三育学校 1914年,中华基督教复临安息日会(1911年传至福州)在南营租一座民房为会堂,办理小学。1915年,购买大墙根2号及青都观1号作礼拜堂,将原设于南营的学校迁移到此(今大根路1号),改称"三育学校",中小学合设。1949年停办。

福民堂附设小学 1927年,基督教美以美会传教士葛惠良筹款在仓山上渡街建会堂,叫"福民堂",附设小学、青年团契部、妇女服务会、少女团、市道团、查经班、

---

① 尹文涓:《基督教与中国近代中等教育》,上海人民出版社2007年版,第175页。
② 校志编委会:《八闽之光:福建师范大学附属中学校志》,内部刊物2001年,第32页。
③ 福州市教育志编纂委员会:《福州市教育志》,1995年,第457—458页。

识字班、主日学校、夏令儿童学校等。

私立义序乡明义小学　创办于1929年,原名"美以美会义序乡小学",由洪可畅牧师兼任校长。1935年,改名为"私立义序乡明义小学"。1944年福州沦陷时停办,1947年复办,改称"义序宣道堂附设初级小学"。

闽侯县私立鼓岭小学　1937年,美国"基督教执事之家"在避暑胜地鼓岭乡宜厦村梁厝李世甲(海军少将)别墅创办"闽侯县私立鼓岭小学"。该校仅有1个班,教师1人,学生10余人。

私立蕴平小学　1934年秋,留美教育学博士谢绍英(蕴平)创办,校址在郭宅后坂。该校经费主要由基督教美以美会供给,谢每年亦认捐720元法币。学校初设在民宅,1937年春移于大王宫。次年,新校舍落成,聘邱道源为校长,当时学生250余人,为完全小学。

(二)中学

在收回教育权运动之后,教会中学也做了些调整。格致中学课程设置在收回教育权运动后,课程设置和公立中学基本相同,教材也几乎全部采用官定课本(英语除外)。英语始终是该校的特色和主课。1933年后,由于要参加全省高中毕业会考,也重视其他学科的教学。三一中学的学制和课程到1933年福建省教育厅举行第一次全省高中毕业生会考时,已和公立学校完全相同。但英语作为教会学校的特色,课时有所增加。美以美会的英华书院在1927年时校长黄安素被迫辞职,校董会推举原英华的第一届毕业生陈孟仁等三人组成校务委员会,处理学校日常事务。校董会按政府规定进行改组,于6月16日组成新校董会,按政府规定,校名加上"私立"二字,向教育厅申请校董会立案。1927年秋停课半年,一部分学生转学或寄读他校。校董会成立"聘请校长委员会",后聘请厦门大学教育系陈芝美担任第一位国人校长。

表面上各教会中学遵照国民党政府的教育规定。然而,教会通过掌握学校经费,以校董会支配校长等方式,仍牢牢控制着各中学的领导权。1937年省教育厅派出督学对福州的学校进行视导,几所教会学校仍存在着不遵守中国政府所颁法令的问题,特别是宗教特色仍然没变。

英华学校　"预科三班招收与小学同程度之儿童,侧重国英算三科训练(每科每周教学均达十小时),教学既多浪费,并与部颁规程不符,应自二十七年度起停止办理,或改办一附设小学。""高初中各级课程均不符部颁标准,增多英文时数,减去劳作图画等,增设宗教科目,尤为不当!应即依照部颁标准改正。"[1]

私立华南女子文理学院附属高级中学　"朝会宗教色彩浓厚,际兹非常时期亟应废止,改为精神训练,并即恢复早操或课间操。"[2]

---

[1]　校志编委会:《八闽之光:福建师范大学附属中学校志》,内部刊物2001年版,第36页。
[2]　校志编委会:《八闽之光:福建师范大学附属中学校志》,内部刊物2001年版,第39页。

私立陶淑女子中学 "少数教员仍用方言教授,殊属未合。""每日所举行之朝会,宗教色彩浓厚,际兹非常时期亟应废止,改为精神训练""课表上未列课间操,殊属未合""各科教学时数较部颁标准尚多出入,应行改正。"①

四、教会大学与乡村建设

面对20世纪二三十年代中国农村严重衰败,"救济农村、复兴农村"声浪一浪高过一浪和挽救、建设农村运动的勃兴,教会大学再度做出了一些调适,工作重心不再囿于城市,也走向农村,深入民间。

协和大学迁往魁岐之后,十分关注周边乡村的公益事业,校内的学生利用各种形式参与乡村的社会服务。由于地邻山区,协和大学常年进行造林,共计十万余株。此外利用该校的农事实验场、树苗,分给附近乡民栽种,并按时派学生前往"实地作造林之表演及宣传"。这些做法起到了一定作用,村民"竞相效法",已有些人能够自觉种树。② 学校还发起识字运动,除在大学附近乡村设立简易小学外,还由学生组织通俗演讲队,按时出发,携带浅近图书及科学仪具,分赴各地为民众作通俗演讲,劝导识字,灌输公民智识,提倡公共卫生等。③

为了专门办理于乡村服务一切事宜,1934年1月协和大学成立福建协和大学农村服务部,聘请该校多名教授参与其中进行指导。另外学校特意在校内开设《农村合作》《农村服务办法》两门课程培训学生的服务能力。④ 经过服务部综合考量,分别于1934年和1935年创办了仙峰乡实验区和五里亭实验区。

(一)仙峰乡实验区

仙峰乡属当时福建闽侯县第三区管辖,包括牛田、山兜和洋里3个村,周围约12方里,位于福州名胜鼓山之麓,人口约1200人,离协和大学不过5里路。这里教育很不发达,3个村中连1所小学都没有,仅有私塾2所,除了士绅子弟外,一般人都没有接受教育的机会。农村服务委员会是本实验区的指导机关,决定农村服务政策,由学校聘请指导员主持并推广社会经济生产各项事业,下设教育股、生产股和卫生股,设干事若干人。

在实验区内,协大师生很注意与身边的村民联系。一方面在农村服务委员会的计划安排下,协和大学师生到实验区村民家中访问,请村民参加茶酒会、聚餐会,与村民建立友好的关系,接着让村民们参观已建立的小学、游艺场及图书馆等。在充分获得村民们的信任后,进一步与他们商讨农村各个方面工作的改善问题。协和大学师生与村民们一起动手修造儿童游艺场和小学校。另一方面在交通要道设

---

① 校志编委会:《八闽之光:福建师范大学附属中学校志》,内部刊物2001年,第42页。
② 《协和学院办理造林识字经过情形》,《福建教育厅教育周刊》,1934年第189期,第47页。
③ 《协和学院办理造林识字经过情形》,《福建教育厅教育周刊》,1934年第189期,第47页。
④ 《福建协和学院设立农村服务部实施改进农村》,《农村复兴委员会会报》,1933年第10期,第127—128页。

敬茶亭方便来往村民,以增进交流,扩大农村服务工作之影响。对年轻人更是组织其加入青年励志社,以激发青年人自强上进。

小学教育是工作的重中之重,在农村服务委员会的倡导和组织下,由村民互推5人为仙峰乡小学筹备员,筹建小学校。教员为义务服务,聘请乡中受过中等教育而热心于教书育人的人充任;由村民义务出工修理村中残破的文昌宫为校舍;学校的桌椅均由村民捐资购置,捐资数目则按其力量和热心,决无勉强。民众教育方面,设民众夜校及儿童暑期学校。根据不同的对象,采取不同的形式和方法:建立民众夜校、村立小学、民众阅报所,举行科学讲演,建立游艺场、儿童图书馆、妇女工学处(识字、习手工)、青年励志社,举办儿童会、音乐会、戏剧表演等。

福建协和大学在仙峰乡的农村服务工作取得很大成绩,先后办起了牛田仙峰小学、洋时仙峰小学、牛田民众学校、远洋民众学校、牛田暑期儿校、洋田暑假学校、牛田暑期夜学校,受教育者达到289人。①

(二)五里亭实验区

五里亭位于当时福州之东郊,早在1930年,福建省教育厅就在这里进行乡村建设实验活动,该实验区性质"以教育力量,谋乡村事业之改进",试验区办事处为指导改进机关。② 后来福建省建设厅也参与其中。因福建协和大学卓有成效的乡村建设实验,1935年9月,福建省建设厅和教育厅决定将五里亭改进实验区委托给福建协和大学农村服务部办理。

五里亭实验区包括象园、雁塔、廉村、潘村、大坂、秀坂、凤坂、藕浦、紫阳(包括讲堂前、砌池、徐家村、俊伟村)等12乡,人口除雁塔外共有7102人,共1174户。村民主要从事农业生产,还从事一些手工业,如象园、大坂等乡的古董、潘村乡的织线、紫阳乡的制造小炉灶;畜牧方面,因这里草源缺乏,村民多从事养猪等。实验区内分为"社教"和"生产"两股,指导对农民的教育与生活两个方面的改进。实验区的经费来源是每月由福建省建设厅拨款250元,教育厅拨款100元。③ 五里亭实验区建设主要开展了如下工作。

1. 开展民众教育

实验区开办之初在潘村、藕浦后村等乡先后办理了3期民众学校,第一期45人,第二期41人,第三期53人。在办事处内设农民图书馆,为了扩大影响还制造一辆"五用车",装满书籍,每周定时分赴各乡,以供农民阅览,在服务部办事处内安置无线电收音机,并放映电影数次,向农民传播科学知识。对儿童的教育尤为重

---

① 谢必震:《香飘魏歧村:福建协和大学》,河北教育出版社2004年版,第74页。
② 《指令民政 教育厅厅长李祖虞 郑贞文会呈申覆五里亭乡村改进试验区性质系统职权附呈改订组织章程及预算清查核案经提交本府委员会第二十五次会议决通过仰知照(附原呈)》,《福建省政府公报》,1934年第434期,第20页。
③ 陈希诚:《福州五里亭农村服务部报告》,《中华归主》,1937年第172期。

视,设有儿童图书室,发展儿童读书会会员,每天儿童读书会会员来阅读的很多,截至 1936 年 6 月,儿童读书会会员发展到 161 人。

2. 创办保健班,进行健康教育

实验区内开展保健卫生工作,以推行健康教育、提倡公共卫生为宗旨,举办女子保健班,每保录取有初小文化程度者一二人,保健班学员入学时须填写志愿书和担保书,每周训练两次,训练期为一年,期满后,须担任各乡保健工作,推行健康教育;以保护妇婴生命之安全为宗旨,举办产婆训练班,产婆每周须来服务部听受产科专门医师指导半天,要求区内孕妇要进行产前检查,并规定:未接受指导的产婆以后不得为人接生。与福州协和医院合作设立诊疗所,由该院于每星期五派医生来村里为村民诊病,成立仅七个月前来就诊的人数就达 1500 余人,种痘的儿童多达 1098 人。[1]

仙峰乡和五里亭实验区都地处福建协和大学周边,办理起来都较为便利。但不久抗战爆发,福建协和大学迁往闽北邵武,一部分实验区的工作人员也随之去了邵武,一部分留守实验区继续工作,福州沦陷后,陷于停顿。

第十节 学 生 运 动

"九・一八"事变后,福州学生立即掀起反日宣传活动,举行罢课、示威游行,组织"抗日宣传队",发动市民抵制日货,开展抗日救国活动。

1931 年 11 月 16 日,日本炮舰"园岛号"闯入闽江进行挑衅,中共福州中心市委立即发表《全体群众起来驱逐日舰的宣言书》,提出武装以学生为主体的"抗日义勇军"并发给武器。11 月 20 日,在中共福州中心市委领导下,福州 15 所学校召开紧急会议,推举学生代表到省政府请愿,并准备组织罢课,抗议日本炮舰的入侵和省会当局的"禁止一切反动集会及反日宣传"的戒严令。在学生的推动下,全市掀起一场大规模的反日斗争。

1932 年 1 月 2 日,福州各大中学校在西湖公园举行艺术大会,宣传抗日,募捐援助东北抗日。日本国驻福州领事和日舰"北上号"正副舰长到场,撕毁张贴于会场的抗日标语,并用手枪威胁学生,引起冲突。国民党政府派军警镇压学生,保护日本人离去。学生更为愤怒,列队去福建省政府示威。同年"一・二八"沪战发生后,闽籍在沪大学生相继返榕,私立福建学院的学生林葆忠、林鸿祺、刘永保、姚亮等联系复旦大学学生林仲新(黄花岗七十二烈士林觉民之子)、周尔勋等同学参加"福州抗日国民自强会",共同抗日救国。1933 年 4 月 14 日福州全市高中男女生 2400 人,编救护队五大队,以方声沛为总队长,拟北上抗日。

---

[1] 陈希诚:《福州五里亭农村服务部报告》,《中华归主》,1937 年第 172 期。

1933年11月,十九路军在福州成立"福建人民革命政府"。12月,中共福州中心市委按中央指示,领导一些群众组织开展运动。福州反帝大同盟开始公开活动并组织"远东非战反法西斯大同盟福州分会",会址设在沧洲小学(即后来的双虹小学)。

1934年4月,中共福州中心市委遭破坏。为了坚持斗争,福清团县委书记陈振芳遵照闽中特委指示,考入协和高级农业职业学校,建立了中共协职支部,并任书记。协职支部在学校组织读书会、研究社,创办刊物,开展抗日救亡工作,团结争取进步师生,并在其他学校争取福清籍同学,进一步开展青年学生的工作。"一二·九"运动爆发后,协职支部立即制作许多传单、标语,在青年学生中散发,鼓舞进步青年行动起来,支援平津学生爱国运动,投身到火热的抗日救亡运动中去。根据闽中特委指示,协职支部还在市郊凤凰池创办农民夜校,协职支部负责人轮流上课,教农民学文化,宣讲抗日形势,教唱抗战歌曲,把郊区的农民也鼓动起来。

1934—1935年间,许多由于党团组织被破坏而暂时失去组织联系的党团员,在白色恐怖笼罩下,仍然继续坚持斗争。他们团结一批进步青年,冲破国民党福州警备司令部禁止秘密集会结社的严令,组织读书会、研究社等秘密团体。比如:福建学院附中黄尔尊(党员)、陈珊梅、孙克骥、吴源生等组织的读书会;三山中学王一平、林秉炎、陈琼、陈奎仁等组织的读书会;青年会商业职业学校卢懋居、宋隐刚等指导的学生读书会;还有何思贤、洪履和等成立的现代学术研究社。这些秘密团体的主要活动就是在广大青年学生中传阅进步书刊,讨论时事政治,宣传共产主义真理。此外,他们还公开出售《大众生活》《读书生活》《妇女生活》以及一些马列主义的通俗读物。1935年,卢懋居在青年会商业职业学校组织和指导青年学生开展进步活动,他们在学校里争得学生会的领导权,组织读书会阅读进步刊物,宣传抗日道理,还利用基督教青年会的合法名义团结了一些青年学生。

1936年春,随着抗日救亡斗争在福州的发展、扩大,现代学术研究社和福建学院附中、三山中学进步学生的读书会,联合成立了"大众社"组织。大众社的宗旨是:自我教育,教育别人,学习马列主义。大众社有较严密的组织机构,社员分成若干小组,每周过一次组织生活,郑震霆负责总务,韩南耕负责组织,钱启明负责教育。他们建立了流动图书馆,不断向成员推荐进步书籍《资本论大纲》《辩证唯物主义教程》等。除了学习革命理论外,大众社还注重通过社会调查,探寻救国道路。他们在城内花巷进德女中创办工人夜校,自编教材,宣讲时事,教唱抗日救亡歌曲,揭露国民党政府不抵抗政策的反动实质;还深入农村,在市郊五里亭开办农民夜校,鼓舞工农兄弟的革命斗志。在不断探索中,大众社组织日渐扩大,成员发展到福州的好几所中学,并扩展到外县。1936年5月至6月,林秉炎接受派遣回到家乡福清建立大众社组织,刘学社、郑惠如等到长乐发展大众社组织。

在抗战全面爆发前,福州市各校师生组织了捐献飞机委员会,多方募捐筹集款项,购买一架飞机,取名"闽学"号,支援前线。

第九章 南京国民政府时期的福州教育(下)

1937年抗战开始后,南京国民政府颁布了"战时教育需作平时看"的办理教育的方针,强调学校要维持正常的教学秩序,强化对学校的管理。为适应抗战需要,国民政府制定了相应的战时教育政策。1937年8月,南京国民政府颁布《总动员时督导教育工作办法纲领》,1938年3月,国民党临时全国代表大会制定《抗战建国纲领》,并通过《战时各级教育实施方案纲要》。同年,教育部召开全国第一次课程会议,会后公布文、理、法、农、工、商及师范学院的共同科目表。1939年国民党临时全国代表大会通过《战时各级教育实施方案纲要》,开始统一建立国民教育制度。1940年,南京国民政府又厘定了《大学及独立学院教育员资格审查暂行规程》,确定高等院校的师资标准等。1942年,教育部通令各学校实施社会教育计划。抗战期间,政府也为高等院校学生统一发放补助费。

抗战期间福建虽不是主战场,但福州、厦门等多地沦陷,福清、惠安等县也一度部分沦陷,沿海教育较发达的城镇学校设施毁坏严重。1938年5月福建省政府迁永安,并制订了建设"新福建"计划,将教育摆在各项工作的首位,同时福建省政府采取了相应的措施,如把沿海地区中等以上学校迁往内地办学;提出文化总动员,开展民众训练和民众教育;扩充学校容量,接收战区学生等。福建省教育厅还发动"战时民众教育计划",它要求所有公私立高等院校学生参加政府的民众战争动员活动,组织培训民训学生集中学习。从1940年开始,福建省实行国民教育制度,通过制订福建省中学教育、师范教育、职业教育实施方案,增设高等学校等各项措施,促进了教育的发展。

第一节 抗战时期各县市制定措施促进学校发展

一、加强教育行政管理

在全民抗战的总动员下,福建各县市政制实行精简编制。1938年8月,省会教育局依照省政府令裁撤,该局所有事业,均移归闽侯县政府三科(教育科)办理。古田县政府改革后,分设民、财、建、教4科及会计室,经征处、田赋处等,合署办公。

古田县教育科管理全县教育行政事务,设科长1人,督学2人,科员1~2人。①1942年4月,福州设市,开始与闽侯县县市分治,福州市的教育行政转由市政府(1946年1月前为福州市政筹备处)教育科办理。教育科长的任用,由省教育厅遴选合格人员提请省政府委任,市长仅有考核调用之权;至于市政府督学,也是由省教育厅遴选合格人员提请省政府委派,市长对督学仅有考核之权。

虽然时局恶化,但各级政府对教育的管理极为重视,省会以外的县市进一步落实省政府以往制定的各项措施。古田县为了增强政教联系,在1940年通过了《乡(镇)公所保办公处与中心学校或国民学校工作联系办法》(11条),7月份县政会议又通过《乡(镇)视导暂行办法》,"分令乡镇公所及学校,借以提高教育效率,并促进政教之联系"。同年古田县还落实政策,成立教育会。"过去尚未组织成立教育会,1940年经屡次督促始先后组成,计第一区教育会会员41人,第二区教育会会员42人,第三区教育会会员45人,第四区教育会会员45人,各区教育会业已先后奉准备案。县教育会系由每区选出代表各4人,参加筹备组织,经选出林初开等七人为常务干事……惟该会教育辅导工作尚嫌未能充分发挥。"②

福清县结合本地的情况对当地的学校的发展进行整理引导。首先,重新调整学校分布。福清县为谋求全县教育的均衡发展,遵照福建省颁布的《县各组织纲要福建省实施计划》,拟订全县各乡镇保等区域学校的分布计划。该计划对学校布局标准更加细致,除与原有保甲机构密切配合之外并应注意:人口分布、交通情形、地方经济、文化程度。其次,充实学校设备,着重健康教育。福清县遵照福建省令办理各校,集中设备订定设备标准,以便按期充实;同时,注意各校健康教育的实施,进而及于一般民众体魄的锻炼与卫生习惯的养成。并且加紧各校防空设备利用,注意战时各校防空设备,以及紧急集合、疏散、防空、防护等技能等的训练。加强师生爱国思想、民族气节、党化教育等方面的思想意识。最后,注重推行职业教育。福清县居民在外地营商者甚多,所以应积极提倡商业教育,除分令各中小学校参照当地情形,增授商业科目或附设各种职业补习班外,并拟筹设职业补习学校,以应地方的需要。③

二、多途径保证教育经费的筹措与发放

抗战兴起,受时局影响,福建省政府下拨各地的经费被迫缩减,教育经费大量依靠各地方自筹。以福清县为例,1939年3月时全县小学经费每月共5776.38元,其中自筹的经费就有3730.98元,中学每月由政府拨发150元,其余450元则为地方自筹。地方自筹经费来源多是各种名目的捐税,如米粉捐、田赋附加税、海产补助费、屠宰附加税、迷信捐、华侨补助费、结婚证书费等,到1940年时,各种税收竟

---

① 古田县政协文史资料委员会:《古田文史资料》(第13辑),1995年,第28页。
② 林作瑜:《古田县一年来教育设施》,《福建教育通讯》,1940年第6卷19期,第250页。
③ 汪广度:《福清教育的新设施》,《福建教育通讯》,1940年第15期,第196页。

多达15项。① 这些自筹的项目多与百姓生活相关,既加重了人民的负担,却并不能保证稳定的经费来源。连江县在1939年时也感到"维持现状已感困难,益复顾及新兴事业,左支右绌"再加上地方收入又受日军对沿海封锁的影响,因此该县对于"战教经费,尚能按月定期发放,普小则积欠一个月"。② 1940年推行国民教育后,"学校数量尽量扩充,地方财政能否应付殊成问题,欲期充实设备,更属困难"。③

为了弥补经费不足,落实教育制度,促进教育事业的长足发展,各地制定了多渠道筹措经费的办法。比如:福清县为筹措教育经费奖励捐资兴学,特别提出"奖励本县旅外华侨捐资兴学,以及提倡家族公有款产,拨充教费等项尤当订定办法,切实施行"。④ 连江县为了应对经费不足的问题,"特拟定筹募基金办法与奖励学校造林办法。前者期以充实学校设备,提高教员待遇,后者则促进生产教育,期能自给,不依赖地方财政,而能逐年扩充教育事业"。为落实上述两项措施,连江县"特于一月间召集校长会议,并事前准备苗种,会后即行分发,但因各校未曾计划及此,造林地点多未见妥,仅东祠、表塘、东岱、浦口等校于春季开始,约种桐数千株。关于筹集基金,在教育部公布筹集基金法令以前,因事属创举,公立学校筹集基金,一般人多怀疑虑,仅一二校以劝捐方式筹募,经数个月之宣传,渐引起社会人士之注意,各乡保甲人员,亦由明了而协助,目前约筹集三千元"。⑤

为保证经费的使用,各县市加强对已有经费来源及支出的管理。

首先,从源头上保证经费的稳定收入。比如,福清县一方面整理教育税收,对教育税收以及地方公有款产,拨充教费者,进行调查整理,以清除营私舞弊之积习;另一方面清发1939年7—11月积欠的教费,订期按月发放,其原由各区乡教育机关自收的,悉由政府厘定税率,订定征收方法,加以调整,以期不累民众法外负担,而符统收统支的原则。⑥

其次,对于经费的使用,制定严格的制度加强监督,确定教费合理的分配方法。福清县根据学生人数、办理成绩、订定设班给费标准,分别等级,发给经费,同时清查各校校产,予以登记,并严密稽核教费,补助私立学校经费办法等,用以监督教费的用途,发挥教费的效用。⑦ 古田县则教育款产一律总收总支,"地方款产名目众多,征收文法亦不相同,本年学校改制,所有乡立完全小学及初级小学均改为中心学校及国民学校,其经费概由县府统筹核发。至乡区学校原有款产,则收归经征处总收,以一事权,而免分歧"。⑧

---

① 林杰生:《福清两年来初等教育的检讨》,《福建教育通讯》,1940年第23期,第328页。
② 连江县政府第三科科长:《连江县教育设施实况》,《福建教育通讯》,1939年第22期,第235页。
③ 即非:《半年来连江县教育的设施》,《福建教育通讯》,1940年第6卷第9—10期,第121页。
④ 汪广度:《福清教育的新设施》,《福建教育通讯》,1940年第15期,第196页。
⑤ 即非:《半年来连江县教育的设施》,《福建教育通讯》,1940年第6卷第9—10期,第121页。
⑥ 汪广度:《福清教育的新设施》,《福建教育通讯》,1940年第15期,第196页。
⑦ 同上。
⑧ 林作瑜:《古田县一年来教育设施》,《福建教育通讯》,1940年第6卷19期,第250页。

再次,在经费的分配中也注意城乡分配的平衡,古田县"过去教费分配情形,重城市而忽视乡村,本期则力矫此弊,将乡立学校一律改为县立,给费标准经先后两次厘定,一视同仁渐至合理,城乡教育颇能均衡发展"。①

最后,在经费发放的时间上做出调整,以利学校更好运转。以往在发放经费时,是在规定统一时间,由各校校长集中到相应的机关办理手续。这样人员众多,不但费时,而且有些校长也因此影响了办公与上课。为了更好地协调各校校长的工作,连江县采取的是"定期发款分区给领"的办法。连江县经费从1939年12月起就已不再欠款,当月的经费在下月第一个星期日领。为不影响校长的校务及课程,从1940年5月起,分成三区,由第三科职员分赴各区发款。同时由各负责人召集举行校长谈话会,讨论教育上应行改进事宜,并由县长训话,主管科报告各项重要教育法令及应注意事项。②

在各级政府的努力之下,教育经费逐渐得到了增充。古田县1940年度教育经费核定数原额为33 316元,嗣以办理国民教育及增设图书馆、体育场,计应需86 852元,较之原定经费,应追加预算53 536元,此项追加经费除由田赋附加项下拨用外,不敷之数呈请省府补助。总之,以本年度教育文化费列支数额及前年度支出比较,增加数目几达两倍。③

福清县教育经费的拨付也有所增长。在初等教育经费方面,1939年7月以前,每月小教经费实发数仅1009元,义教经费每月实发2509元,其中心民校的经费占488元。1939年8月后,每月小教经费应发3177元,民教经费每月应发3168元。1940年2月后,小教与民教合并,改称国民教育,每月应发7192元。④ 福清全县的教育经费投入也有所增长。表9-1可见福清县在1939年教育预算经费所占的比例虽有所下降,但从整体支出的数字来看,呈现递增的态势。

表9-1 1938—1940年福清县的教育经费及所占比例⑤

年度	全县年预算支出(元)	教育经费年预算支出(元)	比例(%)
1938	155 747	31 945	20.51%
1939	351 342	63 475	18.07%
1940	475 281	109 748	23.09%

---

① 林作瑜:《古田县一年来教育设施》,《福建教育通讯》,1940年第6卷19期,第250页。
② 即非:《半年来连江县教育的设施》,《福建教育通讯》,1940年第6卷第9—10期,第121页。
③ 林作瑜:《古田县一年来教育设施》,《福建教育通讯》,1940年第6卷19期,第250页。
④ 林杰生:《福清两年来初等教育的检讨》,《福建教育通讯》,1940年第23期,第328页。
⑤ 同上。

第二节　各级各类学校的发展

一、初等教育

抗战爆发后,为了保证战时小学各项工作的照常进行和统一战时小学教育的改革措施,福建省教育厅先后制定了一些重要法令:即《福建省非常时期小学教育实施办法》《福建省各种小学战时实施纲要》《福建省小学管理规则》《福建省儿童训练团大纲》。这些文件对小学的教学、课程、教材、训育、精神训练、体格训练、生产训练、儿童团体、社会服务等都做了详细的规定。小学时期的教材在内容上有所简化,但补充了许多爱国爱乡抵抗日本侵略的内容。如《保卫福建》。这些措施对于稳定学校教学秩序、激发儿童的民族国家意识、训练各种技能、培养良好习惯产生了积极的作用,获得良好的效果。

(一)国民教育制度的建立

福建省在全面抗战开始以前,小学教育分为完全小学、初级小学、短期小学和简易小学,其中短小和简小负义务教育的任务。从隶属情况来看,分为省立、县立、区立、乡镇立和私立5种。后福建省教育当局决定,除性质特殊的实验小学和师范附属小学仍由教育厅直接管理外,一般小学则分别交给所在地的教育机关接办。其余省立小学均划归各县管辖,同时决定试行中心小学制。1937年福州设立省会教育局,将省立第一、第二、第三、第四各小学移交该局办理,分别改称为省会公立第一、第二、第三、第四中心小学。1938年8月,省会教育局裁撤,福州的小学均移归闽侯县管辖,原省会公立第一、第二、第三、第四中心小学分别改称东街、西峰、圣庙、仓前山中心小学,原省会公立第五中心小学改称为大同小学。

1939年7月起,福建省将原属于义务教育的短期小学、简易小学与民众学校一起改办"战时国民学校",采取"保训教合一"即政教合一的方式,实施战时国民组训。此时是普通小学和战时国民学校并列。1940年福建省据1939年9月南京国民政府颁布的《县各级组织纲要》,订定了《各种小学及战时国民学校改办中心学校及国民学校办法要点》《普及国民教育五年计划》,将战时国民学校与普通小学合并,乡镇设中心国民学校,为六年制完全小学,保设国民学校,为四年制初级小学。原战时国民学校一概除去"战时"两字,冠以保名,称"某某保国民学校",设在乡(镇)所在地的完全小学一律称为"某某乡(镇)中心国民学校"。国民学校内设儿童部与民教部,儿童部专责办理初、高级小学教育。该制度统称为"国民教育",并于1940年12月开始正式实施,计划每三保设一国民学校,以国民学校校长兼任保甲辅导员。1942年福建省还将"特种教育"与国民教育合并办理,将"中山中心学校""中山国民学校"改为中心学校和国民学校,于是初教、义教、民教、特教就合冶于一炉了。

国民学校的增设,需要增加大量师资,为了整顿教师队伍、提高教师整体水平,以改善国民教育质量,从1939年起,福建省开始举行小学教员检定和师范毕业生检定。国民教育制度实施之后,福建省决定由省保合一干部训练所负责国民学校师资的培训任务,并制定《训练师资实施办法》,规定每一专员区设一所保训合一干部训练分所,由各分所负责培训本专区国民学校教员。每区分两期培训,每期训练时间13周,上15门课程。学员受训期满后,由各分所考核成绩及格者,分配到原县任教。此后,为国民学校教师正常进修需要,省教育厅通令各县区每年都应举办小学教员暑假讲习会。1942年教育厅又颁布了《福建省小学教员升学省立师范专科学校办法暨福建省各种短期师资培训班深重继续升学师范学校办法》,计划于3年内,由每县区选送一名优秀小学教师到高一级学校进修。这些培训进修措施对当时小学教师水平的提高起了很大作用。

1941年4月,福州被日本侵略军占领,小学停课。福州光复后,小学学校陆续复课。福州私立努力小学因在沦陷期间擅自复课,被处以撤销立案、没收校产的处分。1942年4月,福州成立市政筹备处,正式与闽侯县县市分治。此后,福州的小学教育全部归福州市政府管辖。当时,福州共有镇中心国民学校25所,保国民学校17所,私立小学25所,教师526人(其中男161人,女365人),学生20820人(其中男14286人,女6534人)。① 1944年8月,福州市改镇中心国民学校为区中心国民学校。计有区中心国民学校10所,保国民学校30所,共234班,学生13151人;私立小学29所,共183班,学生10226人。同年10月,福州第二次沦陷,小学学校全部停办。②

(二)各县初等教育的发展

1. 国民学校增设

《县各级组织纲要》颁布后,依据福建省五年实施计划,各乡、保纷纷设立国民学校。古田县在1940年应设立中心学校20所,国民学校70所,但限于师资,当年只能先办中心学校15所,国民学校50所。中心学校每月经费最多者700元,最少者230元,平均350元。国民学校每月经费最多者124元,最少者62元,平均70元。至1940年有学级数,计高小41班,四年制儿童班194班,二年制儿童班45班,成人班67班,妇女班69班,合计398班。③ 连江县初由简小改办的有31校,后又勘定校址,分派保合一分所毕业学员前往办理,增加30校,共61所,容纳学生约八千人。

但各地经济条件并不一样,有的学校没有基本的办学条件,仓促上马,有的只是私塾改个名字,师资不合格,因此不少学校开办不久即告停办。1940年年底统

---

① 福州市教育志编委会:《福州市教育志》,1995年,第65页。
② 福州市地方志编委会:《福州市志》(第7册),方志出版社2000年版,第27页。
③ 林作瑜:《古田县一年来教育设施》,《福建教育通讯》,1940年第6卷19期,第251页。

计,福州地区国民学校办理校数差额较多的是古田,超过预定数额的是闽清和福清两县。①

随着学校的增加,从上到下的各种管理与服务人员也相应增加。原来每县仅设督学 1 人(仅两县增设为 2 人),也随之增加。"小学校数较多之县,欲令每学期普遍莅校视导一次,实有困难;且县督学薪俸颇为菲薄,且不一律。"因此省教育厅重新安排,以各县小学校数为标准,每 50 校设督学员 1 人。闽侯应设 3 人,除原有 1 人外应增设 2 人;长乐、闽清等 10 县应设 2 人,除原有 1 人外各增设 1 人。② 在行政方面,连江县设置民教服务员,由选调教职员兼任,负责民教公务。另外由各校教职员推行代表 3 人,按照各校所报需要统筹民校用品。为了增进效率,打算每区设立区民教视导员一人,协同视导。③ 1940 年 4 月间省增派督学二人后,又将区民教视导员裁撤。省派的督学 3 人,按月分区视导,每月终举行视导谈话会一次,不断考核各校办理成绩。同时为便利催促民众就学,三月间奉准设置学警,每区 2 人。④

2. 改造校舍、增添设备

新建小学校舍多是借用庙宇祠屋,虽时加修葺,然光线不明、空气不畅,不适宜作为教学场所。再加上学生数激增,场所不敷容纳,因此有关县区也着手进行校舍的改进。古田县 1940 年由三科一再会同各校所在地人士并督促乡镇长保长等,负责筹建。一年中,已着手筹建或增建校舍者,计有玉屏、凤埔、北长、沂前、横常、杉洋、鹤西、卓洋、岭南等二十余校,校舍建筑费暨由各乡自筹,间多变卖公产,以资兴建。其数额在三四千元或六七千元不等。"⑤

为弥补战时教育设备的不足,各县市采取多种办法加强对学校设备的利用。连江县在 1940 年将各校的设备集中使用,按原有小学教材所需要之自然科标本,发交海产职校,制作二套分别发给各校应用,并由该校制就本县产品标本数百种附列图书馆供人阅览。⑥ 古田县各校设备大都简陋,1940 年由其他文化费项下及特准拨付以充添置各校课堂椅桌及卫生体育设备者,约有五六千元,其由各乡区自筹者不计。⑦

3. 迁校

为了防止战争的侵害,福建省政府规定学校应离海岸线应不少于 30 千米。

---

① 郑贞文:《最近本省教育设施及地方当局应行注意之点》,《福建教育通讯》,1940 年第 6 卷第 12 期,第 287 页。
② 《半年来本省教育史料》,《福建教育》,1940 年第 1 期,第 99 页。
③ 连江县政府第三科科长:《连江县教育设施实况》,《福建教育通讯》,1939 年第 22 期,第 234 页。
④ 即非:《半年来连江县教育的设施》,《福建教育通讯》,1940 年第 6 卷第 9—10 期,第 121 页。
⑤ 林作瑜:《古田县一年来教育设施》,《福建教育通讯》,1940 年第 6 卷 19 期,第 251 页。
⑥ 即非:《半年来连江县教育的设施》,《福建教育通讯》,1940 年第 6 卷第 9—10 期,第 121 页。
⑦ 林作瑜:《古田县一年来教育设施》,《福建教育通讯》,1940 年第 6 卷 19 期,第 251 页。

沿海县市调整小学的设立地点。连江县对沿海的北茭、黄歧、定海等地的学校分别裁并停办或迁移内地；在城区的化龙、鳌江等校疏散到各乡村。这样全县设21校，有63学级，共收学童3500人。①

（三）小学师资队伍的改善

1. 检定和培训

连江县对师资进行整顿，小学教育"除以过去办理成绩及会否检定或登记为作用标准外，更视现在工作情形为奖惩根据，计合格师资83人，办理成绩优异因而加薪一级者有校长1人，教员1人"。②

古田县加强师资的培养训练，于1938年秋季，"奉令办理战时民校师资训练班两期，1939年五月间办理保训合一干部训练班调训简易小学全体校长教员。1940年以实行地方自治办理国民教育，复奉令召集国民学校校长教员予以一个月之训练，此外，先后考选简易师范一年制及半年制简易班学生各三十余人，由县津贴旅费，保送往沙县简师肄业，借以培养国民学校之师资。其第一期半年制简易班34人已于七月间毕业。经教育厅全数指派回县服务并已分别委充国民学校校长、教员。"③

2. 提高教员待遇

当时一般教职员社会地位低下，薪资菲薄。比如古田县小学教员前此薪俸者二十余元，少者十元八元不等，待遇菲薄，致教员不能安心服务。④ 另外，教员们的饭碗又掌握在少数官僚、地主、豪绅手里，今日不知来日的去留。当时各区区长兼任所在区中心校校长，各保保长兼任所在保国民校校长，谁能受聘全凭他们一句话。广大教职员为弄到一口饭吃，被迫登门求情送礼是常有的事。⑤

为提高小学教员待遇，古田县"自1940年起中心学校校长薪俸最高者已增至50元，最低者35元，平均40元；国民学校校长薪俸最高者32元，最低者26元，平均29元；中心学校教员薪俸最高者40元，最低者26元，平均32元，国民学校教员薪俸最高者24元，最低者22元，平均24元。上述待遇系以各员资历及办学成绩为标准，"此外，在粮食赈济方面，"本县公务员食米筹济办法，亦适用于全体教职员，"教师可以根据其所领薪水的数额，"定其购米之数量"。⑥

有些县将教师资格与待遇结合起来。福清县1940年2月份起，已遵省颁《小学教职员任用待遇服务及惩奖规则》，提高本县合格师资待遇，并举行合格老师任

---

① 连江县政府第三科科长：《连江县教育设施实况》，《福建教育通讯》，1939年第22期，第234页。
② 同上。
③ 林作瑜：《古田县一年来教育设施》，《福建教育通讯》，1940年第6卷19期，第251页。
④ 同上书，第250页。
⑤ 罗源县政协文史资料委员会：《罗源文史资料》（第3辑），1989年版，第75页。
⑥ 林作瑜：《古田县一年来教育设施》，《福建教育通讯》，1940年第6卷19期，第250页。

用登记,以资选拔,以谋教师素质的改善,进而厉行考绩,实行年功加俸,予以保障,以宏事功。① 连江县教员待遇除维持原薪外,合格教员增薪四元。……自(1940年)二月份起遵照省令每月均给米津三元,就地方准备费项下开支。②

（四）配合进行社会教育

教育部为积极推行社会教育,以学校为社会教化的中心,并颁布《各级学校兼办社会教育办法》十三条,以达"学校教育与社会教育合一"。因此,小学可以兼办社会教育事业,各地各校进行了多种试验。以福建省立实验小学为例,在三年里就进行了多种尝试。③

(1) 兼办战时民校。(2) 抗战宣传工作,包括组织街头抗战剧团,组织街头抗战歌咏团,利用早晚时间在街头巷头以歌声激励民众抗战情绪。举行抗战书画展览,书画是抗战宣传的最好工具,可以利用书画描写前方抗战的伟绩及日本侵略者的暴戾,借以鼓起民众爱国心。(3) 通俗演讲,曾用一种方法即"每天下午进行讲话及时事报道时,由教师提示几件重要抗战新闻或足以增强民族意识的故事,要中年级以上的儿童讲给家里的人听。据调查结果甚好"。(4) 时事报道方法如下：① 编壁报,每天把重要的时事有系统地很简明地抄贴各街衢。② 组织时事报告队。每天定时到一定地点讲给大众听。这样不识字的人也可以知道重要时事了。③ 编印抗战书报。为使民众对于时事感兴趣起见,可以每隔若干日出版抗战画报一次。(5) 组织民众抗战剧团及歌咏团。(6) 开放学校运动场为当地民众体育场。一方面可以招致民众到学校里来,一方面又可以增强民众的体格及对生活的兴趣。(7) 开放学校图书馆为民众书报阅览所。吸引识字的民众来看看书报,让不识字的民众来看看图画。(8) 协助编组保甲。(9) 联络学生家庭开恳亲会、母姊会、访问通信等。可以使学校教育与家族教育合一,又可以借这机会从事抗战宣传工作。(10) 卫生指导着重宣传与劝导。① 开放学校卫生室为民众简易医疗室,为民众免费医治。② 组织简易医疗队,巡回治疗交通不便的乡村民众。③ 组织卫生宣传队,宣传卫生宣传队,宣传简易卫生常识及疾病防治常识。④ 举行家庭卫生访问,切实指导。⑤ 协助政府进行防疫工作。(11) 协助兴办地方建设事业,可帮助整顿村庄清洁沟渠、造路等。(12) 倡办地方生产事业。(13) 协助组织合作社。(14) 其他切合社会需要的教育。

（五）战时特殊训练

抗战期间的小学教育,除了正常的教学内容外,也必须应对日本入侵的社会现实。因此,各学校内也增加了许多战时训育的内容,包括环境陶冶、民族意识训练、体格健康训练、生存训练和特殊技能训练等方面。

---

① 汪广度：《福清教育的新设施》,《福建教育通讯》,1940年第15期,第196页。
② 即非：《半年来连江县教育的设施》,《福建教育通讯》,1940年第6卷第9—10期,第121页。
③ 梁士杰：《小学可以做到的社会教育事业》,《教育杂志》,1939年第3期,第55—58页。

为了应对战时形势,加强抗战力量,1938年,福建省举办全省小学儿童训练团训练。由于此前各地区各校的小学生组织各异,为统一起见,省教育厅制定《福建儿童训练团大纲》,通令全省小学一律成立儿童训练团。福建省儿童训练团在全省设总团部,各县市设支团部,各行政区设区团部,由中心小学校长任区团长;各校设团部,由该校校长任团长,下设大、中、小队。校儿童训练团还应设纠察队、清洁队、通讯队、救护队、消防队、防毒队、歌咏队、宣传队等组织。儿童训练团采用军事化管理,训练的内容有精神训练、体魄训练、技能训练和生活训练等,团内还开展跑步比赛、掷弹比赛、摔角比赛、超障碍物比赛、跳绳比赛、爬山比赛、演讲比赛和踢毽子比赛。①

　　为检验学生的战时服务技能的培养效果。1938年10月30日在福州的公共体育场中国童军战时服务团第十四团举行动员演习,演习内容包括通信表演、工程表演、慰劳表演、救护表演和交通表演。所有内容都围绕抗战进行,人员各司其职、组织有序,在救护表演中,担架60架,每架7人,内分队长1人,担架夫4人,护士2人,表演救护伤兵,非常神速。②

二、中等教育

(一) 普通中学

　　抗战初期,省教育厅要求私立学校的名称应标示学校的种类,不得以省市县地名为校名,为此,福州的私立福州中学改为私立福华中学、私立福州女子初级中学改名私立尚志女子初级中学。③ 1940年省教育厅下令不准开设中学预科,英华中学在停办预科的同时,增办六年制英华小学,陈芝美自兼校长。初高中课程也奉令按颁规定开设,与其他普通中学基本相同,但英文课时比其他中学多。④ 1942年8月,福州市政筹备处创办福州市立初级中学。市立初级中学创办时仅设3班,招收学生448人,远不能满足广大失学青年的求学愿望。众多学生只能求学于当时应运而生的各种补习学校。1944年10月,福州再次沦陷,市立初级中学被迫停办。

　　为了避免战争带来的损失,沿海县区的中学调整办学地点。1941年福清县城沦陷,福清县立初中由城市向乡村迁移,先往东张再至黄檗寺,最后到洋霞乡。福清私立融美初级中学与明义初中、毓贞女中等学校成立联中,由东张香山迁校闽北顺昌元坑上课。校址的不断变更,对学校的影响很大,有些学校被迫关闭。如在连江"私立建国初中因资金无着,被迫停办。但地方需要甚殷,正筹划新办县立初中一所"。⑤ 另外在迁校时,粗重的教具和仪器都不能迁移,搬运又耗费大量的人力

---

① 福建省政府秘书处:《福建省五年来初等教育》,1939年,第42—45、51页。
② 《教育新闻》,《福建教育通讯》,1938年第2卷12期,第114页。
③ 同上。
④ 校志编委会:《八闽之光:福建师范大学附属中学校志》,内部刊物2001年版,第129页。
⑤ 连江县政府第三科科长:《连江县教育设施实况》,《福建教育通讯》,1939年第22期,第235页。

和费用,因此迁移之后的教学质量大受影响。同时迁移之后的学校还面临诸多困难,如福清县立初中至新校后只能在祠堂庙宇中上课,还有水土不服、疾病侵袭、粮食难以保证等问题需要应对,但办学的最大困难在于教育经费难以得到保障。在1939年时,每月600元中有150元由县府拨付,其余只靠油捐来维持,到1940年春时班级增至6班,每月经费应为812.5元,但县府却只能支付750元,所以积欠至二月以上。①

在"长期抗战"与"教育救国"的号召下,部分县区努力发展中学教育。古田县在艰难中创办了初级中学。1937年以前,古田县的中学都是教会所办,抗日战争爆发后,在古田人民迫切要求下,公办的县立中学于1943年春开始筹办,校址选在离城25里的凤埔乡。该乡人士以曾荣陞、曾振询、林正熹、高义垂、曹晋江等为首发动群众捐木材、献劳力,协力创建,并让出凤埔小学校舍为教室,若干民房为宿舍,使学校顺利于当年9月9日正式开学。招收初中新生2班,四年制简易师范本科2班,一年制简易师范科(招初中毕业生)1班,共计新生200名,校长由县长梁辅承兼任,聘用教职员16人,陈祖泽以教务主任代行校长职务。学校主张知识和劳动相结合,实行尚武救亡策略,县中校徽以锄头和书本相结合的图像为象征发给学生,佩戴胸前,突出表现抗战时期新型学生形象。②

连江县原设有县立初级中学,但在1933年停办。抗战爆发后,当地士绅发现本地学生求学不便,于是在1938年自筹复办,但得不到省教育厅的批准,便利用原有的师资创办"连江私立建国中学",但仅1年又停办。1942年,连江县接福建省教育厅通知复办县立初级中学,总校设在丹阳朱子祠,在县城东孔庙遗址设分校。1943年县创办简易师范,附设在丹阳县立初中内,首次招生80人。1944年年初,简师析出到丹阳坑口独立设校,县立初中迁回县城东分校。同年日军二度陷城,县立初中全部再迁丹阳。

福建省政府内迁永安后,沿海中学陆续疏散到内地,沿海的县区反而资源缺乏。为改变全省中等教育发展不平衡的状况,"发挥分区研究精神",福建省教育厅将全省分成9个中学区。中学区的划分,每区应有高级中学1所,作为该区内各中学学校中学教育研究会的召集人。③ 福州地区的县划归第3中学区。该学区以闽侯为中心,辖6县,以设在闽清的私立福建学院附中为召集人。1941年日本侵犯福州,第3中学区的学校内迁,只剩下私立初级文泉中学1所,因此暂并入了永安中学区。因战事影响,规定闽侯中学区在抗战未结束前,除县立初级中学准予设立外,省立及私立中学均应暂缓设立。④

尽管时处困境,但中学的办学质量却有所提高,以福清县中为例,战争氛围让

---

① 张右军:《福清县中及其他》,《福建教育通讯》,1940年第5期,第61—62页。
② 古田县政协文史资料委员会:《古田文史资料》(第13辑),1995年,第31—32页。
③ 福建省教育厅:《福建省中等教育工作报告》,福建省教育厅1942年,第1页。
④ 福建省教育厅:《福建省中等教育概况及其改进计划》,福建省教育厅1942年,第3页。

"男女学生们,再也不像以前那样散漫,胡闹,……在学校里,读书空气紧张了,学术的讨论,时事的研究,热烈的小组会很普遍地发展着;社会服务也引起他们热烈的兴趣,民众的一般宣传,戏剧的公演,漫画的展览,都博得社会的好评;慰问抗属,慰劳驻防军,清洁运动,在乡村修路开球场,开防空壕,男的女的无不活跃地工作着"。另外,福清县中的规模在扩大,吸引力在增强,全校的班数增至6班,"学生由180人增至280人",1940年招生时,只招数十名,却有二百余人报名。①

(二)师范教育

为了推行战时国民教育,各地急需师资。但由于中等学校以上的各种教育机构纷纷内迁,在福州地区的师资培训明显不足。福建于1940年2月增设省立闽清简易国民师范学校。校址设在六都湖头。

闽清简师全校教职员总共50人左右。学生总数约一千人,在福州、闽侯、连江、长乐、闽清等五个市、县张榜招生,选优录取入学。校内设两类专业:一为普通师范科,招收初中毕业生,学制三年,毕业后充任中心学校教员;二为简易师范科,下分简师本科及甲、乙、丙三种简易班。简师本科系招收小学毕业或同等学历学生,修业四年,毕业后可充当国民学校正教员;甲种简易班招收初中毕业生予以半年训练,乙种简易班招收小学毕业生予以二年训练,丙种简易班招收相当初中毕业程度的社会青年,或私塾教师予以一年训练,如表9-2所示。三种简易班毕业后,均可充当国民学校代用教员,服务一年后,按成绩升为正教员。② 课程有国文、教育学、教育概论、教材教学法、儿童心理学等。③

表9-2　1940学年度上学期省立闽清简师概况④

班级名称	师范本科	简师本科	甲种简易班	乙种简易班	丙种简易班	总计
班级数	1	6	1	1	10	19
学生数	33	253	39	51	381	757

1940年依据《福建省师范教育设施方案》规定,福建省依据地方交通及师资需要,将全省重新划分为9个师范区。福州地区县主要分布在第3师范区,由省立闽清简师负责,下辖闽侯、闽清、长乐、连江、平潭5县。古田县划归第1师范区,屏南、罗源划归第4师范区,福清县划归第6师范区。在《福建省师范教育设施方案》中也规定,"各师范学校区应兼为地方教育辅导区,各师范学校对于区内各学校应负视察辅导之责"。辅导工作包括派员视察指导、开办研究会、组织集体活动等多个方面。⑤

---

① 张右军:《福清县中及其他》,《福建教育通讯》,1940年第5期,第61—62页。
② 福建省政协文史资料委员会:《文史资料选编》(第1卷),福建人民出版社2000年版,第323页。
③ 福建省闽清县政协文史资料委员会:《闽清文史资料》(第4辑),1985年,第65页。
④ 檀仁梅、庄明水:《福建师范教育史》,福建教育出版社1990年版,第89页。
⑤ 教育部中等教育司:《各省师范教育设施之演进》,教育部中等教育司1941年,第73、76页。

1941年,闽清简师改名福建省立闽清简易师范学校。1941年迁沙县夏茂,再迁沙县县城,后迁闽侯,改名闽侯简易师范学校。1944年闽侯县改名林森县,1945年3月闽侯师范也易名"省立林森师范",简称"林师"。

(三)职业教育

为满足抗战、人民生存和建设的需要,国民政府十分重视职业教育,以培养直接为经济建设服务的各类技术人才,并颁布系列的法令,如《战时各级教育实施方案纲要》《奖励农工商业团体办理职业学校职业训练班及职业补习学校办法》《创设县市初级实用职业学校实施办法》等对职业教育办学的各个方面进行规范。

在1936年,福州地区职业学校有省立福州女子职业家事学校、私立协和职业学校、私立福州青年会商业职业学校、省立福州工业职业学校、省立长乐农业职业学校、省立高级助产职业学校、私立协和高级护士职业学校、私访立惠乐生高级助产职业学校、闽清县立初级农业家事职业学校、私立勤工初级机械科职业学校、私立扬光初级商业职业学校、私立同仁初级畜牧科职业学校。① 抗日战争爆发后,受日军入侵的影响,沿海部分职业学校内迁,同时为集中人才,充实设备,福建省教育厅要求进行学校的整合。其中,省立福州高级工业职业学校于1938年2月迁长汀,后迁南平与省立龙溪职业学校合并,改名为"福建省立高级工业职业学校",1942年又改名为"福建省立福州高级工业职业学校";省立福州女子家事职业学校迁南平;省立福州高级助产职业学校迁沙县,与省立医学专科学校附设高级护士职业学校合并,改名为"福建省立高级助产护士职业学校",1942年又改名为"福建省立沙县高级助产护士学校";福州私立扬光初级商业学校迁南平,1939年改名为"福州私立国光初级商业职业学校",1942年因管理不善,被勒令停办;同年省立长乐农业职业学校及福安初级农业职业学校与南平职业学校合并,改名为"省立高级农业职业学校"。1938年6月25日海军学校由鼓山内迁湖南湘潭,10月由湘潭再迁贵州桐梓(史称桐梓海校)。1938年6月私立勤工工业职业学校迁尤溪,1939年,改名为"勤工高级工业职业学校",1941年6月勤工高级工业职业学校迁至将乐高滩。

1940年按福建省教育厅颁布的《福建省职业教育实施方案》,划分职业学校区,全省共分9个职业学校区和辅导区,职业区的设立目的在于"职业学校区之划分,在谋各地职业学校之合理分布,并辅导各种职业教育之发展"。② 每个辅导区应设置一所规模完备之省立高级职业学校1所。职业学校区与职业学校辅导区是统一的:第1辅导区以南平为中心,辖9县,古田县包括在内;第2辅导区以邵武为中心,辖10县;第3辅导区以闽清为中心,辖闽清、长乐、连江、平潭、闽侯、永泰6

---

① 教育部统计室:《全国中等学校一览表(1936年)》,商务印书馆1937年版,第85—87页。
② 刘海峰、庄明水:《福建教育史》,福建教育出版社1996年版,第504页。

县；第 4 辅导区以福安为中心，辖包括屏南、罗源在内的 9 县；第 5 辅导区以南靖为中心，辖 9 县 1 市；第 6 辅导区以莆田为中心，辖福清在内的 4 县；第 7 辅导区以德化为中心，辖 7 县；第 8 辅导区以龙岩为中心，辖 5 县；第 9 辅导区以长汀为中心，辖 7 县。① 这样，在全省又陆续增设一批公私立职业学校。抗日战争期间除福州沦陷时间外，在福州地区的职业学校有私立协和医院附设高级护士职业学校、私立塔亭医院附设高级护士职业学校和私立柴井医院附设高级护士职业学校。其中，私立柴井医院附设高级护士职业学校在福州第二次沦陷时迁设霞浦。此外，这一时期福州先后创办 3 所职业学校：1940 年原闽侯县立初级商业职业补习学校改名为"闽侯县立初级商业职业学校"，1941 年 4 月福州第一次沦陷时停办；1942 年复办，校址在福州北岭下。1944 年 10 月福州第二次沦陷时迁林森县（闽侯县）小箬乡。福州市立初级商业职业学校设立于 1942 年秋，校址在南台大庙山。1944 年 10 月福州第二次沦陷时停办，一部分学生与市立初级中学的部分学生合并，在林森县穆源乡设立福州市立联合中学；福建省立林森高级商船职业学校设立于 1944 年，设有高级航海、轮机、造船等科。②

1941 年中央教育部决定拨 3 万元的补助款给福建省教育厅，并明令补助给职业学校。福建省教育厅制订分配方案："1. 补助职业学校教学设备费二万元，分配如下：省立女子家事职业学校五千元；私立勤工工业职业学校五千元；补助创设省立初级实用职业学校一万元。2. 津贴职业学校专科教员及员工薪给经费一万元。分配如下：工业教员八名共四千元；农业教员三名一千零五十元；商业及家事教员六名（内医一名）共二千二百五十元；员工八名，共二千七百元。"这些款项的下拨并发放到位，在全面抗战的背景下，实属不易，"在当时，学校处在特别困难时期，这一笔款无疑是雪中送炭，对职业学校师生确是受益匪浅"。③

职业教育的实施机关，除了正式的职业学校外，还有职业补习学校和短期职业训练班。它是职业教育的一种重要补充形式，具有适应性强、灵活机动的特点，在南京国民政府时期受到了很大的重视。1940 年时福建全省共设立 20 所职业补习学校，其中闽侯县设立商业及农业补习学校各 1 所，同年秋改办初级商业职业学校。长乐县设立石印针织科职业补习学校 1 所，连江县设立染织及醃制海产职业补习学校各 1 所，古田县设立纺织竹工职业补习学校 1 所，永泰县设立农业职业补习学校 1 所。④

---

① 福建省地方志编委会：《福建省志·教育志》，方志出版社 1998 年版，第 384 页。
② 福州市教育志编纂委员会：《福州市教育志（308—1989）》，1995 年，第 175 页。
③ 福建省政协文史资料委员会：《文史资料选编 第 1 卷 教育编》，福建人民出版社 2000 年版，第 303—304 页。
④ 郑贞文：《最近本省教育设施及地方当局应行注意之点》，《福建教育通讯》，1940 年第 6 卷第 12 期，第 291 页。

三、高等教育

抗战爆发前,在福州的高校包括协和学院、福建学院、华南女子文理学院等学校,1937年6月,福建省又在福州新办了福建省立医学专科学校。为了促进高校的发展,福建省教育厅制定发布各种制度,如1937年5月实行的《福建省二十六年度选派国内大学研究生办法》、1937年6月通令实行的《福建省政府补助私立以上专科学校经费支给办法》等,但战争的爆发打断了高校的正常发展,各高校调整了课程,并派学生参加民训工作。1938年,因战事临近,在福州的高校纷纷迁出市区前往内地办学。

(一)福建省立医学专科学校的增设

1937年6月福建省政府"鉴于发展卫生事业之重要,而同时本省医务人才又极感缺乏,"于福州城内解藩路创办福建省立医学院,后迁吉祥山,侯宗濂为学校校长,设附属医院为省立医院,附设高级护士学校。学校学制5年,有4年在校学习,第5年为校外实习。"1937年度上学期学生数为69人,其中男生55人,女生14人,教职员数36人;经费数额,每年为79 734元,1938年度上学期共有学生3班,人数总共89人,内男73人,女16人;教职员人数40人,内男33人,女7人。"① 1938年学校还奉命附设医师养成班。学校附设的高级护士学校在1938年12月与省立高级助产学校合并为福建省高级护士助产学校,以赵淑英为校长。1938年6月,福建省立医学专科学校奉命迁校沙县县城内,同年8月定名为福建省立医学院。

(二)高校内迁

战争爆发以后,各高校面对战争,决定克服一切困难,为抗战做出自己的贡献。福建协和大学校长在1937—1938年度报告中的话,或许可以代表所有大学共同的思想:"我们现在正处于巨大的民族危机之中,中国的独立和生存受到严重威胁。我们的学校是自由中国边区仍在开办的少数几所高等学校之一,我们意识到我们肩负的教育责任。因此,我们将在最困难的条件下努力继续我们的教育服务,使我们能够对加强人民、国家的士气,培养建设国家的领袖做出我们的贡献。我们认识到,这所大学是为中国和中国人民服务而建立的,它不能对中国国家的利益采取漠然视之的中立立场。……我们绝对不能向任何罪恶的力量和权力妥协。我们不会为了我们物质性的存在而出卖我们的灵魂,在抗击日本侵略一年多以后,中国人已经达成了前所未有的团结。人民为其自尊和和平正在做出的巨大牺牲已经向日本军事主义者表明,由于他们蔑视所有的国际法原则和正义原则,他们不能以武力征服中国人,也不能使其力量成为正当。这的确是基督教教育的好机会。如果福建

---

① 周永耀:《一年来本省高等教育》,《闽政月刊·教育辑》,1939年第1—2合期,第5页。

协和大学在其教育服务中坚持了这些原则,她就行使了她对中国青年的神圣使命。"①

正是如此,在福州被日本侵略的危急时刻,在榕各高校仍选择了继续开办的方针,迁移至内地谋求进一步发展。

私立福建协和学院 1938年5月,协和学院决定按照福建省政府的安排,迁校闽北山城邵武。当时将全校师生编为甲、乙、丙、丁4队,分批出发。6月3日至8日,分别到达邵武。时有教职员37人,学生124人。协和学院迁邵时,共有3科8系,即文科下设中国文史学系、外国文哲学系、教育学系;理科下设数理学系、化学系、生物学系;农科下设农学系、农业经济学系。1940年,中国文史学系分为中国文学系和历史学系;农学系分为农艺学系和园艺学系;又将外国文哲学系改为外国语文学系,数理学系改为物理学系。1942年,经教育部批准"私立福建协和学院"改称"私立福建协和大学",遂将文、理、农科升格为文、理、农学院。1944年,增设农业教育学系。至此,协大具有3院11系。

私立福建学院 1937年度学生数为71人,其中男63人,女8人,教职员数38人,年收入经费为72 707元,年支出为67 524元。1938年度上学期,学生106人,其中男生97人,女生9人;教职员数32人,经费数每年为55 015元。在经费方面,福建省补助额在1937年时本为每年24 000元,当时系依照本省补助私立专科以上学校经费支给办法指定18 000元充作教席补助费,6000元充作设备补助费,后又将设备费划出3600元以补教席费之不足。但1938年由于福建省举办战时民教,各院校补助费均停止拨给。② 1938年12月福建学院奉命迁设闽清白云渡,随校迁移的有大学部学生107人,中学部学生500余人。1941年,学院再迁产粮县浦城。1942年浙东战事激烈,为师生安全计,又迁回闽清。

私立华南女子文理学院 1938年12月华南女子文理学院及附属中学内迁南平。1939年设文、理两科:文科分国文、英文、教育、史地4个系;理科分生物、化学、数理3个系。1937年度学生为81人,教职员30人;1938年度上学期有学生69人,教职员24人。③ 1940年附设音乐专修科。1941年增设家事教育系。

(三)参加民训工作

1937年12月福建省民众训练委员会成立后,要求对民众进行普遍训练。为此福建省教育厅颁布规定,要凡各学院各年级男女学生及全省高中以上学校(包括师范学校、职业学校)二年级以上学生,均应参加民训工作。各高校按上级命令,在当年12月月底提前结束课程,所有学生留下并于1938年1月前往东湖集中训练3周。训练期满后,福建私立协和学院的男生84人,女生29人,私立福建学院男生

---

① 刘家峰、刘天路:《抗日战争时期的基督教大学》,福建教育出版社2003年版,第38页。
② 周永耀:《一年来本省高等教育》,《闽政月刊・教育辑》,1939年第1—2合期,第6页。
③ 同上。

60人,女生4人,私立华南女子文理学院学生54人被派往各地进行民训工作。此外各学校教授参加督导及编辑工作,共包括协和学院教授17人,福建学院教授7人,华南女子文理学院教授4人。①

四、各类学校的内迁及其影响

日本侵略军于1937年10月占领金门后,不断在福建沿海骚扰、轰炸。为了避免损失,并使青少年学生能继续上学,福建省政府决定沿海中等以上学校,立即搬迁至本省内地比较安全的地方办学。各校接到通知后,分别寻找地点,并先后完成迁校任务。

福州地区的大、中学迁校情况大体如下:福建协和学院1938年5月迁到邵武,华南女子文理学院及附中1938年6月迁至南平,福建学院及附中1938年11月迁至闽清县十六都白云渡,福建省立师范学校1938年3月迁至永安县城,省立福州中学1938年年初迁至沙县,福州格致中学1938年8月迁至永泰,福州鹤龄英华中学1938年4月迁至上洋,福州陶淑女中1939年4月迁至古田,福州文山女中1939年5月迁至永泰,福州进德女中、毓英女校1939年4月迁至闽清,福州三民中学、长乐培青中学1939年4月分别迁至永泰、尤溪。

迁校之后,大、中学校的布局发生了变化。原来教育最发达的福州市区,1939年10月统计,此时只剩下了初等教育的部分学校以及1所私立懿慰女中。② 其他县区的情况也有很大不同,据1940年1月时统计,福州地区1校的有平潭、屏南;3校的有闽侯;5校的有福清、古田;6校的有永泰,闽清有11校。连江、长乐则无。③ 当时在福州有1261名学生未能随校疏散。省教育厅进行登记救济。④

福州市区除了小学以外的师生全部外迁,留下的学校财产,在战争期间也无法完全保存,损失巨大。抗战八年,林森县的学校,第一次沦陷,学校建筑被拆毁者130处,计损失3 400 000元。屋内图书仪器及器具共损失约400 000元。第二次沦陷,学校建筑被拆毁220处(第一次被拆毁,克复后加以修整,此次又被毁者亦在内),器具亦多散失,计损失6 530 000元,图书仪器损失约90万元。⑤ 在魁岐的协和大学校舍被毁坏,文学院焚毁,还有A楼、B楼、游艺厅、厨房和洗衣馆被拆毁。⑥ 福清县仁义示范乡中心国民学校校长被害,同时日军还在校内"劫夺图书文具教具,拆毁玻璃窗户,焚毁课桌椅图表"。⑦

---

① 周永耀:《一年来本省高等教育》,《闽政月刊·教育辑》,1939年第1—2合期,第7页。
② 共青团中央青运史工作指导委员会等:《中国青年运动历史资料》(15),中国青年出版社2002年版,第406—408页。
③ 祖谋:《战时本省中等教育述评》,《集美周刊》,1941年第3—4期,第3页。
④ 《编印福建省中等学校概况》,《福建教育通讯》,1939年第15期,第153页。
⑤ 福建省档案馆:《日本帝国主义在闽罪行录1931~1945年》,福建人民出版社1995年版,第307页。
⑥ 福建省档案馆:《日本帝国主义在闽罪行录1931~1945年》,福建人民出版社1995年版,第238页。
⑦ 福建省档案馆:《日本帝国主义在闽罪行录1931~1945年》,福建人民出版社1995年版,第357页。

在迁往内地过程中，各校图书资料、仪器设备、试剂标本、日常用品都有一定程度的损失。到达目的地后，又遇到众多困难。在校舍方面，多暂住寺院、文庙、祠堂或向私人租借住房，人多房少，拥挤不堪；在伙食方面，粮价日高，菜蔬难购，经费削减，虽粗茶淡饭，尚难宽裕度日；在健康方面，从沿海城镇迁涉内地山区，许多师生水土不服，疾病漫延，得疟疾等地方病者日多，但因缺医少药，治愈甚难；虽迁校内地，但敌机还时来轰炸，致有些学校一迁再迁，严重影响教学秩序的正常维持。"省立高农，初由长乐农职迁福州与福安南平农职合办，再迁永安，三迁连城，第四度仍迁回永安。这样不仅学校方蒙受损失，学生亦疲于奔命"。①

尽管各校在校舍、经费、设备、师资、疾病、生活等多方面的困难，但各校基本照常进行教学，而且还安排大量时间开展后方社会服务、生产自救和军事训练等活动。各校的发展并没受到阻碍。比如，私立三一中学，1938年学生379人，1939年增到419人。私立格致中学1943年在校学生达559人，比1938年的301人几乎增一倍。② 一些学校也进行合并调整办学。1942年福州美以美会主办的古田超古初中与毓馨女中两校合并为"古田私立超古毓馨联合初级中学"，简称为"超毓联中"，精简办学。

这些内迁的学校与当地的学校互助合作，对当地教育起到积极作用。在古田，1942年福州的三一中学、陶淑女中及寻珍女中先后从崇安迁来古田办学。古田各界对此十分欢迎。古田的史荦伯初中校长魏光宗，精英女子初中校长许仿溪，奎光妇女学校校长张玉贵，共同协商决定让出史荦伯初中男生宿舍内空房，精英女校外籍女教师宿舍空房，奎光妇学内空房为三所客校师生住宿场所；又决定利用原教室将原三校改为二部制上课教学制度——每天上午六点至九点，下午三点至五点为原三校学生上课时间，其余为迁来客校学生上课时间。同时，三校将客校运来的图书、仪器、体育器具安放在原三校图书馆、实验室、体育室内共同使用。各校教师可以互相兼课，以补不足之课程。不到两天，各校就恢复正常上课。在日军侵略战争影响下，相对地维护了稳定的教学秩序。1943年，陶淑女中校长黄求恩征得校董事的同意，拨款资助史荦伯校长魏光宗，重建男女生土木结构宿舍各一幢，简易礼堂、膳厅各一幢，魏校长把原育婴堂男生宿舍砖木结构一幢，让给陶淑女中统一使用。③ 各校教师可以互相兼课，教学仪器、运动器材也可以互相借用。寻珍女校运来的《万有文库》放进史荦伯中学的图书馆。④ 各校通过教学交流，师资互济，教学条件强化了，课外活动丰富了，教学质量也相应地提高了。

---

① 祖谋：《战时本省中等教育述评》，《集美周刊》，1941年第3—4期，第3页。
② 林洁：《民国时期福州教会中学研究》，福建师范大学社会历史学院，2010硕士论文未刊稿，第19页。
③ 倪可源：《福州私立三一等中学迁校新义山》，古田县政协文史资料委员会：《古田文史资料》（第13辑），1995年第38—39页。
④ 古田县政协文史资料委员会：《古田文史资料》（第9辑），1989年第98页。

在闽清,抗日战争前,闽清只有3所初级中学。这时内迁闽清的有私立福建学院,福建神学院以及3所高级中学,7所初级中学,还新办2所初师。学校的增加使农民子弟能够升入初中和高中。而且福州迁来的师资质量高、方法好,对当时闽清县中等教育的发展与提高起了重要作用。福建学院附中,由于迁来闽清时间长,学风好,要求严,培养了很多质量高的学生,5年间高中部招收闽清学生约一百人,其中毕业的67人,考取大学的33人,录取率占一半以上。抗战前,闽清人在法律系毕业的不及十人,内迁五年招收法律系学生达二十多人。①

在永泰,先后有私立福州青年会高级商业职业学校、私立福州格致中学、私立福州文山女子中学、私立福州光复中学初中部、私立长乐培青初级中学、私立福州黄花岗初级中学、私立福州三山初级中学等校,这些学校的迁入在一定程度上促进了永泰的教育事业的发展。

五、社会教育

抗战爆发后,福建省将战时民众教育摆到了重要地位,这个时期福建的教育具有明显的"战时"特色。虽然国民党政府强调"战时要当平时看",但面对战争时局,动员全社会参与抗战仍是不可避免的要求。各级学校成了最有效的动员与训练民众的工具。教育的重心转向了战时民众教育,各级学校除了在校内课程里增加与战争有关的课程外,初等教育中的义教与民教合并办理,中学以上的学校的学生被要求参加民众训练工作。福建省政府为广设战时民众学校,更是将省立中小学酌量减少班次。还从普通教育经费下拨出5万元用于战时民众教育经费,②并根据战争需要制定了社会教育的内容和实施措施。

福建各县市按上级要求进一步落实社会教育的内容。福清县督令各级学校兼办社教,订定《各级学校兼办社会教育事业奖惩办法》,以促进社教带来的发展,并利用学校组织,推行精神总动员,成立歌咏队、晨呼队,办理兵役教育宣传区,以及举行家庭生活指导等。③ 连江县"组织县社教推行委员会,负责计划考核督导本县各级学校兼办社教事宜。制定相关的制度,要求各级学校组织社教推行委员会"。④

(一)战时民众训练工作

福建省在非常时期教育战线实行的应急措施,明确把教育作为文化总动员的核心力量,其主要工作是组织高中以上学校学生,集中参加全省战时民众训练。

1937年12月,在福建省动员委员会下成立了福建省民众训练委员会。民训

---

① 福建省闽清县政协文史资料委员会:《闽清文史资料》(第4辑),1985年,第74页。
② 福建省政府:《福建战时民教》,福建省政府1939年,第27页。
③ 汪广度:《福清教育的新设施》,《福建教育通讯》,1940年第15期,第196页。
④ 连江县政府第三科科长:《连江县教育设施实况》,《福建教育通讯》,1939年第22期,第234页。

委员会随即制定《福建省战时民众训练实施办法》《战时民众政治训练实施办法》《战时妇女工作队组织及工作规程》《民训工作须知》《民训工作视察办法》《各县市特区督导委员会组织规程》《社训各级干部人员及受训国民奖惩办法》等，并组织民训工作队，计划分两期在4个月内完成全省民训任务。与此同时，福建省教育厅拟定《非常时期高中以上学校学生参加民众训练工作实施纲要》，规定凡各学院各年级男女学生及全省高中以上学校（包括师范学校、职业学校）二年级以上学生，均应参加民训工作。在民训工作正式开始前，1937年12月先期召集全省高中、高职、师范等校二年级以上男女学生二千余人，作为民训员集中省城先行培训3星期。1938年1月结训计有男女学生1844人作为民训员，组成民训工作队，派往全省开展民训工作。①"各训练员每月每人由省给予膳食杂费共十二元，来回旅费另给。"②

福建省的民训工作分两期进行，第1期34个县、3个特种区；第2期28个县、4个特种区。由学生组成的民训工作队分军训、政训两组。军训组至少3人，政训组至少8人。由各校教师任督导员，负责带队。所有人员一概身穿军装，头戴斗笠，腰佩利剑，阵容整齐，精神焕发地奔赴农村和山区。军训组以定式教练青壮男子和妇女、少年；政训组以流动方式训练一般民众。"文艺宣传来联系和教育群众是主要活动形式，歌曲有《流亡三部曲》《松花江》《义勇军进行曲》《游击队之歌》等，演出的话剧有《菱姑》《死里求生》《顺民》《放下你的鞭子》《最后一计》等。除演出外，队伍每流动到一个地方，还利用其他形式宣传抗日：一是利用乡村的民房大墙、桥头空隙地方，刷写"打倒日本鬼子！""日本人从中国滚出去！"等有针对性的醒目的抗日标语和画各种宣传漫画。二是深入农家访问，调查了解情况，宣传抗日救国道理，通过谈心和教唱抗日救亡歌曲，发动群众投入抗日洪流中去。三是召开群众大会和各种座谈会，宣讲世界反法西斯战争和我国抗日战争的形势，队员们特地绘制了两幅布质大地图用于讲解。③各县市特区民训工作队工作报告统计如表9-3所示，各县妇训工作队工作统计如表9-4所示。

为了使民训人员有所遵循，并提供给民众一定的读物，福建省民训委员会组织大中学校教师编辑及印发各种丛书、资料和刊物，如《有三民主义与抗战》《敌国现状概述》等三十余种。在民训期间，福建省民训委员会还派出视察员分赴各县市视察，对表现优秀的民训工作人员给予表彰，有不少师生员工受到表扬奖励。

---

① 福建省政府：《福建省五年来中等教育》，1939年，第39页。
② 周永耀：《一年来本高等教育》，《闽政月刊·教育辑》，1939年第1—2合期，第7页。
③ 中共福建省委党史资料征集编写委员会研究室：《福建抗日救亡运动》，福建人民出版社1985年版，第27—28页。

表 9-3　各县市特区民训工作队工作报告统计①

县别	闽侯	福清	长乐	连江	罗源	平潭	古田	闽清	永泰	屏南
工作分队数	6	4	4	3	3	3	不分队	3	8	3
分队长数	12	8	8	6	6	6		6	46	6
队员数	66	51	63	52	61	23	48	36	89	32
工作日数	120	120	89	89	89	120	120	120		77
参加抗敌宣传大会人数		53 482	73 350	18 200	41 335	13 920	66 170	23 802		50 170
参加座谈会人数		14 849	16 722	15 000	101 030	1960	17 595	10 892		13 727
家庭访问户数		2923	588	990	2880	1135	1270	10 434		1116
绅士访问人数		178	32	170	99	287	277	226		79
标语张贴数		8112	40	4750	1930	1210	4618	5138		3120
图画张贴数		385	2103	1215	285	175	752	1600		783
戏剧观众数		4406	11 050	3000	3000	5450	10 272	4500		8390

表 9-4　各县妇训工作队工作统计②

县别		闽侯	连江	罗源	长乐	闽清	古田	永泰	福清
队别		第一	第一	第一	第二	第二	第二	第三	第三
分队数		5	10		7	不分队	4	3	3
分队长数		10	20		14		8	6	6
工作日数		30	40	25	30	44	42	30	45
队员数		50	50	49	46	47	45	45	44
话剧	次数	14	11		10	10	12	14	
	观众数	3640	3000		14 900	2800	6500	3200	
歌咏	次数	13	14		15	10	10	12	
	观众数	2218	1400		2961	3070	1410	2090	
精神讲话次数		9	28		13	18	12	18	
受训妇女数		3504	4838		3241	3662	3080	335	
家庭访问户数		5381	6531		7160	3654	2081	3402	

(二) 民众学校

1912—1927年间,福州的民众学校曾称半日学校、简易识字学校、义务学校、

---

① 丁重宣:《福建的学生组训民众》,《教育杂志》,1939年第11期。
② 同上。

平民学校、民众夜校等。从 1928 年起至 1937 年,为实行强迫识字,各县市建立中心民众学校,对各区民众学校进行辅导和示范。

1938 年 6 月福建省省立民众教育处改立福建省战时民众教育处,并计划从当年 7 月起在两年内开办 1 万所战时民众学校。民众学校分为兼设与专设两种,兼设是指在已有小学的地方由小学兼设,机关团体也可兼设;专设是指在未有小学的乡村新设民众学校。民众学校以办成人班和妇女班为主,但须先设儿童班。成人班和妇女班既上文化课又进行军训,学期 4 个月。儿童班的办理依短期小学规程进行。① 至 1939 年,福州地区战时民校统计如表 9-5 所示。

1940 年推行国民教育,各种小学及战时民众学校合办国民学校。义教的儿童班与民教的成人班并设于一校。国民学校内设民教部,负责办理民众教育。中心民众学校至少开设 3 个班,每班 40 人左右,招收初级民众学校毕业程度或初级小学毕业的学员,授以简要的职业技能。这时期古田县还规定师范生毕业须回原地,先到战时民众学校工作一年。

表 9-5　1939 年福州地区战时民校统计表②

县区	闽侯	福清	长乐	连江	罗源	平潭	古田	永泰	闽清	屏南
兼设校数	149	123	98	60	34	39	57	76	80	19
专设校数	45	15	15	10	10	5	20	15	20	10
班数	209	224	144	110	64	41	125	148	120	68
学生数	原缺	9455	5875	4727	2521	1667	6160	原缺	原缺	1652

抗日战争期间,福州两度沦陷。1946 年,福州公、私立小学附设的民众学校总共只有 22 个成人班,26 个妇女班。中华人民共和国成立前夕,全市城乡劳动人民中的文盲和半文盲达 80% 以上。③

(三) 图书馆事业

福建省省立图书馆　1938 年秋,为增进民众国防意识,激励抗战信心,省立图书馆特辟国防图书阅览室,并随时将各种期刊所载有关抗战的论述编印出提要索引,以便利读者查阅。省立图书馆还于 1938 年元旦举行"国防图书展览会",展览为期 3 天,参观者达 5 万人次。1941 年 4 月福州第一次沦陷。9 月,日军撤离,福州收复。陈鸿飞馆长赶回福州,筹办流通图书站及巡回文库(后未果),并恢复该馆福州办事处。④

私立福建学院图书馆　又称乌山图书馆,成立于 1928 年。1931 年始兼具学校图书馆与公共图书馆性质,即不仅向学院师生开放,还向民众开放,当时藏书达

---

① 徐君藩:《福建战时的民众教育》,《教育与民众》,1938 年第 4 期,第 32—33 页。
② 丁重宣:《福建战时民众教育的设施》,《教育杂志》,1939 年第 12 期,第 12 页。
③ 福州市教育志编委会:《福州市教育志》,1995 年,第 252 页。
④ 福建省政协文史资料委员会:《福建文史资料》(第 34 辑),1995 年,第 78 页。

7万多册。抗战爆发后，省政府教育厅停发补助私立学校与文化团体的经费，乌山图书馆因经费无着而重归福建学院管理。1938年11月25日，私立福建学院迁闽清白云渡，因条件限制，只能随迁一部分图书，以供师生教学之用，尚余许多珍贵书报留在原馆。1941年福州第一次沦陷时，乌山图书馆被日寇据为兵营，书架被锯为床铺，书报或被用为引火，或散弃满地，损失惨重。1944年福州第二次沦陷，图书馆又历一次浩劫，两次沦陷期间所受损失中，以一套北京晨报社捐赠的自《晨报》创刊迄停刊为止的合订本之遗失为最惨重①。

县立图书馆 1936年秋，福建省教育厅裁撤了各县立图书馆。但是，要书读、有书读是民众的要求，尽可能地为民众借阅图书创造条件以提高其文化水准、充实其知识、扩大其眼界，是图书馆工作人员自觉的责任，亦是他们的奋斗目标。1939年3月1日至11日，国立中央图书馆筹备处、国立北平图书馆联合在重庆教育部召开的第三次全国教育会议上提出《请确定全国图书馆制度以广文教》一案，要求"每县必设图书馆一所，以为全国图书馆事业之基层组织，由此为中心推行社会教育。每市亦同"，此案获通过。②

1939年，在日寇海军炮火威胁下，连江县当局为扩大抗日宣传，在1938年教育经费的积余项下，拨出500元于陈氏宗祠内复办连江县立图书馆，并附设战时民校，扫除文盲，推行社会教育。③ 连江县图书馆还特设一担图书流动箱，把民众通俗刊物、儿童画报、小故事、笑林及国民党省党部编印的宣传画刊等随时挑往农村，多停放在山下亭、青塘亭、浦下亭等处供农民群众阅览。1942年由于负责人调任，馆内人手不足，图书流动箱便停下。④

在罗源县，抗日战争发生时，民教馆馆长曾一度无人继任。至1942年5月，民教馆改称为图书馆，委任新图书馆馆长。至1943年时仅设馆长一员统揽馆务兼办理借书事务。由于图书馆设备简陋，活动单纯，其规模如同阅报所，馆藏图书除旧民教馆移交数百册图书借阅外，又向福州选购上海三联书店出版的图书充实借阅。1943年图书馆主要业务是开展民众教育、图书教育、国民体育等活动。是年8月1日奉令调整社教，遵照规定将图书馆、体育场合并又改称为民众教育馆。⑤

1941年3月15日，闽侯县县立图书馆馆长蔡则琴从县立图书馆馆长培训班受训毕回县，向县长做了汇报。之后，决定借福州省立图书馆址（时省立图书馆已迁沙县）复办闽侯县立图书馆（原设于福州鼓楼顶，有藏书5000册，时藏书已搬至省馆址）。此时离童子军节仅余两星期，蔡则琴即决定筹办一个儿童玩具、读物、手工品展览会，并计划开办国民识字成人班与妇女班各一。正筹划间，不意闽海局势骤

---

① 福建省政协文史资料委员会：《福建文史资料》（第34辑），1995年，第81页。
② 同上书，第82页。
③ 同上。
④ 连江县政协文史资料委员会：《连江文史资料》（第6辑），1988年，第63页。
⑤ 罗源县政协文史资料委员会：《罗源文史资料》（第4辑），1990年，第65页。

然紧张,蔡馆长的计划成了泡影:日机频频入侵,盘旋市空侦察,闽侯县立图书馆奉命把重要书籍装箱撤退。未几,日机连续多次轰炸福州;4月21日,福州沦陷,省立图书馆址被挂上日语学校招牌。①

古田县积极筹设县立图书馆,开办费除另筹外并将该馆经费预算项下所有一月份起未开支之各月份节余近二千元全数拨用,唯在该馆未成立前先于县城二保大街设民众阅报所一所,地点适中,阅览便利而书报尚待充实。②

(四)其他各项设施的筹设

各县还根据本地教育设施的具体情况,增加建设各种文化设施。福清县分期筹建社会教育机构,充实县立公共体育场设备,开辟各乡镇简易体育场,成立县立图书馆,办理小学教育巡回文库、通俗教育巡回文库,创设国防教育讲座,筹办海口、高山、龙田、渔溪、东张等处民众图书报所,组织巡回教育剧团等,所以发扬民气,提高地方文化水准。③

古田县县立体育场于1939年方告完成,面积140公亩,有足球场一、篮球场排球场各二、司令台一,1940年并添置各种重要运动器具,以资应用。④ 连江县过去虽有体育场,唯无经费与设备。1940年教育文化费预算遵列体育场经费每月百元,场长一职方尚未委派。该场于三月间成立已拨开办及设备费用七百元左右。各主要乡镇也开始筹设简易体育场。⑤ 古田县还于1940年8月间设置音乐指导员一人,负责主持全县音乐教育促进事宜、组织民众抗敌音乐团及公务员公余国乐部,还派员赴榕购置打击乐、弦乐、管乐等各种乐器约值五百余元。⑥

第三节 抗战后的福州教育

1945年秋,抗日战争胜利后,福建省政府由永安迁回福州,福州恢复省会地位,重新成为全省政治和文化中心。抗战时期被迫外迁的各级各类学校也很快回迁办学,原先因战争而关闭的学校也重新恢复办学。福州的教育秩序重新走上正轨。但不久,蒋介石政府重发动内战,在文化教育领域中实施更严厉的法西斯统治,再加上物价飞涨、教育经费难以保证,学校教育发展明显变缓,甚至于停滞。

---

① 福建省政协文史资料委员会:《福建文史资料》(第34辑),1995年,第82—83页。
② 林作瑜:《古田县一年来教育设施》《福建教育通讯》,1940年第6卷19期,第251页。
③ 汪广度:《福清教育的新设施》《福建教育通讯》,1940年第15期,第196页。
④ 林作瑜:《古田县一年来教育设施》《福建教育通讯》,1940年第6卷19期,第251页。
⑤ 即非:《半年来连江县教育的设施》《福建教育通讯》,1940年第6卷第9—10期,第121页。
⑥ 林作瑜:《古田县一年来教育设施》《福建教育通讯》,1940年第六卷19期,第251页。

一、初等教育

抗日战争胜利后,许多小学都迁回沿海各市县。教育部颁布了《全国实施国民教育第二次五年计划》,于1946年1月起实施,力图使全国各地所有学龄儿童与失学民众都能受到相当时期的义务教育或补习教育。据此,省教育厅及地方教育管理机关针对初等教育制定了一些方针政策,力图在抗战时期"国民教育"的基础上改进教学质量,继续发展初等教育。如福州在1947年制定了小学教育措施四条:"1. 小学教学方针将变更过去不平衡不实际之法则,着重国语会话教学;2. 为解决学龄儿童太多问题,计划鼓励私人捐资兴学;3. 将本市私塾改为代用初级小学;4. 普及失学民众识字教育。"同时,各县遵照国民教育部命令,在县城设"示范中心小学"和"示范国民学校",以供各县市国民学校观摩,并在小学内实行"二部制"。1947年1月在《福建时报》上通令各县市学校应以国语为教学语言,指出"此后如有再发现用方言教学者,应受解聘处分。"① 1947年,国民党教育部废止所谓"政教合一"的教育政策。1948年8月,小学课程按教育部修订颁发的《小学课程标准》规定,设有:公民训练、音乐、体育、国语、算术、社会(包括公民、历史、地理)、自然、美术、劳作。音乐、体育在低年级合并为唱游,社会、自然在中年级合并为常识,美术、劳作在中、低年级合并为工作。与抗日时期课程设置相比,把原有的训育与卫生训练合并为公民训练,图画改称为美术,高小的社会课包括公民、历史、地理知识,初小的常识课包括社会、自然知识。在教学内容安排上,不再以抗战为主题,并压缩了战时训练和生产训练。

在小学发展的同时,各县继续进行私塾整顿。1946—1947年,福建省举行了私塾登记,发现虽经十几年整顿,全省各地除少部分私塾使用国民课本且按教育厅要求授课外,大部仍为旧式私塾。为此,省教育厅督促各地制定改良私塾办法。如古田县制定了《改良私塾指为代用保国民学校暂行办法》,规定:"以各保内所设私塾如有确定之经费来源及合格之师资者,得指为代用保国民学校……应距离正式保国民学校所在地三华里外""代用保国民学校应受辅导区中心国民学校及所属保国民学校校长辅导办理""代用保国民学校均普设成人、妇女、儿童等班,招生留生应由保甲长学董会协同负责,实行强迫入学"。②

1945—1948年,福州的初等教育处于相对稳定的状态。1945年5月,福州市改保国民学校为区联立国民学校。此时,福州市陆续复办的小学有:区中心国民学校5所、联立国民学校35所,共244班,学生14 665人;私立小学29所,共187班,学生10 308人。1947年1月,省立福州实验小学、林森师范学校附属小学、福州体育师范学校附属小学、福州女子师范学校附属小学均由福州市政府

---

① 福建省教育史志编写办公室:《福建省教育史志资料集》(第9辑)第165—166页。
② 王豫生:《福建教育史》,福建教育出版社2004年版,第557页。

接办。福州市政府分别将其改办为市立实验小学、东门小学、西峰小学、河西小学。1948—1949学年第二学期,福州有公、私立小学73所,学生30 434人,教职员837人。①

虽然学校有了短暂的恢复,但是内战的爆发又对学校的发展产生极其不利的影响。比如罗源县,"1947年全县41所小学中,单人校占29所,占总校数的70.73%;10名以上教职员的学校仅2所,只占总校数的4.87%。41所小学,总计只有104班,平均每校仅2.5班,在校小学生总数不及三千,教师总数不上百。学校设施十分简陋,全县95%以上学校以祠堂、庙宇为校舍,低暗潮湿,脏乱不堪。1947年后,由于国民党发动的内战弄得民穷财尽,41所公立小学校至1949年仅余21所,停办数达原总校数的48.78%。1948年春起,不少学校出现招不到学生的现象,以致有的校长只得'呈请'县长,要求派警察催促民众令儿童入学"。②

学校经费缺乏又成为发展的瓶颈。当时国民党政府为发动内战,竟将教育经费挪作军费,使许多学校由于经费缺乏,教工薪金被拖欠,小学教师薪金被拖欠更为突出,广大教职员工生活陷入困境。1946年4月8日,在中共林森工委领导下,林森县和福州300余名公立小学教员汇集南校场,抗议国民党政府扣发工资,会后举行示威游行,每人手执小旗,沿途高呼"要活命""发还欠薪""增加工资"等口号,前往国民党福建省党部和省政府请愿,得到广大市民的同情与支持,迫使省教育厅答应了小学教师正当的要求,发还所拖欠的工资。

二、中等教育

抗日战争胜利后,内迁中学回迁原地,而设于内地的省立中学仍保留,有的县在迁走的学校校址上办县立中学。福州地区复办和增办了一批中学。从抗日战争胜利至1949年2月,福州新设几所中学:私立黄花岗初级中学、私立福商中学、私立厚美初级中学、省立福州女子初级中学、私立国粹初级中学、私立乐群中学、私立法海初级中学、私立中建初级中学、私立四端初级中学。1949年上半年,福州市有普通中学28所,学生12 141人,教职员864人。③古田县还增设了高中。1946年由县中校长陈祖泽出面邀请古田华侨协会会长陈赞汤及地方热心教育人士在县中会议室专门讨论筹办高中问题,会上一致决定由古田华侨集资创办古田私立高中,当即组织董事会,定名为"私立玉田高级中学"董事会,公推陈赞汤为董事长,陈祖泽、陈彬、钱玉光、魏建祥、熊世堂、程炳耀、魏掸及海外侨领林政图、陈光宇、陈立训、陈天都等为董事。经过积极筹备,提早于1947年2月正式开学,招收高中新生一班40人,借用县中教室和聘用县中教师兼课开始上课。

---

① 福州市教育志编委会:《福州市教育志》,1995年版,第66页。
② 罗源县政协文史资料委员会:《罗源文史资料》(第3辑),1989年,第75页。
③ 福州市地方志编委会:《福州市志》(第7册),方志出版社2000年版,第47页。

回迁后的学校有一定的发展,师专附属初级中学部随同校本部迁到福州后改称附属中学,校址在乌石山北麓的白水井。校长初由姜子润兼任,后由林春生接任。福建师专附中"创立于南平,不仅延聘教师困难,且生涯缺乏,故当时只开设两班,教师多系兼任。迁回福州后,大量学生报考,班级逐渐增至十班。战后许多优秀教师都从各地返榕,易于邀请,得以组成素质较高的师资队伍。"[①]起初办学条件很差,困难重重,靠全校师生开展义务劳动,集中各项节余经费,以修建校舍,充实设备,才使学校条件在两三年内逐渐改善。

为了继续控制学生的思想,福州的公、私立中学加强训育制度,实行军事管理。各校普遍实行导师制,导师训导的内容深入到学生言行、思想、学业等各个方面。1948年,省教育厅制定《高中及同等学校军训团军事教育计划大纲》,规定高中学生的军事训练时间延长为3年,第一、二学年每周军训4小时,第三学年每周军训1小时,每学年以36周计,学科的训练时间占25%,术科的训练时间占75%。[②]

福建中等职业学校也陆续回迁。部分学校因办学地点变动而更改校名,如沙县高级助产护士职业学校改名省立福州高级助产职业学校,南平高级商业职业学校改名省立福州高级商业职业学校,省立农学院附属高级农业职业学校改名省立福州高级农业学校。部分学校之间进行合并调整,如省立南平高级护士职业学校移福州,将省立福州高级助产职业学校护士科移归该校,改名省立福州高级护士职业学校。私立勤工高级工业职业学校收归省办,迁福州,与省立林森高级商船职业学校合并,改名省立林森高级航空机械商船职业学校。另外,省立福州女子家事职业学校于1947年7月改办为福建省立女子中学。同年,福州市立初级商职增设高级班,改称福州市立商业职业学校。

中等师范学校的复员与整合工作也在同时进行。1945年秋沙县的林森师范也迁设福州郊区,以东岳庙为临时校舍,仍称省立林森师范学校;永安体师从永安移设福州,改省立福州体育师范学校,1948年停办,并入林森师范。1946年8月15日,"省立福州女子师范学校"重建,校址在原福州城守衙门,有教职员工32人,收女生5个班,后林森师范、幼稚师范各调来1个班共7个班。1946年夏秋之交,连江县立简师并入县立中学,改为县中附设简师科。1947年增设闽清县立简师一所。1946年福州市职业学校简况如表9-6所示。

---

① 福建省政协文史资料委员会:《文史资料选编》(第1卷),福建人民出版社2000年版,第205—206页。

② 福建省地方志编委会:《福建省志·教育志》,方志出版社1998年版,第212页。

表 9-6　1946 年福州市职业学校简况表①

校名	学科设置	学制	在校生数	教职员数	沿革简况
省立福州高级工业职业学校	高级土木、机械、电机、化学	3 年	1255	109	
	高级电机、机械、电力、电讯	4 年			
	高级土木、化学	5 年			
	初级机械、土木、电机、化学	6 年			
省立福州高级农业职业学校	农艺、园艺、普通科	3 年	176	24	原为 1943 年在永安设立的省立农学院附设高级农业职业学校，1945 年 11 月迁福州改此名
省立福州女子家事职业学校	高级家事、文书	3 年	438	39	
	初级家事、纺织	3 年			
省立福州高级商业职业学校	商业、银行、会计、运输、统计	3 年	417	41	原为 1940 年 8 月在南平创办的省立高级商业职业学校，1942 年 1 月改称省立南平高级商业职业学校，1945 年 12 月迁福州改此名
省立福州高级助产职业学校	助产本科	3 年	119	25	原为省立沙县高级助产护士职业学校，1945 年 11 月迁福州，改名省立福州高级助产护士职业学校，1946 年 10 月该校护士科并入省立高级护士职业学校，改此名
	助产特科	1 年			
省立福州高级护士职业学校	护士	3 年	105	15	原为 1940 年创办于南平的省立第一医院附设高级护士职业学校，1942 年 10 月改称省立南平高级护士职业学校，1946 年 8 月迁福州改此名

① 福州市地方志编委会：《福州市志》(第 7 册)，方志出版社 2000 年版，第 80—82 页。

续表

校名	学科设置	学制	在校生数	教职员数	沿革简况
省立林森高级航空机械商船职业学校	航海、造船、轮机、电机	3年			1946年6月由原省立林森高级商船职业学校与马江私立勤工工业职业学校合并成立
	航空机械、船工、电机	5年			
	航空机械	6年			
福州市立商业职业学校	高级商科	3年	480	25	原为福州市立初级商业职业学校,1946年8月增设高级部,改此名
	初级商科	3年			
私立青年会商业职业学校	高级商科	3年	636	33	
	初级商科	3年			
私立协和职业学校	高级农科、农制科	3年	301	30	
	初级农科	3年			
私立协和高级护士职业学校	护士	3年4个月	67	24	
私立塔亭高级护士职业学校	护士	3年	48	20	
私立柴井高级护士职业学校	护士	3年	64	22	
私立合组高级护士职业学校	护士	3年4个月	13	14	1946年8月由福州医师公会创办,为合组医院附设学校
林森县立初级商业职业学校	商科	3年			原为闽侯县立初级商业职业学校,1944年改此名,1945年6月由林森县(闽侯县)迁福州

原注:1. 合计15所,其中13所在校学生4119名,教职员421名。
  2. 上表所列职业学校,除福建省立福州女子家事职业学校因历届毕业生就业困难,从1947年7月起改办福建省立福州女子中学外,其余均办至福州解放。据1949年上半年统计资料记载,福州有职业学校14所,其中13所在校生4085名,教职员491名。

三、高等教育

(一)各校的返迁与发展

  抗日战争胜利后,私立福建学院最先着手回迁工作。1945年5月,日军撤出福州;6月,院长郭公木就返榕勘察院舍,分批兴修;8月,日寇投降,该院修复工程也次第完成,遂利用暑假从闽清迁回福州,并按时上课。福建协和大学因在福州的校舍破坏严重,修复需要6个月,原计划在邵武续办一学期,到寒假时搬迁。但当年11月邵武发生鼠疫，不得已提前放假进行搬迁。① 因校内修缮工作所需时间较长，该校的复员工作至1946年4月才初步完成，5月宣告复课。华南女子文理学院原有的彭氏大楼，因火灾而毁坏，立雪楼和谷莲楼被敌摧毁，仅余轮廓，图书仪器更被抢劫一空。经筹款抢修后，于1946年3月在仓山岭后正式开课。

在抗战期间新设的几所高校有的也迁到了福州。省立福建师专在1946年1月从南平水南迁到福州，校址定在乌石山原福建优级师范学堂的校舍。但在日军两度入侵福州期间，校内建筑物尽被拆毁，树木也被大肆砍伐，几乎成了一片废墟。师专由南平迁回时，学校经费极其拮据，只得利用从南平校舍拆下的旧板材、砖瓦在旧址重新搭盖部分校舍，以应急需。省立医学院迁往原省立医院和高工学校旧址；省立农学院于1946年1月迁到福州北门战坂乡的临时校舍，1947年秋，又迁至福州市内屏山麓的中山路办学。国立福建音专在1946年2月迁至福州东门外竹屿乡临时校舍开学，9月在福州仓山新建校舍，至1947年12月新校舍完工才搬至仓山。

经过复迁之后，在福州的大学有福建协和大学、福建华南女子文理学院、私立福建学院、福建省立医学院、福建省立农学院、福建国立音乐专科学校、福建省立师范专科学校7所，各校办学规模有所提升。抗战胜利后教育部先后公布一系列高等教育法规，重申高等教育的有关规定，统一各类高等学校的组织管理、教育教学、训育体育等规章制度，使各校在战后的恢复和发展有章可循。再加上时局稳定，大量的人员又重新回到福州，在生源与师资方面提供了更多的资源，福州各校的办学规模都有所扩大。

1. 师生数量增加

福建省立师范专科学校创办初期，教师只有19人。1944年，增至37人。此后3年，学校规模不断发展，教师队伍也随之壮大。1947年，计有专任教师46人，其中教授15人，副教授20人，讲师9人，助教2人。此外，还有兼职教师9人，其中教授4人，副教授4人，讲师1人。至此，全校专兼职正副教授43人。学生数也有较大的增长，1943年，学生总数为226人，1946年增至445人，1947年略有下降，为401人。② 私立福建协和大学在1938年迁出时随行的教师只有30人，学生124人。迁回福州时教员107人，学生715人。③ 1946年秋，福州市有在校大学生2294人，其中男1801人，女493人，教职员611人。1949年上半年，福州市的7所高等学校，在校学生2913人，教职工825人，其中专任教师327人。④

2. 系科设置扩大

以福建省立师范专科学校为例，迁校福州之初，学校仍保持设置6个学科，即

---

① 福建协和大学：《抗战期中之福建协和大学》，1946年，第9页。
② 汪征鲁：《福建师范大学校史》（上），中国大百科全书出版社2007年版，第40页。
③ 福建协和大学：《抗战期中之福建协和大学》，1946年版，第10页。
④ 福州市地方志编委会：《福州市志》（第7册），方志出版社2000年版，第149页。

国文、史地、数理化、教育、艺术、体育及童子军科。随着战后许多中等学校搬回沿海地区或陆续复办,对各科中学师资的需求也日益增加。1946年秋,师专增设了英语科,1948年,又将数理化科的数学组和理化组分设为数学科和理化科。至此,全校共设立了8个学科,学科设置较前进一步完备。

私立福建学院是战后最早回迁福州的高校,该院在原院长郭公木的主持下,教学秩序迅速恢复正常。校内设法科,下设法律、政治、经济3系,1946年7月,增设商科,下设银行会计和工商管理两系,此时全院计有2科5系。1947年,有教员46人,职员28人,学生948人。①

国立福建音乐专科学校战后设五年制本科、五年制师范专修科、三年制师范专修科及幼童班,毕业生多数从事教师工作。1947年,该校计有教员37人,职员24人,学生106人,幼童班9人。

3. 学校的设施多有改善

1947年,福建师范专科学校经多方筹划,利用学校礼堂的地基和残墙,建成一座四层砖木结构的楼房,名为"又习楼",其中第四层为礼堂,其余为教室、实验室和办公室等。同时,还利用校门对面豹屏山仁王禅寺作为图书馆,修缮附近的庙宇作为劳作工场,其余校舍都为二层木板房。至此,校址面积有了较大的拓展,约67亩,其中运动场3.63亩,校园55余亩,建筑物占地8余亩。据统计,当时主要校舍计有办公室7间,教室15间,仪器和实验室3间,教职员工住宅2座,膳厅2座等。在迁校福州乌石山的头一两年,图书设备有所增加,中西文图书增至4万余册,有中外杂志百余种共3000多册。物理、化学仪器也陆续增加。劳作工场的工具也较为充实,计有木工、金工、竹工、纸工等教具2000余件。② 私立福建学院也在学院路开辟了一个20余亩的体育场,并配置了各种体育器械。③

(二) 与台湾的交流

台湾光复前夕,日本在台湾推行"皇民化"政策,台籍教员的比例很低。据1944年统计,"当时台湾全省中等学校教员2033人,台籍教员只有100人,不及总数的0.5%;全省国民学校(小学)教员15 483人,台籍教员才7161人,仅占总数的46%;"而在所有大专以上院校中,仅有台籍教授和教员各1人。④ 台湾光复后,日籍教师全被遣散回日本,全台的师资极大不足。

1945年10月,台湾行政长官公署就派员到福建、上海,紧急征选中、小学教员,为光复后第一个学期的开学准备师资队伍,光复后的三年中,福州的大、中专毕业生应聘到台湾任教者不少。中等学校的音乐教师,几乎都是福建音专的毕业生,

---

① 教育部年鉴编纂委员会:《第二次中国教育年鉴》,商务印书馆1948年版,第734—735页。
② 汪征鲁:《福建师范大学校史》(上),中国大百科全书出版社2007年版,第38—39页。
③ 教育部年鉴编纂委员会:《第二次中国教育年鉴》,商务印书馆1948年版,第734页。
④ 福建省福州市社科院:《榕台关系初探》,海潮摄影艺术出版社2003年版,第122页。

林森师范和各大学的毕业生,也是台湾师资队伍的来源。福建师专约七八十名师生响应号召奔赴台湾地区从教。大部分均在台湾地区一些重要的高等和中等学校任教,在台湾地区教育界发挥了相当重要的作用,产生了不可忽视的影响。①

为培养台湾的人才,台湾省政府当局鼓励并以公费生形式,保送台籍学生到大陆北平、上海、浙江、厦门、福州等地大专院校就学深造。福建省政府对台湾来的学生还制定了相关政策。1947年2月27日,福建省教育厅发出《关于台籍学生求学应从宽录取的代电》,要求省内各公私立中等学校,除按照教育部制定的优待办法执行外,对于台湾学生在语言文字方面的缺憾尤应订定补救办法,并宽予录取。对于在福建省的师范学校学习的台湾学生,应鼓励其毕业后返台服务。从1947年开始,福建省的一些大学还在台湾设立考区,直接招收台湾学生到福建就读。当年夏天,协和大学首先在台湾设立考区,报名日期为7月7日至7月14日,考试日期为7月18日至19日。福州的协和大学还在台湾设立考区,降低录取分数线,特别照顾台湾青年入学。

由于闽台两地交往便利,福州的不少大中专学校都曾组织师生赴台湾进行各种交流合作。"福建省立医学院就于1947年5月派出第七班结业参观团赴台。1947年11月8日福建省立林森师范学校的普师科、艺师科三年级学生共124人赴台参观。1948年6月底,福建农学院三年级学生利用暑期组织台湾农业考察团赴台考察进修班。1947年8月,国立福建音专联系介绍毕业生应征赴台服务。"②

从上述可见回迁之后的福州的教育延续了前期的发展势头。不过学校回迁之后,各地的学校布局又恢复战前的情况,福州市区仍是学校数量最集中的地方。以中学布局为例:1947年上半年统计,福州21所,闽清4所,林森县2所,福清县4所,长乐3所,永泰2所,古田3所,平潭、屏南、罗源和连江都只有1所。③

战后福州教育发展的良好趋势却因内战而被打断。1946年6月国民党反动派发动了全面的反革命内战,造成经济濒于崩溃,物价不断暴涨,政府提供给学校的经费也在天天贬值。以福州师专为例,1942年只有42万余元,1945年为199万余元,1946年为1142万余元,1947年达4159万余元,从表面数字上看,1945—1947年间学校的全年经费似有惊人的增加,但当时货币贬值迅速,"福州沪屿尖米每斤在1946年11月为5分8厘,1948年8月15日涨到54万元"④,可见学校每年经费的实际价值是每况愈下。这给学校的发展带来了很大的困难。再加上福州的各校学生"反饥饿、反内战、反迫害"运动高涨,经常性的学生运动也使教学质量无法得到保障,直到1949年8月17日中国人民解放军解放福州,学校才获得新生。

---

① 汪征鲁:《福建师范大学校史》(上),中国大百科全书出版社2007年版,第41页。
② 福建省档案馆、厦门市档案馆:《闽台关系档案资料》,鹭江出版社1993年版,第748—750页。
③ 教育部年鉴编纂委员会:《第二次中国教育年鉴》,商务印书馆1948年版,第101—104页。
④ 福州金融志编纂委员会:《福州金融志》,1995年,第63页。

第四节 学生运动

一、抗日战争时期的学生运动

七七事变后,各级各类学校都投入到了支援抗日的浪潮中。在福州各街头抗日救亡活动相当活跃,街头墙壁上有巨幅抗日漫画;大、中、小学课堂里有抗日歌声,操场上有童子军操练杀敌本领,以备扩充抗日义勇军。双虹小学校长卓如、教员王一平与萃文小学校长吕仲凯等联合组织师生上街,在大桥头、台江讯、中亭街、小桥头、后洲、苍霞洲等处宣讲抗日救国道理,散发传单,演出小型活报剧等,深受群众欢迎,围观者甚多。还有三山中学欧阳定、舒诚、高振洋等在延平路平民小学(今台四小)组织抗日三十一宣传队,宣传队分话剧演出队、歌咏队、街头宣传队、晨呼队、墙报组、临时劝募队、慰问队等,经常在台江一带的街头闹市开展抗日宣传。格致学校组织了抗战后援会,开展抗敌宣传,张贴壁报漫画,广布抗战消息,募捐救国金,慰劳出征军人家属,赠送寒衣、医药、书籍和食品。

对日军的全面入侵,民众救亡团体蜂起,福建省各界组织抗敌后援会组织,在福州还有还有反帝大同盟、抗日义勇军、领土保障同盟、抗日同盟、民主抗日救国会等爱国组织。抗战中后期,国民党当局竭力控制学校的抗日爱国活动。中国共产党积极号召并领导了学校的抗日爱国运动。在福州之外的其他各县各种抗日救亡的活动也在如火如荼地进行。古田县抗战时期的地下党领导人也是青年学生运动的领导人,超古中学共产党员和教师率进步学生组织了"七七读书会",办起了《吼声》校刊,举办抗战音乐会,下乡演出等。在福州求学的福清、平潭藉中共党员和数十名爱国青年学生,组织"融岚旅榕同学会",返回家乡宣传抗日。福清县私立明义中学的进步学生于1940年5月也组织了"原野读书会",创办了《原野》刊物。中共福州工委还派共产党员卓飘虹到连江县建国中学任教,向学生宣传抗日道理,并组织由20多名师生组成的抗日学生队,到附近各乡镇进行巡回宣传。1939年初,中共福州工委派党员舒诚到闽清县活动,与项新一起开展抗日救亡工作,通过时任国民党闽清县民教负责人、教育科督学黄开修的统战关系,将内迁闽北的福州师范(简师)及英华中学分配在闽清县开展民教工作的学生组成战时民教流动工作队,用文艺宣传形式教育群众,先后演出《流亡三部曲》《松花江上》《死里逃生》《最后一计》等抗日救亡剧目,深受群众支持。闽清文泉中学师生受其影响,也组织排练有关抗日救亡的戏剧等,并深入城乡演出。同年初,共产党员杨瑞玉、郑君玉、张春敏等随福州文山女子中学内迁永泰县城后,即开展抗日救亡活动,组织师生办墙报,演唱抗日歌曲,公演《松花江》《巾帼英雄》《代用品》《放下你的鞭子》等话剧,鼓舞群众抗日热情。

二、解放战争时期的学生运动

抗日战争胜利后,饱尝战乱之苦的中国人民迫切要求和平、民主,但国民党统治集团坚持独裁、卖国的反动政策。1945年"一二·一惨案"发生后,福州学生加入了声援昆明学生斗争的行列,他们在校内集会,以壁报、传单、标语等形式揭露蒋介石和国民党反动派坚持内战独裁、镇压学生运动的罪行。

为了使先进青年认清形势并走上革命道路,党以秘密书会的形式团结教育大批追求进步的革命青年,并经实际斗争的考察和培养吸收其中先进分子参加党的组织。经过一年的努力,到1946年年底,福建协和大学、福建农学院、福建学院、福建音乐专科学校、福建省立师范专科学校、福建省立医学院和华南女子文理学院等高等院校以及福州英华中学、三一中学、黄花岗中学和林森师范学校等都建立了党支部。通过竞选活动,进步力量已经掌握了主要学校的学生自治会和教会党学校的学生青年会的领导权。

1946年6月,国民党军队向解放区全面进攻开始后,福州各校中共组织以学生自治会等合法社团组织名义,进一步组织学生开展以"真假和平民主"为题的讲演论会,并出版墙报,揭露国民党反动本质,在师生中掀起了要和平、要民主、反内战的新怒潮。福建学院等党支部还利用暑期开办补习班,从中向失业青年宣传革命道理,抨击国民党政府时弊,启发青年走向革命。福建城市党组织从1946年下半年起就陆续从大中学校抽调经过爱国民主运动斗争考验的党员和积极分子到闽中、闽北、闽东北、闽浙边游击区支援农村游击战争,福州市各学校支援农村游击战争的学生就达六百余人。①

1946年12月,北平沈崇事件发生,引起全国性的反美抗暴运动。福州学生运动呈现高潮。12月30日,在福州党组织领导下,福建私立协和大学、福建音乐专科学校、福建师范专科学校、福建学院、私立华南女子文理学院等大专院校成立了福州大专学生"为北大女生被辱声援会"掀起了抗暴斗争。福建农学院地下党组织首先发动学生自治会,翻印有关"反美扶日"资料,广为宣传,并连夜贴出大幅壁报和标语,在学生中开展抗暴签名活动,并召开学生大会,继而举行罢课,抗议美军暴行。1947年1月4日,协和大学学生自治会发表了《为反对美帝扶植日本告全国同胞书》,组织学生罢课、集会。省立福州中学、福建学院、英华中学等校还约定举行联合示威游行,但遭到学校当局阻挠,仅省立中学学生冲出校门,走上街头示威游行。反对美国政府扶持日本军国主义势力运动还波及厦门、泉州、漳州等市。1947年3月25日,福州市发生了警察无理殴伤省立福州中学学生事件,福州中学、福建学院附中、格致中学等数百名学生上街游行,向省府请愿。27日后,福州近30所

---

① 陈天绶,李一凯:《抗战以来闽城风云:抗日解放战争时期中共闽浙赣边区组织城市工作概述1937.7—1949.9》,福建师范大学2006年,第95页。

大中学校普遍响应，万名学生罢课、游行、捣毁警察岗亭，迅速形成了全市性的一致行动。

在中国人民解放军取得胜利的鼓舞下，1947年5月，全国学生掀起声势浩大的"反饥饿、反内战、反迫害"运动，5月16日，以福建协和大学为主的福州大中学校学生群起响应。1948年时国民政府停发学校的平价粮，导致各级学校几乎断炊，广大师生被推入了饥饿的绝境。根据斗争的需要，福州的学生运动将生活性和政治性斗争结合起来，开展了一系列爱国运动：1948年年初，福建学院学生三百余人到省府请愿要求供应"平价米"，怒砸国民党粮食委员会主任的家；6月，千余学生和群众惩罚奸商无理殴打学生，把几万斤大米搬到码头施济饥民；9月，福建协和大学学生抗交学费，国立福建音乐专科学校学生义卖《助学之歌》，福建省立师范专科学校学生"活命义卖"美术绘画作品，福建省立福州高级农业职业学校学生反对并校运动，福建省立福州中学学生为贫病弃世的音乐女教师抬棺游行；10月，福建协和大学学生为抗议政府不供应平价米，向新任国民党省主席李良荣请愿；11月，福建省立师范专科学校学生反对国民党政府停止供应平价米，包围田粮处长陈拱北的住宅。

1949年上半年，福建省各地大中学校师生由争取平价粮、索取工薪的斗争，发展为反内战、反独裁的政治斗争。福州市中学以上学校师生扛抬"反饥饿、反迫害、反征兵、反征粮""反内战、反独裁"等横幅标语，持续举行示威游行。学生们向前来镇压的警察喊话，以分化敌兵；市民们也自动筑成人墙，保护学生。福州学生的爱国民主运动震撼了全省，各地学生爱国民主运动一浪高过一浪，反动当局虽然采取镇压措施，但无济于事。最后省府下令于5月份提前放假，把学生赶回家去。但进步学生在地下党的领导下，自动留校继续参加斗争。还有不少热血青年上山参加游击队，拿起枪杆与敌人战斗。同时学生们在党的领导下开展护厂护校、宣传、社会调查、收集情报、争取瓦解伪军政人员等工作，配合解放军接管城市。如福建协和大学、福建省立林森高级航空机械商船职业学校学生保护马尾造船厂器材的反劫运斗争，福建省立师范专科学校学生保护省广播电台机器的斗争，英华中学、福建省立福州高级商业职业学校学生搜集到敌军《陆空军联合攻击谷口》《全市大搜查计划》等重要情报，福建省立福州中学学生油印《小火星》《大众报》等许多地下刊物，宣传党的城市政策，刊登解放捷报。这些活动在福州各阶层人民中起了鼓舞、安定人心的作用，为迎接福州的解放做出了贡献。

结　　语

　　纵观历史,福州的教育伴随闽江口流域的开发以及历代政府对福建管理的加强而逐渐发展起来的。至唐代晚期,以李椅、常衮在福州的兴学为起点,福建的教育开始融入中央的教育体系,福州作为福建的文化中心之一,带动福建的儒学教育向前发展。随着宋元以后福建教育的繁荣,明清时期福州作为省级教育中心的地位最终确立。福州教育中心的地位提升,与福建教育的发展历程同步,而福州独特的地理环境、政治条件和人文精神也使福州的教育具有自身的特色。

　　福州教育的省会优势十分明显。在唐以后,中国传统的儒学教育体系都是按照行政区的等级而分别实施。福州的闽县与侯官县是府驻地的县,可同时设立府学和县学,再加上书院、义塾、社学、乡学等各种不同层次的教育机构,使福州教育机构数量多、类型齐全、体系完备。与此同时,一个地区的科举及第情况往往也是官员的升迁罢黜的考量因素,因此各级官员都极为办学重教,不仅仅要政策的贯彻执行,还在资金的补助、人员的延聘方面提供扶持。历史上的李椅、常衮、王审知、沈灼、许孚远、张伯行等人对福州的教育发展就起到了积极的推动作用。

　　福州作为福建的教育中心,又是政治、经济、文化中心,人才优势十分明显。福州培养了众多的科举人才,出现过"一榜三鼎甲""三科三状元""三代五尚书""七科八进士"等科举盛况,其中还走出了林则徐、梁章钜等著名人物。此外福建八闽大地的莘莘学子都前来求学、应试;各地的学者名流比如朱熹、蔡世远等也云集闽都,他们或读书或吟咏,或施教或著述。这些既促进了福州浓厚文教氛围的形成,也促进教育的良性发展。"三坊七巷"也正因此成为缙绅学士集中居住区。

　　在封建教育体系向近代教育体系转变过程中,闽都教育走在时代的前列。在福州创办的福建船政学堂,把西方的科学技术和语言文字引进教学领域,使福州的教育从儒学独尊的时代,向中西文化结合的时代过渡,首开了福州近代教育的先河。同时西方传教士建立的教会学校,更是全方位引进西方的教育模式,也带动了女子教育在福州的开展。到清末改制时,得益于封建时代的教育积淀,福州在不到十年的时间里,确立起来涵盖小学教育、中学教育、大学教育以及实业教育、师范教育、女子教育等门类齐全的近代学校教育体系。这些学校培养了一大批的近代化人才,如严复、萨镇冰、林觉民等人,他们从福州走向全国,在各个领域里发挥着重要的作用,故有"晚清风流出侯官"之说。

　　区域教育研究不仅需要关注历史,而且更需要关注现实。民国以来,福州努力开展教育改革,向现代教育体系转型。当时的一些教育措施,如推广义务教育、实行中学会考制度、整合大学系院、在学校内实行导师制等,在当今的教育体系中也仍可见实行。我们须进一步总结民国时期的福州教育实践经验,为福州的教育发展提供借鉴,促进福州教育发展更好地适应现代和未来的需要。

参考文献

一、史籍与工具书

[1] 二十四史[M].北京：中华书局，1983.
[2] （唐）杜佑.通典[M].北京：中华书局，1984.
[3] （唐）黄滔.黄御史集[M].上海：上海古籍出版社，1987.
[4] （唐）吴兢.贞观政要[M].长沙：岳麓书社，1991.
[5] （宋）梁克家.三山志[M].福州：海风出版社，2000.
[6] （明）黄仲昭.八闽通志[M].福州：福建人民出版社，1990.
[7] （明）何乔远.闽书[M].福州：福建人民出版社，1994.
[8] （明）叶溥，张孟敬.福州府志[M].福州：海风出版社，2001.
[9] （清）毕沅.续资治通鉴[M].长沙：岳麓书社，1992.
[10] （清）黄宗羲.（清）全祖望补修，陈金生，梁运华点校：宋元学案[M].北京：中华书局，1986.
[11] （明）王应山.闽都记[M].福州：海风出版社，2001.
[12] （元）马端临.文献通考[M].北京：中华书局，1986.
[13] （宋）李焘.续资治通鉴长编[M].北京：中华书局，1985.
[14] （清）徐松.宋会要辑稿[M].北京：中华书局，1957.
[15] （明）喻政.福州府志[M].福州：海风出版社，2001.
[16] （清）陈立.白虎通疏证：卷八[M].北京：中华书局，1994.
[17] （清）姚际恒.仪礼通论：卷十一[M].北京：中国社会科学出版社，1998.
[18] （清）徐景熹.福州府志[M].福州：海风出版社，2001.
[19] （清）陈寿祺.福建通志[M].台北：华文书局，1968.
[20] （清）薛福成.出使四国日记[M].长沙：湖南人民出版社，1981.
[21] （清）郭嵩焘.郭嵩焘日记：第3卷[M].长沙：湖南人民出版社，1982.
[22] （清）李圭.环游地球新录[M].长沙：湖南人民出版社，1980.
[23] （清）郑观应.郑观应集[M].上海：上海人民出版社，1982.
[24] （清）左宗棠.左文襄公全集[M].台北：文海出版社，1979.
[25] （清）陈宝琛.沧趣楼诗文集[M].上海：上海古籍出版社，2006.
[26] 福建教育总会一览，福建省图书馆藏.
[27] 福建师范学堂一览（自光绪二十九年十月至宣统元年二月），福建图书馆藏.

[28] 中国史学会.中国近代史资料丛刊洋务运动[M].上海：上海人民出版社,1961.

[29] 中国史学会.中国近代史资料丛刊戊戌变法[M].上海：上海人民出版社,1957.

[30] 王孝绳.福州东文学堂三年报告汇编,光绪二十六年.

[31] 福建省教育史志编写办公室.福建省教育史志资料集第4辑、第8辑、第9辑.

[32] 福建省政协文史资料委员会.文史资料选编(第1卷)[M].福州：福建人民出版社,2000.

[33] 福建省政协文史资料委员会.文史资料选编(第5卷)[M].福州：福建人民出版社,2003.

[34] 福建省政协及各级政协所编的文史资料：《福建文史资料》《连江文史资料》《古田文史资料》《台江文史》《平潭县文史资料》《闽清文史资料》《罗源文史资料》《闽侯文史资料》《长乐县文史资料》.

二、期刊与论文

[1] 福建省博物馆、三明市文物管理委员会、三明市博物馆．三明万寿岩发现旧石器时代遗址[J].福建文博,2002,2.

[2] 郭宝林.北宋的州县学[J].历史研究,1988,2.

[3] 王颋.元代书院考略[J].中国史研究,1984,1.

[4] 曹松叶.元代书院概况[J].中山大学语言历史研究所周刊,1930,10(112).

[5] 曹松叶.明代书院概况[J].中山大学语言历史研究所周刊,1930,10(113).

[6] 丁伟志."中体西用"论在洋务运动时期的形成与发展[J].载中国社会科学,1994,1.

[7] 刘海峰.论书院与科举的关系[J].厦门大学学报(哲社版),1995,3.

[8] 潘懋元.福建船政学堂的历史地位及其影响[J].教育研究,1998,8.

[9] 郑剑顺.福建船政学堂与近代西学传播[J].史学月刊,1998,4.

[10] 黄克武.严复的异性情缘与思想境界[J].福建论坛(人文社科版),2001,1.

[11] 冯学垒.福建省立女子师范职业学校的产生和发展[J].教育评论,1987,1.

[12] 黄颖.民国时期福建中医药界人士对中医药事业的贡献[J].中医文献杂志,2007,2.

[13] 陈希诚.福州五里亭农村服务部报告[J].中华归主,1937,172.

[14] 林洁.民国时期福州教会中学研究[D/OL].福州：福建师范大学,2010.

[15] 黄国荡.福州惨案及有关史实订正[J].历史教学,1984,7.

[16] 傅无闷.星洲日报四周年纪念刊：新福建[J].1933,10.

[17] 祖谋.战时本省中等教育述评[J].集美周刊,1941,3—4.

[18] 丁重宣.福建的学生组训民众[J].教育杂志,1939,11.

[19] 徐君藩.福建战时的民众教育[J].教育与民众,1938,4.

[20] 刘以芬. 校史一斑[J].福建学院月刊,1934,1(1).

[21] 民国时期的期刊：

《福建教育通讯》《福建文化半月刊》《闽侯教育辅导》《福建教育》《福建文化月刊》《福建教育厅周刊》《福建义教》《广播周报》《教育改造》《闽政月刊·教育辑》《农村复兴委员会会报》

三、著作类

[1] 杨贤江.杨贤江教育文集[M].北京：教育科学出版社,1982.

[2] 梁方仲.中国历代户口、田地、田赋统计[M].上海：上海人民出版社,1980.

[3] 徐晓望.福建通史[M].福州：福建人民出版社,2006.

[4] 刘海峰,庄明水.福建教育史[M].福州：福建教育出版社,1996.

[5] 白钢.中国政治制度通史[M].北京：人民出版社,1999.

[6] 陈元晖,尹德新,王炳照.中国古代的书院制度[M].上海：上海教育出版社,1981.

[7] 孙培青.中国教育史[M].上海：华东师范大学出版社,1992.

[8] 章柳泉.中国书院史话——宋元明清书院的演变及其内容[M].北京：教育科学出版社,1981.

[9] 福州市地方志编纂委员会.福州市志[M].北京：方志出版社,2000.

[10] 王耀华.福建文化概览[M].福州：福建教育出版社,1994.

[11] 林庆元.福建近代经济史[M].福州：福建教育出版社,2001.

[12] 林庆元.福州船政史稿[M].福州：福建人民出版社,1999.

[13] 朱有瓛,高时良.中国近代学制史料[M].上海：华东师范大学出版社,1988.

[14] 曹跃明.梁漱溟思想研究[M].天津：天津人民出版社,1995.

[15] 中华文化复兴活动推行委员会.中国近代现代史论集：第18编[M].台北：台湾商务印书馆,1986.

[16] 孙广德.晚清传统与西化的争论[M].台北：台湾商务印书馆,1982.

[17] 丁伟志,陈崧.中西体用之间[M].北京：中国社会科学出版社,1995.

[18] 宫明.中国近代史研究述评选[M].北京：中国人民大学出版社,1986.

[19] 郑登云.中国近代教育史[M].上海：华东师范大学出版社,1994.

[20] 毛礼锐,沈灌群.中国教育通史[M].济南：山东教育出版社,1988.

[21] 高瑞泉.中国近代社会思潮[M].上海：上海人民出版社,2007.

[22] 顾长声.传教士与近代中国[M].上海：上海人民出版社,1981.

[23] 陈景磐.中国近代教育史[M].北京：人民教育出版社,1983.

[24] 林金水.福建对外文化交流史[M].福州：福建教育出版社,1997.

[25] 熊月之.西学东渐与晚清社会[M].上海：上海人民出版社,1990.

[26] 汪征鲁.福建师范大学校史[M].北京：中国大百科全书出版社,2007.

[27] 黄新宪.中国近现代女子教育[M].福州：福建教育出版社,1982.

[28] 章开沅,林蔚.中西文化与教会大学[M].武汉：湖北教育出版社,1991.

[29] 李楚材.帝国主义侵华教育史料——教会教育[M].北京：教育科学出版社,1987.

[30] 陈学恂.中国近代教育文选[M].北京：人民教育出版社,1983.

[31] 王栻.严复集[M].北京：中华书局,1986.

[32] 皮后锋.严复大传[M].福州：福建人民出版社,2003.

[33] 李友芝,等.中国近现代师范教育史资料[M].北京：首都师范大学出版社,1983.

[34] 唐文基,徐晓旺,黄启权.陈宝琛与中国近代社会.陈宝琛教育基金筹委会,1997.

[35] 檀仁梅,庄明水.福建师范教育史[M].福州：福建教育出版社,1990.

[36] 〔美〕本杰明·史华兹.寻求富强：严复与西方[M].叶凤美,译.南京：江苏人民出版社,1996.

[37] 梁启超.中国近三百年学术史[M].北京：东方出版社,1996.

[38] 商务印书馆编辑部.论严复与严译名著[M].北京：商务印书馆,1982.

[39] 鲁迅全集[M].北京：人民文学出版社,1982.

[40] 摩尔根.古代社会[M].北京：商务印书馆,2009.

[41] 马克思恩格斯选集[M].北京：人民出版社,1972.

[42] 李泽厚.中国近代思想史论[M].北京：三联书店,2008.

[43] 王尔敏.中国近代思想史续集[M].北京：社会科学文献出版社,2005.

[44] 陈学恂,田正平.中国教育史研究·近代分卷[M].上海：华东师范大学出版社,2009.

[45] 〔美〕费正清.剑桥晚清中国史[M].中国社会科学院历史所,编译.北京：中国社会科学院出版社,1984.

[46] 中国妇联.中国妇女运动历史资料(1840—1918)[M].北京：中国妇女出版社,1991.

[47] 李又宁,张玉法.近代中国女权运动史料(1842—1911)[M].台北：龙文

出版社,股份有限公司,1995.

[48]〔英〕爱德华·甄克思.社会通诠[M].严复,译.台北:台湾商务印书馆股份有限公司,2009.

[49]璩鑫圭,唐良炎.中国近代教育史资料汇编·学制演变[M].上海:上海教育出版社,2007.

[50]李桂林,戚名琇,钱曼倩.中国近代教育史资料汇编:普通教育[M].上海:上海教育出版社,2007.

[51]潘懋元,刘海峰.中国近代教育史资料汇编:高等教育[M].上海:上海教育出版社,2007.

[52]璩鑫圭,童富勇,张守智.中国近代教育史资料汇编:实业教育、师范教育[M].上海:上海教育出版社,2007.

[53]林传甲.大中华福建省地理志[M].京师中国地学会,1919.

[54]苏云峰.中国新教育的萌芽与成长1860—1928[M].北京:北京大学出版社,2007.

[55]闽侯县志编纂委员会.闽侯县志[M].北京:方志出版社,2001.

[56]连江县志编委会.连江县志[M].北京:方志出版社,2001.

[57]台江区志编委会.台江区志[M].北京:方志出版社,1997.

[58]闽清县志编委会.闽清县志[M].北京:群众出版社,1993.

[59]长乐市志编委会.长乐市志[M].福州:福建人民出版社,2001.

[60]永泰县志编委会.永泰县志[M].北京:新华出版社,1992.

[61]福清市志编委会.福清市志[M].厦门:厦门大学出版社,1994.

[62]古田县志编委会.古田县志[M].北京:中华书局,1997.

[63]仓山区志编纂委员会.仓山区志[M].福州:福建教育出版社,1994.

[64]福州市地方志编委会.福州市志[M].北京:方志出版社,2000.

[65]福州市鼓楼区地方志编委员会.鼓楼区志[M].北京:方志出版社,2001.

[66]福建省地方志编纂委员会.福建省志·司法志行政志[M].北京:高等教育出版社,2000.

[67]福建省地方志编委会.福建省志·教育志[M].北京:方志出版社,1998.

[68]福州金融志编纂委员会.福州金融志.福州金融志编纂委员会,1995.

[69]中共福清市委党史研究室;福清市市志编委会.福清华侨史(征求意见本),2003.

[70]福州市教育志编纂委员会.福州市教育志,福州市教育志编纂委员会,1995.

[71]教育部教育年鉴编审委员会.第一次中国教育年鉴[M].上海:开明书店,1934.

[72]教育部教育年鉴编纂委员会.第二次中国教育年鉴[M].北京:商务印书

馆,1948.

[73] 福建省政府秘书处.福建省五年来教育行政,福建永安 1939.

[74] 福建省政府.福建战时民教,福建省政府 1939.

[75] 福建省教育厅.福建省五年来中等教育,福建永安 1939.

[76] 福建省政府秘书处.福建省五年来社会教育,福建永安 1939.

[77] 福建省政府秘书处.福建省五年来初等教育,福建永安 1939.

[78] 福建省政府.福建省五年来高等教育,福建永安 1939.

[79] 陈嘉庚.南侨回忆录[M].长沙:岳麓书社,1998.

[80] 王卓然.中国教育一瞥录[M].北京:商务印书馆,1923.

[81] 郑坦.福建省教育概况及社教法令,福建省民众教育师资训练所,1936.

[82] 福建省教育厅.福建省教育工作报告,福建省教育厅,1933.

[83] 中华民国大学院.全国教育会议报告[M].北京:商务印书馆,1928.

[84] 教育部.教育法令汇编(第 1 辑)[M].北京:商务印书馆,1936.

[85] 中华职业教育社.全国职业学校概况[M].北京:商务印书馆,1934.

[86] 教育部.教育部视察各省市职业教育报告汇编(民国二十三、二十四年)[M].北京:商务印书馆,1936.

[87] 福建教育厅编辑.私立学校立案须知,1929.

[88] 中华圣公会福建教区第 23 届议会报告书,1933.

[89] 福建省教育厅.福建省中等教育工作报告,福建省教育厅,1942.

[90] 教育部中等教育司.各省师范教育设施之演进,教育部中等教育司,1941.

[91] 教育部统计室.全国中等学校一览表(1936 年)[M].北京:商务印书馆,1937.

[92] 福建协和大学.抗战期中之福建协和大学,1946.

[93] 野上英一.福州考,福建师大图书馆藏,手抄本.

[94] 校志编委会.八闽之光:福建师范大学附属中学校志,内部刊物,2001.

[95] 尹文涓.基督教与中国近代中等教育[M].上海:上海人民出版社,2007.

[96] 谢必震.香飘魏歧村:福建协和大学[M].石家庄:河北教育出版社,2004.

[97] 檀仁梅,庄明水.福建师范教育史[M].福州:福建教育出版社,1990.

[98] 中国第二历史档案馆.中华民国史档案资料汇编(第 3 辑)[M].南京:江苏古籍出版社,1991.

[99] 孙广勇.社会转型中的中国近代教育会研究[M].武汉:华中师范大学出版社,2007.

[100] 王豫生.福建教育史[M].福州:福建教育出版社,2004.

[101] 中华续行委办会调查特委会.1901—1920 年中国基督教调查资料(下)

[M].北京：中国社会科学出版社,1987.

[102] 徐天胎.福建民国史稿[M].福州：福建人民出版社,2009.

[103] 该书编纂委员会.福州格致中学校志(暂定本),内部刊物,1996.

[104] 王忠欣.基督教与中国近现代教育[M].武汉：湖北教育出版社,2000.

[105] 黄新宪.中国近现代女子教育[M].福州：福建教育出版社,1992.

[106] 黄涛.大德是钦：记忆深处的福建协和大学[M].北京：中国大百科全书出版社,2007.

[107] 李文海等.民国时期社会调查丛编：文化事业卷[M].福州：福建教育出版社,2004.

[108] 刘家峰,刘天路.抗日战争时期的基督教大学[M].福州：福建教育出版社,2003.

[109] 共青团中央青运史工作指导委员会.中国青年运动历史资料(15)[M].北京：中国青年出版社,2002.

[110] 福建省档案馆.日本帝国主义在闽罪行录 1931~1945 年[M].福州：福建人民出版社,1995.

[111] 中共福建省委党史资料征集编写委员会研究室.福建抗日救亡运动[M].福州：福建人民出版社,1985.

[112] 福建省福州市社科院.榕台关系初探[M].福州：海潮摄影艺术出版社,2003.

[113] 福建省档案馆、厦门市档案馆.闽台关系档案资料[M].厦门：鹭江出版社,1993.

[114] 陈天绶,李一凯.抗战以来闽城风云：抗日解放战争时期中共闽浙赣边区组织城市工作概述 1937.7—1949.9[M].福州：福建师范大学出版社,2006.

后　　记

　　近年来,对闽都文化的研究方兴未艾,成为福建区域史研究中的新亮点。2005年以来,我们开始了对闽都历史文化相关研究领域的关注。考虑到福建教育发展所具有的区域特色,而有关福州教育的系统研究暂付阙如,于是,我们在2010年便有了撰写闽都教育史的动议。

　　本书绪论和结语由薛菁与翁伟志共同完成,第一章至第六章由薛菁撰写,其中第六章中的"陈宝琛的主要教育思想"由福建师范大学专门史硕士、教务处何连海老师撰写;第七至第九章由翁伟志撰写。

　　本书写作历时四年,虽然耗费了大量心血,但囿于学识和功力,疏漏和舛误在所难免,恳请读者不吝赐教。

　　本书得以出版,首先要感谢闽江学院五缘文化研究中心,该中心在出版经费上予以全额资助。其次,感谢那些在本书中引用和参考过的文献资料的作者,正是基于他们已有的研究成果,本书才得以顺利完成。最后,感谢北京大学出版社的编辑所付出的辛勤劳动。